NATIONAL GEOGRAPHIC

LES GUIDES DE VOYAGE

GRÈCE

Mike Gerrard

ALBATROS

Musée de l'Ancienne Agora
p. 50 B2
Adhrianou, 24
210 321 0185
Fermé lun.
€€
Métro : Monastiraki

RENSEIGNEMENTS

Des informations sur les principaux sites à visiter figurent en marge des pages (voir la légende des symboles sur le dernier rabat de la couverture). Lorsque la visite est payante, le tarif des entrées est indiqué par le symbole €.

€	moins de 5 euros
€€	de 5 à 10 euros
€€€	de 10 à 15 euros
€€€€	de 15 à 20 euros
€€€€€	plus de 20 euros

CODE COULEUR

Chaque région est identifiée à l'aide d'une couleur afin de faciliter la navigation dans le guide. Ce même principe est appliqué dans la partie **Informations pratiques.**

TABLEAUX SYNOPTIQUES

Vous trouverez des tableaux p. 382-385 qui donnent des renseignements utiles sur les principaux festivals et événements (fêtes traditionnelles, carnavals,...).

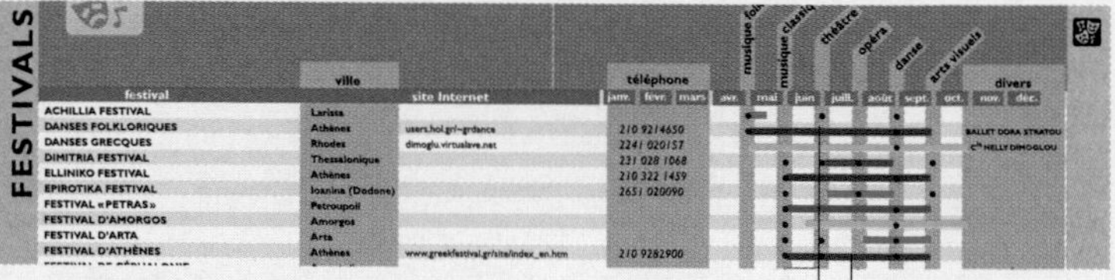

FESTIVALS

festival	ville	site Internet	téléphone	divers
ACHILLIA FESTIVAL	Larissa			
DANSES FOLKLORIQUES	Athènes	users.hol.gr/~grdance	210 9214650	BALLET DORA STRATOU
DANSES GRECQUES	Rhodes	dimoglu.virtualave.net	2241 020157	Cie NELLY DIMOGLOU
DIMITRIA FESTIVAL	Thessalonique		231 028 1068	
ELLINIKO FESTIVAL	Athènes		210 322 1459	
EPIROTIKA FESTIVAL	Ioannina (Dodone)		2651 020090	
FESTIVAL « PETRAS »	Petroupoli			
FESTIVAL D'AMORGOS	Amorgos			
FESTIVAL D'ARTA	Arta			
FESTIVAL D'ATHÈNES	Athènes	www.greekfestival.gr/site/index_en.htm	210 9282900	

Types de spectacles

Barres utilisant les codes couleur régionaux et figurant les mois pendant lesquels se tiennent les festivals.

HÔTELS & RESTAURANTS

Vous trouverez une liste d'hôtels et de restaurants, p. 345-372, et des bonnes adresses (p. 373-378) classées par région et présentées avec des indications de prix.

RECOMMANDE

GRANDE-BRETAGNE
€€€€€
PLATEIA SYNTAGMATOS
TÉL. : 210 333 0000
Construit en 1864, le grand hôtel d'Athènes est situé place Syntagma (voir p. 68). Avec sa piscine, sa décoration en marbre, ses équipements modernes et son restaurant panoramique, il a su garder son charme authentique. Parmi les hôtes de marque : les invités du roi Othon, premier roi de Grèce, à l'époque où le Parlement voisin était encore le palais royal, et sir Winston Churchill, qui y séjourna en 1944. Les chambres en façade du dernier étage sont les plus demandées, car elles donnent sur

TIMOLEONDOS VASSOU, 22
TÉL. : 210 641 5000
Dans une artère calme, un hôtel de luxe apprécié des hommes d'affaires pour ses services (fax, ordinateurs...). Son restaurant, **L'Éléphant blanc**, est l'un des meilleurs de la ville (voir p. 349).
42 Evangelismos

ATHENAEUM INTERCONTINENTAL
€€€€
LEOFOROS SYNGROU ANDREA, 89-93
TÉL. : 210 920 6000
Très bel hôtel de la chaîne Intercontinental décoré d'œuvres d'artistes grecs contemporains. Boutiques, bars et restaurants. Non loin du centre à pied.
520 Taxi

PRIX

HÔTELS
Prix indicatifs pour une chambre double sans petit déjeuner.

€€€€€	plus de 300 €
€€€€	de 220 à 300 €
€€€	de 160 à 220 €
€€	de 80 à 160 €
€	moins de 80 €

RESTAURANTS
Prix indicatifs pour un repa[s] sans boisson

€€€€€	plus de 80 €
€€€€	de 50 à 80 €
€€€	de 35 à 50 €
€€	de 20 à 35 €
€	moins de 20 €

Omonia. Central et pratiq[ue] pour visiter le Musée archéo[logique]

Établissement recommandé

Pictos figurant les principales prestations

Concordance entre picto et prix

Codes couleur régionaux

Dates

Brèves descriptions des événements

ÉVÉNEMENTS

événement		ville/région	
JANVIER			
ÉPIPHANIE	6	Le Pirée...	... et ailleurs : bénédiction des eaux
GYNAIKRATIA	8	Thrace	les hommes à la maison, les femmes au café
FÉVRIER			
SAINT-RIGINOS	25	Skopelos	fête du saint patron de l'île
MARS			
ANNIVERSAIRE DU DÉBUT DE LA GUERRE D'INDÉPENDANCE	21	Kalavrita	ici le drapeau grec a été hissé pour la première fo[is] comme un défi à l'Empire ottoman
FÊTE DE L'INDÉPENDANCE	25	partout	grandes festivités surtout à Athènes, Hydra et T[...]
CARNAVAL	dim. av. le carême	Patras	spectacles de rue
CARNAVAL	dim. av. le carême	Veria	spectacles de rue
CARNAVAL	dim. av. le carême	Skiros	spectacles de rue
DANSE DU BOUC	avant le carême	Skiros	une fête aux origines païennes, très populaire
AVRIL			
SAINT-GEORGES	23	Lemnos	courses de chevaux

CARTE RÉGIONALE

ITINÉRAIRE DE PROMENADE

- Un encadré indique le point de départ et d'arrivée de la promenade, sa durée, son kilométrage et les lieux incontournables. Lorsque deux itinéraires sont proposés, le second est tracé en orange.

CARTE D'ESCAPADE

Photographies : p. 1 : détail d'un bronze, Thessalonique ; p. 2-3 : le port de Céphalonie.

SOMMAIRE

L'aube à Santorin.

Histoire & culture

Fresque minoenne de 1600 av. J.-C.

La Grèce aujourd'hui

Qu'est-ce que la Grèce? La Grèce, c'est le Parthénon, qui domine la cité d'Athènes. Ce sont aussi ses ciels azur et ses flots turquoise, ses maisons blanches empilées à flanc de colline et surplombant un port de pêche, carte postale rêvée du tourisme moderne dans les îles. Mais la Grèce est tellement plus que tout cela. Un pays dont la culture et la langue ne ressemblent à aucune autre, dont les paysages sont parmi les plus vierges d'Europe et les habitants, des plus hospitaliers.

Nombreux sont les visiteurs qui n'ont guère le temps de s'écarter des sites touristiques et des sentiers battus. Ce qui ne les empêchera pas de découvrir ce je-ne-sais-quoi que l'on ne trouve qu'en Grèce. Qui peut rester insensible en découvrant Athènes, capitale agitée et bruyante, certes, mais dont l'horizon est formé non de gratte-ciel, mais par un temple de plus de deux mille cinq cents ans? L'un des plus beaux que l'Homme ait jamais bâtis, qui plus est. La rencontre avec le Parthénon, si familier que nous l'aient rendu les cartes postales, reste un moment fort de toute visite en Grèce.

Si le temps vous est compté, vous visiterez quelques sites essentiels tels le Musée archéologique, à Athènes – l'un des rares musées nationaux au monde à n'abriter aucune œuvre d'origine étrangère – et les ruines de Delphes, lieu magique s'il en est. Une croisière paisible dans les îles vous conduira jusqu'au port de la vieille cité de Rhodes, dont un colosse enjambait jadis l'entrée, et au palais royal de Cnossos, en Crète, capitale de la puissante civilisation minoenne. Vous ne manquerez pas de savourer l'un des plaisirs les plus exquis et les plus simples que la Grèce vous offre : un dîner au bord de l'eau, aussi délicieux que bon marché.

Si vous disposez de plus de temps, vous aurez l'embarras du choix entre explorer à fond une seule et même petite île et lier connaissance avec ses habitants (qui s'intéresseront autant à vous que vous à eux) et visiter plusieurs îles pour saisir leurs subtiles différences. Louez une voiture pour découvrir l'intérieur du pays, et vous serez chaleureusement reçu dans les villages où les touristes sont peu nombreux à s'aventurer. Prévoyez de visiter les grands sites de l'Antiquité, comme Delphes ou Olympie, tôt le matin ou tard l'après-midi, pour en profiter tout seul – ou presque. Partez en randonnée dans les montagnes, admirez ces lacs et autres sites naturels dont seuls les Grecs ont entendu parler, et vous vous sentirez un voyageur à part dans ce pays à part. Et faites provision de pellicules, car, où que vous tourniez le regard, vous trouverez du charme, de la beauté et de la couleur locale à revendre.

L'ÂME GRECQUE

Décrire un pays comme terre de contrastes relève sans doute du lieu commun. Il est toutefois indéniable que l'âme grecque, elle, est pleine de contradictions. Les Grecs, qui ne voient rien de mal à gruger leur propre État (ce qui est même considéré comme un sport national) ou à rouler leur voisin, sont dans leur immense majorité d'une honnêteté scrupuleuse dans leurs rapports avec les étrangers. Ceux qui connaissent la Grèce vous raconteront mille anecdotes à ce sujet : un sac oublié dans un restaurant consciencieusement remis à son propriétaire, un portefeuille tombé d'une poche que l'on vous rapporte en courant sans même penser à une récompense, ou ce patron de bar débordé qui vous dit de repasser le lendemain pour régler votre addition.

Ce qui ne veut pas dire que les Grecs soient tous des anges : il y a des pickpockets à Athènes (mais moins que dans les autres capitales occidentales), et certains garçons de café essaieront peut-être de vous rouler en vous rendant la monnaie ou en « gonflant » l'addition. Mais pour chacun de ces individus, vous trouverez dix Grecs qui préféreront régler la note eux-mêmes que de vous voir vous faire escroquer.

Les Grecs ont un mot, *xenos,* l'un des premiers qu'il vous faudra connaître si vous visitez leur pays, intraduisible tel quel en français, qui signifie aussi bien l'« étranger » que l'« invité ». Car, ici, tout étranger est aussi un hôte, dans le

Le Brettos est l'un des bars les plus petits mais les plus pittoresques d'Athènes.

MB
BRETTOS

pays, la ville ou le foyer. Si vous rendez visite à une famille, vous serez sans doute l'objet d'une hospitalité confondante : admirez un tableau au mur, et vous repartirez avec. À la campagne, un paysan vous tendra un fruit ou vous invitera à boire un verre ou à partager une tranche de pain et de fromage.

Les Grecs n'aiment rien tant qu'une bonne discussion. La Grèce n'a-t-elle pas vu naître la philosophie et le *logos*? Aujourd'hui encore, à travers tout le pays, vous verrez, dans les *kafenion* (cafés), des hommes passer leur temps à palabrer avec véhémence et force gesticulations, frappant du poing sur la table au besoin. Mais de quoi parlent-ils? Des prochaines élections, ou tout simplement du prix du miel ou du poisson. La discussion paraît toujours plus enflammée qu'elle ne l'est en réalité, et si elle frôle le pugilat, n'y voyez rien d'autre que le goût des Grecs pour la dialectique!

La Grèce est une société fortement phallocrate. C'est pourquoi vous ne verrez que des hommes s'empoigner autour des tables des cafés. Ces lieux sont presque exclusivement masculins, et rares sont les Grecques qui s'y aventureraient. Non pas que l'atmosphère y soit malsaine : c'est juste une question de traditions. Les étrangères peuvent s'y rendre seules ou accompagnées sans s'y sentir menacées, les Grecs faisant une exception pour les *xenoi.* L'abîme reste profond entre la position des femmes dans une ville comme Athènes – où il n'est pas rare, et même bien accepté, qu'elles occupent un poste élevé – et les zones rurales, où les rôles sont très strictement assignés et où la place de la femme est à la maison.

LA FAMILLE

Car c'est à la maison que les femmes détiennent le pouvoir. Aucun homme ne le reconnaîtra en public, préférant jouer les *paterfamilias,* mais les Grecques ont fort tempérament. La famille revêt une importance vitale ici, surtout en milieu rural. Les enfants ne quittent pas le foyer parental avant leur mariage, et il est fréquent que les jeunes mariés emménagent chez les parents de l'un ou de l'autre avant de pouvoir s'offrir leur logement bien à eux. Lorsqu'un grand-parent meurt, son conjoint vient habiter avec le reste de la famille : impensable pour les Grecs de laisser une personne âgée vivre seule.

Les mendiants sont peu nombreux en dehors d'Athènes, et il s'agit pour la plupart d'immigrés clandestins venus d'Albanie ou d'autres pays des Balkans. Les familles grecques sont solidaires et prennent soin des plus démunis. Ce qui n'empêche que les personnes atteintes d'un handicap mental ou physique puissent être mises à l'écart, comme si elles entachaient la bonne réputation de la famille. Elles sont souvent placées dans un foyer, mais vous verrez aussi des handicapés mentaux exercer, dans le cadre familial élargi que peut constituer un village, une activité simple, comme le balayage, et être ainsi traités comme membres de la société à part entière.

Les voiles d'un moulin blanchi à la chaux, sur fond de ciel d'azur, image éternelle des îles grecques. Néanmoins, peu de moulins sont encore en activité.

LA RELIGION

La religion et la famille sont intimement liées. Quelque 97 % des Grecs sont de confession orthodoxe, mais tous ne sont pas pratiquants. La plupart ne vont à l'église qu'à l'occasion des mariages, baptêmes et funérailles. L'office du dimanche matin est pourtant un temps fort de la semaine, un point de ralliement. Il peut durer plus de trois heures, et rares sont les croyants qui y assistent du début jusqu'à la fin. On reste un instant dans l'église, puis l'on sort pour discuter sur le parvis, quitte à y retourner plus tard. Les visiteurs non orthodoxes sont admis à ces offices, qui sont, comme les Grecs eux-mêmes, aussi formels qu'informels.

JOURS FÉRIÉS ET FÊTES

Les jours de fête ne manquent pas, puisque tous les saints sont honorés dans les églises qui portent leur nom et qu'il y en a pléthore! Attendez-vous à des explosions de joie (au sens propre comme figuré, avec les feux d'artifice), à des processions, des banquets, des spectacles de rue. Les commerces peuvent rester fermés un jour ou deux.

Quoique d'inspiration religieuse, la plupart des fêtes grecques sont aussi prétexte à faire bombance, à danser et à prendre du bon temps. La fête commence souvent la veille du jour dit par une messe, suivie d'un immense banquet, puis de musiques et de danses traditionnelles. Et, le lendemain, personne ne voit pourquoi ne

pas recommencer ! Les fêtes comprennent souvent une procession, dont la taille peut varier en fonction du lieu, mais qui comporte en principe un groupe d'enfants, une fanfare et des troupes de danseurs. Elle laisse la place à un immense festin collectif, nouveau prétexte à danser à mesure que les esprits s'échauffent. Les Grecs ont le sens de la fête et ne se font guère prier pour faire durer les festivités jusqu'à plus soif. Les visiteurs seront toujours conviés de bon cœur à se joindre à la fête.

UN LIEN PROFOND AVEC LA MER

La Grèce a toujours été un pays de marins, et sa fortune doit beaucoup à ses dynasties d'armateurs, dont les familles Niarchos et Onassis sont sans doute les plus connues. Guère surprenant quand on sait que le pays compte plus de 2 000 îles ! Les insulaires prennent le ferry comme d'autres le train ou l'avion. Et pourtant, tous n'ont pas le pied marin, loin s'en faut. Tandis que vous vous dirigerez vers le pont à la

recherche d'une place au soleil, vous les verrez filer tout droit dans les salons pour s'y allonger et n'en ressortir qu'à la fin de la traversée, la mine passablement défaite.

La pêche est une activité économique majeure pour un grand nombre de villes et de villages grecs, tant dans les îles que sur le littoral accidenté du continent. La plupart des pêcheurs sont travailleurs indépendants et rapportent juste de quoi nourrir leur famille et approvisionner le marché local, ainsi que quelques restaurants. La pêche se pratique surtout de nuit, et, dans la journée, vous observerez souvent sur les quais les hommes occupés à ramender leurs filets. Vous en verrez certainement aussi frapper des poulpes contre les rochers pour en attendrir la chair avant de les livrer à une taverne locale ou de les rapporter chez eux. Et ne soyez pas

La danse du Bouc à Skiros (Sporades). Bruyante et spectaculaire, cette fête aux origines païennes précède le carême.

intrigué si vous voyez des sortes de mouchoirs dépenaillés pendus à une corde à linge : approchez-vous un peu et vous découvrirez leurs tentacules !

LA GRÈCE RURALE

La Grèce est un pays fortement rural. Avant le développement du tourisme, son économie dépendait autant de l'agriculture que de la pêche et du commerce maritime. La culture la plus répandue, et de loin, est celle de l'olivier. Les fruits et l'huile sont non seulement des produits phares à l'exportation, mais les Grecs eux-mêmes sont les premiers consommateurs d'huile d'olive au monde.

Le paysage est dominé par les oliveraies, telle celle qui s'étend au pied de Delphes, si vaste qu'on l'appelle la « mer d'oliviers ». L'île de Corfou compte à elle seule trois millions de pieds, soit plus de trente par habitant ! Parmi les autres cultures, citons le tabac et le coton de Thrace. Rares sont les foyers qui n'ont pas leur olivier,

noueux certes, mais productif, et leur patio couvert de vigne.

Mais la Grèce ne saurait se réduire à cette vision bucolique. Elle demeure un pays pauvre par rapport au reste de l'Europe occidentale, et nombreux sont ses habitants qui cumulent deux, voire trois emplois pour arriver à joindre les deux bouts. Le passé agraire du pays s'est trouvé en butte à la modernité. L'agriculture y était naturellement biologique, et le paysage soigneusement conservé. Mais le profit associé au développement touristique entre en conflit avec la préservation de l'environnement. Le bénéfice à court terme l'emporte parfois sur une vision à plus long terme, comme en témoigne le triste exemple des tortues dans l'île de Zante (voir p. 334-335). ■

Avec ses broderies et ses objets d'artisanat, cette demeure d'une pièce unique sur l'île de Karpathos reflète le style de vie traditionnel.

La gastronomie

La cuisine grecque est riche de trois mille ans d'histoire. Elle marie les influences occidentales et orientales dans des plats délicieux, quoique simples. Les repas au restaurant sont un moment inoubliable de tout voyage en Grèce.

Le secret de cette alchimie réside tant dans la beauté des sites que dans le peuple grec : sur les îles, vous dînerez par une chaude nuit d'été sous un ciel étoilé au bord de la mer. Dans les villes, le naturel chaleureux et exubérant des Grecs agrémentera votre repas.

La cuisine grecque est à son apogée quand elle sait rester simple. Un beau morceau d'agneau ou un poisson pêché le matin même, grillé lentement sur la braise et servi avec une rondelle de citron et une salade verte croquante, que demander de plus ?

Le vin grec a fait des progrès extraordinaires ces dernières années, tant en qualité qu'en variété. Les crus grecs remportent aujourd'hui des concours internationaux. Le résiné, ce vin blanc au goût très particulier, ne représente que 15 % des ventes de vin locales.

COUTUMES CULINAIRES

Les restaurants préparent de nombreux plats dans la matinée, qui sont tenus chauds jusqu'au déjeuner ou au dîner. Les Grecs n'aiment guère manger trop chaud, et les plats pourront vous paraître tout juste tièdes. Optez alors pour une spécialité servie aussitôt après cuisson, comme les *souvlakis* (brochettes de viande).

Comme les autres peuples méditerranéens, les Grecs ont tendance à manger tard. Le déjeuner est en général servi à partir de 13 heures, plus tôt dans les stations touristiques, mais vous ne verrez guère de Grecs manger avant 14 heures. Le soir, la plupart des restaurants ouvrent vers 19 heures, mais les Grecs ne s'y rendent qu'après 21 heures. Une fois le repas fini, ils vont au bistrot pour y prendre le café ou manger une part de gâteau, car la carte des desserts des restaurants est souvent très limitée.

Parmi les entrées les plus appréciées figurent le tarama (*taramosalata,* mousse d'œufs de morue), le *tzatziki* (concombre au yaourt) et les hors-d'œuvre variés connus sous le nom de mézès *(mezedes).*

Le plat emblématique de la cuisine grecque est sans doute la moussaka, une sorte de gratin de pommes de terre, d'aubergines et de viande hachée, souvent nappée de sauce béchamel. Cette spécialité est aussi légère que savoureuse. Le poisson est omniprésent, et les menus doivent indiquer s'il est frais ou congelé (voir le glossaire p. 386 pour les noms grecs des principaux poissons et fruits de mer). L'agneau est la viande la plus appréciée, mais vous trouverez aussi du poulet, du porc et du bœuf.

LES BOISSONS

L'apéritif de prédilection des Grecs est l'ouzo, un alcool à base d'anis qui se trouble au contact de l'eau et qui n'est pas sans rappeler le pastis. Les Grecs préfèrent le boire pur, mais on le sert toujours accompagné d'un verre d'eau pour se rincer le palais. Après le dîner, il est courant de se rendre dans un bar pour y prendre un Metaxa, marque locale d'eau-de-vie de raisin qui se décline en variétés à trois, cinq ou sept étoiles, la dernière étant la plus moelleuse. Le raki, autre eau-de-vie, de raisin ou de prune, parfois parfumée à l'anis, est plus ou moins âpre, mais toujours à consommer avec modération, car fortement alcoolisé.

Les Grecs sont nombreux à préférer la bière au vin pour accompagner les repas. Vous aurez souvent le choix entre deux ou trois types de bière, les étrangères étant les plus appréciées (blondes et légères, elles conviennent bien au climat grec). La bière locale la plus répandue est la Mythos, au léger goût de noisette.

Ne commettez pas d'impair en commandant votre café : ce que nous appelons couramment un café turc est ici un café grec *(elleniko)* ! Très serré, il est servi dans une petite tasse et toujours accompagné d'un verre d'eau. Servi en principe déjà sucré, c'est ce qu'on appelle un *metrio* (medium). Si vous l'aimez très sucré, demandez un *glyko,* et si vous l'aimez sans sucre, un *sketo.* Les Grecs sont aussi de grands amateurs de *frappé,* café au lait servi glacé dans un grand verre. ■

Les repas réunissant toute la famille sont l'un des éléments essentiels de la tradition auxquels les Grecs sont très attachés.

L'histoire de la Grèce

PLUSIEURS RÉGIONS DANS LE MONDE PEUVENT SE TARGUER D'ÊTRE UN BERCEAU DE civilisation. La Grèce, quant à elle, a sans nul doute engendré la civilisation occidentale. En effet, ce pays a vu apparaître et prospérer les arts plastiques, la philosophie, le théâtre, l'épopée et l'architecture aussi bien que la démocratie. Quant à Athènes, sa capitale historique, « où que l'on pose le pas, on y rencontre quelque souvenir du passé », comme l'avait déjà remarqué le Romain Cicéron (106-43 av. J.-C.).

L'ÂGE DE PIERRE

Dans de nombreux pays, c'est le paléolithique, que l'on peut situer grossièrement entre 2,5 millions et 9 000 ans avant notre ère, qui fournit les vestiges archéologiques les plus riches et les plus fascinants. En Grèce, toutefois, cette période n'a livré que peu de témoignages. C'est ce départ tardif qui fait du développement de la culture grecque, vers 3000 av. J.-C., un phénomène d'autant plus extraordinaire.

La plus ancienne relique de l'âge de pierre en Grèce consiste en un crâne prénéandertalien retrouvé dans une grotte à 50 kilomètres au sud-est de Thessalonique, dite des *Kokkines Petres* (pierres rouges). On y a également mis au jour des ossements d'animaux préhisto-

riques, une découverte due non pas à des paléontologues, mais à des villageois de Petralona, en 1959.

On sait que le peuplement de la Grèce remonte à 200 000 av. J.-C. Les colons, originaires sans doute du Moyen-Orient, se concentrèrent dans le nord du pays et dans la plaine fertile de Thessalie. On a retrouvé des traces d'occupation humaine remontant à 40 000 ans avant notre ère dans trois grottes situées plus à l'ouest, dans la vallée du Louros, en Épire. Les traces des premières communautés rurales de Grèce (et donc d'Europe) ont été retrouvées en Thessalie et en Macédoine, sous forme de poteries et de constructions en brique crue. Elles remonteraient à 7000-5000 av. J.-C. Le peuplement de la Crète (tombes de la grotte de Trapeza, sur le plateau de Lesithi) et de certaines des îles égéennes remonte lui aussi à cette période. Il semble que ces différentes populations se soient livrées à d'importants échanges. Mais le passé préhistorique de la Grèce devrait continuer d'occuper les scientifiques longtemps encore.

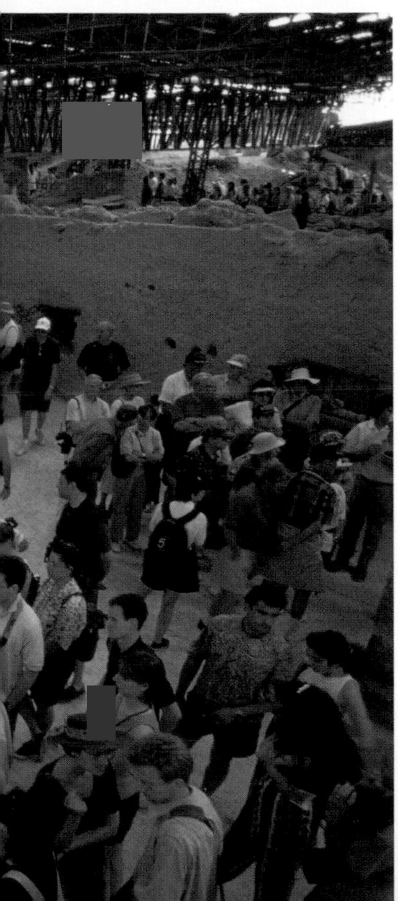

LA CIVILISATION MINOENNE

Dans les Cyclades, en mer Égée, la culture cycladique prospère à l'âge du bronze, à partir d'environ 3000 av. J.-C. De nombreuses statues et figurines nous sont parvenues, dont les plus anciennes datent d'environ 2800 av. J.-C. La plupart ont été retrouvées dans des tombes. Pleines de grâce et d'élégance, avec leur dessin stylisé, semblant presque simpliste, et leurs courbes épurées de marbre blanc, elles ont influencé plus d'un artiste du XXe siècle (voir p. 74). Aujourd'hui encore, elles forcent l'admiration, surtout quand on les voit pour la première fois en se disant qu'elles ont près de cinq mille ans.

Mais il faut attendre la civilisation dite minoenne pour assister à la véritable grande éclosion de la culture, dans le monde que nous appelons aujourd'hui grec. L'adjectif « minoen » a été forgé par l'archéologue britannique sir Arthur Evans (voir p. 288-289), qui dirigea les fouilles de Cnossos, en Crète. Il dénomma la civilisation qui avait édifié le palais d'après Minos, roi légendaire de l'île de Crète (les hellénistes estiment aujourd'hui que le vocable *minos* ne désignait pas une personne, mais que c'était un titre, un peu l'équivalent de « sire »).

Le premier palais de Cnossos fut érigé autour de 2000 av. J.-C. Ses dimensions laissent entrevoir quelles étaient la richesse et la puissance de la cité. La Crète régnait alors sur la Méditerranée orientale, tirant parti de son emplacement stratégique – qui jouerait bien plus tard un rôle capital durant la Seconde Guerre mondiale. Parmi les autres cités minoennes figuraient Argos, Tirynthe et Mycènes, trois villes voisines situées dans le Péloponnèse, mais aussi celles des îles de Rhodes, de Cythère (au sud du Péloponnèse) et des Cyclades. Cette civilisation atteignit son apogée vers 1500 av. J.-C. Le commerce de poteries, de vin, d'huile

La cité minoenne d'Akrotiri, sur l'île de Santorin, recouverte de cendres volcaniques au XVIe siècle av. J.-C.

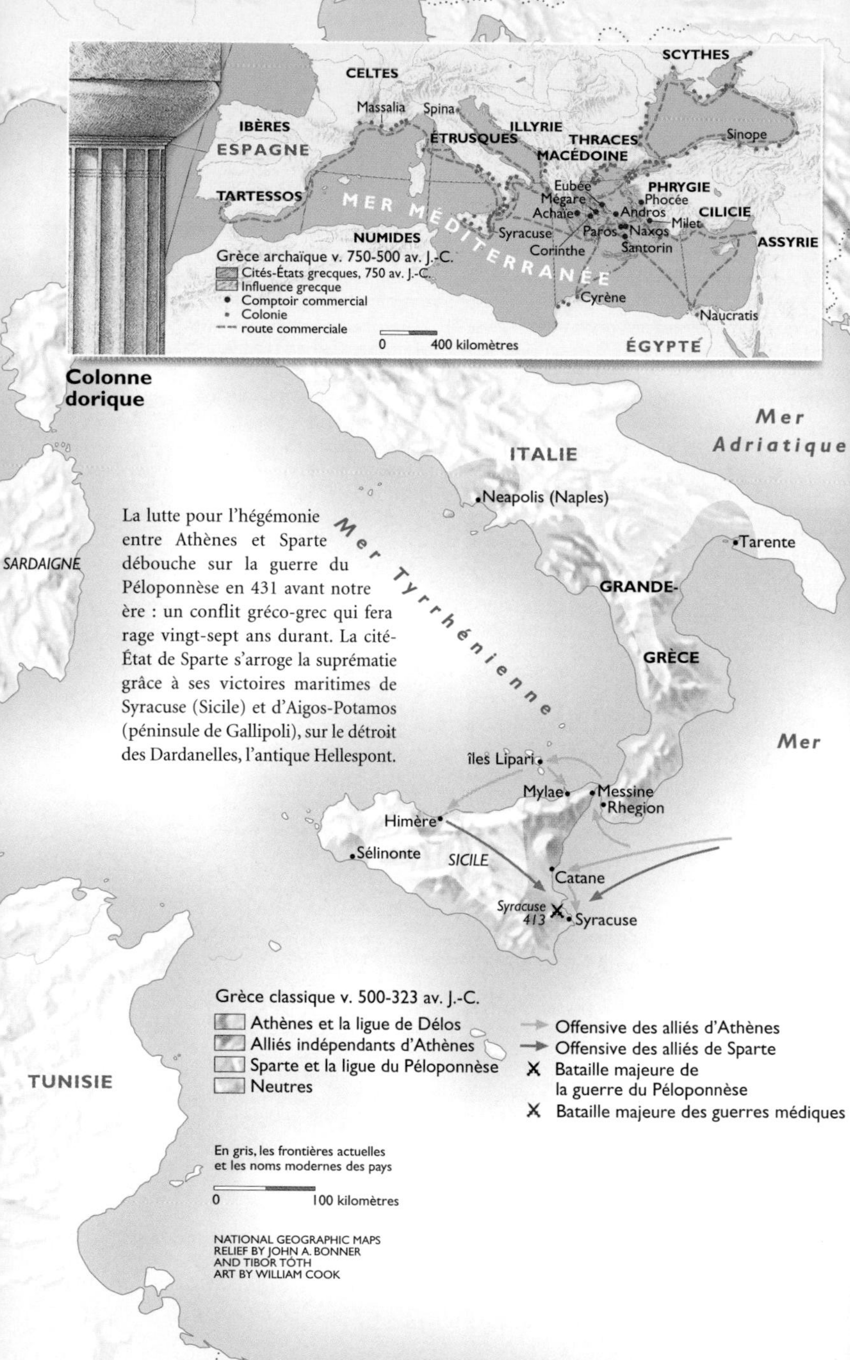

La lutte pour l'hégémonie entre Athènes et Sparte débouche sur la guerre du Péloponnèse en 431 avant notre ère : un conflit gréco-grec qui fera rage vingt-sept ans durant. La cité-État de Sparte s'arroge la suprématie grâce à ses victoires maritimes de Syracuse (Sicile) et d'Aigos-Potamos (péninsule de Gallipoli), sur le détroit des Dardanelles, l'antique Hellespont.

Guerre & empire

Le Ve siècle av. J.-C. fut une époque de gloire et de conflits pour la Grèce. Athènes entre dans son âge d'or en –495, avec le développement d'une structure politique stable et la floraison des arts (voir p. 28). C'est à la même époque que les Grecs, conduisant la ligue de Délos, repoussent les agressions perses, après les célèbres victoires de Marathon (–490), Mycale et Platées (–479).

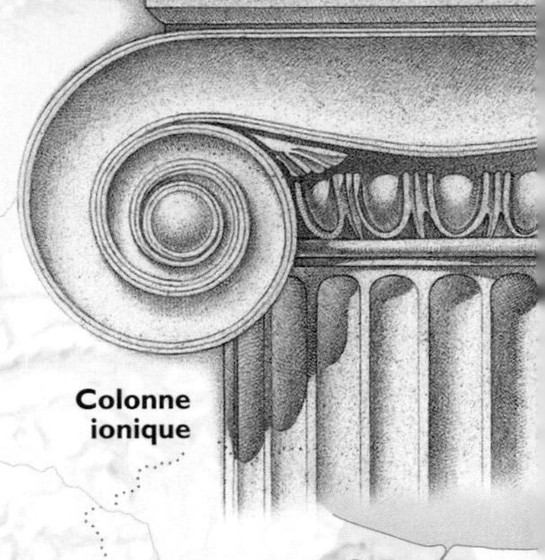

La période archaïque (de 750 à 450 av. J.-C. environ) se caractérise par de considérables mouvements migratoires depuis la Grèce : c'est l'expansion de l'empire. Les colonies s'implantent des rivages occidentaux de la Méditerranée jusqu'au littoral de l'Asie Mineure. Le commerce et la culture helléniques se développent de toutes parts. Dans les conflits à venir, les colonies orientales prendront le parti d'Athènes pour former la ligue de Délos, tandis que les colonies occidentales resteront neutres.

MER MÉDITERRANÉE

et de bijoux était alors prospère en Égypte et au Moyen-Orient.

Sir Arthur Evans expliquait la disparition précoce de la civilisation minoenne par l'éruption volcanique de l'île de Santorin (1500 av. J.-C.) et le raz-de-marée qui s'ensuivit. Ce qui est impossible,

Fragment d'argile avec inscription en linéaire B.

car cette civilisation ne s'éteignit qu'en 1450 avant notre ère. Mais sa théorie est si profondément ancrée dans les esprits que l'on n'hésite pas à tricher de cinquante ans sur la date de l'éruption de Santorin !

On ignore en réalité les raisons de la fin de la civilisation minoenne. Soulèvement populaire contre l'omnipotence des prêtres et des souverains ? Catastrophe naturelle ? Invasion par une puissance inconnue, les Mycéniens peut-être ? Ce qui est sûr, c'est que la cité de Mycènes s'arrogea au même moment l'hégémonie sur la mer Égée.

MYCÈNES

Les fouilles de l'archéologue allemand Heinrich Schliemann (voir p. 112-113) ont permis d'établir la date de fondation de la cité de Mycènes vers 2100 av. J.-C. D'abord peuplée par plusieurs vagues de colons originaires du sous-continent indien, Mycènes ne tarda guère à passer sous le contrôle des Minoens, dont la capitale était Cnossos, en Crète. Exalté par le mélange de mythe et d'histoire évoqué par Homère (voir p. 330-331), Schliemann fut persuadé d'avoir mis au jour la sépulture du roi légendaire Agamemnon.

Certains faits peuvent être considérés comme établis. Grâce à l'existence de tablettes d'argile portant des fragments rédigés dans une langue appelée linéaire B (que l'on retrouve à Cnossos), nous savons que les Mycéniens parlaient un dialecte du grec archaïque. Nous savons aussi que, vers 1400, ce sont eux qui profitèrent du déclin de la civilisation minoenne (quelle qu'en ait été la cause), puisqu'ils eurent la haute main sur les richesses, le commerce et le pouvoir en mer Égée orientale.

L'hégémonie économique et politique des Mycéniens ne fait pas l'ombre d'un doute. Un grand nombre d'objets d'or et d'argent ont été retrouvés à Mycènes même, dont certains d'une extraordinaire beauté et d'une valeur marchande considérable. Les plus beaux sont conservés au Musée archéologique national, à Athènes (voir p. 78). Les Mycéniens contrôlaient plusieurs autres cités, telles Tirynthe, toute proche, Pylos, sur la côte occidentale du Péloponnèse, et même Troie, dans la lointaine Asie Mineure (la Turquie actuelle).

Tirynthe, à quelques kilomètres au sud de Mycènes, abritait un grand palais doté de salles immenses et d'un portail monumental. Avant le dégagement du palais de Cnossos par Evans, le site de Tirynthe était l'exemple le mieux conservé d'un palais royal de l'âge du bronze.

La réalité rejoint la fiction avec l'histoire de la bataille de Troie. Dans *L'Iliade*, Homère raconte comment le roi de Mycènes, Agamemnon, partit avec ses troupes pour les rivages de l'Asie Mineure et fut le héros du siège de dix ans contre la ville de Troie. Celle-ci finit par tomber sous la coupe des Grecs, grâce à la ruse du cheval de Troie. Agamemnon rentra à

Page ci-contre : L'imposante porte des Lions (vers 1250 av. J.-C.) garde l'entrée de la citadelle de Mycènes. Les fauves en haut relief se dressent sur un autel, de part et d'autre d'une colonne de style minoen.

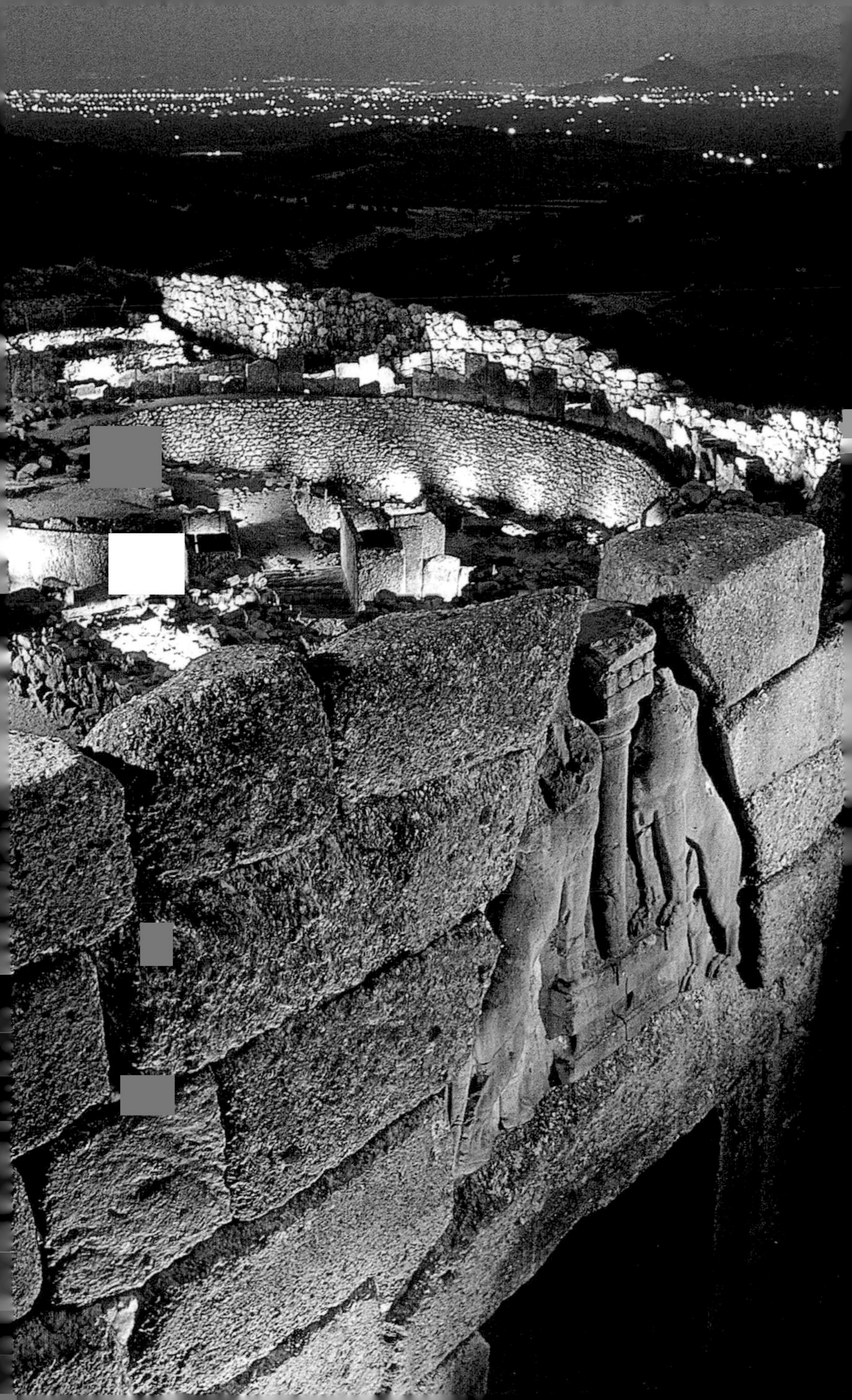

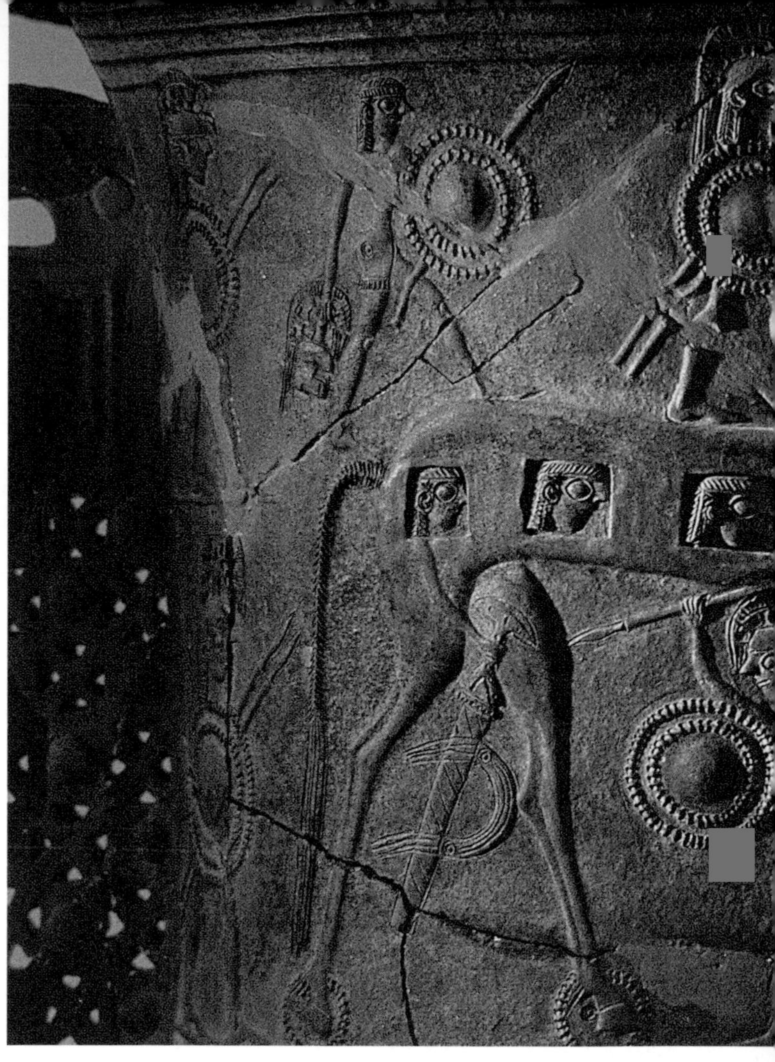

Mycènes en vainqueur, avec à son bras la princesse troyenne Cassandre.

S'il est indéniable que Mycènes compta plusieurs souverains puissants, il est difficile de dire s'il en fut un qui s'appelât Agamemnon. Quant au magnifique masque funéraire en feuilles d'or, du XVIe siècle av. J.-C., exhumé par Schliemann d'une des riches sépultures de Mycènes, nul spécialiste ne l'attribue plus à Agamemnon. D'après l'épopée, ce roi et son armée ne pouvaient appareiller pour Troie en raison de vents contraires, et le souverain dut sacrifier sa propre fille, Iphigénie, à la déesse Artémis. Agamemnon apparaît aussi dans la trilogie d'Eschyle *L'Orestie* (voir p. 106) : de retour de Troie avec Cassandre, le roi est assassiné dans son bain par sa femme, Clytemnestre, et l'amant de celle-ci, Égisthe.

Quoique puissante, la culture mycénienne eut la vie brève, puisqu'elle ne prospéra que durant deux siècles. Le pouvoir de Mycènes s'affaiblit vers 1200 av. J.-C. Ici encore, les raisons de

ce déclin sont inconnues, mais on évoque une catastrophe naturelle ou la confrontation avec un nouvel ennemi : les Doriens, venus du Nord.

Cette amphore de Mykonos (IXe siècle avant notre ère) porte la plus ancienne représentation connue du cheval de Troie.

LES DORIENS

L'effondrement de la civilisation mycénienne marque le début des âges longtemps et à tort dits « obscurs ». L'usage de cette expression s'explique par plusieurs facteurs, au premier rang desquels l'invasion par les tribus doriennes, venues du Nord vers 1200-1100 av. J.-C. Entrées dans le Péloponnèse, elles occupèrent Corinthe, puis conquirent Mycènes, Sparte et la plaine de l'Argolide. Peuple belliqueux, les Doriens n'avaient pas la culture qui fit la grandeur des Minoens et des Mycéniens. Ils se contentèrent d'anéantir les croyances des peuples soumis, sur un territoire comprenant la quasi-totalité de la

Grèce continentale, la Crète, le Dodécanèse, une partie de l'Italie méridionale, la Sicile et jusqu'au Moyen-Orient. Le commerce maritime, qui avait fait la richesse des dynasties précédentes, dépérit sous le règne de leurs tyrans.

De l'Antiquité aux grands armateurs du XXe siècle, l'économie grecque a toujours dépendu du commerce maritime : l'anéantissement de celui-ci au cours des siècles « obscurs » porta un rude coup au pays. Le commerce par voie de terre était rendu difficile par la présence des montagnes au nord et par les querelles incessantes avec les peuples anatoliens à l'est. La mer était donc un élément vital. Sous les Doriens, les Grecs perdirent non seulement le commerce, mais aussi les communications avec leurs proches voisins, et les échanges culturels en pâtirent autant que l'économie. Les Grecs se replièrent sur eux-mêmes et s'en remirent à l'agriculture pour survivre.

On imagine aisément les difficultés auxquelles le pays fut confronté. Aujourd'hui encore, la Grèce reste un État à faibles ressources, fortement dépendant des revenus du tourisme et du commerce maritime, ainsi que des transferts de capitaux de la diaspora.

LA PÉRIODE CLASSIQUE

La période mal connue des siècles « obscurs » finit par laisser place à la lumière et aux prémices de l'âge d'or de l'histoire grecque. Peuple insulaire, les Grecs n'eurent d'autre choix que de perfectionner leur organisation sociale, et l'on vit émerger des cités-États à partir du IXe siècle av. J.-C. Parfaitement indépendantes, elles formaient des alliances, établissaient des liens commerciaux et se faisaient la guerre comme autant d'États autonomes.

Deux cités-États se détachèrent du lot par leur puissance : Athènes et Sparte. Sparte, l'ancien bastion dorien, est restée célèbre pour son mode de vie austère et militariste, en un mot : spartiate. Athènes, quant à elle, affichait une culture beaucoup plus raffinée. Au Ve siècle av. J.-C., tous les Athéniens de sexe masculin et nés libres avaient le droit de vote, un droit que certains peuples n'obtiendront que dans la seconde moitié du XXe siècle !

Athènes brillait aussi par sa puissance militaire, comme en témoignent ses victoires sur les Perses à Marathon, à Mycale et à Salamine, ce qui lui permit de prendre le dessus sur sa

rivale, Sparte, aux VIe et Ve siècles av. J.-C., à l'époque dite classique.

Cette époque est connue à Athènes sous le nom de « siècle de Périclès » tant cet homme d'État, réélu stratège (chef militaire) chaque année, de 443 à 430 av. J.-C., a marqué son temps. Il a non seulement étendu l'empire athénien, mais aussi introduit des concepts politiques révolutionnaires et patronné les arts ainsi que l'architecture. C'est sous son mandat que fut érigé le Parthénon, sous la houlette de Phidias, que fleurit l'art théâtral (voir p. 106) et que virent le jour un grand nombre d'idées démocratiques. Périclès est à l'origine de la notion de rétribution des serviteurs de l'État, du droit de vote pour les citoyens libres et de l'élection du gouvernement. C'est aux Grecs que le monde moderne doit la notion de démocratie, du mot *demokratia* (pouvoir du peuple).

La rivalité persistante entre Athènes et Sparte culmina avec la guerre du Péloponnèse (431-404 av. J.-C.). Sparte s'allia aux cités du Péloponnèse, passées depuis longtemps sous sa coupe, pour attaquer Athènes, et sortit victorieuse du conflit, en 404. L'année suivante, les Athéniens se soulevèrent et expulsèrent les Spartiates de leur cité pour recouvrer leur autonomie et leur mode de vie raffiné. Mais

En 333 av. J.-C., le jeune roi de Macédoine, Alexandre (à gauche), à peine âgé de vingt-trois ans, triomphe à Issos du roi des Perses Darius III et s'ouvre ainsi les portes de l'Asie. C'est le début de l'époque hellénistique (mosaïque de Pompéi).

une menace nouvelle pointait à l'horizon, venue non pas du Péloponnèse, mais de Macédoine, dans la direction opposée, au nord.

ALEXANDRE LE GRAND ET LA PÉRIODE HELLÉNISTIQUE

En 382 av. J.-C. naquit à Pella, capitale de la Macédoine antique, le futur roi Philippe II, couronné en 359. Ce fut un souverain puissant, certes, mais c'est son fils, Alexandre dit le Grand, qui allait changer la face du monde à tout jamais (voir p. 30-31).

L'organisation politique de la Grèce, avec ses cités-États constamment en guerre, la rendait vulnérable aux attaques venues du dehors, même si une armée aussi forte que celle des Perses n'avait pas réussi à la soumettre. Les Grecs étaient toujours parvenus à unir leurs forces pour repousser l'envahisseur, sans pour autant manquer de retourner ensuite à leurs querelles intestines. Mais la Grèce et le reste du monde civilisé allaient bientôt découvrir en Philippe II et en Alexandre des agresseurs d'une trempe bien différente.

Philippe II avait été retenu comme otage par Thèbes à l'époque où celle-ci était la plus puissante des cités-États. Sa détention lui permit d'observer le fonctionnement de l'armée thébaine, dont il adopta la tactique militaire une fois rentré en Macédoine. Ce royaume indépendant, mais vulnérable, peuplé d'hellénophones, s'étendait alors sur les plaines fertiles situées au nord d'Athènes. Philippe II rassembla les Macédoniens puis attaqua les territoires voisins, à la fois à l'est, vers la Chalcidique et la Thrace, et au sud, vers Athènes. Il signa tout d'abord un traité de paix avec Athènes, mais celui-ci eut la vie courte et, en 338, à la bataille de Chéronée, il triompha des armées alliées d'Athènes et de Thèbes. Son fils Alexandre fit là ses premières armes en menant une phalange de fantassins au combat.

Philippe fut assassiné en 336, alors qu'il s'apprêtait à envahir la Perse, et inhumé à Vergina, entre Pella et le mont Olympe. La découverte d'une tombe princière sur ce site, en 1977, fut l'un des grands moments de l'archéologie grecque au XXe siècle. Le squelette pré-

Mosaïque de style byzantin au plafond de Nea Moni, monastère sur l'île de Chios.

sumé du roi, intact, et le trésor en or inhumé à ses côtés sont aujourd'hui exposés au Musée archéologique de Thessalonique. Philippe II fut sans nul doute l'un des plus puissants souverains de son temps. Et pourtant, ce n'était rien, comparé à l'empire qu'allait conquérir son fils.

Alexandre n'avait que vingt ans quand il accéda au trône. Guerrier accompli, intelligent et cultivé (Aristote avait veillé à son éducation), il était néanmoins très vulnérable. Il fit donc ce que font souvent les futurs grands souverains : il élimina ses adversaires potentiels dans son propre camp. Il recouvra ainsi l'autorité sur la Thessalie, qui s'était rebellée contre lui, fit de même avec la Thrace, puis avec Thèbes, qu'il rasa jusqu'à ses fondations et dont il fit emprisonner les habitants sans états d'âme. Ces manières expéditives et brutales firent bientôt de lui un souverain tout-puissant dans le monde hellénique. Il prit le commandement des troupes macédoniennes et, en 334, conduisit une armée forte de 35 000 hommes au-delà de l'Hellespont (détroit des Dardanelles), où elle écrasa les troupes perses, quoique plus nombreuses, en ne subissant que 110 pertes dans ses propres rangs. Alexandre sut ne pas humilier les vaincus, attitude dans laquelle il persista avec succès tout au long de sa courte vie de conquérant. Sa stature de meneur d'hommes galvanisait ses troupes, qui, quoique souvent numériquement inférieures aux armées ennemies, continuèrent de défaire les Perses et avancèrent jusqu'au Moyen-Orient et en Égypte. Là, consultant l'oracle d'Amon, dans l'oasis de Siouah, Alexandre aurait été convaincu de sa propre essence divine.

Bien qu'il ait alors acquis le contrôle de l'ensemble de la Méditerranée orientale, il n'était pas encore satisfait. Il voulait atteindre les limites du monde connu ! Aussi se mit-il en marche vers l'est, remportant de nouvelles victoires, fondant des villes (environ 40 cités nommées Alexandrie !), mariant ses soldats et lui-même à des femmes indigènes pour resserrer les liens entre vainqueurs et vaincus.... Il atteignit les rives de l'Indus, puis rentra à Babylone, où il mourut subitement en 323, âgé à peine de trente-trois ans.

Alexandre projetait non seulement de conquérir le monde, mais aussi d'unir Orient et Occident en un empire immense et harmonieux. Les cités qu'il fonda devinrent de hauts lieux de civilisation : il propagea la culture et la langue grecques, tout en intégrant celles des pays conquis. Si Alexandre avait vécu davantage, il ne fait guère de doute que son empire se serait étendu. Mais qui aurait pu lui succéder et assurer l'unité d'un pareil territoire ?

LA PÉRIODE HELLÉNISTIQUE, PUIS LA DOMINATION DE ROME

L'empire d'Alexandre se désintégra rapidement après sa mort. Les régions les plus excentrées exigèrent leur indépendance, tandis que trois zones restaient dans le giron macédonien : la Perse, l'Égypte et la Grèce. Ce démembrement entraîna une série de conflits qui eurent pour effet d'affaiblir les différentes cités-États grecques. Cette période, dite hellénistique, commence avec la mort d'Alexandre pour s'achever avec l'émergence d'une nouvelle grande puissance : l'Empire romain.

Sous le règne de Philippe V, les phalanges macédoniennes, qui ne sont plus que l'ombre d'elles-mêmes, sont vaincues par les légions romaines à Cynoscéphales en 197 av. J.-C. En moins de dix ans, Rome s'arroge le contrôle de la Grèce, tout en concédant leur indépendance aux cités-États d'Athènes, de Sparte et de Thèbes. Cette situation ne pouvait guère durer. Les cités-États sont finalement administrées par Rome, et elles ont beau unir leurs forces dans un soulèvement commun, elles restent trop disparates pour pouvoir ébranler leur joug. En 146 av. J.-C., Rome annexe les cités-États et fait de la Macédoine l'une des provinces administratives de son empire.

Abstraction faite de la perte de leur autonomie, ces bouleversements ne nuisirent pas trop aux Grecs : les habitants purent conserver leur langue, et la culture romaine raviva la culture grecque plus qu'elle ne la désintégra. Au début de notre ère, le christianisme devint la religion prépondérante et, sous le règne de quelques césars éclairés et philhellènes, comme Hadrien, Athènes retrouva sa place de capitale des arts, de l'architecture et de la politique. L'arc d'Hadrien, la bibliothèque et l'odéon d'Hérode Atticus à Athènes sont quelques-uns des nombreux édifices témoignant de l'impact positif de Rome sur la vie culturelle grecque. Par rapport à l'occupation turque à venir, la période romaine de la Grèce fait figure d'un retour à l'âge d'or.

L'EMPIRE D'ORIENT, OU BYZANTIN

Au IVe siècle de notre ère, l'Empire romain a beaucoup perdu de sa puissance et est devenu si grand qu'il va se diviser en deux parties : l'Empire d'Occident, dont Rome est naturellement la capitale, et l'Empire d'Orient, gouverné depuis la « Nouvelle Rome » : Byzance.

L'empereur Constantin le Grand (règne 306-337) décida de transférer les services administratifs de l'Empire et sa propre résidence sur le site de l'ancienne cité grecque de Byzance, qui devint alors Constantinople (aujourd'hui Istanbul). Les travaux commencèrent en 324, pour s'achever en 330. La ville reflétait un mélange de cultures grecque et latine, mais le rapprochement avec l'Asie provoqua une inévitable progression des influences orientales, qui se mêlèrent aux cultures chrétienne et gréco-romaine.

À mesure que s'effaçait Athènes, Constantinople s'éleva et connut une époque de floraison comparable au siècle de Périclès. Un ressentiment anti-grec se fit jour, qui entraîna l'éradication de toutes les traces de l'ancien paganisme hellène, la fermeture du sanctuaire de l'oracle de Delphes, que les Grecs considéraient comme le centre du monde, et l'abolition des jeux Olympiques, incarnation de l'esprit grec. La Grèce tomba dans l'oubli, et lorsqu'elle fut envahie par des tribus slaves, l'Empire byzantin ne s'en soucia guère.

Constantinople résista à toutes les tentatives d'invasion, et l'Empire byzantin conserva la plus grande partie de son territoire, survivant longtemps après la dislocation de l'Empire romain d'Occident, envahi par les Goths en 476. Avec la prise de Constantinople par les croisés, en 1204, l'Empire byzantin s'effondre une première fois, puis disparaît sous les coups des Turcs en 1453. De nombreux Grecs croient encore qu'Istanbul redeviendra un jour la Byzance hellène, ce qui ne contribue évidemment pas à améliorer les relations avec leur voisin turc. Mais ces sentiments sont explicables au regard de la suite de l'histoire.

Entre la fin de l'Empire byzantin et l'arrivée des Ottomans, les Grecs subirent plusieurs vagues d'invasions, notamment au cours des croisades. Les Normands débarquèrent à Corfou en 1081, d'où ils conquirent une partie des terres, tandis que, au début du XIIIe siècle, les Vénitiens et les Francs occupèrent de grandes portions du territoire grec. Il s'ensuivit deux siècles de querelles pour l'hégémonie, qui ne s'achevèrent qu'avec l'annexion d'Athènes et du Péloponnèse par les Ottomans, en 1456.

L'OCCUPATION OTTOMANE, PUIS TURQUE

Les Grecs gardent un goût amer de la longue période de soumission à l'Empire ottoman et de la construction d'une mosquée à l'intérieur du Parthénon, tombé en ruine. Pour ne rien arranger, c'est au cours de cette période que l'ambassadeur britannique à Constantinople, lord Elgin, se fit remettre les frises en marbre du Parthénon (voir p. 53) pour les acheminer par bateau jusqu'en Grande-Bretagne.

Constantinople tomba sous l'autorité ottomane en 1453, et c'est de cette année que les Grecs font commencer l'occupation, même si les Turcs n'envahirent la Grèce dans ses frontières actuelles qu'un peu plus tard. Mais ils ne firent pas les choses à moitié, puisque seules les îles Ioniennes, au large du littoral occidental, les Cyclades et de petites poches en Crète et sur le continent échappèrent à leur contrôle.

Les Grecs connurent des fortunes diverses. Certains prospérèrent. En effet, les Ottomans déléguaient volontiers leur autorité à un potentat local, qu'ils laissaient s'enrichir à condition qu'il paie l'impôt à Constantinople et qu'il assujettisse la population. En revanche, là où régnait un tyran turc, des villes et villages entiers pouvaient être décimés sur un geste de sa main. Pendant ce temps, la culture turque gagnait du terrain : on la retrouve à Ioanina, capitale de l'Épire, et à Thessalonique, ainsi bien sûr qu'en Thrace, région qui jouxte la Turquie actuelle. Les Ottomans régnèrent sans encombre plus de trois cents ans. Ce n'est qu'à la fin du XVIIIe siècle et au début du XIXe qu'apparurent les premiers soubresauts en faveur de l'indépendance.

LA GUERRE D'INDÉPENDANCE

Plusieurs événements concoururent à provoquer la guerre. Dès 1770, en Crète, l'Église orthodoxe russe vint au secours de ses frères orthodoxes grecs dans une tentative de renversement du gouvernement ottoman. Peu après, ce fut la Révolution française qui encouragea le peuple grec à se soulever contre la tyrannie.

C'est en 1821 que débute la guerre proprement dite. Le 21 mars, au monastère d'Agia Lavra, situé en face de Kalavrita, au nord du Péloponnèse, l'archevêque Germanos de Patras est le premier à hisser le drapeau grec, en geste de défi à l'Empire ottoman. Le monastère est devenu un lieu de pèlerinage visité tous les ans à la même date, où l'on célèbre le début de la guerre contre les Turcs. Après des siècles de sujétion, cette guerre allait être gagnée en moins de dix ans.

La cause grecque emporta le soutien dans de nombreux pays d'Europe, où l'on vit des volontaires philhellènes s'enrôler aux côtés des insurgés. Beaucoup étaient allemands, mais le plus célèbre d'entre eux fut le poète lord Byron (1788-1824). Qu'un jeune aristocrate anglais, écrivain renommé, puisse embrasser la cause de l'homme du peuple grec eut un effet puissant sur les esprits. Byron y laissa la vie, même si ce ne fut pas au combat, puisqu'il mourut à Missolonghi emporté par une mauvaise fièvre.

Sa mort eut un retentissement énorme. La Grande-Bretagne, la France et la Russie envoyèrent officiellement de l'aide aux insurgés grecs, tandis que les Turcs étaient soutenus par leurs coreligionnaires égyptiens, auxquels ils promirent la Crète et une partie du territoire turc, en cas de victoire. La guerre toucha à sa fin après la bataille navale de Navarin (aujourd'hui Pilos), sur la côte sud-ouest du Péloponnèse, le 20 octobre 1827. La flotte turco-égyptienne fut anéantie, et lorsque le puissant Empire russe déclara la guerre à l'Empire ottoman, celui-ci capitula devant la Grèce, à qui il dut accorder l'indépendance. La signature du traité de Londres (1830), qui plaçait le jeune État grec sous la protection des alliés britanniques, français et russe, fut un moment capital dans l'histoire du peuple grec.

Enfants vêtus du costume national pour le défilé de la fête de l'Indépendance.

APRÈS L'INDÉPENDANCE

Les Grecs avaient recouvré leur liberté, mais leur jeune État était encore loin d'être pacifié. Le tracé des frontières tel qu'il avait été fixé par les signataires du traité de Londres ne donnait pas satisfaction aux Grecs. Les grandes régions d'Épire et de Macédoine restaient entre les mains des Turcs, tout comme les îles du Dodécanèse, tandis que les îles Ioniennes, au large du littoral occidental, passaient sous protectorat britannique. Les Grecs estimaient que justice ne leur avait pas été faite.

Cette frustration entraîna malheureusement un conflit interne, qui dégénéra en guerre civile en 1831, lorsque l'ancien chef de la résistance et premier président du nouvel État, Ioanis Kapodistrias, fut assassiné par deux de ses compatriotes. Les puissances occidentales eurent tôt fait d'intervenir et, l'année suivante, la Grèce renoua avec la monarchie, se voyant imposer le roi Othon Ier, d'origine bavaroise. Âgé de dix-sept ans, il fit un piètre souverain. Les Grecs, que l'indépendance avait rendus optimistes pour leur avenir, avaient désormais deux griefs : le territoire qui leur avait été accordé était trop réduit (il était plus petit qu'il ne l'est à présent), et Othon Ier avait placé ses compatriotes allemands aux commandes de l'État. La Grèce semblait tombée de Charybde en Scylla.

En 1862, l'armée et les citoyens se soulevèrent contre le roi, qui fut officiellement destitué avec le concours des puissances occidentales et remplacé par Georges Ier, natif du Danemark. Celui-ci s'avéra un souverain beaucoup plus efficace et populaire : il rendit à la population les zones occupées par les Turcs, ce qu'Othon Ier s'était toujours refusé à faire, et renouvela les autres revendications territoriales contre l'Empire ottoman. En 1878, la Thessalie et une partie de l'Épire avaient réintégré le giron hellène.

Les autres incursions en territoire turc s'avérèrent beaucoup moins concluantes : en 1895, les Crétois s'insurgèrent contre la souveraineté ottomane, mais n'emportèrent qu'un demi-succès. La Crète obtint en 1898 un haut-commissaire délégué par les puissances européennes. L'île ne fut rattachée à la Grèce qu'en 1913.

Le problème macédonien fut plus épineux encore. En 1917, la Grèce attaqua les armées turques en Macédoine, mais dut essuyer des représailles massives. Le désastre ne fut évité que sur l'intervention des puissances européennes, qui pressèrent la Sublime Porte de mettre fin au conflit.

Constantin Ier, roi de Grèce (règnes 1913-1917 et 1920-1922). Il dut abdiquer deux fois et céder le trône à ses fils, Alexandre Ier puis Georges II.

LES GUERRES BALKANIQUES

La première guerre balkanique se déroula en 1912-1913, dans un imbroglio d'alliances et de vieilles rancœurs. La Grèce n'était pas le seul pays à réclamer la Macédoine aux Turcs. Ses voisins du nord, Roumanie, Serbie et surtout Bulgarie, lorgnaient eux aussi sur ce territoire, non sans quelque justification historique. Le port macédonien de Thessalonique constituait un débouché de premier ordre sur la Méditerranée. Lorsque les Bulgares de Macédoine se soulevèrent, on vit les Grecs proposer mainforte aux Turcs et envoyer leurs forces à l'ouest de la région contestée. Les combats s'intensifièrent, et l'Empire ottoman envoya des renforts dans l'espoir de se débarrasser de tous les belligérants, mais ceux-ci se coalisèrent, et la Porte dut plier devant l'alliance des armées grecque, bulgare, serbe et monténégrine. La Grèce recouvra une partie de la Macédoine, et l'Empire ottoman finit par lui accorder la Crète.

À peine cette première guerre était-elle finie que déjà la seconde éclatait, en 1913. Elle ne dura qu'un mois et vit la Grèce et la Serbie s'allier contre la Bulgarie, qui n'était pas de taille à leur résister.

LA PREMIÈRE GUERRE MONDIALE

L'entrée de la Grèce dans la Première Guerre mondiale répond à cette même logique complexe. Le Premier ministre Venizélos eût préféré se ranger aux côtés des Britanniques, mais le roi Constantin Ier, qui avait épousé la sœur de l'empereur d'Allemagne Guillaume II, insista pour que la Grèce restât neutre.

Venizélos quitta Athènes pour Thessalonique, la deuxième ville du pays, où il fonda un gouvernement d'opposition qui fut reconnu à la fois par la Grande-Bretagne et par la France.

Tout semblait aller pour le mieux pour la Grèce, dont les troupes combattirent aux côtés des Alliés. Le roi fut contraint d'abdiquer et remit la couronne à son fils Alexandre. Après la guerre, la Grèce reprit la Thrace aux Bulgares et aux Turcs, ainsi que des îles de la mer Égée restées sous occupation ottomane.

Mais Venizélos exprima une revendication de trop : au lieu de se contenter des territoires restitués, il réclama la région de Smyrne (à peuplement majoritairement grec), sur la côte égéenne de la Turquie. Les troupes grecques y débarquèrent en 1919. Après quelques incursions, elles furent toutefois repoussées par Mustafa Kemal, le nouveau chef d'État de la Turquie post-ottomane. La population grecque fut décimée et la ville détruite.

Le futur Atatürk avait désormais l'avantage, ce qui lui permit d'imposer un échange de populations en 1923. La vaste Turquie accueillit quelque 400 000 musulmans turcs, tandis que la Grèce dut faire face à un afflux soudain de 1,3 million de réfugiés, soit environ 25 % de sa population ! Ces migrants, dépossédés de tout pour la plupart, vinrent peupler les faubourgs d'Athènes et les quartiers pauvres de son port, Le Pirée. S'ils enrichirent la culture – notamment la musique –, leur arrivée eut un effet désastreux sur l'économie, qui mit de longues années à se relever, compte tenu de la conjoncture mondiale des années 1920 et 1930.

LA SECONDE GUERRE MONDIALE ET LA GUERRE CIVILE (1945-1949)

On a dit qu'un seul mot, *ohi* (non), avait suffi à faire entrer la Grèce dans la Seconde Guerre mondiale. C'est en effet ce qu'aurait répondu le général Metaxas (1871-1941), Premier ministre d'alors, à Mussolini qui lui demandait d'autoriser les troupes italiennes à traverser son territoire. Le *Duce* avait adressé un ultimatum à la Grèce le 28 octobre 1940, et la réponse abrupte de Metaxas, transmise au ministre italien des Affaires étrangères à Athènes, précipita la Grèce dans la guerre. C'est cette réponse qui est célébrée depuis tous les 28 octobre, fête appelée «jour du *Ohi*». L'anecdote est séduisante, mais il est plus probable que la réponse ait été formulée en français, langue de la diplomatie, et l'on dit qu'elle aurait tenu en ces mots : «C'est la guerre.»

Malgré un début de résistance dans les montagnes du Nord, les troupes italiennes pénétrèrent en Grèce *via* l'Albanie. Avec l'aide de la marine allemande, il leur fallut à peine plus de six mois pour occuper le pays et la plupart de ses îles. Le général Metaxas était mort et le roi en exil.

La Grèce souffrit atrocement de la guerre, et l'on n'a jamais révélé toutes les horreurs de ces années d'occupation. Un demi-million de Grecs environ moururent de faim, dont un grand nombre dans les rues d'Athènes (certains de ces épisodes effroyables sont retracés au musée de la Guerre de la ville, voir p. 71). Plus encore subirent les violences et les traitements dégradants infligés par l'occupant, ce que les anciennes générations n'ont pas encore oublié.

Les juifs de Grèce souffrirent terriblement. Les villes où ils étaient peu nombreux virent leur communauté entièrement anéantie. Même à Thessalonique, qui fut à une époque la première ville juive d'Europe, leur nombre passa de 60000 à quelques centaines, après la guerre. On estime que 87 % des juifs grecs moururent ainsi.

En d'autres endroits, la guerre eut un impact moins direct, notamment dans certaines îles, où le tempérament grec s'accommoda des forces d'occupation italiennes et où s'instaura une relation de collaboration.

La résistance grecque fut surtout le fait du Front national de libération (EAM), qui travailla aux côtés des services secrets britanniques contre les forces d'occupation. Au-delà des hauts faits héroïques, l'EAM, dominé par les communistes, se scinda malheureusement en deux factions rivales s'opposant pour le contrôle de la Grèce pacifiée. En 1945, alors que le reste de l'Europe retrouvait la paix, la Grèce était plongée dans une guerre civile qui dura jusqu'en 1949. Le film *Eleni* (Peter Yates, 1985), d'après le livre éponyme du romancier et producteur d'origine grecque Nicholas Gage, relate les horreurs vécues dans un village des montagnes du nord de la Grèce.

L'ancien chef d'état-major Ioanis Metaxas devient Premier ministre en 1936.

La crise fut déclenchée lorsque les forces d'occupation britanniques formèrent un gouvernement provisoire intégrant des représentants de l'EAM. Les Britanniques, favorables à un retour de la monarchie, s'efforcèrent de contrer l'influence de l'EAM, une chose inac-

Les partisans grecs, réputés pour leur vaillance, fêtent la Libération en 1944.

ceptable pour les partisans qui avaient risqué leur vie pour la liberté de la Grèce.

En 1946, un gouvernement de droite fut élu et la restauration de la monarchie plébiscitée. Les communistes furent alors marginalisés, avec l'aide considérable apportée par les États-Unis au gouvernement conservateur. L'EAM entra à nouveau en résistance, mais cette fois-ci contre ses compatriotes et leur allié américain. Le conflit fut tout aussi sanglant que les guerres balkaniques et s'acheva sur une victoire précaire des conservateurs.

Ces événements ont beau remonter à plus d'un demi-siècle, sachez qu'il vaut mieux être circonspect si vous évoquez la guerre et l'immédiat après-guerre en Grèce. Toutes les plaies ne se sont pas refermées.

LE RÉGIME DES COLONELS

Après des siècles d'agitation, suivis par des guerres en cascade durant la première moitié du XXe siècle, il eût été étonnant que la Grèce renouât très vite avec la paix et la stabilité.

Dans les années 1950, c'est Chypre qui fit parler d'elle. Cette île sous administration britannique était alors en proie à la violence, du fait d'activistes grecs qui la considéraient comme appartenant à la nation hellène. L'accès à l'indépendance fut une solution de compromis qui allait entraîner des conséquences désastreuses.

Dans les années 1960, une série de changements au sommet de l'État accentuèrent les divisions. La Grèce, malgré son passé de résistance et un certain penchant pour l'anarchie, a souvent été gouvernée par un parti conservateur. Le gouvernement plus modéré de Georgios Papandréou (1888-1968) fut considéré par beaucoup comme trop libéral, et les prises de bec avec la monarchie (sur le commandement suprême de l'armée, par exemple) contraignirent Papandréou à la démission en 1965.

Cet homme à la forte stature fut suivi par une série de chefs de gouvernement inefficaces, et, le 21 avril 1967, une junte militaire fascisante, emmenée par un groupe de colonels, s'empara du pays. Le régime fit alors penser aux dictatures d'Amérique centrale : arrestations massives, torture, disparitions, loi martiale, censure et étouffement des libertés civiques… Après Papandréou le modéré, la Grèce fut gouvernée d'une main de fer par le colonel Georgios Papadopoulos (1919-1996). Le roi Constantin II (né en 1940) fut exilé après une tentative avortée de renversement de la junte.

Les colonels provoquèrent leur propre chute en voulant prendre le contrôle de Chypre. Ils entraînèrent une invasion des forces turques, qui s'emparèrent de près de la moitié du territoire, toujours sous leur contrôle aujourd'hui. L'armée grecque se mutina alors contre son propre état-major. Les colonels avaient déjà fait preuve de leur cruauté en réprimant dans le sang un mouvement de contestation estudiantine à l'École polytechnique d'Athènes, le 17 novembre 1973. Personne ne sait exactement combien d'étudiants trouvèrent la mort en ce jour fatidique, commémoré depuis, mais l'École continue de porter les traces des impacts de balles, comme la nation porte les cicatrices de la junte des colonels.

LE RETOUR À LA DÉMOCRATIE

Avec le retour à la démocratie, la Grèce entra dans une période de plus grande stabilité et de prospérité, notamment avec l'explosion du tourisme et l'adhésion à la Communauté économique européenne.

Après la défaite des colonels, l'ancien Premier ministre Constantin Caramanlis rentra de son exil parisien et emporta une confortable majorité pour son parti de la Nouvelle Démocratie *(Nea Dimokratia)* lors des premières élections libres. Mais ce fut l'un de ses rivaux, Andréas Papandréou (1919-1996) – le fils de Georgios –, et son nouveau parti socialiste, le PASOK, qui jouèrent un rôle central dans la politique grecque lors des vingt années suivantes. Caramanlis organisa un référendum sur la monarchie, et les Grecs votèrent avec une nette majorité contre le retour du roi de son exil.

Caramanlis resta lui-même sept ans au pouvoir avant le raz-de-marée du PASOK et de Papandréou aux élections de 1981. La Grèce connut alors son premier gouvernement de gauche en près de cinquante ans (avec notamment l'actrice Melina Mercouri – exilée par les colonels et élue députée en 1977 – comme ministre de la Culture). Papandréou entreprit une série de réformes sociales, avec l'égalité des droits, la hausse des retraites, le droit au mariage civil dans une société fortement dominée par l'Église, etc. Mais certaines de ces réformes se firent aux dépens de l'économie, et Papandréou était loin de faire l'unanimité. Le PASOK promit le démantèlement des bases américaines et le retrait de l'OTAN, mais ces promesses restèrent lettre morte.

Georgios Papadopoulos, homme fort du régime dictatorial des colonels, fut chassé en 1974. Et la démocratie refleurit.

En 1989, les élections furent trop serrées et ne débouchèrent que sur des gouvernements de coalition. Au printemps 1990, la Nouvelle Démocratie retrouva le pouvoir, avec une majorité des plus ténues. Ce virage à droite ne dura même pas quatre ans, puisque, en octobre 1993, Andréas Papandréou redevint Premier ministre, à l'âge de soixante-quatorze ans. Sa santé se détériora toutefois en l'espace de deux ans, au point qu'il fut contraint de démissionner. En 1996 disparut avec lui l'un des hommes politiques grecs les plus importants du XXe siècle. Grâce en partie à son héritage, le PASOK se maintient depuis au gouvernement, avec une majorité modeste mais suffisante. Les relations avec la Turquie, en particulier la question de l'occupation du nord de Chypre, restent un point brûlant. ■

Les arts

Les artistes grecs contemporains, quel que soit leur mode d'expression, sont immanquablement écrasés par la grandeur de leurs ancêtres. Il leur est pratiquement impossible de se défaire du joug de l'histoire, de la mythologie et du poids imprimé pendant des siècles par l'Église orthodoxe. Qu'ils soient écrivains, peintres ou joailliers, la plupart finissent inévitablement par intégrer la tradition dans leur création, quitte à en donner une interprétation moderne.

LES ARTS PLASTIQUES

La sculpture de la Grèce ancienne combine souvent puissance et grâce, force et agilité. Elle vit le jour à la période archaïque, vers les VIIIe et VIIe siècles av. J.-C., alors que fleurissait le commerce avec l'Égypte. D'abord, les statues égyptiennes acheminées en Grèce furent sources d'inspiration. Les similitudes sont flagrantes : postures verticales, bras tombants, mains plaquées au corps. Mais les élèves ne tardèrent pas à surpasser les maîtres et, en l'espace d'un siècle, ils ajoutèrent leur propre créativité, insufflant vie et mouvement aux corps sublimés et néanmoins réalistes. Des statuettes en terre cuite de Tanagra aux grands nus de marbre de Praxitèle, tout n'est que grâce et beauté.

Pour vous rendre compte de l'évolution de la sculpture grecque à travers les siècles, parcourez à Athènes les salles du Musée archéologique national (voir p. 78-81) en recourant si possible aux services d'un guide professionnel. Vous y découvrirez des chefs-d'œuvre, à l'exception bien sûr de ceux qui ont quitté la Grèce : la frise du Parthénon (conservée à Londres, voir p. 53), mais aussi la *Vénus de Milo* et la *Victoire de Samothrace,* révérées au musée du Louvre, à Paris. De même, on peut voir en Italie (dans l'ancienne Grande-Grèce) bien des chefs-d'œuvre trouvés sur place, tels les deux splendides bronze de Riace, à Reggio di Calabria.

Si la question de l'éventuel rapatriement de la frise du Parthénon et autres métopes (panneaux sculptés) exilées soulève tant de passion, c'est que ces bas-reliefs n'étaient pas seulement des œuvres d'art en eux-mêmes, mais qu'ils s'inscrivaient dans l'ensemble architectural des temples sur lesquels ils étaient accrochés. Commandées aux sculpteurs les plus talentueux, les frises constituaient souvent des récits complets se déroulant littéralement sur le pourtour des temples, comme *La Bataille des Dieux et des Géants*, ornant le trésor de Siphnos, à Delphes.

La peinture sur vase, de style souvent narratif, est l'un des autres fleurons de l'art de la Grèce ancienne. On en voit de superbes exemples dans les différents musées du pays. Cet art est d'autant plus intéressant qu'il a valeur de témoignage sur la vie des Grecs. Le style le plus frappant est celui qui combine le rouge et le noir. En fonction des périodes, ce sont tantôt les personnages, tantôt le fond qui étaient gravés dans l'argile, le reste de la scène étant peint en noir ou marron foncé. L'art du vase atteignit son apogée au Ve siècle av. J.-C., époque où il attirait les plus grands artistes, tous pressés de s'essayer à ce nouveau support. Il n'est pas exagéré de dire que le vase grec est le prélude à l'art figuratif européen dans son ensemble. Il subsiste peu d'exemples de la peinture des temps anciens, mais les fresques de la tombe du Plongeur (vers 480 av. J.-C.) découverte à Paestum, près de Naples, laissent imaginer quel raffinement elle avait dû atteindre.

La Grèce moderne n'a compté que peu de peintres de renommée internationale, et le seul connu dans le monde entier, le Greco (Domenikos Theotokopoulos, 1541-1614), quoique natif de Candie (Iraklion), en Crète, créa le plus gros de son œuvre en Italie et en Espagne, et c'est non sans raison qu'on le considère comme un peintre espagnol.

Peintre naïf dont l'œuvre gagne à être connue, Hadzimichalis (1873-1934) est plus connu par son prénom, Theophilos. Les œuvres de cet artiste prolifique peuvent être admirées notamment au musée d'Art populaire, à Athènes, et dans la maison (aujourd'hui transformée en musée) qu'il habita près de Mytilène, sur l'île de Lesbos (voir p. 237). Cet excentrique, qui aimait revêtir le costume

Le renouveau architectural d'Athènes fournit un espace inédit à l'art dans les lieux publics (ici à la station de métro Syntagma).

national, était souvent sans le sou, prêt à peindre une fresque sur les murs d'une taverne pour un verre ou un repas. Quoique sans prétention, ses œuvres possèdent une vitalité et une énergie qui crèvent la toile.

La Grèce contemporaine s'est illustrée dans l'art de la photographie. On dit souvent que ce pays offre la meilleure lumière du monde : la clarté de la mer Égée, le bleu profond de ses ciels et le blanc éclatant de ses murs chaulés ont inspiré nombre de photographes indigènes, posant un regard neuf sur leur propre pays. Les traditions grecques sont saisies avec une acuité que n'obtiendra jamais le voyageur de passage. Parmi les jeunes talents à surveiller figurent

La reconstitution (limitée) de sites comme celui de Delphes donne une idée de l'échelle originale des constructions.

Nick Apostopoulos (né en 1955), lauréat du prix Fuji pour ses photos de sport, et Andreas Zacharatos (né en 1961), dont l'objectif oscille entre la scène jazz d'Athènes et les paysages de campagne.

L'ARCHITECTURE

S'il est un art qui domine tous les autres dans l'histoire de la Grèce, c'est bien l'architecture. Il suffit de contempler les temples les mieux conservés, tels le Parthénon à Athènes ou le temple d'Athéna Aphaïa à Égine (sans parler de ceux de Paestum, Ségeste ou Agrigente, en Italie), pour comprendre que les architectes grecs étaient de véritables génies.

Les premiers temples grecs étaient influencés par l'Égypte, mais ils développèrent bientôt un style et une grâce inimitables, du fait notamment des matériaux disponibles : de même que les Égyptiens travaillaient la pierre, dont ils surent sublimer la grandeur quelque peu austère, les Grecs utilisèrent le calcaire, et plus tard le marbre, pour conférer à leurs constructions grâce et éclat.

Pour schématiser les questions de styles, sachez que l'on distingue deux principaux « ordres », ou types de colonne, le dorique et l'ionique. L'ordre dorique, qui doit son nom aux Doriens (voir p. 26), se distingue par son absence de base : les colonnes sont posées à même le sol. Plus proches les unes des autres que dans le style ionique, elles donnent une certaine impression d'enfermement. Cet ordre s'est répandu à travers la Grèce et jusqu'en Grande-

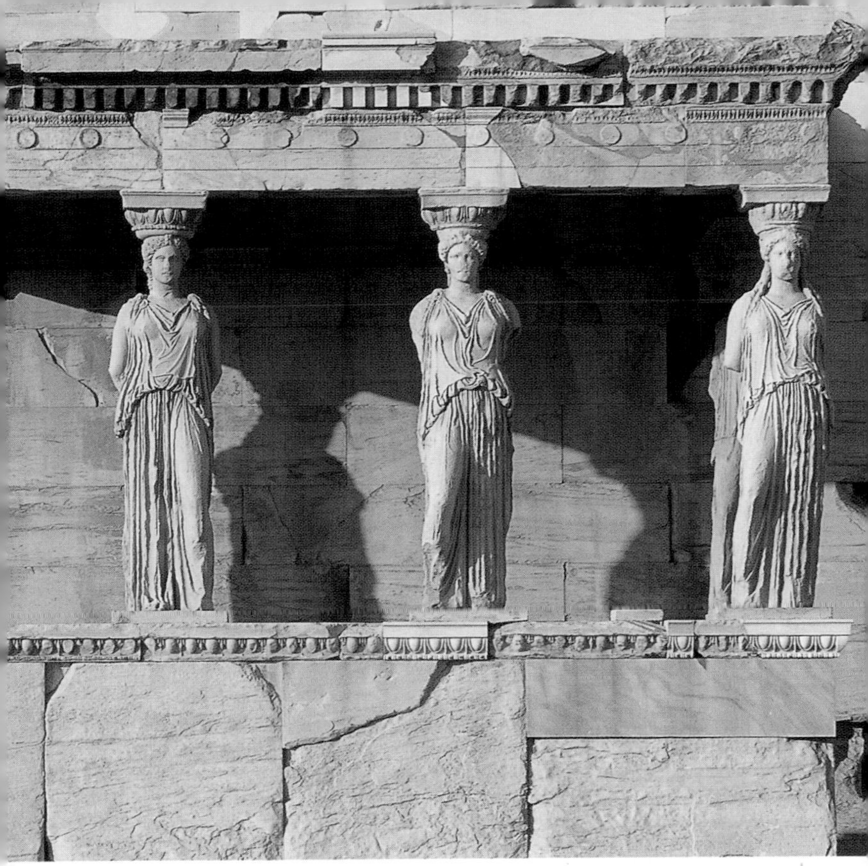

Les six gracieuses caryatides (chacune de plus de 2 mètres de haut) soutenant le portique sud de l'Érechthéion, en face du Parthénon, à Athènes, ont été remplacées par des copies.

Grèce. L'un de ses plus beaux exemples se trouve au temple de Zeus, à Olympie (voir p. 128), même s'il faut une bonne dose d'imagination pour se représenter l'état originel du site.

Quant à l'ordre ionique, il ne doit pas son nom aux îles Ioniennes de la côte occidentale, mais à l'Ionie, ancien nom d'une région d'Asie Mineure (actuelle Turquie). Les colonnes ioniques sont généralement plus espacées et plus fines que dans l'ordre dorique, ce qui confère une impression d'espace. Elles s'élèvent sur une petite base, et leur chapiteau est plus orné. On peut en admirer de superbes spécimens à Éphèse, en Turquie, dans leur région d'origine, et sur l'Érechthéion de l'Acropole, à Athènes.

Le fleuron incontesté de l'architecture de la Grèce ancienne, le Parthénon, combine les ordres dorique et ionique. Pour imaginer toute sa splendeur passée, observez la maquette du Musée archéologique, à Athènes. Et pour vous faire une idée de la somme de travail nécessitée pour mettre au monde ce chef-d'œuvre, visitez l'exposition consacrée à sa construction au Centre d'études sur l'Acropole (voir p. 57).

Si les ouvriers fournirent les 90 % de transpiration indispensables à la création de toute œuvre d'art, c'est Phidias qui s'acquitta des 10 % d'inspiration ou de génie. Phidias, l'un des plus grands sculpteurs de son temps, a également conçu deux immenses statues chryséléphantines : un *Zeus olympien* (une des Sept

Merveilles du monde), qu'abritait le sanctuaire d'Olympie, et l'*Athéna Parthénos* qui occupait une place d'honneur dans le Parthénon.

Après les temples voués aux dieux de la mythologie sont venues les églises, et l'autre élément essentiel de l'architecture grecque, omniprésent du plus petit village de campagne jusqu'au centre de la capitale, c'est l'église byzantine. Petites ou grandes, vous reconnaîtrez ces églises à leur toit de tuiles rouges. Mais ce n'est pas le seul de leurs points communs.

Les églises orthodoxes sont toutes orientées vers l'est et l'autel est caché derrière une cloison décorée, que l'on appelle l'iconostase. Elles se composent de trois nefs, dont la principale, au centre, est coiffée d'un dôme, invariablement orné d'un portrait du Christ Pantocrator (tout-puissant) veillant sans relâche sur les fidèles. Vous trouverez généralement une autre icône du Christ placée au-dessus de la porte principale, où elle semble accueillir et saluer les croyants. L'intérieur des églises est toujours

C'est une flamme venue d'Olympie qui, tous les quatre ans (une olympiade), allume la torche des jeux Olympiques, cérémonie évoquée ici au Musée archéologique national, à Athènes.

abondamment décoré de mosaïques et de frises, où domine l'or, d'icônes et d'offrandes votives, de lampes ouvragées : c'est une véritable symphonie pour les sens, surtout pendant les offices, lorsque l'air s'alourdit des fumées de l'encens et résonne de cantiques.

Si vous considérez la ville d'Athènes aujourd'hui, vous vous demanderez sans doute ce qu'il est advenu du glorieux héritage architectural de la Grèce. Il est vrai que les immeubles modernes dignes d'intérêt sont plutôt rares. Certains des plus beaux furent influencés par des architectes allemands du XIXe siècle, notamment Ernst Ziller, à qui l'on doit, entre autres, le superbe stade olympique (1896), où devrait se dérouler l'inauguration des Jeux de 2004.

LA MUSIQUE

La Grèce est l'un des rares pays au monde à n'avoir pas succombé à la pop music occidentale. Allumez un poste de radio au hasard, et vous tomberez invariablement sur un air tout ce qu'il y a de plus grec. Même la pop locale se distingue par le son inimitable du bouzouki, instrument de la famille du luth qui symbolise à lui seul la musique grecque. Cela ne veut pas dire que les jeunes Grecs ignorent le rock ou les musiques électroniques. Vous n'aurez aucun mal à trouver des boîtes de nuit ou des concerts en plein air l'été, ainsi que des cafés-concerts où écouter du jazz, du blues ou du rock. Mais les jeunes grandissent avec la musique traditionnelle dans le sang… ou plutôt les oreilles, et où que vous alliez, vous entendrez de la musique : dans les tavernes et les bars, sur les ferries, dans les bus, dans la rue… Chaque région, chaque île a sa musique folklorique bien à elle, même si toutes ont subi d'importantes influences orientales. Vous assisterez certainement ici ou là à un

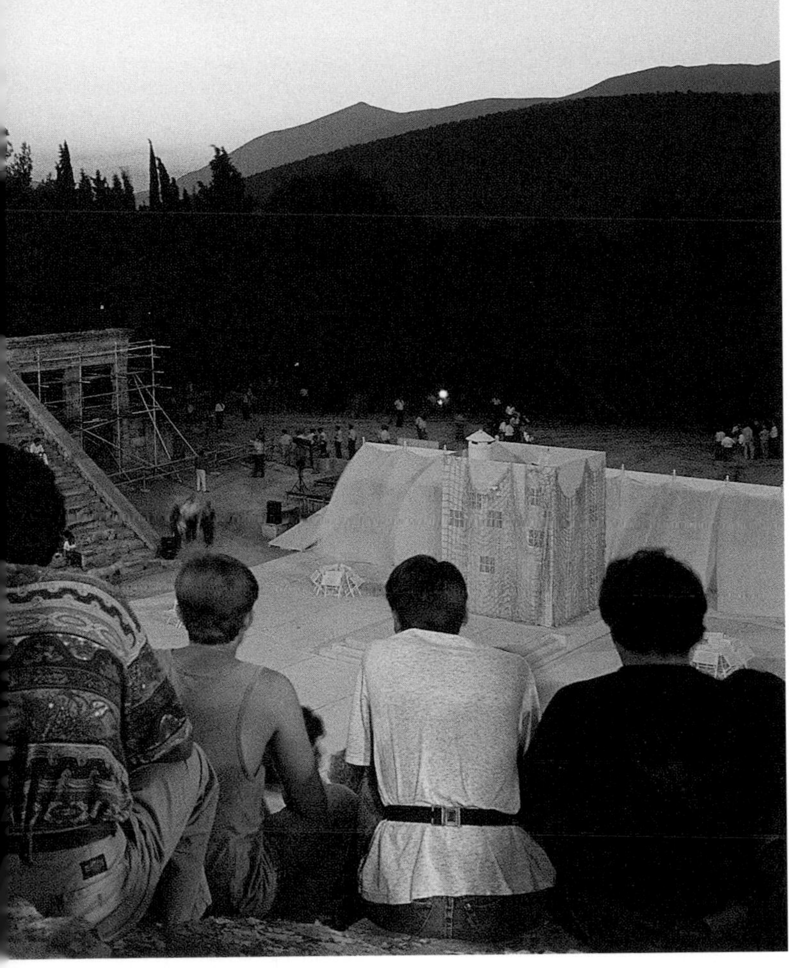

La restauration d'amphithéâtres comme celui d'Épidaure a permis de ressusciter le théâtre grec pour des milliers de visiteurs.

festival officiel de musique et de danse (les deux étant quasi indissociables) ou à des concerts improvisés : on pousse alors les chaises pour mieux s'adonner au plaisir de la musique.

Le *rebetiko* est la version grecque du blues, mâtiné de jazz. Résultat d'influences diverses, il les marie toutes pour donner un style unique en son genre. Personne ne sait exactement d'où vient le mot, mais la musique, elle, est arrivée en Grèce avec l'échange de populations de 1923 (voir p. 34-35). Les Grecs qui vivaient en Turquie (et y étaient nés pour la plupart) apportèrent la musique orientale qu'ils connaissaient des cafés et des bars. Extrêmement pauvres pour la plupart, ils furent souvent obligés de vivre dans le plus grand dénuement autour du Pirée, le port d'Athènes. Des débits de boissons y virent le jour, le rendez-vous des musiciens et chanteurs, dont la musique exprimait la pauvreté et le sentiment d'aliénation. Le blues grec était né. À l'instar du blues américain, le *rebetiko* doit sa longévité au fait qu'il exprime des sentiments relevant à la fois du quotidien d'une certaine classe sociale et de l'expérience humaine universelle. Si vous voulez découvrir ce qu'est l'âme grecque, sélectionnez un club de *rebetiko* à Athènes et allez-y un soir pour écouter, mais aussi pour voir : vous ne comprendrez peut-être pas les paroles, mais les sentiments sincères qu'elles véhiculent ne vous échapperont pas. Préparez-vous à une longue nuit.

Le plus célèbre des musiciens grecs contemporains est sans nul doute Mikis Theodorakis (né en 1925), découvert en 1965 avec la musique du film *Zorba le Grec*. Impossible de séjourner en Grèce sans entendre, ne serait-ce qu'une fois, le morceau-titre de *Zorba* ou celui d'un autre célèbre film du cinéma grec, *Jamais le dimanche*, dont la bande originale valut un oscar à son compositeur, Manos Hadjidakis (1925-1994). La musique de Theodorakis était alors connue sous le nom d'*entechno*, terme servant à désigner le mélange de musique folklorique et de *rebetiko*, un style qui, tout en étant plus contemporain, n'a rien perdu des sons du passé. Après ses études au Conservatoire de Paris, Theodorakis se fit le critique des grands pontes de la musique classique grecque. Lorsque les colonels arrivèrent au pouvoir en 1967, deux ans après le succès de *Zorba le Grec*, qui l'avait consacré comme héros de la musique grecque, il fut emprisonné, et sa musique, qualifiée de subversive, interdite.

La Grèce a également enfanté un compositeur d'envergure internationale en la personne d'Iannis Xenakis (1922-2001). Sa double casquette de musicien et d'architecte lui permit de travailler au côté de Le Corbusier de 1948 à 1960. Son œuvre témoigne d'un intérêt pour la dimension mathématique et les éléments harmoniques de la musique. Il fonde en 1966 le Centre d'études de mathématique et automatique musicales. Travaillant parfois sur des thèmes enracinés dans la culture grecque, comme avec la musique de *L'Orestie*, Xenakis a vécu en France depuis la fin des années 1940 et a acquis la nationalité française en 1965.

Dans le registre de la variété, les francophones connaissent bien Georges Moustaki et Nana Mouskouri, nés tous deux en 1934.

Enfin, même si ce n'est pas seulement en Grèce mais dans le monde entier que son étoile brille encore, il faut évoquer la soprano Maria Kalogeropoulos, dite Maria Callas (1923-1977).

LA LITTÉRATURE

La Grèce a laissé une marque profonde et durable dans la culture occidentale, d'abord grâce à Homère (voir p. 330-331), qui a inspiré aussi bien *Le Retour d'Ulysse dans sa patrie* (1641), de Monteverdi, et *Les Aventures de Télémaque* (1699), de Fénelon, qu'*Ulysse* (1922), de James Joyce (1882-1941) ou *Naissance de l'Odyssée*, de Jean Giono (1927)…

On peut dire que les Grecs ont inventé le récit de voyage, avec l'*Hellados Periegesis* (*Description de la Grèce*), de l'historien et voyageur Pausanias (IIe siècle av. J.-C.), sorte de guide sur les sites de l'Antiquité à l'attention des visiteurs romains. Cette œuvre n'a rien perdu de son intérêt, comme la plupart des récits littéraires laissés par les historiens sur la vie des Hellènes, notamment les *Histoires* d'Hérodote (vers 484-425 av. J.-C.) et l'*Histoire de la guerre du Péloponnèse* de Thucydide (vers 460-400 av. J.-C.).

L'œuvre d'Hérodote (le « père de l'Histoire ») fait figure de premier récit majeur non romanesque. Ses *Histoires* nous renseignent sur les guerres médiques (490 et 481-479 av. J.-C.), mais aussi sur la vie des Grecs de l'époque. Émaillées de nombreuses légendes, coutumes, croyances, traditions et anecdotes tirées de la vie quotidienne, elles ressuscitent cette période avec une grande vivacité.

Le récit de Thucydide est d'une valeur immense, notamment pour sa chronique détaillée de la guerre. L'auteur a lui-même pris part aux combats comme commandant athénien, et il est conscient de l'importance d'enregistrer le déroulement des faits, dont il essaie de rendre compte de façon objective et non partisane. Sa façon d'interroger les combattants et de citer les discours des généraux continue de faire école aujourd'hui.

Nous évoquons ailleurs les grands poètes grecs, d'Homère à Elytis (voir p. 238-239) ainsi que les tragiques Eschyle, Euripide et Sophocle (p. 106) et le romancier contemporain Nikos

Le bouzouki, sorte de luth à huit cordes et long manche, est l'accompagnement traditionnel du chant et de la danse.

MARACAS
MARACAS

Kazantzakis (p. 283). Mais la Grèce compte bien d'autres écrivains remarquables, même si la barrière linguistique les a privés d'une renommée internationale.

Les écrivains grecs continuent de se débattre avec de grands sujets, comme en témoigne Dido Sotiriou (née en 1909) dans son roman *D'un jardin d'Anatolie*. Best-seller en Grèce depuis sa parution en 1962, il évoque l'échange forcé de populations entre la Grèce et la Turquie en 1923. La publication de la traduction turque en 1970 a été saluée comme un pas important vers une plus grande compréhension entre les deux peuples, et l'auteur a reçu en 1990 le prix de l'Académie d'Athènes, la plus haute récompense littéraire en Grèce.

Melina Mercouri incarne Ilya, dont la joie de vivre éclaire *Jamais le dimanche*.

Eugenia Fakinou (née en 1945) s'est elle aussi attelée à la notion d'hellénité. Son premier roman, *Astradeni*, n'a cessé d'être réédité depuis sa parution chez Kedros en 1982. Sa trame est bien connue d'un grand nombre de Grecs, puisque le roman relate l'histoire d'une famille contrainte de quitter son île pour Athènes, à la recherche d'une vie meilleure.

Petros Abatzoglou (né en 1931) est l'auteur de plusieurs romans et recueils de nouvelles, dont le plus intéressant pour un étranger est sans doute *Les Choix de Madame Freeman*, dans lequel un couple de touristes britanniques venus prendre le soleil est livré au regard d'un narrateur venu boire un ouzo.

LE CINÉMA

Rien que pour vos yeux, *Shirley Valentine*, *Jeux pervers* et *Ombres sous la mer* ont pour point commun d'avoir tous été tournés en Grèce. Plusieurs films grecs ont remporté un oscar dans diverses catégories, notamment, et sans surprise, la musique.

Le plus connu et reconnu des films grecs est *Zorba le Grec* (1964), de Michael Cacoyannis, avec l'actrice Irène Papas. Quatre ans plus tôt était sorti le premier grand film du cinéma grec contemporain, *Jamais le dimanche*, avec cinq nominations aux oscars, dont celles du meilleur réalisateur (Jules Dassin, qui joue dans son propre film) et de meilleur premier rôle féminin (Melina Mercouri). Il remporta l'oscar de la meilleure chanson pour son irrésistible morceau-titre composé par Manos Hadjidakis.

En 1968 est sorti *Z*, de Costa-Gavras, grec d'origine, évoquant l'assassinat du député Lambrakis, en 1963, sous l'éclairage de la dictature des colonels.

Le réalisateur grec le plus en vue aujourd'hui est Théo Angelopoulos, né à Athènes en 1935. On le découvre en 1974 avec *Le Voyage des comédiens*, qui relate les pérégrinations d'une troupe de théâtre à travers la Grèce, mais aussi dans le temps, à travers son histoire. En 1986, *L'Apiculteur* raconte un autre voyage en Grèce, cette fois celui d'un instituteur à la retraite transportant des abeilles sur un camion et nouant une relation avec un jeune auto-stoppeur rencontré sur la route. Son sens des paysages, des êtres et de l'histoire en fait un film indispensable pour quiconque cherche à comprendre la Grèce. Le onzième film d'Angelopoulos, *L'Éternité et un jour*, lui a valu la Palme d'or à Cannes en 1988. Cette récompense, la plus prestigieuse qu'ait jamais remportée un réalisateur grec, témoigne bien de la renaissance actuelle du cinéma grec. ■

La ville d'Athènes est comme une amie que l'on aime malgré tous ses défauts. Un regard sur le Parthénon, qui domine la cité, ou sur les trésors du Musée archéologique suffit à vous faire oublier le tohu-bohu de ses rues agitées.

Athènes

Soldat de la Garde nationale, ou *evzone*.

Athènes

ATHÈNES (ATHINA) EST UNE VILLE ANCRÉE DANS L'HISTOIRE, ET MÊME SI VOUS AVEZ déjà vu des images de l'Acropole, vous ne resterez pas insensible à cette merveille architecturale surgissant du tohu-bohu de la ville moderne. Vous visiterez donc le Parthénon mais ne négligerez pas pour autant les autres sites antiques et les superbes musées tout proches. Puis vous vous détendrez en vous promenant dans Plaka, le vieux quartier en contrebas de l'Acropole ou flânerez à la découverte de la ville : tous les voyageurs vous le diront, ses rues vous réservent de magnifiques surprises.

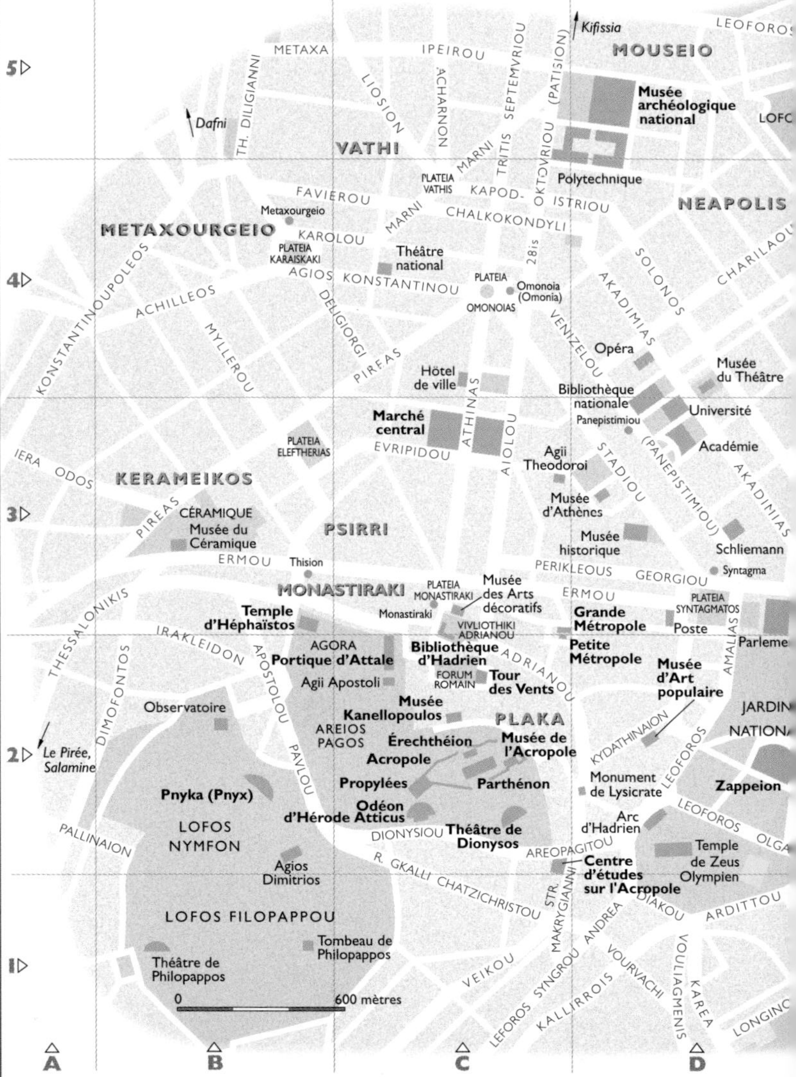

Athènes et ses environs rassemblent près de cinq millions d'habitants, soit un quart de la population grecque. C'est une métropole agitée, dont le principal fléau réside dans la circulation automobile et, par voie de conséquence, dans le *nefos* (smog) en été. Le gouvernement a fort heureusement lancé des mesures pour lutter contre la voiture et la pollution, en créant des zones piétonnes (une nouveauté en Grèce) et en limitant l'accès au centre de la ville. La situation devrait donc s'améliorer peu à peu.

Le fait qu'Athènes ait été choisie pour accueillir les jeux Olympiques de 2004 a fait beaucoup avancer les choses. Du jour au lendemain, les chantiers à moitié inachevés ont été repris, comme en témoignent la station de métro Syntagma ou la place Omonia. Ces aménagements, tout comme l'extension constante du réseau de métro, permettent à leur tour de lutter contre le vieux fléau de la pollution.

Le *nefos* est la rançon de la situation géographique privilégiée d'Athènes : les collines qui la bordent sur trois côtés emprisonnent la pollution, comme à Mexico ou à Grenoble. Athènes est reliée à son port, Le Pirée, sur la mer Égée, par une ligne de métro. Si la capitale vous paraît agitée, allez donc vous faire une idée du chaos qui règne au Pirée ! Vous comprendrez aussi ce qui fait le charme des petites îles grecques endormies.

Mais il suffit de passer quelque temps à Athènes pour être conquis. On a dit d'un grand nombre de villes qu'elles étaient composées d'un ensemble de petits villages. Athènes, elle, est un village géant, avec ses fleurs aux balcons, ses voisins qui palabrent et sont toujours prêts à se rendre de menus services, ses vieilles qui s'engouffrent quelques minutes dans une église de quartier…

Les églises sont ce qui fait d'Athènes une ville hors du commun, une ville à l'échelle de l'homme. Il suffit ici d'une minuscule chapelle plantée quelque part pour que la rue fasse un crochet. L'homogénéité de la population athénienne, son hellénité, est tout aussi remarquable. Vous trouverez bien quelques étrangers dispersés çà et là, des Américains et des Albanais notamment, mais aucun des quartiers « ethniques » que l'on voit dans les grandes capitales. C'est cela, Athènes : une ville qui ne ressemble à aucune autre au monde. ■

L'Acropole

Acropoli
p. 50 C2
210 321 0219
(musée : 210 323 6665)
€€€. Gratuit le dim. de nov. à mars
Monastiraki

Informations
Amerikis, 2,
B.P. 1017, 105 64
210 331 0562 ou
210 331 0565

AKRO POLIS SIGNIFIE « VILLE HAUTE » : DE NOMBREUSES VILLES grecques ont ainsi leur acropole. Mais celle d'Athènes est sans conteste la plus célèbre. Coiffée du Parthénon, l'Acropole (Acropoli) est l'un des plus beaux ensembles architecturaux que l'homme ait jamais créés. Vous verrez le Parthénon de jour, en arrivant de l'aéroport, de nuit, illuminé, depuis le balcon de votre chambre ou le toit de votre hôtel, et de plus près quand vous le visiterez : ce temple domine la ville comme pour rappeler à chaque instant l'âge d'or de la Grèce ancienne.

Vous pouvez accéder à l'Acropole par deux chemins situés sur le flanc ouest. Celui qui traverse le quartier de Plaka a le plus de charme. Vous y verrez des inscriptions à la main vous orientant vers les ruelles escarpées qui mènent au sommet. Les commerçants du quartier ont l'habitude de guider les visiteurs, car l'itinéraire ne tombe pas toujours sous le sens. Le chemin tout tracé partant de la rue Dionysiou Areopagitou, récemment transformée en zone piétonne, est plus facile à suivre.

Les premières traces d'habitat sur le versant sud de l'Acropole font remonter le peuplement d'Athènes à 3000 av. J.-C. Les constructions les plus anciennes datent pour la plupart du Ve siècle av. J.-C., l'âge d'or de la Grèce ancienne, le « siècle de Périclès » (voir p. 28-29). Périclès embaucha les plus fins artisans de son temps, comme le sculpteur Phidias, qui fut le principal maître d'œuvre du **Parthénon**, le premier bâtiment à être érigé sur le site. Le plan d'ensemble et la maîtrise d'ouvrage furent sans doute confiés au grand architecte Ictinos.

Il faut remarquer que le Parthénon ne comporte aucune ligne droite : la symétrie apparente est créée par une subtile convexité des colonnes et des assises. Le bâtiment repose sur un usage récurrent du

L'imposante Acropole, coiffée du Parthénon, domine la ville. On reconnaît au premier plan l'odéon d'Hérode Atticus, derrière, à gauche, les Propylées et, au fond, la colline du Lycabette.

rapport 9/4 : c'est par exemple entre la hauteur des colonnes et l'entrecolonnement ou entre la largeur de l'édifice et sa hauteur. L'élément central du Parthénon était à l'origine une statue chryséléphantine d'Athéna, déesse tutélaire d'Athènes, d'une hauteur de 12 mètres. Vous pourrez admirer une maquette du Parthénon dans son état originel au Musée archéologique national (voir p. 78-81).

Les travaux de construction durèrent neuf ans et s'achevèrent en 438 av. J.-C. Le marbre provient de carrières locales. Les particules de fer qu'il contient confèrent à l'édifice cette merveilleuse couleur ambrée dont le Parthénon se drape à la tombée du jour.

Depuis des années, le temple est entouré de barrières destinées à empêcher les visiteurs – dont les contingents ont dû être limités – d'endommager le marbre. Et si une grue de construction vous gâche le paysage, sachez que les travaux de conservation et de reconstruction sont indispensables, car le marbre, fendillé par endroits, doit être consolidé.

L'Acropole comporte plusieurs autres édifices valant plus qu'un simple coup d'œil. À votre droite quand vous pénétrez sur le site se

Lord Elgin et le Parthénon

En 1801, Thomas Bruce, comte d'Elgin, est ambassadeur de Grande-Bretagne auprès de la Sublime Porte, c'est-à-dire la cour ottomane, qui règne sur Athènes. L'Acropole est en piteux état et l'occupant recycle ses pierres comme matériau de construction. Lord Elgin obtient alors la permission d'extraire certaines pierres et sculptures, mais il outrepasse ses droits et vend son butin au British Museum de Londres en 1816. Les plus belles pièces, des métopes de la frise du Parthénon, portent depuis le nom d'*Elgin Marbles* (les marbres d'Elgin).

Les Grecs, qui se sont promis de rapatrier la frise à Athènes, auront peut-être un jour gain de cause. ■

trouve le petit **temple d'Athéna Niké** (Victorieuse), ajouté en 427-424 pour célébrer les victoires d'Athènes contre les Perses. Le Parthénon était quant à lui consacré à un autre aspect de la divinité : Athéna Promachos, celle qui combat au premier rang. Détruit par l'occupant turc en 1686, le temple a été reconstruit deux fois, la dernière fois en 1936-1940.

Les Turcs construisirent une mosquée à l'intérieur du Parthénon, qu'ils laissèrent tomber en ruine avant de le vendre à lord Elgin (voir p. 53). Ils s'en servirent aussi comme entrepôt de munitions, ce qui l'endommagea gravement lorsque l'ar-

Reconstitution des édifices de l'Acropole.

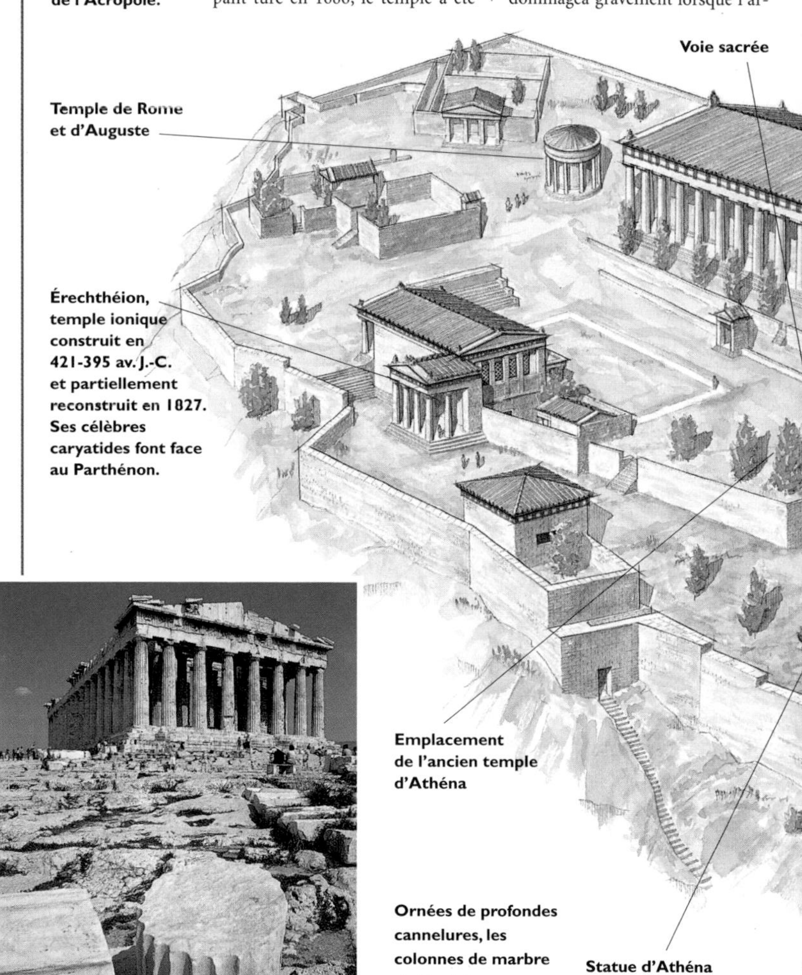
Voie sacrée
Temple de Rome et d'Auguste
Érechthéion, temple ionique construit en 421-395 av. J.-C. et partiellement reconstruit en 1827. Ses célèbres caryatides font face au Parthénon.
Emplacement de l'ancien temple d'Athéna
Statue d'Athéna Promachos par Phidias, commémorant la victoire sur les Perses.

Ornées de profondes cannelures, les colonnes de marbre du Parthénon se composent de tambours empilés.

senal explosa sous l'effet d'un bombardement vénitien en 1687.

Sur votre gauche quand vous approchez du Parthénon se trouve l'**Érechthéion**, ajouté entre 421 et 395 av. J.-C. C'est à cet endroit que la déesse Athéna aurait touché le sol de sa lance pour en faire surgir le premier olivier, dont elle fit don aux Athéniens. Un olivier y a été planté en 1917. Le bâtiment est célèbre pour la tribune des Caryatides, dont la corniche est soutenue par six colonnes ayant la forme de korês (jeunes filles debout). Celles que vous verrez sur le site ne sont que des copies : cinq des statues originales sont conservées au musée de l'Acropole, la sixième a été emportée par lord Elgin. Le **musée**, situé au fond du site, abrite une impressionnante collection d'œuvres de l'Antiquité, dont certaines pourraient toutefois être transférées au **Centre d'étude sur l'Acropole** (**Kentro Meleton Akropoleos**), qui a ouvert récemment mais est toujours en construction, au sud de l'Acropole (voir p. 57).■

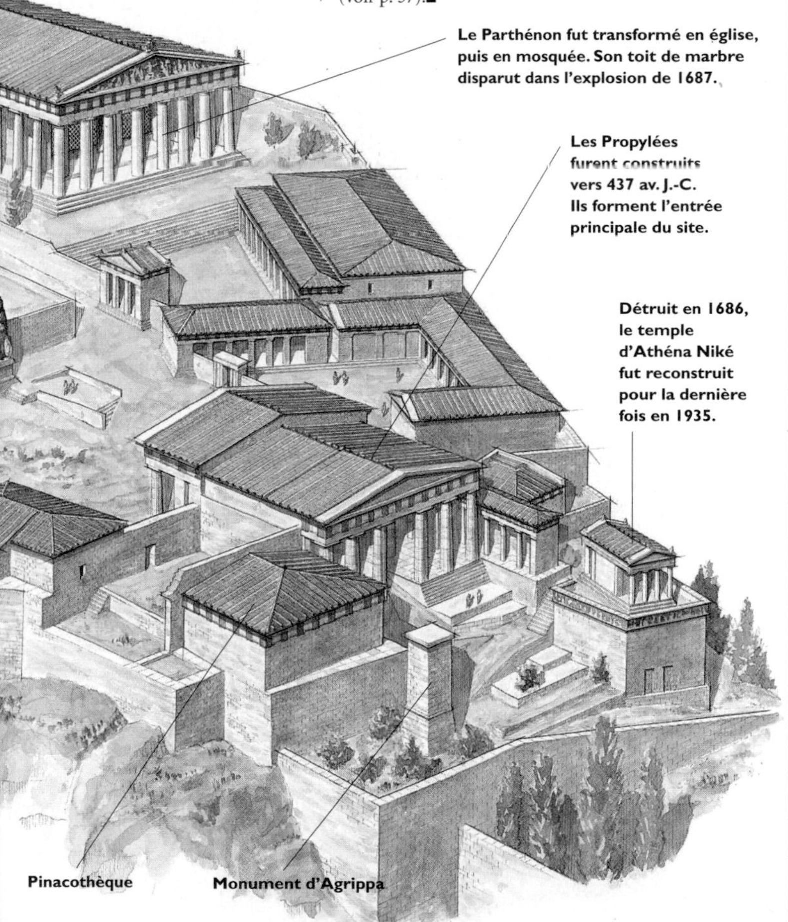

Le Parthénon fut transformé en église, puis en mosquée. Son toit de marbre disparut dans l'explosion de 1687.
Les Propylées furent construits vers 437 av. J.-C. Ils forment l'entrée principale du site.
Détruit en 1686, le temple d'Athéna Niké fut reconstruit pour la dernière fois en 1935.
Pinacothèque
Monument d'Agrippa

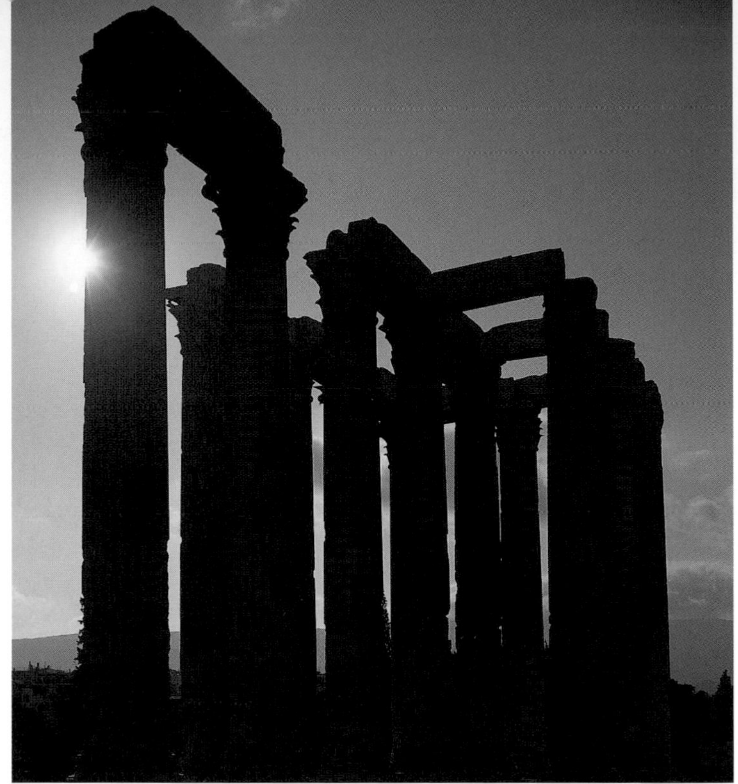

Haut de plus de 107 mètres, le temple de Zeus olympien, au sud-est de l'Acropole, était le plus élevé de toute la Grèce.

Au sud de l'Acropole

Si vous gravissez l'Acropole par le côté sud (chemin habituel lors d'une arrivée en bus), vous emprunterez un sentier récemment aménagé, qui serpente à travers la végétation en passant derrière l'un des principaux édifices du versant méridional, l'odéon d'Hérode Atticus.

Odéon d'Hérode Atticus

- p. 50 C2
- Leoforos Dionysiou Areopagitou
- Ouvert seulement pour des représentations exceptionnelles
- Theseion

À la différence des constructions de l'Acropole, l'**odéon d'Hérode Atticus** (**Teatro Irodou Attikou**) date de la période romaine. Il fut construit en 161-174 de notre ère par un homme d'affaires originaire de Marathon, Tiberius Claudius Hérode Atticus. Restauré en 1955, ce théâtre de 5000 places est utilisé dans le cadre du festival d'Athènes (de juin à septembre).

Un peu plus loin, en contrebas de l'Acropole, se trouve le **théâtre de Dionysos** (**Teatro Dionysiou**). Non restauré, il contraste fortement avec la splendeur du précédent, mais n'oubliez pas que vous êtes en face des ruines d'un complexe immense qui, au sommet de sa gloire, pouvait accueillir 17000 spectateurs. Le premier théâtre, grec, construit en 342-326 av. J.-C., fut considérablement agrandi à la période romaine.

Le théâtre de Dionysos accueillait une multitude d'événements, surtout les concours annuels de théâtre et, plus tard, les combats de gladiateurs. La scène que vous voyez a vu naître le drame antique. Même si les vestiges actuels datent de l'époque romaine, c'est ici que les œuvres de Sophocle et d'Aristophane ont été créées. Remarquez les trônes en marbre, réservés aux dignitaires, et le sol, lui aussi en marbre, installé par l'empereur Néron au Ier siècle de notre ère. Retournez sur vos pas en direction de l'Acropole pour admirer la curieuse chapelle Notre-Dame des Grottes, installée dans une cavité naturelle de la roche.

Traversez la route au niveau du théâtre de Dionysos pour découvrir l'un des plus récents sites culturels en Grèce, le **Centre d'études sur l'Acropole** (**Kentro Meleton Akropoleos**). Ces anciens baraquements militaires accueilleront prochainement les visiteurs, qui pourront admirer l'Acropole depuis les étages supérieurs, et les chercheurs. Ce projet est l'œuvre de Melina Mercouri (1922-1994), célèbre actrice devenue ministre de la Culture, qui rêvait d'un endroit où la frise du Parthénon pourrait être exposée dans un cadre à la hauteur de sa splendeur, en contrebas de l'Acropole.

Des copies de ces reliefs sont d'ores et déjà exposées. Pouvant ainsi les admirer de près, le visiteur peut se faire une idée de leur richesse et de leur grandeur. L'exposition renseigne également sur la façon dont ont été réalisées les structures et les sculptures de l'Acropole : extraction des blocs de marbre, convoyage jusqu'au cœur d'Athènes, taille et érection des immenses colonnes, travail des artisans, dont les outils sont présentés. Une maquette vous montre à quoi ressemblera le Centre une fois achevé, mais il est probable que les visiteurs auront encore longtemps à se frayer un chemin à travers le chantier.

À l'ouest du Centre se trouve un parc vallonné appelé **Pnyx** (**Pnyka**). Son entrée est située presque à l'opposé de l'odéon d'Hérode Atticus. Vous pourrez y assister au **spectacle son et lumière de l'Acropole** (*☎ 210 322 1459 ⏲ fermé de nov. à mars, € €€*). Peu de spectateurs se rendent compte qu'ils sont assis à l'endroit où se tenait l'assemblée (ecclesia) d'Athènes à l'époque de Périclès. Quelque 18 000 citoyens se rassemblaient ici pour écouter les plus brillants orateurs et débattre les questions touchant à la vie de la cité.

Mais Athènes ne fut pas toujours un modèle de démocratie, comme en témoigne l'écriteau indiquant la « prison de Socrate ». On prétend en effet que c'est dans cette grotte de la Pnyx que fut détenu le philosophe, accusé d'avoir « corrompu la jeunesse athénienne » par ses enseignements subversifs. Socrate (vers 470-399 av. J.-C.) fut condamné à boire la ciguë, mais son exécution eut lieu dans une prison située sur l'Agora. Il est donc probable que l'épisode de sa détention en ces lieux ne relève que du folklore. ■

Théâtre de Dionysos
p. 50 C2
✉ Leoforos Dionysiou Areopagitou
€ €
Ⓜ Syntagma

Centre d'études sur l'Acropole
p. 50 C2
✉ Makrygianni, 2-4
☎ 210 923 9381
Ⓜ Syntagma

Pnyka (Pnyx)
p. 50 B2
Ⓜ Theseion

Ce relief du théâtre de Dionysos présente des signes de corrosion dus à l'usure du temps et à la pollution.

Le versant nord de l'Acropole

Musée de l'Ancienne Agora
p. 50 B2
Adhrianou, 24
210 321 0185
Fermé lun.
€€
Monastiraki

Les visiteurs qui accèdent à l'Acropole par le côté nord doivent fortement douter de la véracité des graffiti, flèches et autres écriteaux confectionnés à la main qui les guident vers l'un des sites historiques les plus grandioses au monde. Vous ne verrez aucune signalisation officielle, mais continuez votre chemin, entre vendeurs de cartes postales et terrasses de café, et vous atteindrez l'Acropole.

S'il faut se fier aux écriteaux pour atteindre l'Acropole, n'allez pas pour autant passer à côté d'un des quartiers les plus charmants d'Athènes : **Anafiotika**. Ce village au charme suranné est une oasis au cœur de la ville, nichée entre Plaka et les flancs de l'Acropole. Avec ses maisons blanchies à la chaux et ses portes d'un bleu éclatant, vous pourriez vous croire dans les Cyclades. Le vrombissement de la circulation est loin derrière vous, et les ruelles sont si étroites qu'on a presque du mal à s'y frayer un chemin.

Les premiers habitants de l'endroit étaient originaires de l'île d'Anafi, dans l'archipel des Cyclades. C'est le roi Othon Ier qui les fit venir à Athènes, peu après son accession au trône, en 1832. Cherchant à se faire construire un palais par les meilleurs artisans du pays, il s'était laissé dire que ceux d'Anafi étaient sans pareils. Lorsque ceux-ci eurent compris qu'ils devraient s'installer

Dîner en plein air sous les platanes, à Plaka.

dans la capitale pour plusieurs années, ils recréèrent leur île natale au pied de l'Acropole.

L'AGORA

En descendant le versant nord de l'Acropole, vous verrez sur votre gauche le site immense de l'**ancienne Agora**, la place du marché. Avec l'Acropole et le Musée archéologique national, c'est un site incontournable pour les amateurs d'histoire ancienne. L'endroit servait à l'origine de cimetière (un grand nombre de tombes sont encore visibles), mais il fut transformé en marché autour du VIe siècle av. J.-C. Il devint progressivement le centre de la vie publique athénienne et le resta plusieurs siècles durant, avec ses édicules, ses échoppes et sa foule toujours prompte à la palabre.

Deux édifices majeurs méritent l'attention : le **temple d'Héphaïstos (Hephaisteion)** et le portique d'Attale. Le temple est visible de loin, surplombant un endroit boisé à un coin de l'Agora. Semblable à un Parthénon miniature, il lui est cependant antérieur, puisqu'il fut édifié en 449-444 av. J.-C. Il est également connu sous le nom de Théséion, qui désigne aussi le quartier voisin et la station de métro. C'est avec ce temple que commence l'essor d'Athènes au siècle de Périclès. Héphaïstos était le dieu des Arts du feu et de la Métallurgie, entre autres, et le temple s'élevait dans le quartier des fondeurs. C'est, avec le Parthénon, l'un des temples les mieux conservés de toute la Grèce.

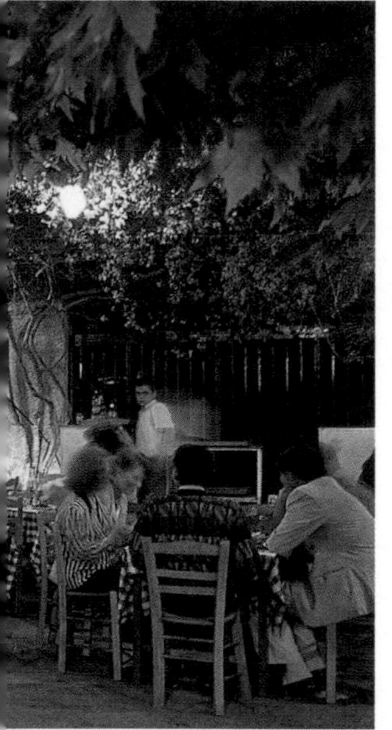

Ce vieil escalier menant à un jardin en contrebas dans le quartier d'Anafiotika s'orne de peintures très délicates.

À une autre extrémité de l'Agora s'élève le **portique d'Attale (Stoa Attalou)**, une galerie couverte à colonnade. Cet édifice à deux étages est unique à Athènes, car c'est le seul à avoir été intégralement restauré. La reconstruction des édifices anciens est un sujet épineux : certains puristes sont en effet partisans d'une conservation dans l'état où ces monuments nous sont parvenus. Mais il ne fait nul doute que les travaux de restauration du portique d'Attale (1953-1956) ont été remarquablement menés. On les doit à

Temple d'Héphaïstos

- p. 50 B3
- Pelopidha/Eolou
- 210 324 5220
- Fermé lun.
- €
- Monastiraki

Forum romain
p. 50 C2
Pelopidha/Eolou
210 324 5220
Fermé lun.
€
Monastiraki

l'École américaine d'archéologie d'Athènes, généreusement financée par John D. Rockefeller Jr.

Le portique fut construit par Attale, roi de Pergame, au IIe siècle av. J.-C. mais détruit par le feu en 267 de notre ère. Il abrite aujourd'hui un petit musée dont la collection ressuscite les habitants et la vie de l'Agora. Les objets exposés vous fascineront par leur diversité, depuis les toilettes d'enfant jusqu'à la machine à voter, qui servait aux citoyens à élire leurs représentants municipaux.

LE FORUM ROMAIN

À une centaine de mètres à l'est de l'Agora se trouve le **forum romain**, intéressant quoique moins impressionnant, et connu aussi sous le nom d'Agora romaine. Cette extension de l'Agora grecque fut construite par Jules César et Auguste (respectivement au pouvoir de 59 à 44 et de 44 à 14 av. J.-C.). Malgré une apparence négligée par comparaison avec les sites voisins, le forum romain abrite l'un des sites emblématiques les plus insolites d'Athènes, la **tour des Vents** (**Naos Aiolou**).

Cette tour en marbre fut édifiée dans la seconde moitié du Ier siècle de notre ère sur les plans de l'architecte syrien Andronicos de Kyrrhos. Bâtiment octogonal de 12 mètres de haut sur 8 de large, la tour porte en grec le nom de *Aerides* (les Vents). Son marbre du Pentélique prend des reflets ambrés au soleil couchant, comme le Parthénon lui-même.

La tour remplissait plusieurs fonctions. Ses côtés font face aux points cardinaux et collatéraux, et la frise décorative qui orne son sommet représente les huit grands vents de la mythologie. Le vent du nord, appelé Borée, est représenté chaudement vêtu, son manteau ondulant. Son frère Notos, venant du sud, apporte la pluie, qu'il fait tomber depuis une cruche d'eau. Zéphyr,

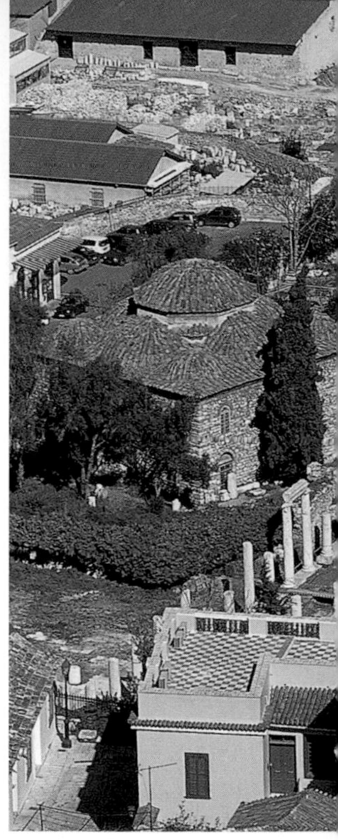

soufflant de l'ouest, disperse les fleurs, tandis que Kaikas, venu du nord-est, fait voler les grêlons. Sous les reliefs figurant Borée et Apéliotès, le vent d'est, des petits trous ont été pratiqués dans la pierre pour faire entrer la lumière à l'intérieur de la tour. Chacune des huit façades a été ornée plus tard d'un cadran solaire, situé sous la frise.

La tour comportait également une clepsydre, alimentée par un torrent venu de l'Acropole. Il ne reste aujourd'hui de ce dispositif qu'une petite rigole creusée à l'intérieur. L'eau pénétrait dans un cylindre à un rythme prédéterminé et l'on pouvait dire l'heure en fonction du niveau qu'elle atteignait dans le cylindre.

La tour des Vents pourrait aussi avoir fait office d'observatoire. Elle

contenait un appareil permettant d'enregistrer les mouvements du Soleil, de la Lune et des cinq planètes connues et visibles à l'époque.

L'autre édifice digne d'intérêt qu'abrite le forum romain est la **mosquée de Fethiye Camii**, ou du Conquérant. Construite en 1478, la plus ancienne mosquée d'Athènes ne sert plus aujourd'hui que d'entrepôt. Une autre construction islamique trônait autrefois en face de l'entrée du forum : c'était une madrasa, ou école coranique. Elle fut plus tard convertie en prison. Un arbre qui se dressait sur son terrain servait de gibet pour les exécutions publiques. L'édifice a été quasi rasé après la fermeture de la prison.

La **bibliothèque d'Hadrien (Vivliothiki Adrianou)** s'élevait à une époque au bord du forum romain, dont elle est aujourd'hui séparée par plusieurs pâtés de maisons. L'empereur Hadrien la fit construire vers l'an 132 pour abriter son immense collection de manuscrits – sans doute considérable puisque la bibliothèque fut le plus grand édifice qu'il fit construire à Athènes. Elle comprenait un bassin et un jardin entouré d'une cour murée de 122 mètres sur 82, ne contenant pas moins de 100 colonnes. Les vestiges sont plutôt maigres aujourd'hui, hormis les ruines du mur oriental, mais les archéologues sont à pied d'œuvre depuis plusieurs années, et les visiteurs devraient prochainement avoir accès à la bibliothèque. Ils pourront notamment y observer les niches pratiquées dans les murs qui abritaient les ouvrages, sous forme de manuscrits en rouleaux. ■

La tour des Vents fut convertie en chapelle au VIe siècle, ce qui lui permit de survivre alors que les édifices alentour tombaient en ruine.

Monastiraki

SE DÉVELOPPANT TOUT AUTOUR DE LA PLACE À LAQUELLE IL DOIT son nom, Monastiraki est l'un des quartiers commerçants les plus chaleureux d'Athènes, un marché aux puces où vous trouverez aussi bien des icônes byzantines – ou prétendues telles – que de vieilles images de pin-up pour camionneurs… Situé en lisière du paisible quartier piéton de Plaka (voir p. 64), Monastiraki vous séduira par son brouhaha et sa bonhomie.

Depuis quelques années déjà, la **place Monastiraki (plateia Monastiraki)** n'a plus grand-chose à voir avec le paisible monastère qui s'élevait à son emplacement et auquel elle doit son nom. Le chaos est dû aux importants travaux de rénovation de la station de métro, l'une des plus fréquentées de la ville. Des barrières bloquent une grande partie de la place, d'où une cohue qui ne fait qu'ajouter à la cacophonie ambiante. Mais ces travaux toucheront bientôt à leur fin.

Si vous arrivez de Plaka, vous entrez tout d'abord dans l'univers bariolé du **marché aux puces** : des centaines d'échoppes et de stands en tout genre se succèdent dans la rue principale et les ruelles adjacentes. Vous en trouverez aussi sur les marches des escaliers, le long des allées et sur les placettes. Les premiers que vous verrez sont bien sûr destinés en priorité aux visiteurs venus de Plaka et qui s'aventurent dans ce labyrinthe, mais, plus vous avancerez, plus vous trouverez de marchandises variées. Si vous recherchez une authentique cafetière grecque ou un bouzouki, vous êtes au bon endroit ! Vous y dénicherez pratiquement de tout : des vêtements, des microsillons, des livres, des vidéos, des antiquités, de la brocante, des tableaux, des cartes postales, des ustensiles de cuisine, des instruments de musique, etc. Si vous ne trouvez pas votre bonheur à Monastiraki, inutile de chercher ailleurs dans Athènes !

Monastiraki a quelque chose d'un bazar moyen-oriental : les commerçants essaieront de vous pousser à l'achat, mais toujours dans la bonne humeur et sans trop insister. Comme dans toutes les puces du monde, faites quand même attention aux pickpockets.

C'est le dimanche matin que l'affluence est à son apogée : spectacle garanti. Le marché s'étend alors jusqu'à l'avenue Ermou, l'artère principale, et dans les moindres recoins des rues latérales, jusqu'au cimetière du Céramique et bien au-delà. Les chalands peuvent être si nombreux que vous serez peut-être emporté par la foule. Mais l'atmosphère reste toujours bon enfant, avec ici ou là une scène de théâtre grec !

Le **Céramique** était à l'origine le quartier des potiers, dont la divinité tutélaire était Kéramos. Le cimetière Kerameikos, un havre de paix (sauf le dimanche matin), vous enchantera par sa faune et sa flore. Les premières inhumations remontent au XIIe siècle av. J.-C., et de nombreux tombeaux anciens s'y trouvent encore, surtout le long de l'allée centrale, ou « rue des tombes ». Le petit musée du cimetière, avec ses inscriptions funéraires extrêmement émouvantes, mérite une visite, même rapide.

Retournez sur l'avenue Ermou, passez la place Monastiraki et vous atteindrez une autre place, beaucoup plus tranquille et harmonieuse, dite de la Cathédrale *(plateia Mitropoleos)*. Elle abrite en réalité deux cathédrales, une petite et une grande.

Monastiraki
p. 50 B3

Kerameikos (cimetière du Céramique)
p. 50 B3
Ermou, 148
210 346 3552
Fermé lun.
€
Theseion

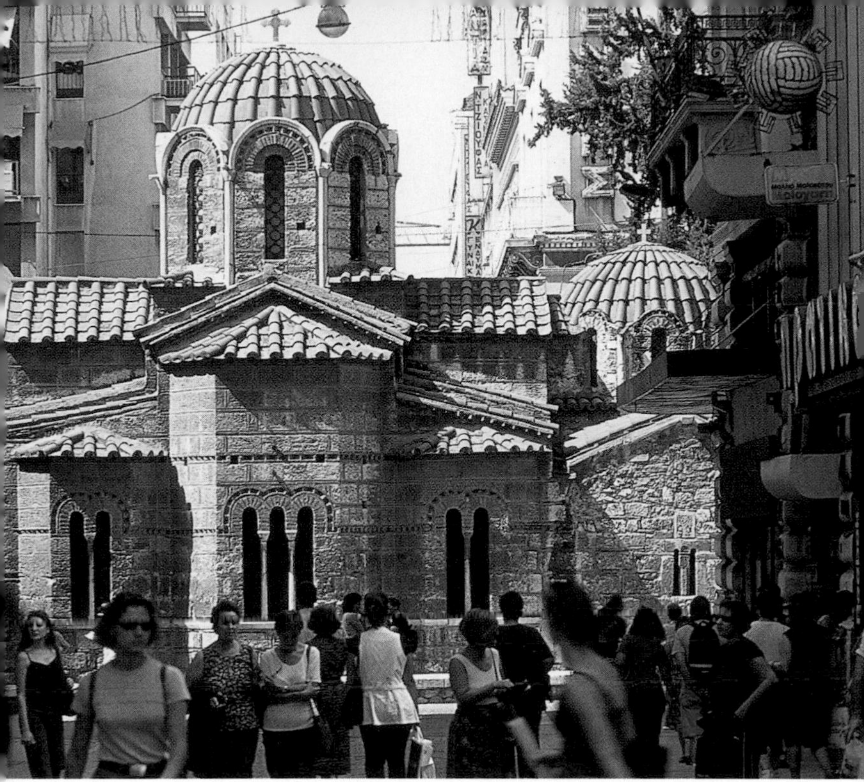

La **Petite Métropole (Mikri Mitropoli)**, sur votre droite, est une charmante petite église datant du XIIe siècle dédiée à Agios (saint) Eleftherios. L'intérieur, qui évoque une grotte, est souvent éclairé à la lueur des cierges, et il s'en dégage une atmosphère de paix et de recueillement. Les murs extérieurs sont délicatement sculptés. La **Grande Métropole (Megali Mitropoli)** est la cathédrale d'Athènes. Sa construction s'étendit sur plus de vingt ans au milieu du XIXe siècle. Remarquez au-dessus de l'entrée monumentale les mosaïques bariolées, foisonnantes de détails. La cathédrale est vouée aujourd'hui aux cérémonies les plus formelles, telles les funérailles des notables et autres célébrités locales.

Près de Monastiraki, au nord de l'avenue Ermou et à l'ouest de la rue Amerikis se trouve le quartier de Psirri, l'un des plus en vogue de la capitale. Les petits ateliers, magasins de fournitures de bâtiment et quincailleries d'antan ont cédé la place à une multitude de bistrots et de restaurants, de boutiques à la mode, de bars, d'ouzeries et de cafés. C'est l'endroit idéal pour sortir. Commencez la soirée en prenant l'apéritif à la terrasse d'un café (vous échapperez à l'enfer de la circulation, car les rues de Psirri sont étroites et ne mènent nulle part). Au restaurant, vous aurez sans doute besoin d'un guide de conversation, car la plupart des menus sont écrits en caractères grecs. Et si vous voulez tout savoir sur la vie du quartier, sachez que Psirri a son propre site Internet, en grec et en anglais : www.psiri.gr. Furieusement tendance ! ■

Petite église orthodoxe perdue entre les temples modernes de la consommation, à Monastiraki.

Plaka

Musée des Instruments de musique populaire
p. 67
Diogenous, 1-3
210 325 0198/4119
Fermé lun.
Monastiraki

Musée Kanellopoulos
p. 50 C2
Panos/Theorias
210 321 2313
Fermé lun.
€
Monastiraki

PLAKA EST CE LABYRINTHE DE RUELLES QUI SERPENTENT AU NORD et à l'est de l'Acropole. C'est le principal quartier touristique d'Athènes : vous y trouverez de nombreux marchands de cartes postales et de souvenirs, ainsi que des restaurants cherchant à attirer le chaland. Les maisons y sont souvent anciennes et pleines de charme. Dans les rues, piétonnes pour la plupart, on mange bien et le quartier est animé de jour comme de nuit.

Cet ancien quartier des notables, qui y firent construire de magnifiques hôtels particuliers de style néoclassique, s'est développé au XIXe siècle. Plusieurs demeures ont été transformés en musées ou en boutiques : vous pourrez donc les admirer de l'extérieur comme de l'intérieur.

Étape essentielle de toute promenade dans Plaka, le **musée des Instruments de musique populaire** (**Mouseio Ellinikon Mousikon Organon**) est installé dans un hôtel construit en 1842 et dont la cour, l'été, accueille des concerts. Ce musée abrite les quelque 1 200 instruments formant la collection du musicologue grec Fivos Anoyanakis (né en 1915). L'histoire de la musique grecque y est retracée de façon

aussi passionnante que ludique. Des écouteurs vous permettent d'entendre le son d'un grand nombre d'instruments exposés. La boutique installée dans l'une des ailes du musée propose l'un des plus beaux assortiments de CD consacrés à la musique traditionnelle que vous puissiez trouver à Athènes.

Situé dans un autre hôtel particulier, datant de 1884, le **musée Kanellopoulos (Mouseio Kanellopoulos)** est une étape idéale sur le chemin de l'Acropole. Il abrite une collection de céramiques, statues, bijoux et autres objets d'art et d'artisanat amassés par les collectionneurs athéniens Paul et Alexandra Kanellopoulos. La collection couvre une période allant du IIIe millénaire av. J.-C. au XIXe siècle, et un grand nombre de civilisations (minoenne, mycénienne, romaine, perse, égyptienne et phénicienne). Remarquez les somptueux bijoux et les vases aux scènes érotiques.

L'autre haut lieu à ne pas manquer est le **musée d'Art populaire grec (Mouseio Ellinikis Laografias)**. Ce musée ressemble à Athènes en tout point : chaotique et surchargé comme elle, il est aussi fascinant dans ses moindres coins et recoins. Ses cinq étages rassemblent une collection immense, à laquelle vient souvent s'ajouter une exposition temporaire.

Parmi les plus belles pièces, citons l'œuvre du peintre naïf Théophilos (voir p. 38), dont une pièce entière, extraite de sa maison située sur l'île de Lesbos. Vous admirerez également les œuvres et les costumes traditionnels des nomades Sarakatsani (voir p. 159), ainsi qu'une riche collection de vêtements couvrant la plupart des régions de la Grèce continentale et insulaire. Le musée ravira les amateurs de broderie et de textiles en général. La petite boutique du musée vend de l'artisanat et des livres sur les arts populaires.

Mais une promenade à Plaka ne saurait s'achever sans une étape gastronomique. Vous y trouverez une quantité de tavernes, de bars et de cafés, et un grand nombre de restaurants avec un « rabatteur » à la porte. Il est souvent préférable d'éviter ces endroits : les bons restaurants sont fréquentés par les Grecs toute l'année et n'ont aucun besoin de payer quelqu'un pour remplir leurs salles. Vous trouverez dans le quartier un grand nombre de restaurants en sous-sol : on y sert une cuisine très simple, mais de bonne qualité et dans une ambiance bon enfant. Leurs murs sont souvent décorés par un artiste local.

Plaka est un quartier qui se réveille tard. C'est l'endroit idéal pour un déjeuner tardif en plein air ou pour une soirée : commencez par une promenade pour vous mettre en appétit, enchaînez sur un dîner grec typique, puis allez écouter un concert, avant de terminer la soirée par un petit café ou un digestif en terrasse. ■

Deux des plaisirs de Plaka : déjeuner avec vue sur l'Acropole (en haut) et emplettes (ci-contre).

Musée d'Art populaire grec

- p. 50 D2
- Kydathinaion, 17
- 210 322 9031
- Fermé lun.
- €
- Syntagma

Une promenade dans Plaka

Avec ses boutiques, ses restaurants et sa vie nocturne, Plaka est l'un des quartiers préférés des visiteurs à Athènes. Il compte aussi plusieurs jolies églises et bâtiments de facture néoclassique, dont certains abritent aujourd'hui des musées. Cette petite promenade vous fera découvrir le meilleur de Plaka.

Traversez la **place Syntagma (plateia Syntagmatos)** ❶ (voir p. 68) en vous dirigeant vers le coin gauche si vous tournez le dos au Parlement. Engagez-vous dans l'avenue Filellinon, qui part de la place et que vous longerez sur le trottoir de droite. Vous arrivez bientôt à hauteur de l'**église Saint-Nicodème (Agios Nikodimos)**, sur votre gauche. Connue aussi sous le nom d'Agia Triada, cette église russe orthodoxe, la principale d'Athènes, date des années 1850, bien qu'une église se soit toujours élevée sur le site depuis 1031. Prenez légèrement à droite en face de l'église (panneau indiquant le musée d'Art populaire grec, Mouseio Ellinikis Laografias).

La rue dans laquelle vous êtes entré, appelée Kydathinaion, est l'une des principales de Plaka. Elle commence à s'animer à partir de l'**église Sainte-Sotira (Agia Sotira)**, sur votre droite. Cette église, la principale du quartier, date de la fin du XIe siècle ou du début du XIIe.

Les boutiques du quartier de Plaka restent ouvertes tard, attirant les promeneurs du soir.

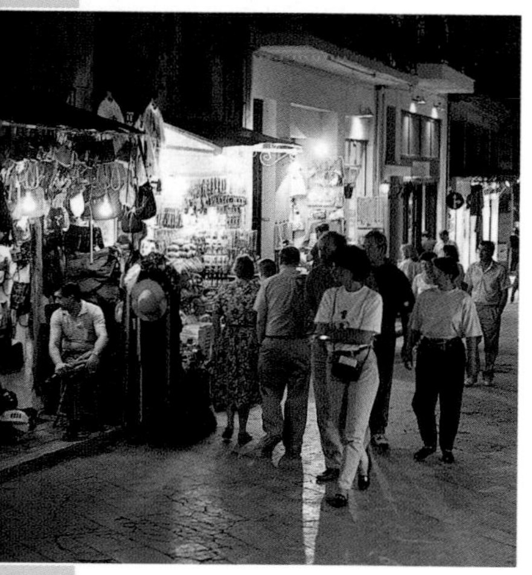

Notez la fontaine de la cour : ce fut longtemps la seule source d'eau de tout le quartier. Sur votre gauche s'élèvent le **musée d'Art populaire grec (Mouseio Ellinikis Laografias)** ❷ (voir p. 65) et, un peu plus loin, le **Musée grec pour enfants** (**Elliniko Paithiko Mouseio** ☎ *210 331 2995*), que vous pourrez visiter si vous voyagez avec des bambins, car il s'agit plus d'un centre d'activités d'éveil que d'un musée au sens conventionnel.

Parcourez quelques mètres sur l'avenue Kydathinaion pour atteindre, sur votre droite, la rue Geronta, au bout de laquelle se trouve le **Centre des arts et traditions populaires** (**Kentro Laikis Technis kai Paradosis** ☎ *210 324 3887*) ❸ ; cet hôtel particulier abrite une collection d'art populaire qui vaut le détour.

En continuant sur Kydathinaion, vous arriverez au croisement avec la rue Adrianou, mais continuez tout droit dans la rue Thespidou pour rejoindre l'**atelier de Georges Savakis**, artiste dont les fresques ornent de nombreuses tavernes du quartier. Vous pourrez acheter un original en souvenir, par exemple une scène de la vie quotidienne à Plaka.

Retournez dans la rue Adrianou, que vous prendrez sur votre gauche, et enfoncez-vous au cœur de Plaka. Au bout de 300 mètres environ, passé une petite intersection, prenez, sur votre gauche, la petite rue-escalier Mnissikleous.

Voir aussi p. 50
➤ La place Syntagma
1,5 kilomètre
30 minutes
➤ Place Monastiraki

À NE PAS MANQUER
- Musée d'Art populaire grec
- Centre des arts et traditions populaires
- Musée des Instruments de musique populaire

Grecs et touristes se côtoient pour leurs emplettes sur la place Monastiraki.

Arrivé en haut des marches, prenez à droite la rue Diogenous, au bout de laquelle se trouve l'hôtel particulier abritant le **musée des Instruments de musique populaire (Mouseio Ellinikon Mousikon Organon)** ❹ (voir p. 64).

Suivez la rue Diogenous pour arriver au **forum romain** ❺ (voir p. 60). Tournez à droite et engagez-vous dans la rue Eolou.

Laissez ensuite la rue Adrianou sur votre droite, puis prenez la première à gauche (rue Pandrossou), l'une des rues commerçantes du quartier.

Vous arrivez à la **place Monastiraki (plateia Monastiraki)** ❻, au bord du **marché aux puces** (voir p. 62), où se trouve une station de métro. ■

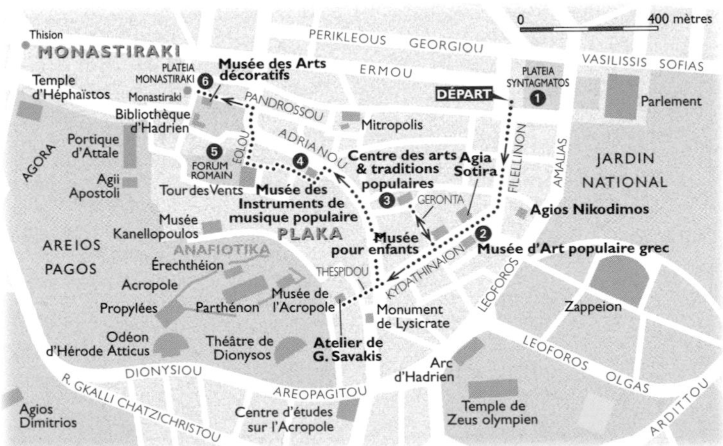

L'ancien palais royal abrite le Parlement depuis 1935.

La place Syntagma

La vaste place de la Constitution (plateia Syntagmatos) constitue le cœur de la capitale. La *Vouli,* ou Boulé (Parlement), s'y élève. Cet ancien palais royal fut remanié et achevé en 1842, et, de son balcon, le roi Othon Ier proclama la première Constitution *(syntagma)* de l'État grec, d'où le nom de la place.

Plateia Syntagmatos
p. 50 D3
Syntagma

En face de la **Vouli**, à la lisière de la place, se trouve le tombeau du Soldat inconnu. Il est gardé jour et nuit par les soldats de la Garde nationale, les *evzones*, reconnaissables à leur costume traditionnel caractéristique : béret rouge, tunique foncée en hiver, veste rouge en été, jupe courte sur collants blancs et sabots de bois rouge ornés d'énormes pompons. Le meilleur moment pour se rendre sur la place est le dimanche matin, à onze heures, pour la grande relève de la garde, mais vous pourrez aussi assister à une relève plus simple, quoique très travaillée, en semaine à chaque heure juste.

Sur un côté de la place s'élève l'**hôtel de Grande-Bretagne**, qui accueille depuis des décennies les hôtes de marque susceptibles de visiter le Parlement et autres célébrités de passage. Des personnalités aussi diverses que Richard Strauss, Winston Churchill ou Maria Callas y ont séjourné.

Après plusieurs années passées à l'ombre des palissades, pour cause de rénovation de sa station de métro, la place Syntagma a retrouvé sa grandeur d'antan. Inaugurée en janvier 2000, la nouvelle station (voir p. 77) a rendu à la place sa vocation de point de rendez-vous central au cœur d'Athènes. Bordée de boutiques et de bureaux, la place Syntagma compte aussi plusieurs bistrots et des restaurants, et les kiosques situés à son extrémité vous procureront la dernière édition de la plupart des grands titres de la presse francophone, que vous pourrez lire à la terrasse d'un café. ■

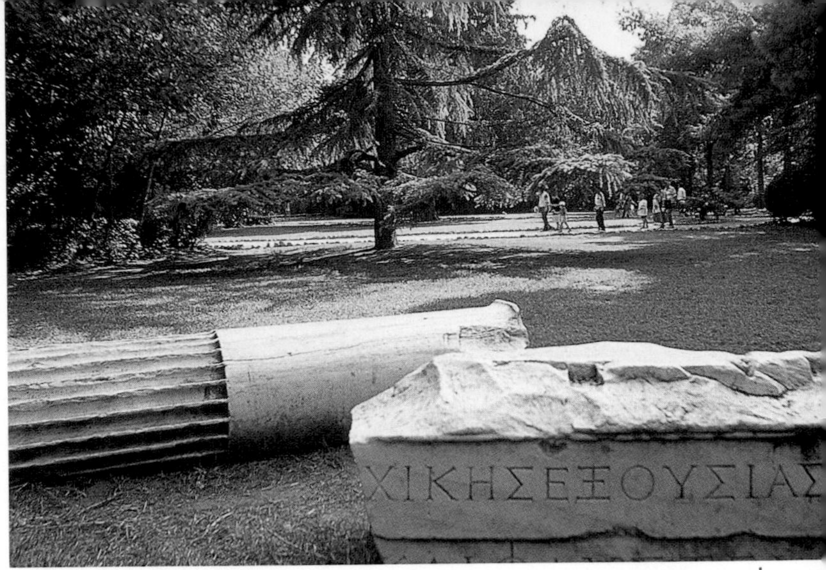

Marbres antiques sur pelouse ombragée, dans le Jardin national.

Le Jardin national

Le Jardin national (Ethnikos Kipos) s'étend derrière l'immeuble du Parlement, l'ancien palais royal. Ce havre de paix et de fraîcheur a vu le jour dans les années 1840, à la même époque que le palais, ce qui lui vaut aujourd'hui encore d'être appelé Jardin royal. Le palais présidentiel est tout proche de ce lieu très apprécié des Athéniens.

Ce jardin est l'œuvre d'Amalia, l'épouse du roi Othon Ier, qui aménagea le terrain en faisant venir d'Italie pas moins de 15 000 jeunes plants.

Avec ses 16 hectares, le Jardin national n'est peut-être pas assez grand pour que l'on s'y perde, mais vous aurez certainement de quoi vous y promener à loisir. De nombreux bancs vous permettront de faire une pause et de savourer quelques instants de tranquillité. Vous y verrez les Athéniens venir y manger un sandwich pendant leur pause-déjeuner ou y lire le journal, ainsi que des grands-mères promener leurs petits-enfants en poussette d'une aire de jeux à l'autre. Le parc comporte même une bibliothèque pour enfants, avec des livres en plusieurs langues : pensez-y en cas de pluie, si vous voyagez en famille. Les petits étangs du parc regorgent de tortues d'eau douce, que vous verrez prendre le soleil sur un rocher ou sortir leur tête minuscule en se laissant aller au fil de l'eau. Au centre du parc se trouve aussi une ménagerie à l'ancienne, peu attrayante toutefois.

Les allées sont bordées de gracieuses statues en marbre, de fontaines et de paisibles cafés. Au sud du parc s'élève le majestueux **Zappeion**, construit au XIXe siècle par les frères Evangelos et Konstantinos Zappas, d'origine gréco-roumaine : cet ancien palais d'exposition a été transformé en centre de conférences. Le café situé à côté est un endroit idéal pour un moment de détente. ■

Ethnikos Kipos

p. 50 D2

Leoforos Amalias

Syntagma

Les icônes byzantines – telle cette *Crucifixion* – peuvent être très stylisées tout en restant frappantes de réalisme.

Le musée Benaki

ANTOINE EMMANUEL BENAKI (1873-1954), UN GREC D'ALEXANDRIE actif dans le commerce du coton, accumula une fortune considérable qui lui permit de constituer une collection d'art variée. Il la légua à l'État grec à condition qu'elle fût exposée au public dans un musée. Ce qui fut fait, dans l'hôtel particulier de style néoclassique que Benaki avait habité. Accumulée sur une période de trente-cinq ans, la collection reflète le goût éclectique de son fondateur, avec des œuvres allant du IIIe millénaire avant notre ère jusqu'au début du XXe siècle.

Musée Benaki

- p. 51 E3
- Vasilissis Sofias/ Koumbari, 1
- 210 367 1000
- Fermé mar.
- €€
- Syntagma

Cette collection disparate – qui réunit des pièces aussi bien du monde grec que des cultures copte, chinoise et islamique – est organisée selon un ordre en partie chronologique. Le rez-de-chaussée s'ouvre sur l'âge archaïque, puis présente des statues des Ve et IVe siècles av. J.-C. et continue avec les périodes hellénistique, romaine et byzantine. Au premier étage, ce sont les arts des îles (Sporades, Cyclades, Dodécanèse) et de l'Asie Mineure qui sont à l'honneur, ainsi que de l'Épire et de Macédoine, avec des bijoux, des gravures sur bois, des céramiques, des instruments de musique (au deuxième étage) et toutes sortes de témoignages de la vie rurale quotidienne. On peut aussi admirer une importante collection de costumes traditionnels, d'orfèvrerie et d'objets religieux (bibles anciennes, vêtements sacerdotaux, superbes icônes des XVIIe et XVIIIe siècles). La somptueuse salle de réception d'une aristocratique demeure du début du XIXe siècle, dans l'île d'Hydra, est reconstituée, avec des personnages grandeur nature en costumes.

Le musée a rouvert en 2000 après plusieurs années de rénovation et d'agrandissement de l'espace dédié aux collections. De plus, un agréable café a été aménagé sur le toit. Une halte s'y impose ! ■

Le musée de la Guerre

LE MUSÉE DE LA GUERRE (POLEMIKO MOUSEIO) NE PASSE PAS inaperçu, sur l'avenue Vasilissis Sofias : devant le bâtiment sont exposés plusieurs engins militaires de l'armée nationale, notamment des chars d'assaut datant de la Première Guerre mondiale et plusieurs avions de chasse, dont un vénérable Tiger Moth. Un escalier conduit aux salles d'exposition.

Polemiko Mouseio

p. 51 E3

Leoforos Vasilissis Sofias, 22/Rizari, 2

210 729 0543

Fermé lun.

Syntagma

De *L'Iliade* à nos jours, la guerre *(polemos)* a toujours joué un rôle central dans l'histoire de la Grèce. Ce musée est l'un des rares bons souvenirs laissés par la dictature des colonels (1967-1974). Conçu comme un hommage à la gloire de l'armée, il a su réduire au minimum l'élément de propagande et est finalement devenu un site touristique qui vaut bien qu'on lui consacre quelques heures de visite.

Disposée sur plusieurs étages et dans de vastes salles à l'enchaînement chronologique, la collection décline le thème de la guerre de mille et une façons. Les conflits de l'Antiquité sont représentés par des statues et des copies des spectaculaires reliefs du temple de Bassae (Bassae, voir p. 127). La riche collection de fusils, sabres et autres armes manque peut-être de variété, mais les maquettes de châteaux grecs et de villes fortifiées sauront stimuler votre imagination. D'autres maquettes sont consacrées aux grandes batailles de l'histoire grecque, qui n'en manque certes pas.

La collection se termine sur la période contemporaine, avec la guerre d'Indépendance et quelques pièces très intéressantes sur le rôle des héros de la résistance grecque. Plusieurs vitrines très émouvantes sont consacrées au tribut payé par la Grèce au cours de la Seconde Guerre mondiale, notamment dans les rues d'Athènes, et de la sanglante guerre civile qui s'ensuivit. ■

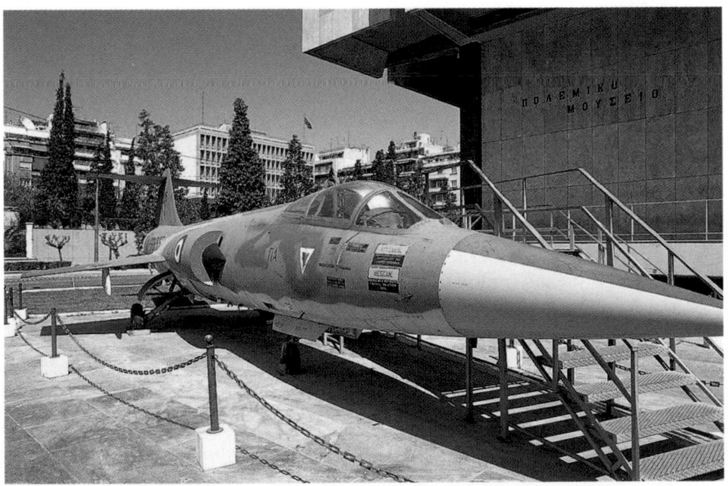

Un avion à réaction accueille les visiteurs à l'entrée du musée.

Ethniki Pinakothiki
p. 51 F3
Vasileos Konstantinou, 50
210 723 5857
Fermé mar.
Syntagma

La Pinacothèque nationale

La Pinacothèque nationale (Ethniki Pinakothiki) est logée dans un immeuble moderne au bout de l'avenue Vasilissis Sofias, à son croisement avec l'avenue Vasileos Konstantinou, à proximité de l'hôtel Hilton. Outre les riches collections exposées à l'intérieur, le musée comporte un spectaculaire jardin de sculptures.

La Pinacothèque nationale expose les plus belles œuvres des peintres grecs, du XVIIIe au XXe siècle pour la plupart.

L'État grec n'a jamais eu les moyens d'investir dans des œuvres d'art majeures, ce qui fait que le fonds de la pinacothèque est essentiellement constitué d'œuvres d'artistes locaux, dont peu sont connus internationalement.

L'avantage pour le visiteur, c'est qu'il en ressortira considérablement enrichi sur le talent artistique grec. Nombre des toiles exposées représentent des paysages conventionnels, mais certaines des représentations historiques deviennent fascinantes pour qui a visité des endroits tels que les Météores ou les petites îles. Au milieu d'œuvres plus banales se distinguent celles, extraordinairement vivantes, de Nikos Hatzikyriakos-Ghikas, qui signe Ghika : c'est l'un des artistes contemporains les plus en vue. L'école « primitive » grecque est également bien représentée, notamment par Theophilos (voir p. 40).

Vous verrez également les œuvres de grands maîtres tels Cézanne, Bruegel, le Caravage, Picasso, Braque, Rembrandt et Dürer, mais il s'agit surtout de gravures et d'esquisses de petite taille et peu connues. Le peintre d'origine grecque le plus célèbre est bien sûr le Greco (voir p. 38), dont cinq œuvres représentatives sont exposées.

La Pinacothèque nationale est malheureusement souvent fermée, lorsque les expositions temporaires sont installées ou enlevées, ce qui empêche l'accès aux salles principales. Ces expositions temporaires sont souvent excellentes, qu'il s'agisse de rétrospectives consacrées à un grand peintre ou d'expositions thématiques sur l'art grec (le théâtre ou l'art byzantin, par exemple). ■

Le musée d'Art byzantin

Vizantino Mouseio
p. 51 E3
Vasilissis Sofias, 22
210 721 1027
Fermé lun.
€
Syntagma

LE MUSÉE D'ART BYZANTIN (VIZANTINO MOUSEIO) ABRITE UNE petite collection spécialisée. Même si vous n'êtes pas féru de peinture religieuse, le jardin du musée mérite à lui seul la visite.

Le musée d'Art byzantin, proche de la Pinacothèque nationale, est situé dans une villa construite dans les années 1840 par la duchesse de Plaisance (1785-1854). Cette aristocrate française, tombée sous le charme de la Grèce dès sa première visite, fit construire cette villa de style florentin dans ce qui était à l'époque les faubourgs d'Athènes et devint bientôt l'une des figures centrales de la vie mondaine athénienne.

La villa fut transformée en musée dans les années 1930, et la collection s'étend sur plusieurs bâtiments, disposés autour d'une charmante cour emplie de fleurs et d'orangers. La fontaine qui s'élève au milieu est une copie d'une œuvre que vous pourrez admirer sur une mosaïque du IVe siècle au monastère de Dafni, à l'ouest d'Athènes. L'endroit est une véritable oasis de beauté et de sérénité.

La collection, qui s'intéresse à une quinzaine de siècles, comprend des œuvres d'artistes aussi bien de Grèce que de la diaspora. Néanmoins, elle est principalement constituée d'icônes, souvent bien conservées et très vivantes, tant par leur expressivité que par leurs couleurs. Vous apprécierez aussi à leur juste valeur les bibles et autres manuscrits anciens et les objets liturgiques, ainsi que les statues, les tissus brodés et les mosaïques.

L'une des plus belles pièces de la collection est une mosaïque représentant une *Vierge à l'Enfant* (XIIIe-XIVe siècle) sur fond d'or. Une autre icône peu commune, datant de la même époque, montre *Saint Georges* sur deux faces : l'une est couverte d'or, l'autre d'argent.

À l'extrémité de la propriété, un bâtiment abrite deux sites impressionnants : la reconstitution d'une basilique paléochrétienne (Ve siècle) et la réplique d'une église orthodoxe du XIe siècle.

La plupart des informations concernant les pièces exposées ne sont rédigées qu'en grec, mais vous n'aurez qu'à explorer la collection à votre rythme, en vous laissant guider par votre instinct et votre œil. ■

Les couleurs de ce *Saint Michel* de plus de six cents ans d'âge, n'ont rien perdu de leur fraîcheur ni de leur éclat.

Kolonaki
p. 51 E3

Kolonaki & le Lycabette

En vous rendant à Kolonaki à partir de la place Syntagma, vous vous rendrez compte que vous pénétrez dans un quartier chic d'Athènes à mesure que se succéderont galeries d'art et boutiques d'antiquités et de mode. À la terrasse des cafés, vous côtoierez la jeunesse dorée arborant le dernier cri en matière de téléphones portables. Ne manquez pas de gravir la colline du Lycabette, visible en tout lieu dans le centre d'Athènes.

Mouseio Kykladikis kai Archais Ellinikis Technis (musée d'Art cycladique)
p. 51 E3
Neofytou Douka, 4
210 722 8321 ou 210 714 9706 (boutique)
Fermé mar. & dim.
€
Syntagma
www.cycladic-m.gr

KOLONAKI

Suivez l'avenue Neofytou Douka pour vous rendre au splendide **musée d'Art cycladique (Mouseio Kykladikis kai Archais Ellinikis Technis)** : peu connu, c'est pourtant l'un des plus intéressants de la ville.

Ce musée moderne a ouvert en 1986 et abrite une collection d'art de l'archipel des Cyclades (voir p. 244-259) remontant à cinq mille ans. Accumulé au départ par l'armateur grec Nikolas Goulandris, le fonds s'est enrichi des dons d'autres collectionneurs, pour devenir le plus riche du monde en ce domaine.

Le clocher au sommet du Lycabette.

Les vases, objets en verre et autres sculptures sont fort beaux, mais les nombreuses figurines leur volent la vedette. Les plus belles œuvres remontent à l'apogée de la civilisation cycladique (vers 3000-2000 avant notre ère).

La statuaire cycladique, qui comporte aussi des masques, est célèbre pour sa simplicité pleine de grâce, parfaitement représentée ici. Un subtil éclairage en fait ressortir toutes les nuances de forme et de texture. Vous comprendrez aussitôt comment ces figurines ont inspiré les artistes contemporains, tels l'Espagnol Pablo Picasso (1881-1973), le Britannique Henry Moore (1898-1986) et le Roumain Constantin Brancusi (1876-1957) en passant par l'Italien Amedeo Modigliani (1884-1920).

Si vous vous sentez tenté d'acquérir une copie de l'une de ces œuvres, la boutique de souvenirs, bien approvisionnée, vend quelques reproductions d'excellente facture.

La collection est riche au point de s'étendre sur quatre niveaux, et, en 1992, une aile supplémentaire a été ouverte dans l'immeuble voisin (Stathatos), reliée au musée par un étrange boyau en verre. Plusieurs pièces de cette nouvelle aile ont gardé leur mobilier d'époque et donnent une idée de ce qu'était l'hôtel particulier lors de sa construction, en 1885; d'autres présentent des œuvres déplacées du bâtiment principal; d'autres enfin sont consacrées à l'art grec (Académie d'Athènes), sans

compter les salles réservées aux expositions temporaires.

L'**École américaine d'études classiques (Gennadeion)** se trouve elle aussi à Kolonaki. Inaugurée en 1926, elle s'adresse principalement aux chercheurs, avec ses archives de quelque 24 000 titres. Mais son bel immeuble de style néoclassique est ouvert au public, et la visite se justifie par les œuvres des paysagistes qui ornent les murs, comme celles du poète anglais Edward Lear (1812-1888), et par la collection d'objets ayant appartenu à lord Byron (voir p. 32).

LE LYCABETTE (LYKAVITTOS)

Ce quartier d'Athènes est célèbre pour sa colline éponyme, le Lycabette : avec ses 277 mètres d'altitude, c'est le point culminant de la capitale. La vue y est évidemment magnifique : vous reconnaîtrez l'Acropole, Le Pirée et la mer Égée, et apercevrez même, par temps clair, l'île d'Égine.

Vous pouvez atteindre le sommet à pied ou en **téléphérique**. L'ascension à pied est agréable, puisqu'elle se fait par un sentier serpentant à travers une pinède odorante. Si elle ne requiert pas d'aptitude physique particulière, elle peut toutefois être fatigante, surtout au plus fort de l'été. Le téléphérique se prend au sommet de la rue Plutarchou. Le service est assuré jusqu'après minuit en été : c'est dire si l'endroit est apprécié par les Athéniens et les visiteurs.

Au sommet de la colline s'élève la chapelle Saint-Georges (**Agios Georgios**), peinte à la chaux (XIXe siècle). Ne ratez pas les cérémonies de la Saint-Georges qui s'y déroulent le 23 avril si vous avez la chance d'être à Athènes à cette date. Près de la chapelle se trouve un restaurant (un peu cher) offrant l'une des plus belles vues sur la ville, surtout la nuit, lorsque le Parthénon est illuminé. Si vous montez à pied, un café situé à mi-chemin vous permettra de faire une pause bien méritée.

De l'autre côté de la colline par rapport à Kolonaki, se trouve le **théâtre du Lycabette**. Moderne et en plein air, il accueille en été certains des plus grands spectacles musicaux d'Athènes, des concerts de musique classique aux ballets en passant par le rock. ■

Les cafés de la place Kolonaki attirent une clientèle aisée.

École américaine d'études classiques (American School of Classical Studies)
p. 51 F3
Souidias, 54
210 723 6313
Fermé août
Syntagma
www.ascsa.edu.gr

Lykavittos
p. 51 E4

Téléphérique
p. 51 E4
Aristippou/ Plutarchou
€
Syntagma

Les rues qui jouxtent la place Omonia sont agréablement calmes.

Autour de la place Omonia

La place de l'Harmonie (plateia Omonoias) porte bien mal son nom. C'est la deuxième plus grande place d'Athènes, après la place Syntagma, mais, contrairement à cette dernière, où la circulation est à sens unique et qui comporte une large zone piétonne en son centre, la place Omonia se résume à un carrefour de six avenues et de plusieurs petites rues ajoutant au vacarme de la circulation. Une nouvelle ligne de métro vient toutefois de voir le jour, et la place devrait bientôt retrouver un peu de son harmonie d'antan. Au centre d'Omonia se trouvent des fontaines et des sièges avec vue sur l'avenue Athinas et l'Acropole.

Plateia Omonoias
p. 50 C4

Au premier abord, la place Omonia vous paraîtra sans doute décevante : elle est bruyante, grouillante et polluée. Mais, en vous habituant au bruit et à la foule, vous verrez émerger une autre image. Faites un tour complet de la place : vous y verrez des kiosques distribuant la presse internationale et vendant des billets de loterie, des en-cas, des montres fantaisie, des cigarettes de contrebande et bien d'autres choses encore, mais aussi des cafés pleins de vie où vous pourrez vous imprégner de l'ambiance authentique de la ville. Il n'y a pas de meilleur endroit pour faire connaissance avec Athènes. Si la place Syntagma est le côté européen d'Athènes, la place Omonia est en effet son visage balkanique et oriental : sonore et agitée, c'est un bazar à ciel ouvert, plein de marchandises bon marché et débordant de vie.

À la nuit tombée, la place évoque un Barbès ou un Soho d'un autre âge. Des immigrés clandestins s'y rassemblent, ainsi que dans les rues avoisinantes, pour y vendre des marchandises importées ou des copies de vêtements de marque. Vous saurez éviter les entourloupes, à moins d'être particulièrement imprudent, mais, d'une façon générale, l'endroit est sûr, car toujours noir de monde, jusque tard dans la nuit. Dans les rues qui partent de la place se trouvent quelques cinémas miteux projetant des films érotiques, et, la nuit, Omonia se fait quartier des plaisirs. La prostitution y est toutefois si discrète qu'elle peut passer complètement inaperçue.

À quelques pâtés de maisons en suivant l'avenue Athinas se trouve l'un des endroits les plus animés de la ville : le **marché central (Kentriki Agora)**. Cette halle d'acier et de verre (XIXe siècle) abrite le principal marché de viande et de poisson de la ville, même si l'on y trouve aussi de nombreux autres produits. C'est ici que se vend le poisson pêché le matin même dans les eaux de la mer Égée. Même si vous n'avez pas l'intention d'acheter, vous pourrez observer la façon dont les ménagères et les restaurateurs se disputent les meilleurs morceaux de viande et les plus beaux poissons.

Le marché central est animé dès l'aube et jusque dans l'après-midi. Il reprend vie en soirée, lorsque ouvrent les nombreuses ouzeries, qui servent aussi quelques plats simples, et les boîtes de *rebetiko* (voir p. 45-46) du quartier.

Le marché est une étape incontournable si vous avez prévu un pique-nique ou que vous partez dans les îles et voulez faire des provisions pour la traversée (les ferries ne vous fourniront que le strict nécessaire). Vous y trouverez du fromage et des olives, du pain, des fruits, des herbes et des épices, mais aussi des fleurs et des légumes. Et si vous cherchez à rapporter un souvenir, vous y trouverez des noix et de l'ouzo. En bref, tout ce qui se mange ou se boit !

L'avenue Athinas est une vraie Bourse de l'emploi parallèle : tôt le matin, vous y verrez des peintres et des décorateurs, leur échelle ou leur seau à la main, proposer leurs services à la journée à quelque entrepreneur. Une touche de couleur supplémentaire dans ce quartier bariolé. ■

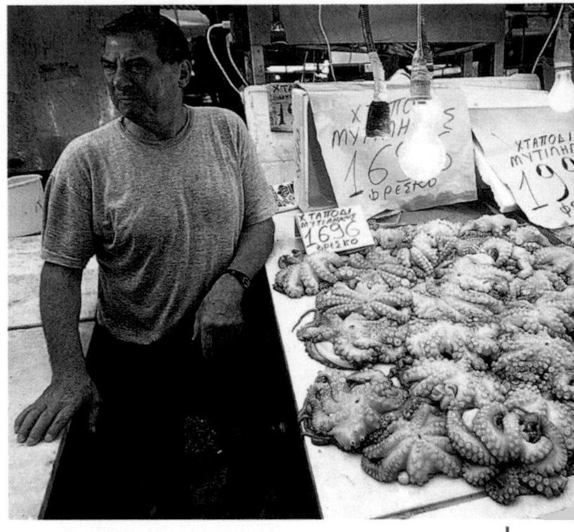

Calamars frais au marché central.

Le métro d'Athènes

Athènes est l'une des rares capitales européennes sans grand réseau de métro. Avec ses problèmes de circulation et de pollution, elle en aurait pourtant le plus grand besoin. Athéniens et visiteurs se sont longtemps contentés d'une ligne unique nord-sud, mais deux autres lignes ont depuis vu le jour. Deux lignes se croisent à la place Omonia, mais la plus belle station est celle de Syntagma. Vous y verrez les vestiges découverts pendant les travaux. La présence de sites antiques enfouis sous terre est d'ailleurs un problème majeur pour le développement du métro, qui vous fait voyager dans Athènes aussi bien que dans son histoire. ■

Ethniko Archaiologiko Mouseio

p. 50 D5

Oktovriou, 28/ Patission, 44

210 821 7717

Fermé lun. matin. Certaines parties sont fermées depuis le dernier tremblement de terre.

€€

Omonoia

Le Musée archéologique national

Ce musée, l'un des plus beaux du monde, rassemble les principaux trésors des civilisations grecques qui se sont succédé au cours des siècles. C'est, avec le Parthénon, l'un des deux endroits à ne manquer sous aucun prétexte lors d'un voyage à Athènes. La collection est si riche que vous aurez du mal à en faire le tour en une seule visite : prévoyez-en deux. Si votre temps est compté, optez pour la visite guidée : il en est proposé en plusieurs langues (renseignez-vous à l'entrée). Vous pouvez aussi vous inspirer de ce chapitre pour être sûr de ne rater aucun chef-d'œuvre.

La visite du musée suit l'ordre chronologique. Dans la **salle 4** se trouvent les œuvres les plus impressionnantes, rapportées de Mycènes par l'archéologue allemand Heinrich Schliemann en 1874 (voir p. 112-113). Vous y verrez le célèbre masque funéraire en or que Schliemann attribuait au roi Agamemnon (il est en fait antérieur de deux ou trois siècles à la guerre de Troie). Ce chef-d'œuvre est entouré d'autres objets somptueux tirés des tombes royales de Mycènes, comme un remarquable rhyton (coupe à vin) en argent, en forme de tête de taureau, et dont les cornes sont en or massif.

Cette amphore au col étroit (vers 750 av. J.-C.) a été découverte à Athènes.

Certaines œuvres de grandes dimensions vous impressionneront par leur majesté, le plus bel exemple étant, dans la **salle 15**, le grand **bronze** représentant soit le dieu de la Mer, Poséidon, sur le point de lancer son trident, soit Zeus brandissant son foudre (les archéologues n'ont retrouvé à proximité aucun attribut qui puisse identifier plus précisément la statue). L'expression du visage permet de faire remonter cette œuvre au milieu du Vᵉ siècle av. J.-C., c'est-à-dire à l'époque classique, ou siècle de Périclès.

La **salle 21** abrite deux bronzes plus délicats, mais tout aussi renommés, rassemblés sous le nom de ***Jockey de l'Artémision.*** On ignore si ce puissant cheval et son minuscule écuyer étaient conçus pour aller ensemble, mais l'œuvre est surprenante de dynamisme et d'élan. Les deux statues ont été retrouvées, comme le bronze de Poséidon, au large du cap Artémision, mais elles datent, elles, du IIᵉ siècle av. J.-C.

Ne vous échappera pas non plus l'***Éphèbe d'Anticythère*** (**salle 28**), alliant force et délicatesse. Ce bronze réaliste, quoique plus grand que nature (2 mètres de haut), a été trouvé au large de la petite île d'Anticythère (Andikithira) en 1900. Il date de la période hellénistique.

Chaque salle recèle un chef-d'œuvre : c'est pourquoi il est préférable d'effectuer deux visites si vous le pouvez. La **salle 30**, par exemple, consacrée à la sculpture hellénistique, présente une double statue représentant ***Pan et Aphrodite*** (Iᵉʳ siècle). Dans cet ensemble au réalisme truculent, le dieu ne fait pas mystère de ses intentions envers la déesse nue, tandis que cette dernière tente de protéger d'une main ce qui lui reste de vertu, tout en agitant une sandale de l'autre.

Cette même salle abrite aussi les vestiges d'une statue colossale de Zeus, à fonction cultuelle, exhumée en 1916, et plusieurs reliefs délicats représentant des danseuses, découverts dans le théâtre de Dionysos (voir p. 56-57).

Les salles du bas sont consacrées aux expositions temporaires. Ne manquez pas d'y jeter un coup d'œil : plusieurs expositions remarquables s'y sont tenues ces dernières années. Au pied de l'escalier principal, tout proche, se trouvent deux des collections privées léguées au musée : la collection de bijoux Eleni Stathatou et la collection Karapanos. Cette dernière comporte de nombreux objets tirés du site de Dodone, près d'Ioanina, en Épire (voir p. 162-163), notamment des tablettes en plomb portant les questions adressées à l'oracle. La collection de bijoux regroupe de superbes pièces en turquoise, en argent, en bronze et en verre, allant de l'âge du bronze à l'époque byzantine.

La signalétique du musée est bonne dans l'ensemble, avec des notices rédigées en grec et en anglais. Mais certains petits objets (et il y en a plusieurs milliers !) n'ont pas de notice, ou bien elle est écrite uniquement en caractères grecs. Pour profiter pleinement de votre visite, il est donc judicieux d'acheter l'un des guides (bon marché) vendus dans le hall d'entrée.

Le **Musée numismatique**, anciennement logé dans une annexe du Musée archéologique, a récemment déménagé dans un immeuble à part, intéressant en lui-même : cet hôtel particulier de 1878 a en effet servi de résidence à Heinrich Schliemann, ce qui lui a valu le surnom de Palais troyen. La collection rassemble quelque 600 000 pièces, allant de l'Antiquité à nos jours, en passant par les périodes romaine et byzantine. ■

Musée numismatique

Venizelou, 12

210 364 3774

Fermé lun.

€

Syntagma

Chaque ligne du *Jockey de l'Artémision* (IIe siècle av. J.-C.) donne une impression de mouvement et de vitesse.

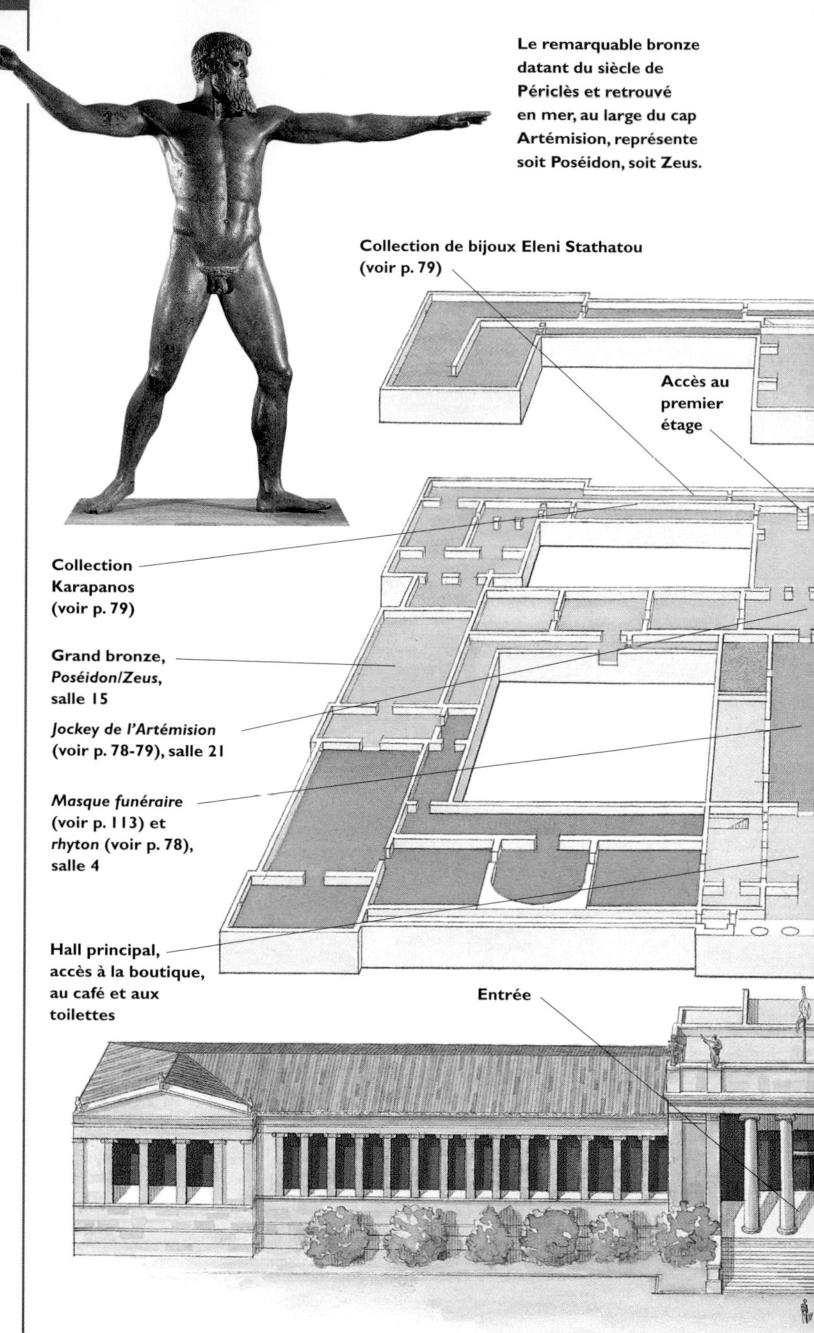

Le remarquable bronze datant du siècle de Périclès et retrouvé en mer, au large du cap Artémision, représente soit Poséidon, soit Zeus.

Ce bronze de Dodone (cheval et cavalière) fortement stylisé présente un contraste saisissant avec les formes fluides du *Jockey* de la p. 79.

Premier étage

Rez-de-chaussée

Poterie

Expositions temporaires et autres

Salles fermées

Sculpture classique

Sculpture hellénistique et romaine

Art mycénien

Néolithique

Période archaïque

Fermé au public

Cour, accès à la boutique de souvenirs et au café

Éphèbe d'Anticythère, salle 28 (voir p. 78)

Le Pirée

De nombreux visiteurs ne voient d'Athènes que Le Pirée (Pireas), lors de la descente sur l'aéroport où, sitôt posés, ils prennent le ferry pour aller dans une île. Le Pirée, dont le port est vieux de quelque deux mille cinq cents ans, a pourtant un caractère et un charme cosmopolites bien à lui, ainsi que de beaux bâtiments publics. C'est aujourd'hui l'un des plus grands ports de Méditerranée, avec l'animation et le bruit qui accompagnent ce titre.

Pireas
p. 87 C2
Informations
Diikitirio Building, Zea Marina, 185 04
210 452 2586 ou 210 452 2591

Musée archéologique
Harilaou Trikoupi, 31
210 451 8388
Fermé lun.
€
Pireas

Musée grec de la Marine
Akti Themistokleous
210 451 6822
Fermé lun.
€
Pireas

Au terminus de la ligne de métro nord-sud, Le Pirée est facile d'accès depuis le centre d'Athènes, par les stations Monastiraki ou Omonoia, par exemple.

Si vous êtes venu prendre le ferry, assurez-vous d'avoir noté le lieu d'embarquement et arrivez suffisamment à l'avance : on a vite fait de se perdre dans le port, avec ses différentes darses. Le principal port de voyageurs s'appelle *Kentriko Limani*; il est bordé de boutiques et de restaurants élégants. Les régions de Grèce sont desservies par différentes darses, quelquefois très éloignées les unes des autres ou de la station de métro.

La vie trépidante du Pirée a été immortalisée dans un film de Jules Dassin, *Jamais le dimanche* (1959), où Melina Mercouri interprétait une prostituée (voir p. 48). Un aspect de la vie que décrivent aussi certaines chansons de *rebetiko* (voir p. 45-46), un genre musical qui a ses racines au Pirée et que vous entendrez la nuit dans les clubs des ruelles malfamées, loin, très loin des quartiers touristiques du centre d'Athènes.

Mais Le Pirée est aussi une ville de culture classique, avec un Musée archéologique (petit, mais qui vaut la visite) et un musée de la Marine. Les remarquables pièces exposées au **Musée archéologique** ont toutes été repêchées dans les ports des environs. En 1930, une collection de statues en pierre était découverte dans une épave : le bateau transportait ces œuvres vers l'Italie. En 1939, le port du Pirée livra de magnifiques et imposantes statues d'Artémis, d'Athéna et d'Apollon.

Le **musée grec de la Marine (Nautiko Mouseio Elladhas)** surplombe la darse de *Zea Marina*. Vous le reconnaîtrez aisément au vieux sous-marin exposé devant l'entrée.

L'histoire de la navigation grecque est l'une des plus riches qui soient, et cette collection (plus de 2000 objets) en couvre la majeure partie, depuis les élégantes trirèmes jusqu'aux paquebots de luxe des grandes dynasties d'armateurs, en passant par les petits caïques de pêcheurs. Cette histoire est illustrée par un fascinant mélange de tableaux, photographies, cartes, pavillons, uniformes, etc., ainsi que par de superbes maquettes.

Le musée de la Marine intègre les vestiges des Longs Murs : ces fortifications, édifiées entre 493 et 456 av. J.-C. pour abriter les darses, furent en grande partie détruites en 86 av. J.-C. Reliant Le Pirée à Athènes, elles furent commencées par l'archonte et stratège Thémistocle (vers 528-462 av. J.-C.), puis améliorées par Périclès à l'apogée de la république d'Athènes, alors que Le Pirée était devenu un port majeur au temps des guerres médiques.

Le Pirée compte un grand nombre de restaurants élégants, surtout autour de la darse de **Mikrolimano**, où se côtoient yachts de luxe et humbles caïques. Le poisson frais est à l'honneur, mais pas bon marché pour autant. C'est l'endroit idéal pour un déjeuner en plein air (très couru le dimanche) ou pour un dîner romantique, avec en toile de fond les mâts oscillant des yachts, les lumières scintillantes du port et le clapotis de la mer Égée. ■

Le port du Pirée, le plus grand de Grèce après Thessalonique, remonte à l'Antiquité.

Autres sites à visiter près d'Athènes

Si vous séjournez au centre d'Athènes, vous aurez peut-être envie de découvrir ses environs. Les sites suivants vous forceront parfois à prendre plusieurs moyens de transport (métro, bus, taxi ou ferry), mais tous valent la visite.

ÉLEUSIS

Au VIe siècle avant notre ère, ce site était l'un des plus sacrés au monde. Éleusis est aujourd'hui une banlieue industrielle qui s'élève à l'une des extrémités de l'antique Voie sacrée qui la reliait au Parthénon. Seules les fondations du site ont survécu, mais les maquettes et les objets exposés au musée local vous aideront à vous faire une idée de la ferveur de la communauté qui célébrait les « mystères d'Éleusis ». Ce culte, qui promettait une vie bienheureuse après la mort, perdura deux mille ans – il est attesté dès 1500 av. J.-C. – et pouvait rassembler 30 000 fidèles lors des grands rituels.

Gioga/Iera, 1 · 210 554 6019 · €€ · Bus : A16 ou B16

MONASTÈRE DE KAISARIANI (MONI KAISARIANI)

Les pentes de l'Hymette sont visibles depuis le centre d'Athènes, à quelque 5 kilomètres au sud-est. Vous parviendrez au monastère de Kaisariani (XIe siècle) en bus ou en taxi. Le lieu est réputé pour ses fresques ; certaines remontent au XIIe siècle, mais la plupart sont des XVIe et XVIIe siècles. Quoique encore habité, le monastère est ouvert au public, et si les feux de forêt ont défiguré les collines des alentours d'Athènes, le paysage est ici verdoyant, grâce à la rivière Ilissos. C'est elle qui alimentait autrefois Athènes en eau. Sa source fut baptisée source impériale *(kaisariani)* en l'honneur de l'empereur Hadrien.

210 723 6619 · € · Bus : 234

KIFISSIA

Le faubourg de Kifissia se trouve au terminus nord de la ligne de métro et mérite amplement une visite d'une journée. Quartier prospère et à la mode, il jouit d'un climat légèrement plus frais que le centre, bien qu'il ne culmine qu'à 276 mètres. Le **musée Goulandris d'Histoire naturelle** *(Levidou, 13 · 210 808 6405)* vaut la visite pour sa riche collection de végétaux méditerranéens, mais Kifissia est aussi un bel endroit de promenade, avec ses parcs et ses somptueux hôtels particuliers.

Police touristique 210 808 1464/808 1465

M Kifissia

PAIANIA

À 18 kilomètres à l'est d'Athènes, passé le monastère de Kaisariani, se trouve le village de Paiania, célèbre pour avoir donné naissance à Démosthène (384-322 av. J.-C.), homme d'État athénien doublé d'un orateur hors pair et auteur des célèbres *Philippiques* contre le roi Philippe II de Macédoine. La principale attraction est aujourd'hui le curieux musée Vorres (du nom de son propriétaire, Ian Vorres) : vous y verrez des œuvres d'art populaire traditionnel et d'art contemporain placées côte à côte, dans des bâtiments rénovés avec une délicieuse cour meublée de sculptures. Le village vous permet également d'accéder par la route à la grotte Koutouki, célèbre pour ses curieuses stalactites et stalagmites (visite guidée).

Musée Vorres Diadochou Konstantinou, 1

210 644 2520 · Fermé août

Grotte Koutouki 210 644 2108 · €€

SALAMINE (SALAMINA)

Les îles du golfe Saronique (voir p. 220-225) sont sans conteste la destination la plus appréciée pour les excursions d'une journée au départ d'Athènes. Or la plupart d'entre elles sont pour ainsi dire inconnues hors de Grèce. Située dans la baie de Salamis, Salamine est la plus proche de la capitale, ce qui explique sans doute qu'elle soit négligée par les visiteurs étrangers. Les Grecs sont quant à eux nombreux à y habiter tout en travaillant à Athènes. Si la ville principale et son port sont sans grand intérêt, l'île de Salamine possède de pittoresques petits villages de pêcheurs, un monastère du XVIIe siècle, quelques belles villas anciennes et une petite station balnéaire, Selinia. C'est dans cette même baie qu'eut lieu la célèbre bataille de Salamine (480 av. J.-C.), où les Grecs mirent en déroute la flotte perse, pourtant plus nombreuse. Les trirèmes grecques, plus rapides et plus maniables que les navires de guerre perses, infligèrent à ces derniers une défaite cinglante.

p. 87 B1 · Ferry depuis Le Pirée ■

Les grands monuments d'Athènes sont situés au centre de la ville, mais ses environs recèlent bien d'autres trésors : ruines et temples isolés, plages et villages traditionnels, qui ne demandent qu'à être découverts.

Les environs d'Athènes

Volets pare-soleil, en Attique.

Les environs d'Athènes

La plupart des visiteurs quittent Athènes sans être allés plus loin que son centre-ville, alors qu'il est si facile de découvrir la Grèce authentique dans un rayon de quelques kilomètres. Si vous prenez la peine de traverser la banlieue d'Athènes, industrielle par endroits et qui peut sembler interminable, vous aurez la chance unique de découvrir des sites antiques quasi déserts, surtout si vous voyagez en basse saison.

Conduire dans le centre d'Athènes peut être éprouvant pour les nerfs : malgré des tentatives de réduction du nombre de véhicules en centre-ville, la circulation reste intense et la signalisation n'est pas bonne. Si vous voulez explorer l'Attique (les environs d'Athènes), il est préférable de louer un véhicule à l'aéroport. Sachez toutefois qu'un grand nombre de sites sont facilement accessibles par les transports en commun, et que louer un taxi à la journée est sans doute moins cher que vous ne le croyez.

Une petite excursion au cap Sounion s'impose : il abrite l'un des plus majestueux temples de Grèce. Les Athéniens sont nombreux à s'y rendre pour y admirer le coucher de soleil sur la mer Égée en sirotant un verre.

La côte qui va du Pirée au cap Sounion est parsemée de stations balnéaires, les plus proches de la capitale. Si les plages y sont moins belles et paisibles que dans les îles, elles permettent tout de même de fuir pour un temps le stress de la ville. Un peu plus loin, des sites tel celui de Marathon vous transporteront au cœur de l'histoire antique (voir p. 92). Et une simple promenade autour de Rhamnonte ou de Brauron suffira à vous faire oublier l'agitation trépidante de la capitale. ■

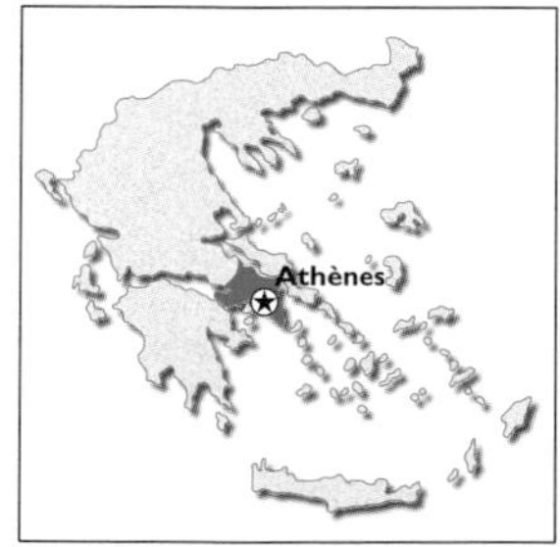

Les fleurs sauvages ajoutent une touche de couleur aux ruines du monastère de Dafni (classé au patrimoine de l'humanité par l'Unesco), tout proche d'Athènes.

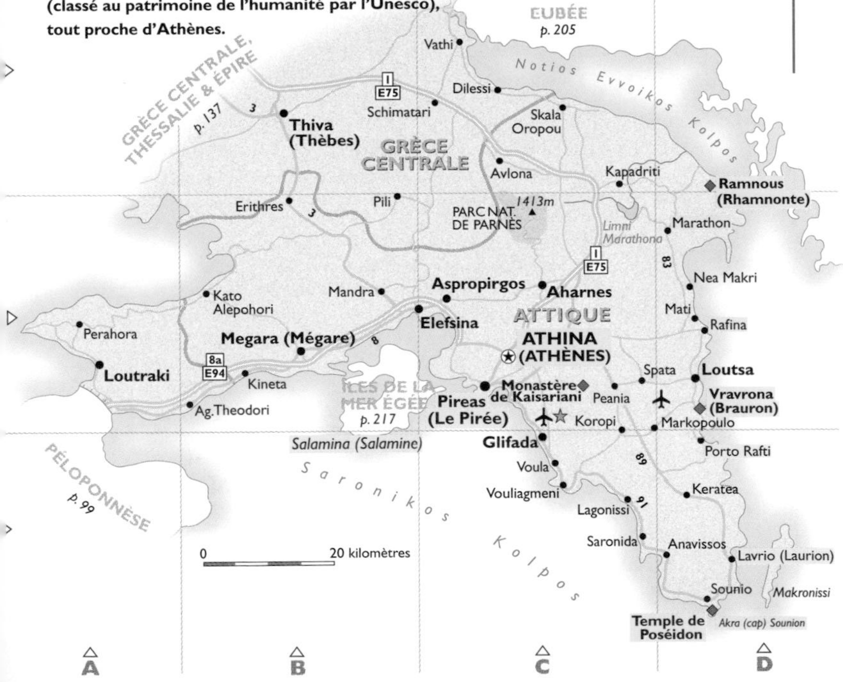

Akra Sounion
p. 87 DI

Temple de Poséidon
p. 87 DI
2292 039363
Fermé lun.
€

Le cap Sounion & la côte orientale

Athènes a la chance d'avoir des plages à ses portes et de superbes îles à quelques minutes seulement du Pirée. Les visiteurs feraient bien de s'inspirer des Grecs, qui mettent le cap sur les stations balnéaires des faubourgs d'Athènes dès que le mercure grimpe en été. Vous ne serez pas seul à rechercher la fraîcheur, mais vous découvrirez un autre visage de la capitale, plus célèbre pour ses sites antiques.

Pour une escapade d'une journée, la station balnéaire la plus proche, à moins de trente minutes du centre d'Athènes, est **Glifada**, qui jouxte celle de **Voula**, au sud.

Aucune des deux n'est à proprement parler la petite station paisible dont vous rêvez peut-être, mais si vous voyagez avec des enfants qui vous réclament une journée à la mer, ils y trouveront leur bonheur, tandis que vous pourrez vous régaler d'un déjeuner de fruits de mer à la terrasse d'un restaurant en bord de plage. La proximité de l'aéroport peut toutefois entraîner quelques nuisances sonores.

Plus vous vous éloignerez d'Athènes, et plus vous gagnerez en espace et en tranquillité. Que vous voyagiez en bus ou en voiture de location, ne passez pas à côté du spectacle grandiose que constitue le temple qui se dresse fièrement sur le promontoire rocheux (60 mètres) du cap Sounion.

Le **temple de Poséidon** fut construit en 444 avant notre ère dans un marbre gris extrait des carrières d'Agrileza, distantes de quelques kilomètres.

Des trente-quatre colonnes d'origine, quinze se dressent aujourd'hui encore sur toute leur hauteur, dont

une portant la marque du poète romantique anglais lord Byron (voir p. 32) : visitant le site en 1810, il grava ses initiales sur la colonne la plus proche de l'entrée. Vous ne pourrez malheureusement pas les distinguer (et surtout pas en faire autant!), car les vestiges du temple sont aujourd'hui protégés par une corde : chaque année, les visiteurs sont plusieurs dizaines de milliers à fouler le site.

Le temple s'élève sur les traces d'un édifice plus ancien encore, qui remonterait à 490 av. J.-C. Quel plus bel emplacement pouvait-on imaginer, pour un temple consacré au dieu de la Mer, que le cap Sounion, pointe rocheuse s'avançant dans la mer Égée? Le temple pourrait être l'œuvre du même architecte (inconnu) à qui l'on doit l'élégant sanctuaire d'Héphaïstos, sur l'Agora d'Athènes (voir p. 59).

Sounion est célèbre pour ses couchers de soleil de carte postale, qui donnent au ciel des teintes éblouissantes, rouge sang ou orange ardent. Si vous ne pouvez vous arracher à la magie du lieu, vous trouverez de quoi vous loger sur la plage en contrebas du promontoire. Le meilleur moyen d'éviter la foule est de venir tôt le matin.

La plus grande île au large du cap est Kea. C'est pourtant l'une des plus petites de l'archipel des Cyclades, mais aussi la plus proche d'Athènes. Regardez vers l'ouest et le soleil couchant pour apercevoir l'île d'Égine, dans le golfe Saronique (voir p. 220-225). Vous devriez aussi distinguer la côte du Péloponnèse.

Remontez la côte orientale de l'Attique pour arriver à **Laurion (Lavrion)**. Cette petite ville ne paie guère de mine; elle a pourtant fait la grandeur d'Athènes telle que nous la connaissons. Ce sont en effet ses immenses mines d'argent qui permirent de financer la construction de la ville sous Périclès, mais aussi d'entretenir une flotte puissante qui eut raison des Perses et fit de la Grèce l'une des grandes puissances maritimes. L'histoire des mines, qui onté été fermées au XIXe siècle, est retracée dans le petit Musée minéralogique de la ville.

Plus loin sur la côte se trouve la station de **Porto Rafti**, plus attirante et prospère que Lavrion aujourd'hui.

Le temple de Poséidon se découpe sur un spectaculaire coucher de soleil.

Lavrion
p. 87 D1

Porto Rafti
p. 87 D1

Le port de Rafina accueille les ferries et les hydroglisseurs reliant les îles.

Son port de pêche animé (l'un des plus beaux de Grèce), ses bons restaurants et ses bars en font une destination prisée des Athéniens en fin de semaine.

En face de la côte se trouve l'île qui a donné son nom au port : Rafti. Elle abrite une immense statue de marbre, datant de l'époque romaine, qui représente une femme assise. Cette sculpture servit longtemps de balise pour les pilotes des bateaux approchant du port. Il lui manque un bras, dont on pense qu'il tenait une paire de ciseaux, ce qui a valu à la statue d'être baptisée *La Tailleuse* (*raftis* en grec). Ce bras manquant pourrait également avoir tenu un bouquet de fruits ou une gerbe de blé, symboles de fertilité. C'est en effet d'ici que les premiers fruits du continent étaient envoyés chaque année sur l'île sacrée de Délos (voir p. 251).

Markopoulo
p. 87 D2

Koropi
p. 87 C2

Si vous pénétrez dans les terres au lieu de suivre la route de bord de mer vers Brauron (voir p. 96), vous découvrirez une ville-marché pleine d'animation, qui doit sa prospérité à la fertilité de son sol et à sa proximité d'Athènes. **Markopoulo** est située dans un paysage de vignobles. Vous pourrez y prendre un authentique déjeuner à la grecque (pas de menu pour touristes) et y déguster le célèbre pain local dans l'une des nombreuses boulangeries. Pour visiter l'une des petites chapelles, sonnez à la porte ou demandez à la première personne que vous croiserez où se trouve le sacristain.

Un petit crochet à l'ouest vous mènera jusqu'à **Koropi**, ville plus importante, célèbre pour son abondante production viticole. Koropi est particulièrement réputée pour son résiné, ce vin blanc grec typique, aux arômes de pin. La résine est employée dans la vinification depuis l'Antiquité, tant pour ses qualités de conservation que pour son goût. Au sud-est de la ville s'élève l'église Metamorphosis Sotiras, l'une des plus anciennes de l'Attique, puisqu'elle remonte au Xe siècle.

RAFINA

La cité portuaire de Rafina, sur la côte orientale de l'Attique, à quarante minutes du centre d'Athènes par le bus, devrait gagner en taille et en importance au cours des prochaines années. Un nouvel aéroport international vient d'être construit à proximité, et de nombreux touristes trouveront sans doute plus commode d'embarquer pour les îles depuis Rafina que depuis Le Pirée, port d'embarquement traditionnel. Rafina dessert déjà l'Eubée et les îles du nord-est de la mer Égée, ainsi que de nombreuses destinations dans les Cyclades et le Dodécanèse.

La ville s'organise autour de son vieux port de pêche, resté merveilleusement pittoresque malgré les nombreux et excellents restaurants de fruits de mer, dont la plupart disposent d'un toit en terrasse avec vue sur les bateaux au mouillage. Vous y verrez des Athéniens fuyant le tohu-bohu de la capitale, surtout en fin de semaine (attention à la foule!), et exigeant le meilleur poisson frais.

Les principaux points d'embarquement se trouvent autour du port. Plus loin du centre, le développement du littoral vous rappelle que Rafina est aussi une station balnéaire très appréciée. Vous y trouverez de nombreux hôtels bon marché, des endroits pour nager et des installations de sports nautiques. Plusieurs petites plages sont situées de part et d'autre de la station, et la côte est parsemée des résidences secondaires des citadins. Mais il ne reste pas grand-chose de l'habitat typique de Rafina, peuplée de très longue date.

Légèrement en hauteur se trouve la grand-place. Oubliez l'agitation du port : vous êtes maintenant dans une ville grecque typique, où les enfants jouent au soleil sous le regard de leurs grands-mères. Reste à voir si Rafina saura conserver son charme provincial, une fois que le nouvel aéroport sera pleinement opérationnel.

Au nord de Rafina se trouve une autre station balnéaire, **Mati**, un peu plus calme et dépourvue de l'agitation due aux ferries.

Depuis les hauteurs de Mati, vous découvrirez une vue fabuleuse sur la baie de Marathon. Non loin de là, Agios Andreas vous offre une plage agréable, très propice à la baignade. Si vous devez prendre le ferry à Rafina, où les hôtels sont souvent complets longtemps à l'avance, il peut être intéressant de séjourner à Mati et de rejoindre le port d'embarquement en taxi. ■

Rafina
p. 87 D2

Mati
p. 87 D2

Dans le vieux port de Rafina, le poisson est prêt à être vendu aussitôt pêché.

Marathon

LE MOT « MARATHON » EST PASSÉ DANS LE LANGAGE COURANT, ET tout le monde sait plus ou moins que c'est un village grec qui a donné son nom à la célèbre course de grand fond. Néanmoins, les détails de l'histoire méritent d'être mieux connus.

Les onze Platéens tués dans la bataille eurent l'insigne honneur d'être inhumés à Marathon. En effet, les soldats grecs morts au combat étaient en principe enterrés auprès de leur famille.

Le roi des rois Darius Ier, ayant triomphé en 495 av. J.-C. d'une révolte ionienne – que les Grecs avaient soutenue –, voulut établir sa domination sur l'Égée et attaqua les cités grecques d'Europe en – 490 (première guerre médique). Les Grecs se retrouvèrent le dos au mur, ou plutôt au défilé des Thermopyles, unique passage à travers les montagnes à l'est d'Athènes, qu'ils défendaient contre l'ennemi, jusqu'alors victorieux dans sa progression à travers la Grèce. C'est ici que les bateaux de guerre perses débarquaient leurs troupes, lesquelles fonçaient dans la plaine de Marathon pour profiter de la faiblesse numérique des Grecs. En l'absence de chiffres précis, on estime en effet que les Hellènes alignèrent 10 000 soldats, face à 25 000 Perses.

Les habitants d'Athènes, sachant que leur sort était entre les mains des hoplites déployés dans les plaines de l'Attique, attendaient pleins d'angoisse des nouvelles de la bataille. Les Grecs vendirent chèrement leur vie et réussirent à mettre en déroute l'armée perse. La tournure héroïque de leur victoire ressort du fait que 6 400 Perses périrent, alors qu'on ne compta que 192 morts dans les rangs grecs !

Un soldat athénien, Pheidippides, fut dépêché comme messager pour annoncer cette victoire inouïe à Athènes. Il courut de Marathon jusqu'à l'Acropole sans quitter son armure et, ayant dit la bonne nouvelle, il mourut d'épuisement à l'endroit même.

Le marathon moderne, course à pied sur une distance de 42,195 kilomètres, commémore cet exploit, et tous les ans, en octobre, le marathon international d'Athènes voit ses participants parcourir le chemin probablement pris par Pheidippides et arriver au stade panathénaïque.

Ce que nous savons de la bataille de Marathon nous vient de l'historien grec Hérodote, qui consigna les événements un demi-siècle après les faits. Les morts athéniens furent inhumés sous un simple **tumulus**, haut de 10 mètres seulement, mais d'une circonférence de 180 mètres. La sobriété du lieu le rend d'autant plus émouvant. Le tertre se trouve à quelque 4 kilomètres au sud de la ville moderne de Marathon.

Le site était à l'origine marqué par une pierre tombale représentant un soldat mort au champ d'honneur. Remplacée par une réplique, cette stèle est aujourd'hui conservée au Musée archéologique national, à Athènes.

En continuant vers Marathon, prenez à gauche pour arriver au **Musée archéologique**, dont la petite collection vaut la visite. Elle rassemble des objets trouvés sur le

Marathon
p. 87 D2

Musée archéologique
2294 055155
Fermé lun.
€

champ de bataille et sur le domaine du riche mécène Hérode Atticus (101-177), originaire de la région : statues, urnes funéraires, pierres tombales, curieux miroir en bronze et vestiges du mémorial érigé par les Grecs pour célébrer la victoire de Marathon.

Notez également les vases extraits du **tumulus des Platéens**. Ce tertre, qui ne fut découvert qu'en 1970, est situé derrière le musée. Les soldats de Platées avaient combattu aux côtés des Athéniens à Marathon, perdant onze de leurs hommes, dont un garçon de dix ans. C'est ici que ces héros furent inhumés.

La petite ville de Marathon n'a pas grand intérêt, et vous n'y ferez halte que pour quelques emplettes alimentaires.

À peu de distance vers l'ouest (route n° 83) se trouve l'impressionnant **lac de Marathon (Limni Marathona)**. Ce lac de retenue doit son existence au barrage construit en 1925-1931 pour réguler les eaux descendant de la chaîne du mont Parnès. Jusque dans les années 1950, il constituait la principale source d'eau douce pour Athènes.

Votre intérêt pour l'histoire des lieux ne doit pas vous empêcher de visiter les petites et agréables plages qui parsèment le littoral. Les meilleures sont celles de Skhinias.

Si vous voulez vous contenter d'un petit bain dans la mer Égée, vous pouvez rejoindre la côte à pied depuis le tumulus : vous y trouverez de petites plages propices à la détente. ■

Ce vase de 470 av. J.-C. a su saisir la grâce athlétique de ces coureurs de fond. L'essentiel de nos connaissances sur le sport durant l'Antiquité nous vient d'œuvres semblables.

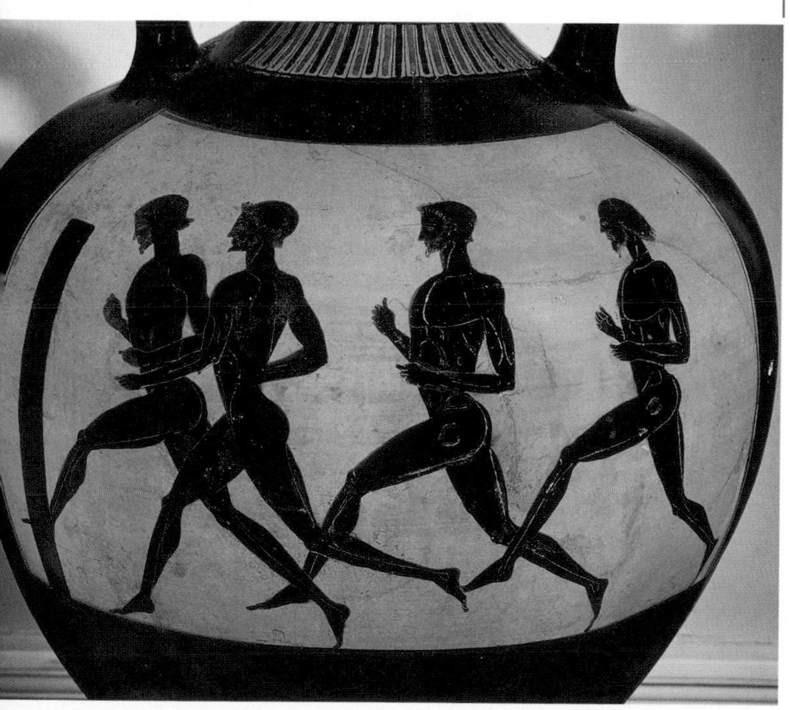

Une promenade en Attique

La région de l'Attique, aux alentours d'Athènes, offre aux visiteurs une image de la Grèce en miniature : paysages de montagne, stations balnéaires, petits villages, vieilles églises, sans oublier plusieurs sites archéologiques intéressants.

Cet itinéraire, qui couvre les principaux sites de l'Attique, part de l'aéroport, afin de vous éviter la circulation chaotique de la capitale. Il se déroule le long de la côte pour s'achever à Halkida, le port d'entrée de l'Eubée. Si vous souhaitez retourner à Athènes, vous pouvez le faire depuis Marathon, ce qui représente une légère économie de temps et de kilomètres.

L'ancien aéroport d'Athènes compte deux terminaux, le terminal ouest étant réservé à la compagnie Olympic Airways. Si vous partez du terminal est, tournez à droite et faites route vers le sud, en direction de Vouliagmeni et du cap Sounion. Vous rejoindrez au bout de quelques kilomètres l'autoroute 91, sur laquelle vous vous engagerez en prenant à droite. Puis suivez la signalisation. Depuis le terminal ouest, tournez à droite pour rejoindre l'autoroute, puis bifurquez dès que possible pour rejoindre la route du bord de mer qui va vers le cap Sounion.

Vouliagmeni ❶, juste au sud des derniers faubourgs d'Athènes, est une station balnéaire très prisée des citadins. Cette route pittoresque vous prendra plus de temps que l'autoroute, mais il serait vraiment dommage de passer à côté de ces paysages splendides, avec la mer Égée en contrebas, surtout après un long voyage en avion ou quelques jours passés à Athènes. Vous ne tarderez guère à découvrir le spectacle grandiose des ruines du **temple de Poséidon** ❷ (voir p. 88-89), visibles à des kilomètres, sur le promontoire du cap Sounion. Vous mettrez moins d'une heure à y parvenir depuis l'aéroport.

Regagnez l'autoroute 91 et tournez à droite. La route prend presque aussitôt le numéro 89 et pointe vers le nord, collant à la côte avant de virer vers l'intérieur des terres, dans un paysage fertile, vers la ville de **Markopoulo** ❸ (voir p. 90). Vous pourrez vous y dégourdir les jambes et faire quelques provisions, si besoin.

Quittez Markopoulo, remontez sur l'autoroute 89 en rebroussant chemin, puis tournez à gauche, et aussitôt à droite, pour prendre l'autoroute 85. Au bout d'une vingtaine de kilomètres, vous retrouverez la route du bord de mer et parviendrez à la station et ville portuaires de **Rafina** ❹ (voir p. 91). Suivez les panneaux indiquant les ferries pour trouver une place de stationnement à proximité du port, où vous pourrez déjeuner dans l'un des nombreux restaurants bordant les quais.

Reprenez l'autoroute 85 et continuez vers le nord pour arriver à la petite station balnéaire de Nea Makri, en longeant une série de résidences secondaires et de villas. Puis rejoignez l'autoroute 83 et tournez à droite vers **Marathon** (voir p. 92).

Au bout de 3 kilomètres environ, surveillez les panneaux indiquant le **tumulus** ❺ **(Tymfos Marathona)**. Le **Musée archéologique** se trouve quelques kilomètres plus loin.

Quittant la ville de Marathon, continuez sur la sinueuse autoroute 83, qui vous conduit au village d'Agios Stefanos (Saint-Étienne), d'où vous pourrez rejoindre l'autoroute reliant Athènes à Thessalonique (autoroute 1/E75).

Prenez l'autoroute sur la droite. Au bout d'une quarantaine de kilomètres, guettez l'embranchement sur votre droite pour l'Eubée et **Halkida (Chalcis)** ❻ (voir p. 208-209), principale ville et port d'entrée de l'île, reliée par un pont au continent.

Vous pouvez choisir de rentrer à Athènes en prenant l'autoroute 1 dans l'autre sens. ■

Voir aussi p. 87
➤ Aéroport
190 kilomètres
3 heures
➤ Halkida (Chalcis)

À NE PAS MANQUER

- Le cap Sounion
- Markopoulo
- Tumulus & Musée archéologique de Marathon
- Rafina

Crépuscule au cap Sounion.

Monument aux morts de Marathon.

Le port de Rafina.

Rhamnonte & Brauron

LE SITE ANTIQUE DE RHAMNONTE (RAMNOUS) EST L'UN DES PLUS reculés, et par là des plus attirants de l'Attique. Quant à Brauron (Vravrona), c'est une localité qui vaut qu'on prenne le temps de l'explorer à fond. Située à environ 8 kilomètres au nord-est de Markopoulo, elle comprend un important site archéologique et un intéressant musée, en plus du village moderne proprement dit. Le site et le musée sont proches l'un de l'autre, et le village, distant de quelques centaines de mètres, est accessible à pied.

Ramnous
p. 87 D3
2294 093477
Fermé lun.
€

RHAMNONTE

La visite de Rhamnonte impose de prendre une voiture de location ou un taxi : les bus au départ d'Athènes sont peu nombreux et ne vont que jusqu'à Kato Souli, le village le plus proche, assez éloigné du site si vous devez continuer à pied.

Une fois sur place, vous ne regretterez pas d'avoir fait le voyage, surtout si vous pouvez profiter du site dans une certaine solitude. Si vous vous demandez comment l'endroit a pu rester ouvert avec si peu de visiteurs, sachez que les archéologues y sont à l'œuvre depuis 1975, et que seule une petite portion du site proprement dit est accessible au public. On peut espérer que le chantier de fouilles sera terminé dans un avenir proche, ce qui permettra d'ouvrir de nouvelles parcelles aux visiteurs et d'améliorer sensiblement l'accès au site.

Largement envahis par la végétation, ce qui ne fait qu'ajouter à leur charme, les vestiges de Rhamnonte sont dispersés sur un flanc de colline qui surplombe la mer. Promenez-vous au hasard des ruines en admirant les papillons et en observant les lézards qui s'engouffrent dans les fentes de la roche sur votre passage. Le site doit son nom au nerprun, un arbuste épineux de la famille des rhamnacées.

Les vestiges sont en réalité si peu nombreux qu'il est préférable de connaître l'histoire du site pour y voir autre chose qu'un simple bout de campagne. On sait qu'un culte y était rendu à la déesse Némésis, responsable des heurs et malheurs des mortels, mais surtout chargée d'infliger la vengeance des dieux aux humains ayant osé braver la loi immuable de l'Univers.

La légende veut qu'une partie de l'armée perse ait débarqué ici avant la bataille de Marathon et se soit emparée d'un bloc de marbre provenant du **temple de Némésis** afin de commémorer sa victoire sur Athènes. Acte impie et présomptueux, qui entraîna la défaite. Il ne reste aujourd'hui plus guère que des fondations, mais le temple de la déesse (VIe siècle av. J.-C.) se distingue aisément.

BRAURON

Le village de Brauron présente la particularité d'être situé non pas au sommet, mais au pied d'une petite colline coiffée d'une jolie chapelle consacrée à saint Georges (**Agios Georgios**).

Le village et le site antique sont situés dans un vallon marécageux entouré de champs. Le cadre est charmant, avec sa flore et sa faune sauvages, et les habitants accueillants, car ils n'ont pas encore été envahis par les touristes.

L'histoire du site est fascinante : il était célèbre dans l'Antiquité pour le mystérieux **sanctuaire d'Artémis**, dont il ne reste aujourd'hui que les fondations. Intégrée au panthéon

Une partie du portique de Brauron, célèbre pour son cadre paisible.

romain sous le nom de Diane, Artémis était fille de Zeus et jumelle d'Apollon. Déesse de la Lune, elle présidait aussi aux naissances et aux moissons, à la chasse et à la faune sauvage, son animal emblématique étant l'ours.

On adorait Artémis à Brauron, où se tenait tous les quatre ans une fête assortie de rituels ésotériques, au cours desquels des jeunes filles déguisées en ourses exécutaient des danses (Aristophane les évoque dans *Lysistrata*). Comme c'est souvent le cas avec les cultes grecs antiques (voir Éleusis, p. 84), les rituels de Brauron gardent une part de mystère.

Euripide (voir p. 106) évoque les rites de Brauron dans sa tragédie *Iphigénie en Tauride*. Iphigénie, fille du roi Agamemnon et de Clytemnestre, était tenue pour responsable du calme plat qui empêchait la flotte grecque de faire voile vers Troie. Artémis se vengeait ainsi de la mort d'un animal sauvage qu'elle protégeait (sans doute un ours), tué par un Grec. Agamemnon accepta alors de sacrifier sa fille sur l'autel d'Artémis, à Brauron, afin que la flotte pût enfin lever l'ancre. D'après Euripide, la déesse, se refusant à ce que son autel fût souillé par du sang humain, accorda la vie sauve à la jeune fille en lui substituant une biche.

Iphigénie fonda alors le sanctuaire de Brauron en hommage à la déesse.

Vravrona

p. 87 D2

2299 027020

Fermé lun.

€

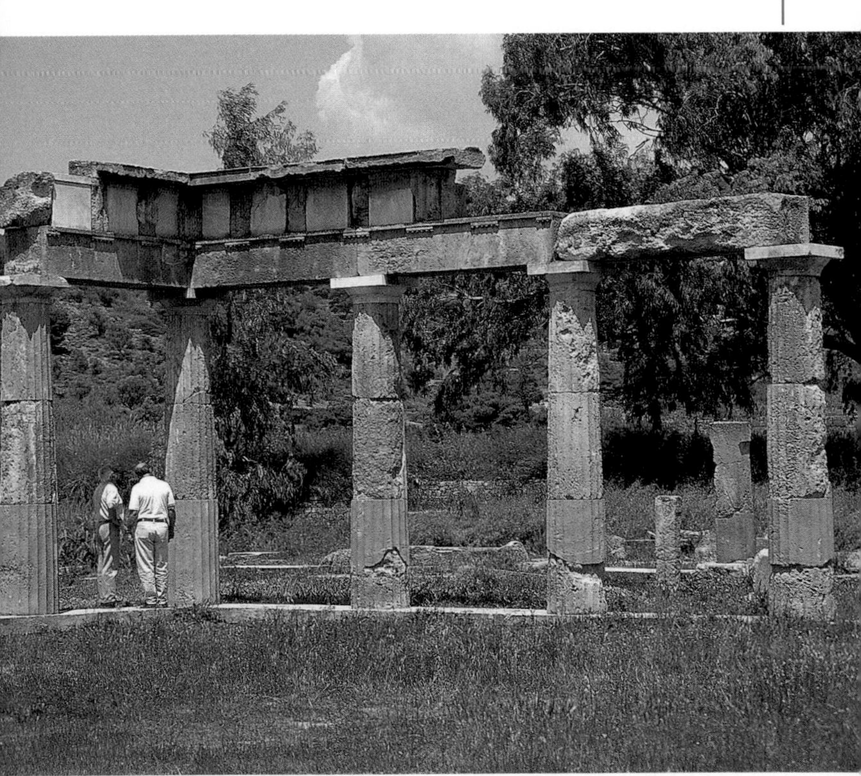

Musée archéologique
☎ 2299 027020
Fermé lun.
€

Dans d'autres versions du mythe, Iphigénie est sacrifiée. Sa tombe aurait été retrouvée à Brauron, au sud de la *stoa* (portique ou galerie à colonnade), près des ruines du bâtiment appelé **maison sacrée**, où les prêtresses vouées au culte d'Artémis résidaient pendant les fêtes.

Au IVe siècle av. J.-C., la région fut inondée, et toutes les communautés qui s'y étaient établies disparurent. Le village de Brauron finit par être reconstruit, mais il fallut attendre 1946 pour que l'on entreprenne de dégager le site antique, et les travaux se poursuivirent jusqu'en 1963.

Les fouilles permirent de mettre au jour les vestiges d'un autre temple, datant du Ve siècle av. J.-C. Près de ce temple s'élève un portique peut-être plus ancien encore. Des inscriptions découvertes sur la structure le décrivent comme le « Parthénon aux Ours ».

D'autres objets retrouvés sur le site, des lits en pierre en particulier, suggèrent que certaines des pièces du bâtiment servaient de réfectoires et de dortoirs.

Près de la *stoa*, on distingue les vestiges de l'un des plus anciens ponts de pierre au monde : il date du Ve siècle av. J.-C. D'autres éléments relevés sur le site suggèrent l'existence d'écuries, d'un gymnase et d'autres bâtiments non identifiés, car les fouilles n'ont pas encore été menées à bien.

Le **Musée archéologique** tout proche vaut la visite. Il expose le résultat des fouilles menées sur le site et ailleurs. Fascinant malgré sa taille relativement réduite, il comprend une maquette du temple permettant de visualiser le site à l'époque de son apogée.

Parmi les principales pièces exposées figure une jarre à étrier décorée (vers 1200-1000 av. J.-C.), trouvée dans le cimetière de Perati (de la fin de la période mycénienne). Une superbe statue (IVe siècle av. J.-C.) représente avec force détails une jeune fille empoignant un lapin. Plusieurs autres statues et bustes de la même période sont exposés, ainsi qu'une splendide collection de poterie et de joaillerie.

Un bas-relief votif provenant du site de Brauron, et daté du IVe siècle av. J.-C., représente Artémis assise, accueillant des pèlerins de tous âges (voir photo ci-dessus). ■

Bas-relief représentant la déesse Artémis flanquée d'un daim, l'un de ses animaux emblématiques.

La forme du Péloponnèse est devenue emblématique de toute la Grèce. Cette main à trois doigts s'enfonçant dans la Méditerranée est séparée du reste du pays par l'étroit canal de Corinthe.

Le Péloponnèse

L'olive, produit de base de la cuisine grecque.

La tour du Bourtzi (XVIe siècle) marque l'entrée du port de Methoni.

Le Péloponnèse

LES VISITEURS SONT NOMBREUX À S'ATTACHER À CETTE MASSIVE PÉNINSULE QUE constitue le Péloponnèse, et il est vrai que la région est assez variée pour justifier un séjour de plusieurs semaines. Ses paysages boisés et montagneux sont impressionnants de beauté, et son littoral compte plusieurs plages magnifiques, qui n'ont rien à envier à celles des Cyclades. Le Péloponnèse rassemble aussi quelques-uns des plus beaux sites antiques du monde, comme Épidaure, Mycènes et Olympie. Sans compter les vieilles villes cosmopolites, comme l'ancienne capitale Nauplie, et les villages de montagne au charme intact, où vous serez sans doute le seul étranger.

Le Péloponnèse plonge ses racines dans le mythe : l'« île de Pélops » doit son nom au fils de Tantale, roi légendaire de Lydie. Lorsqu'il reçut les dieux chez lui, Tantale, cherchant à éprouver l'omniscience des résidents de l'Olympe, tua son fils pour le leur servir à manger. Mais les dieux eurent vent de son crime, et ils ramenèrent Pélops à la vie. Tantale fut plongé dans un lac, sous des arbres ployant de fruits, et accablé d'une faim et d'une soif inextinguibles : chaque fois qu'il essayait de se nourrir ou de boire, l'eau ou les fruits s'écartaient de sa main. Un vrai supplice de Tantale !

Le Péloponnèse a joué un rôle de premier plan dans l'histoire moderne. C'est ici que débuta la guerre d'Indépendance, ici que le drapeau grec fut hissé pour la première fois dans un geste de défi à l'autorité ottomane, ici aussi que fut établie la première capitale de l'État.

Koroni et Methoni peuvent avoir des airs d'îles grecques, avec leurs tavernes et leurs

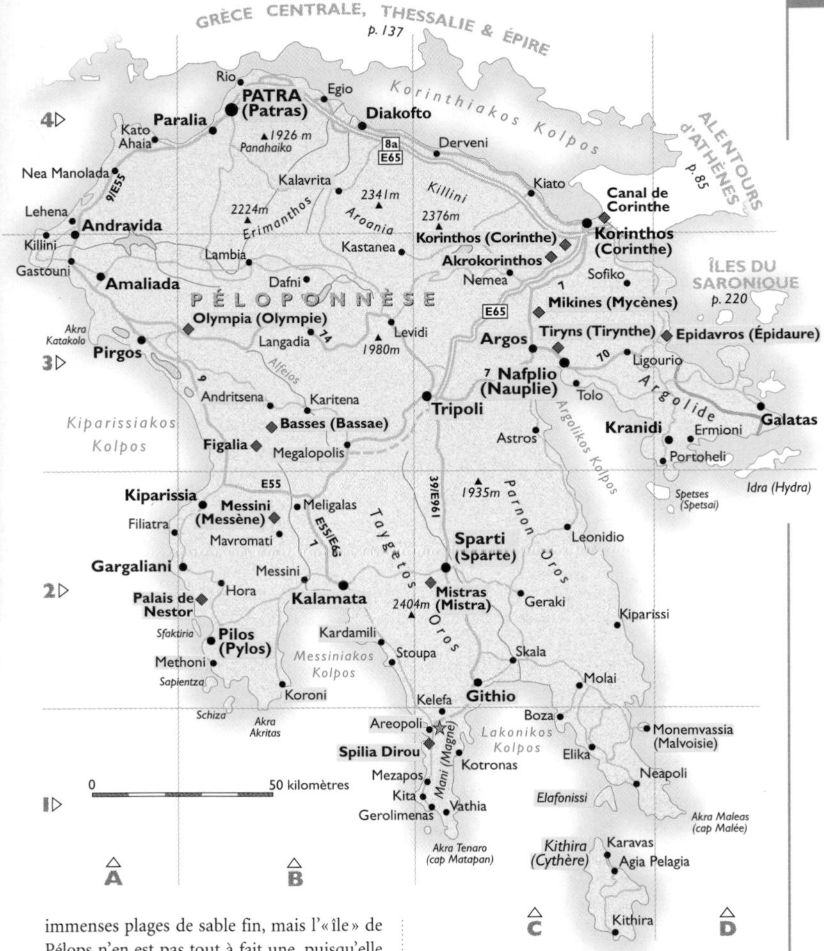

GRÈCE CENTRALE, THESSALIE & ÉPIRE
p. 137
ALENTOURS D'ATHÈNES
p. 85
ÎLES DU SARONIQUE
p. 220
PÉLOPONNÈSE
Korinthiakos Kolpos
Kiparissiakos Kolpos
Messiniakos Kolpos
Lakonikos Kolpos
Argolikos Kolpos
Argolide
Rio
PATRA (Patras)
Egio
Diakofto
Paralia
Kato Ahaia
1926 m Panahaiko
Derveni
Nea Manolada
Kalavrita
2341m
Killini
Kiato
Canal de Corinthe
Lehena
2224m
Erimanthos
Aroania
2376m
Andravida
Killini
Korinthos (Corinthe)
Korinthos (Corinthe)
Lambia
Kastanea
Akrokorinthos
Gastouni
Amaliada
Dafni
Nemea
Sofiko
Mikines (Mycènes)
Olympia (Olympie)
E65
Akra Katakolo
Langadia
Levidi
1980m
Argos
Tiryns (Tirynthe)
Epidavros (Épidaure)
Pirgos
Alfeios
Ligourio
Nafplio (Nauplie)
Tolo
Andritsena
Karitena
Tripoli
Basses (Bassae)
Galatas
Kranidi
Ermioni
Figalia
Megalopolis
Astros
Portoheli
E55
1935m
Idra (Hydra)
Kiparissia
Messini (Messène)
Meligalas
Spetses (Spetsai)
Filiatra
Mavromati
Taygetos Oros
Parnon Oros
Leonidio
Sparti (Sparte)
Gargaliani
Messini
Hora
Kalamata
Mistras (Mistra)
Geraki
Palais de Nestor
2404m
Kiparissi
Sfaktiria
Pilos (Pylos)
Kardamili
Stoupa
Skala
Methoni
Sapientza
Koroni
Githio
Molai
Kelefa
Boza
Schiza
Akra Akritas
Areopoli
Monemvassia (Malvoisie)
Spilia Dirou
Mani (Magne)
Kotronas
Elika
Mezapos
Neapoli
0 50 kilomètres
Kita
Vathia
Elafonissi
Gerolimenas
Akra Maleas (cap Malée)
Akra Tenaro (cap Matapan)
Kithira (Cythère)
Karavas
Agia Pelagia
Kithira
A B C D
1 2 3 4

immenses plages de sable fin, mais l'« île » de Pélops n'en est pas tout à fait une, puisqu'elle est reliée au continent par un isthme de 6 kilomètres de large. Dans l'intérieur des terres, les traditions de la Grèce continentale restent intactes, et les paysages de montagnes séduiront tous les randonneurs et amoureux de la nature. Quant aux amateurs d'histoire, ils ne voudront plus jamais repartir ! Outre ses célèbres sites antiques, la région regorge d'endroits moins connus mais tout aussi fascinants, comme les ruines byzantines de Mistra, lovées autour d'une colline, ou le rocher de Malvoisie, qui cache un village tout entier. Prenez le temps de découvrir le Péloponnèse. ■

Corinthe

Le canal de Corinthe est l'un des sites les plus spectaculaires de Grèce. Avec un peu de chance, vous assisterez au remorquage d'un bateau entre les parois abruptes et rapprochées qui bordent le canal reliant le golfe de Corinthe à la mer Égée.

Néron (37-68) fut le premier à avoir l'idée d'un canal qui traverserait l'étroit isthme pour permettre aux bateaux d'atteindre la mer Égée sans avoir à contourner le Péloponnèse. L'empereur donna même le premier coup de pelle (en argent), mais sa tâche demeura inachevée. Souvent, plutôt que de faire le tour de la péninsule, les bateaux accostaient dans le golfe de Corinthe, la cargaison était déchargée et transportée le long d'une route de 6 kilomètres de l'autre côté de l'isthme, où l'attendaient d'autres navires.

Ce n'est qu'en 1893 que le **canal de Corinthe** vit le jour, à l'issue de douze ans de travaux. Large de 23 mètres, il offrait aux bateaux un accès direct au port du Pirée. Le canal est toujours utilisé de nos jours, mais moins qu'autrefois, car trop étroit pour les superpétroliers.

À quelques kilomètres se trouve la ville moderne de **Korinthos (Corinthe)**, qui n'attire que peu de visiteurs. C'est avant tout une ville de services tournée vers l'agroalimentaire. Vous ne serez pas surpris d'apprendre que c'est aussi la capitale du raisin… de Corinthe.

La principale attraction réside dans l'**antique Corinthe**, située sur une colline haute de 565 mètres, à 7 kilomètres au sud-ouest du centre, et coincée entre les routes de Patras et Nauplie.

La Corinthe de l'Antiquité prend vie lorsque vous déambulez à travers les vestiges de son centre, que domine le temple d'Apollon (du Ve siècle av. J.-C.). Avec ses massives colonnes doriques, ce temple fut l'un des bâtiments conservés par les Romains lorsqu'ils transformèrent la ville en capitale provinciale en 44 av. J.-C.

Avec 300 000 citoyens libres, auxquels s'ajoutaient 460 000 esclaves, la Corinthe de l'Antiquité avait une population comparable à celle de l'agglomération bordelaise aujourd'hui. Les plus petits vestiges témoignent de son histoire : échoppes, demeures et bâtiments administratifs. La **fontaine Pirène** fut offerte par le riche Athénien Hérode Atticus, patron des arts et romanophile, et sa source continue d'alimenter en eau la ville moderne.

Le **Musée archéologique** du site possède une belle collection de vestiges, notamment de jolies mosaïques, du IIe siècle pour la plupart, qui témoignent bien de la prospérité de la ville à cette époque. Vases domestiques, poteries et bijoux confèrent à la collection un aspect touchant.

Surplombant la cité antique du haut d'une citadelle rocheuse distante de 4 kilomètres, **Acrocorinthe (Akrokorinthos)** constitue la ville haute. Visitez-la, ne serait-ce que pour admirer la vue spectaculaire que l'on a de ses murailles. En voyant la zone qu'elle commande, vous comprendrez son importance stratégique, qui fit qu'à chaque nouvelle vague d'envahisseurs (Vénitiens, Francs ou Turcs), on travailla à développer ses fortifications. Les murailles, longues de 2 kilomètres, délimitent un site de 24 hectares où vous admirerez les vestiges de chapelles, de mosquées, de demeures et de fortifications, sans oublier la fontaine ottomane de Hatzi Mustafa, toujours en activité. ■

Korinthos
p. 101 C4

Corinthe antique & Musée archéologique
p. 101 C3
2741 031207
€€

Akrokorinthos
p. 101 C3

Jusqu'au XIIIe siècle, les petites embarcations passaient du golfe de Corinthe à la mer Égée halées sur des rouleaux. Le canal a grandement facilité la traversée.

Épidaure

LE THÉÂTRE ANTIQUE D'ÉPIDAURE (EPIDAVROS) EST L'UN DES sites les plus merveilleux de toute la Grèce. Renommé pour son excellente acoustique, il est toujours utilisé de nos jours pour des spectacles contemporains lors du festival d'été d'Athènes. Difficile de résister au plaisir de tester l'acoustique sur un ami assis au fond du théâtre : préparez votre tirade !

Epidavros
p. 101 D3
2753 022009
Musée fermé lun.
€€

La plus grande partie du site d'Épidaure semble envahie par la végétation, et les visiteurs sont peu nombreux à prendre la peine d'explorer les lieux, préférant partir après une courte visite du théâtre antique. Et pourtant, les divers vestiges sont bien indiqués, et si vous vous armez d'un plan et que vous avez visité le musée au préalable, vous ne regretterez pas votre petite expédition.

Le **théâtre** date du IVe siècle av. J.-C. Avec ses 55 gradins, il peut accueillir quelque 14 000 spectateurs, et sa scène mesure 20 mètres de diamètre. Il est difficile de s'imaginer que le théâtre est resté enseveli jusqu'aux travaux de l'archéologie moderne, à la fin du XIXe siècle. Sachez que, s'il fut restauré à partir de 1954, les 34 premiers gradins sont tous d'époque. Si vous avez l'occasion d'assister à une représentation, n'hésitez pas ! Vous aurez vue sur le site antique et les montagnes en toile de fond.

LES ALENTOURS DU SITE

Le site d'Épidaure ne se limite pas à son théâtre, lequel n'a pas été construit pour de simples raisons esthétiques ou pour célébrer l'art dramatique. Épidaure était en réalité consacrée à Asclépios, fils d'Apollon et héros divinisé de la médecine. Son savoir lui avait été transmis par le centaure Chiron, et l'on dit qu'Asclépios était si doué qu'il pouvait ressusciter les morts. Mais il mourut lui-même foudroyé par Zeus, qui redoutait de le voir s'arroger trop de pouvoirs.

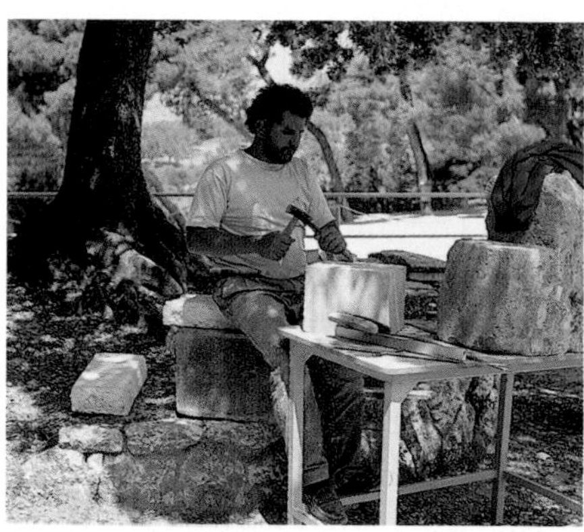

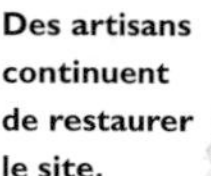

Des artisans continuent de restaurer le site.

Un **sanctuaire** consacré à Asclépios s'élevait autrefois à Épidaure et contenait une statue chryséléphantine de la divinité. S'il ne reste plus grand-chose de ce temple aujourd'hui, les archéologues sont toujours à l'œuvre sur le site : Épidaure n'a peut-être pas révélé tous ses secrets.

Les pèlerins se rendaient à Épidaure dans l'espoir d'une guérison. Des médecins y pratiquaient leur art, et le **musée** local expose quelques-uns des instruments médicaux utilisés à l'époque. Le théâtre avait alors une valeur quasi thérapeutique, grâce à l'effet de catharsis (« purification »).

Le musée rassemble aussi quelques récits de guérisons miraculeuses, ainsi que des statues et des vases plus traditionnels, exhumés lors des fouilles.

Le site réunit quelques vestiges de maisons d'hôtes, de thermes et d'un gymnase, preuve que les exercices physiques étaient aussi importants qu'ils le sont aujourd'hui. Les Grecs croyaient fermement à la notion d'esprit sain dans un corps sain. La Grèce antique fut le berceau de la philosophie, mais aussi des jeux Olympiques et de la médecine, avec Hippocrate, considéré comme le père de la science clinique.

L'autre grand édifice du site est sa **tholos**, dessinée par Polyclète le Jeune, à qui l'on doit aussi le théâtre. On ignore la vocation exacte de cette construction circulaire : peut-être abritait-elle les serpents sacrés utilisés dans certains rites, à moins qu'elle n'ait servi à l'exécution même de ces rites. On a suggéré que le lieu était utilisé pour des thérapies de choc destinées aux malades mentaux, que l'on faisait ramper à travers une série de passages concentriques jusqu'à ce qu'ils se trouvent au centre de l'édifice, dans le noir absolu et entourés de serpents. Le choc aurait été assuré, à défaut du traitement !

Près de la tholos, à moins de 400 mètres au nord-ouest du théâtre, se trouvent les vestiges d'un **stade** du ve siècle av. J.-C. On y distingue quelques gradins, ainsi que les lignes marquant le départ et l'arrivée des courses. Ce stade servait pendant les grandes fêtes consacrées à Asclépios tous les quatre ans. ■

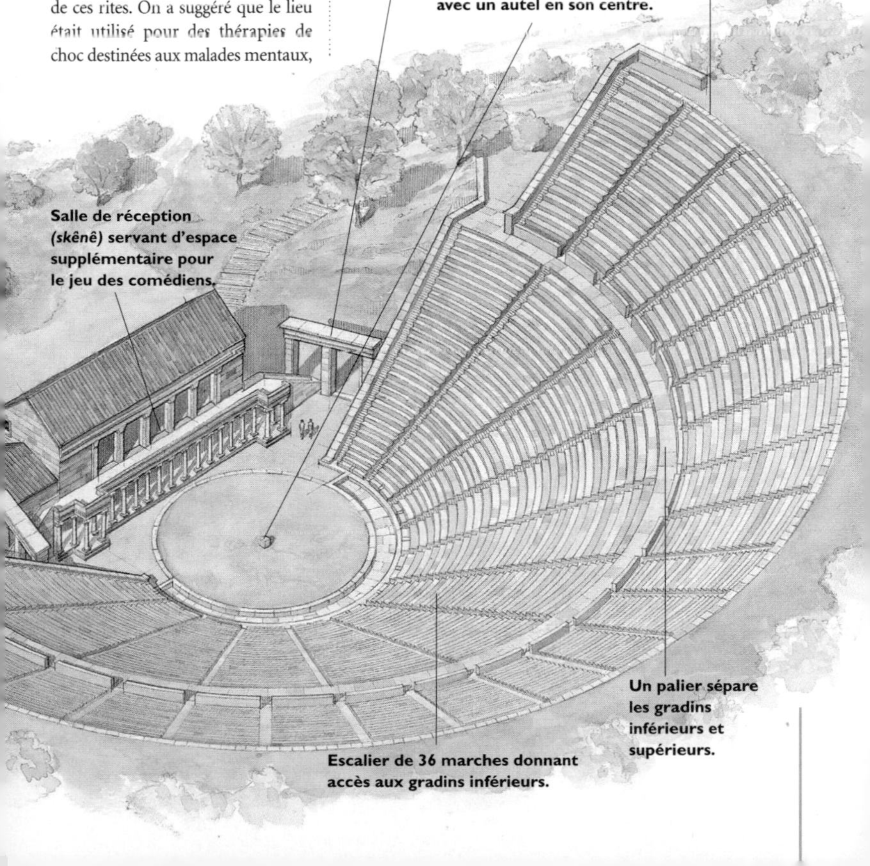

Le dernier gradin se trouve à 23 mètres de hauteur.

Portes latérales *(parodoi)* par lesquelles entraient les comédiens.

Scène principale, ou *orchestra*, avec un autel en son centre.

Salle de réception *(skênê)* servant d'espace supplémentaire pour le jeu des comédiens.

Un palier sépare les gradins inférieurs et supérieurs.

Escalier de 36 marches donnant accès aux gradins inférieurs.

Le théâtre grec

C'est dans la Grèce antique que le théâtre a vu le jour. Le siècle de Périclès, considéré comme l'âge d'or d'Athènes, a vu fleurir les arts, l'architecture et la politique. L'art dramatique occupait alors une place de choix.

Le mot « drame » lui-même vient d'un terme grec signifiant « action ». L'art dramatique est né au VIe siècle av. J.-C. ; il consistait à « mettre en action » des récits et des chants. On pense que le théâtre a donc des racines chorales, avec ces chœurs chantant des hymnes à la gloire des dieux, hymnes qui comportaient un élément narratif. Un chef de chœur appelé Thespis serait alors sorti du groupe pour insuffler vie et action aux chants. Le théâtre était né.

Le chœur conserva un rôle central dans le théâtre grec, agissant comme un groupe d'observateurs chargés d'interpréter et de commenter l'action pour le public. Les pièces étaient composées en vers, et les scènes y étaient entrecoupées d'intermèdes choraux. Le chœur perdit toutefois de son importance à mesure que l'art dramatique proprement dit se développait et que les auteurs exploraient les possibilités de la mise en scène.

Les œuvres d'un grand nombre d'auteurs de l'Antiquité sont toujours jouées à travers le monde, et même dans leur cadre originel, dans le magnifique théâtre antique d'Épidaure (voir p. 104-105) ou dans l'odéon d'Hérode Atticus à Athènes (voir p. 56).

Trois auteurs dominent l'histoire de la tragédie grecque : Eschyle, Sophocle et Euripide. **Eschyle** (vers 525-456 av. J.-C.) est le père d'une véritable révolution dans l'art dramatique : c'est lui qui fait entrer sur scène un second personnage. En effet, avant lui, les pièces se réduisaient à un monologue, une récitation dans la pure tradition homérique. Avec lui, la poésie et le théâtre commencent à se mêler. Eschyle convoque ses souvenirs de soldat athénien (il a notamment combattu à la bataille de Marathon en 490) dans des tragédies comme *Les Perses* ou *Les Sept contre Thèbes.* Mais les plus connues des sept tragédies qui nous soient parvenues sont le *Prométhée enchaîné* (premier volet d'une trilogie dont les deux autres éléments ont été perdus) et *L'Orestie*, trilogie tragique qui a pour sujet la légende d'Oreste, fils d'Agamemnon.

L'un des grands rivaux d'Eschyle fut **Sophocle** (vers 495-406 av. J.-C.), autre poète tragique athénien. Il innova en introduisant un troisième personnage dans ses pièces et commença à réduire le rôle de commentateurs dévolu aux choreutes. Sophocle voulait que l'action parlât d'elle-même. Des sept tragédies qui ont été conservées, son chef-d'œuvre est sans conteste *Œdipe roi,* œuvre maîtresse du théâtre international, qui vit le jour alors que cet art n'en était encore qu'à ses balbutiements.

Chez la troisième grande figure de la tragédie grecque, **Euripide** (vers 480-406 av. J.-C.), les intrigues se font beaucoup plus complexes et les dialogues plus naturels. Ces innovations furent très critiquées à l'époque, mais elles marquèrent un moment fondamental dans l'histoire de l'art dramatique. Les plus célèbres de ses tragédies sont *Médée*, *Électre* et *Les Bacchantes,* toutes trois encore jouées de nos jours. Euripide fut l'un des premiers artistes dont les œuvres furent encore plus populaires après sa mort que de son vivant.

Les comédies et les drames satiriques ne furent pas en reste au siècle de Périclès. **Aristophane**, autre Athénien (vers 445-386 av. J.-C.), est le maître incontesté du genre. L'humour est en principe une denrée très périssable, mais les pièces d'Aristophane, comme *Les Oiseaux* ou *Les Grenouilles* (où il parodie Euripide), sont toujours représentées dans le monde entier. La plus célèbre comédie d'Aristophane, dont le thème a été repris mille fois au cours des âges, est *Lysistrata.* Elle met en scène des femmes qui refusent d'accorder leurs charmes à leurs maris tant que ceux-ci n'arrêteront pas de se faire la guerre.

L'art dramatique était envisagé avec autant de sérieux sous l'Antiquité que de nos jours, et Aristote inaugure le genre de la critique littéraire avec sa *Poétique* (IVe siècle av. J.-C.). ■

La comédienne italienne Micaela Esdra dans *Les Bacchantes* d'Euripide. Punie par Dionysos pour avoir contesté sa divinité, Agavé tue son fils dans un moment de démence.

Nafplio
p. 101 C3

Informations
Police touristique
2752 028131

Forteresse Palamidi
2752 028036
€

Musée des Traditions populaires
Vasilissis Alexandrou, 1
2752 028947
€
Fermé mar.

Musée militaire
Leoforos Amalias, 22
2752 025591
Fermé lun.

Nauplie, Tirynthe & Argos

Le charme de Nauplie (Nafplio), la ville la plus ravissante de tout le Péloponnèse, est dû en grande partie à son architecture, qui remonte à la seconde occupation vénitienne (1686-1715), à ses citadelles et à ses paysages de bord de mer. Moins connue que Mycènes, quoique mieux conservée dans l'ensemble, Tirynthe (Tiryns) mérite une visite de quelques heures. Quant à Argos, c'est l'une des plus anciennes cités de toute la Grèce, et ses vestiges valent également le détour.

NAUPLIE

Il y a plus d'une bonne raison pour visiter Nauplie, à commencer par son emplacement au bord de l'eau, avec vue sur les sommets du Péloponnèse oriental par-delà la baie. Les rues étroites et les maisons impeccablement blanchies à la chaux de la vieille ville rappellent les îles, tout comme ses excellents restaurants. Les deux hautes forteresses dominant la ville lui confèrent un surcroît de charme.

Vous atteindrez la **forteresse Palamidi** par un escalier de 999 marches (si vous en avez le courage) ou par la route (le trajet est alors moins pénible, mais plus long). La vue à couper le souffle qui vous attend au sommet vaut bien ces efforts. Le principal édifice, de style vénitien, remonte au XVIIIe siècle, mais ses murailles cachent les vestiges de trois plus petites forteresses.

La **forteresse Its Kale**, dont le nom turc signifie « château intérieur », est à peine moins spectaculaire. Elle s'élève à l'emplacement de l'acropole de Nauplie, où se sont succédé plusieurs châteaux au cours des siècles. Les vestiges y sont très peu nombreux, mais l'endroit est agréable pour une petite promenade. Si vous aimez marcher, vous pourrez faire le tour du promontoire rocheux sur lequel s'élève la forteresse.

Sur un îlot de la baie se dresse une troisième forteresse, plus petite, appelée le **Bourdzi**. Construite au XVe siècle, à l'époque de l'occupation vénitienne, elle doit son importance au caractère trompeur des eaux qui l'entourent. Celles-ci paraissent profondes, mais il n'existe en réalité qu'un seul passage navigable pour rejoindre Nauplie. Les gardiens du

Bourdzi pouvaient bloquer ce passage en tendant une chaîne entre l'îlot et la ville. La forteresse a changé de vocation au cours des siècles : résidence du bourreau municipal jusqu'en 1930, elle a ensuite été convertie en hôtel de luxe. Le Bourdzi est aujourd'hui inoccupé, réduit à sa simple mais indéniable valeur pittoresque.

Les musées de Nauplie méritent tous une visite, quoique pour des raisons différentes. Sur la place principale, plateia Syntagmatos, se trouve le **Musée archéologique** (☎ *2752 027502* ⏲ *fermé lun.* € €), logé dans un élégant entrepôt vénitien du XVIIIe siècle. La plus belle pièce de sa collection est une armure en bronze pratiquement intacte, datant de l'époque mycénienne (vers 1500 av. J.-C.). De nombreux objets exposés ont été trouvés sur les sites voisins de Tirynthe (voir plus loin) et de Mycènes (voir p. 114-115).

Le **musée des Traditions populaires** de Nauplie est l'un des plus remarquables du pays. Géré par la Fondation ethnologique du Péloponnèse, il présente une excellente et abondante collection de costumes traditionnels de toute la région, avec d'intéressantes explications en grec et en anglais. Notez aussi les photographies anciennes. Une riche collection d'objets agricoles et domestiques vous apprendra beaucoup de choses sur la vie rurale du Péloponnèse. De jolis objets artisanaux, réalisés par les héritiers de ces traditions, sont en vente dans l'excellente boutique de souvenirs.

Le **Musée militaire** regorge d'armes et de documents. Il abrite une riche collection de photographies émouvantes, voire déchirantes, sur les conséquences de la Seconde Guerre mondiale en Grèce. Notez aussi l'intéressante collection d'objets liés à la guerre d'Indépendance, à laquelle Nauplie fut étroitement associée, puisque la ville servit de capitale au jeune État grec entre 1829 et 1834.

Quoique natif de Corfou, le premier président grec, Ioanis Kapodistrias (1776-1831), vécut à Nauplie, où il mourut assassiné par deux potentats de la région du Magne, au sud du Péloponnèse. L'église Agios Spiridon porte encore les stigmates des impacts de balle. Trois ans plus tard, en 1834, Athènes devenait la capitale de la Grèce moderne.

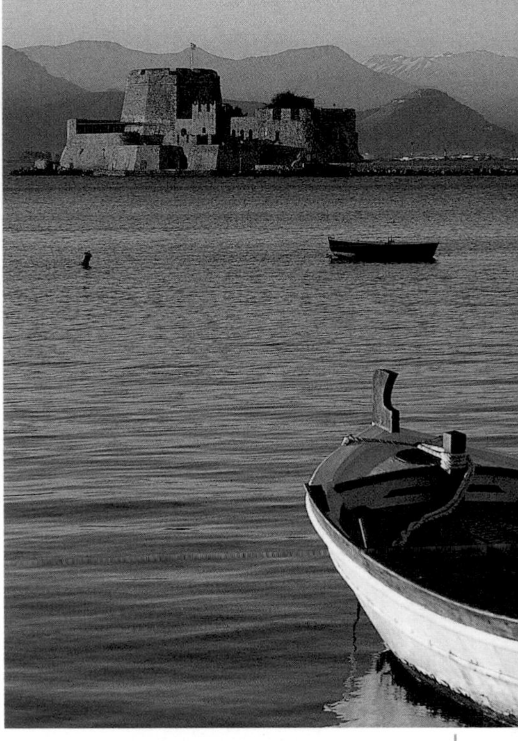

La robuste tour polygonale de l'îlot du Bourdzi domine la baie de Nauplie.

Page ci-contre : Vue sur les toits de Nauplie.

TIRYNTHE

À l'époque de la civilisation mycénienne (vers 1400-1200 av. J.-C.), Tirynthe s'élevait au bord de la mer Égée, protégeant Mycènes et sa voisine Argos de toute attaque navale. C'était peut-être même le port principal de la région. La mer s'est depuis retirée de quelques kilomètres, et

Tiryns
p. 101 C3

Palais royal
2752 022657
Fermé lun.
€

Tirynthe est aujourd'hui dans les terres, aisément accessible depuis la route d'Athènes, à quelque 4 kilomètres à l'ouest de Nauplie.

De Tirynthe, vous remarquerez en premier les puissantes **murailles** cyclopéennes décrites par Homère. Elles furent reconstruites au XIIIe siècle, et leurs vestiges mesurent 700 mètres de long, 8 mètres de large et 10 mètres de haut (les murailles originelles étaient deux fois plus hautes). Le site est bien mieux conservé que celui de Mycènes, mais il n'a pas de tombes royales, ce qui explique qu'il ait été moins soigneusement mis au jour et entretenu. Certains endroits sont interdits au public, à la fois pour la sécurité des visiteurs et pour la préservation des vestiges.

L'arrivée sur le site est impressionnante : vous gravirez la rampe d'entrée que tout attaquant devait franchir, et qui tourne brusquement avant d'arriver au sommet. L'imposante porte, qui ne le cédait sans doute en rien à la célèbre porte des Lions de Mycènes, a toutefois moins bien résisté à l'épreuve du temps, et ses sculptures ont disparu.

De l'ancien **palais royal**, il ne reste guère que les fondations. Mais si vous disposez d'un plan (à acheter en ville à Mycènes), vous distinguerez plusieurs parties, les appartements royaux notamment. Vous identifierez aisément la salle d'eau, dont le sol est constitué d'une seule immense dalle. L'escalier de pierre qui descend jusqu'à la poterne a survécu, quasi intact, pendant près de trois mille ans.

Argos
p. 101 C3

Musée archéologique
Plateia Agiou Petra
0751 68819
Fermé lun.
€

ARGOS

La ville d'Argos est située sur un nœud routier, à l'intersection des routes reliant Nauplie et Tripoli à Athènes. Vous y changerez peut-être de ligne si vous voyagez en bus. Elle offre tous les services dont vous pouvez avoir besoin (magasins, banques, bureaux de poste et stations-service), ainsi qu'un Musée archéologique retraçant le passé glorieux de la ville.

Ce **Musée archéologique**, proche de la grand-place, expose des objets découverts sur les sites de Mycènes et de Tirynthe. Les plus beaux sont aujourd'hui au Musée archéologique national d'Athènes (voir p. 78), mais

Cette étroite galerie voûtée est aménagée dans les épaisses murailles de Tirynthe.

Argos a conservé un casque et un plastron de cuirasse en bronze datant de l'époque mycénienne, ainsi que de superbes collections de la période romaine.

L'importance d'Argos dans l'histoire se mesure à son **site antique**, à quelques minutes à pied seulement du centre, si vous suivez la route de Tripoli. Le principal édifice est le théâtre, l'un des plus grands de toute la Grèce. Plus vaste encore que celui d'Épidaure, il pouvait accueillir 20000 spectateurs. Construit vers la fin du IVᵉ siècle av. J.-C., il fut réaménagé deux fois par les Romains. Le site comporte aussi les ruines de thermes et d'un théâtre romains, un aqueduc ainsi que de vastes canaux de drainage, témoins de l'importance de la population.

Au-dessus du site, un sentier vous conduira à la forteresse marquant l'emplacement de l'acropole d'Argos, qui fut remplacée par un château à l'époque médiévale (certains des remparts remontent tout de même au VIᵉ siècle de notre ère). La montée est abrupte et, si vous disposez d'une voiture, vous préférerez peut-être passer par la route en faisant un détour. Arrivé au sommet, vous jouirez d'une vue à couper le souffle sur la mer Égée, au nord vers le golfe de Corinthe, au sud par-delà les collines du Péloponnèse. ■

Le drapeau grec

Les couleurs du drapeau semblent le reflet parfait du bleu profond du ciel et du blanc éblouissant des murs des maisons traditionnelles. Le bleu et le blanc sont les couleurs de la Grèce depuis des siècles, mais le dessin actuel du drapeau ne date que de 1833, lorsque Othon Iᵉʳ, roi de Bavière, fut fait premier souverain du jeune État indépendant (voir p. 33). Le drapeau précédent se réduisait à une croix blanche sur fond bleu. Il a été rétabli entre 1975 et 1978, et vous le verrez peut-être occasionnellement.

Les neuf bandes horizontales sont lourdes de sens : elles représentent les neuf syllabes de la devise des libérateurs ayant combattu contre la férule ottomane durant la guerre d'Indépendance : *« Eleutheria i thanatos ! »* (La liberté ou la mort). Le bleu a changé d'intensité avec les années. Il est redevenu outremer avec l'adoption d'un drapeau définitif, le 21 décembre 1978.

Les Grecs sont un peuple passionnément patriote, et vous verrez le drapeau national flotter partout et toute l'année. ■

Heinrich Schliemann

L'archéologue allemand Heinrich Schliemann (1822-1890) consacra toute sa vie à exhumer les trésors enfouis dans le sol grec. Il se laissa plus d'une fois aveugler par ses théories personnelles, mais ce fut un homme de passion, qui mit au jour un grand nombre de trésors de l'Antiquité grecque, même s'ils n'étaient pas toujours ce qu'il croyait.

Schliemann est un personnage fascinant. Après avoir fait fortune comme fournisseur de l'armée en Allemagne, aux Pays-Bas et en Russie durant la guerre de Crimée, il s'installa en Californie dans les années 1850. À l'âge de quarante-six ans, il partit pour la Grèce et consacra le restant de ses jours à l'archéologie. Schliemann avait dévoré les œuvres d'Homère dans son enfance et était resté fasciné par ce mélange d'histoire et de mythe. La ville de Troie avait-elle réellement existé ? Et le palais d'Ulysse à Ithaque ? Schliemann était bien résolu à élucider ces énigmes.

Il se mit tout d'abord en quête de Troie, la ville de *L'Iliade.* Les premières fouilles débutèrent en 1870 sur la côte égéenne de Turquie, à Hissarlik, site qu'il estimait être l'emplacement probable de la cité antique. Il y trouva les vestiges stratifiés de plusieurs villes et décréta que la deuxième d'entre elles, marquée par des traces d'incendie, était celle décrite par Homère. On sait aujourd'hui qu'à supposer même que Troie se soit trouvée sur le site mis au jour par Schliemann, la ville correspondrait à une strate postérieure, et donc supérieure, que l'archéologue dut détruire pour poursuivre ses fouilles. L'emplacement de Troie n'a jamais été établi avec certitude, mais il est certain qu'Hissarlik est un site historique majeur.

En 1874, Schliemann partir rechercher à Mycènes (voir p. 114-115) des tombes royales, bien résolu à retrouver celle d'Agamemnon pour prouver l'historicité du personnage. Il exhuma un magnifique masque funéraire en or, et, ne doutant de rien, annonça au roi de Grèce, dans un télégramme resté célèbre : « J'ai contemplé le visage d'Agamemnon. » D'éminents hellénistes ont démontré plus tard que le masque ne pouvait être attribué au père d'Iphigénie, à supposer même que le roi ait existé en dehors de la légende. Mais Schliemann ne laissa jamais l'avis ou les preuves d'autres experts le détourner de ses propres convictions.

Schliemann continua fort logiquement son chemin jusqu'à Ithaque, pour y prouver l'existence historique d'Ulysse et de son palais, entre autres sites décrits dans *L'Odyssée.* Il y trouva tout aussi logiquement de quoi étayer ses présomptions, même s'il est impossible de prouver avec certitude qu'il ait eu raison.

Schliemann mena des fouilles majeures à Tirynthe et espéra aussi mettre au jour le site de

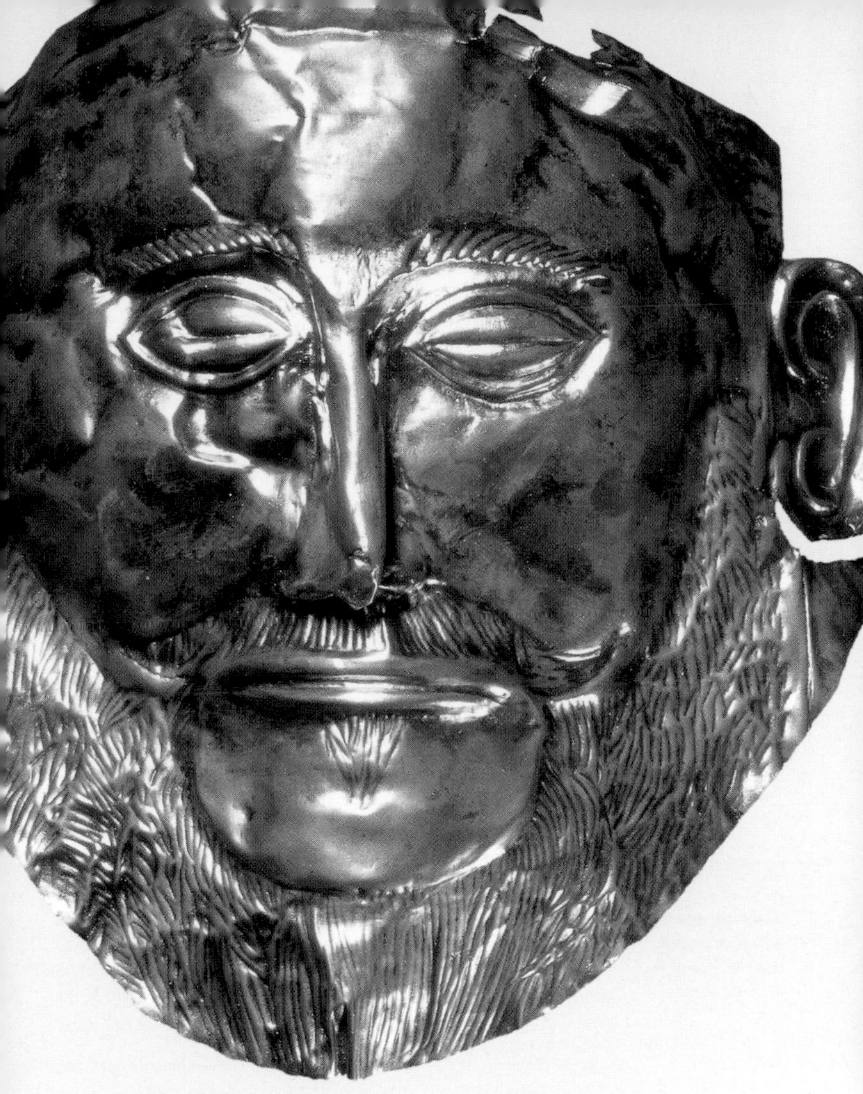

Cnossos, en Crète, mentionné également dans la geste homérique. Mais il ne put s'entendre sur le prix exigé pour l'accès au terrain.

Malgré son érudition et son enthousiasme, Schliemann fut toujours perçu par les autres archéologues comme un amateur et un parvenu. Il est pourtant indéniable qu'il a mis au jour des sites majeurs à côté desquels étaient passés ses confrères. ■

Ce masque d'or, qui date du XVIe siècle avant notre ère, est trop ancien pour pouvoir être attribué à Agamemnon.

Page ci-contre : Bien qu'autodidacte (il quitta l'école à quatorze ans), Schliemann fit des découvertes archéologiques hors du commun. Sofia, son épouse grecque, est ici parée de bijoux en or de Mycènes.

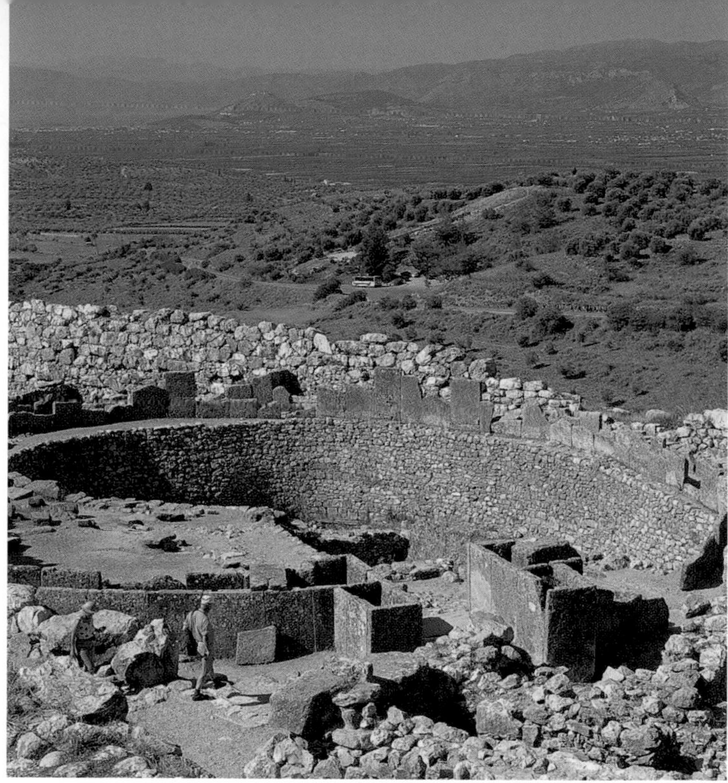

Le cercle A, qui comprend un grand nombre de tombes royales parmi les plus belles, s'intègre dans les murailles de la cité antique.

Mycènes

Mycènes (Mikines) est sans aucun doute le principal site historique du Péloponnèse. Au plus haut de la saison touristique, vous aurez l'impression que le monde entier s'est rassemblé pour visiter les ruines, mais qu'à cela ne tienne ! Le site antique, bien indiqué, se trouve à 2 kilomètres en dehors du village moderne de Mycènes, lequel est traversé par la route reliant Nauplie à Athènes.

Mikines

p. 101 C3

2751 076585

€€

La première chose que vous verrez en approchant du site, sur votre gauche, est le **trésor d'Atrée**. Cette tombe tout en hauteur forme un édifice impressionnant, surtout quand on sait qu'elle fut construite sans un gramme de mortier. Suivez le long couloir d'accès menant à la chambre funéraire, où l'acoustique est saisissante : dites quelque chose à voix haute pour vous en convaincre. Notez aussi le lourd linteau coiffant la porte d'entrée : long de 8 mètres, il pèse près de 120 tonnes.

Le grand palais de Mycènes portait le nom de maison d'Atrée (fils de Pélops qui donna son nom au Péloponnèse, voir p. 100). La macabre histoire de la malédiction des Atrides (descendants d'Atrée) nous a été transmise par les tragédies grecques. Aéropé, la femme d'Atrée, avait été enlevée par le frère de celui-ci, Thyeste. Pour se venger, Atrée fit tuer les trois fils de Thyeste et les lui servit lors d'un banquet. Puis il montra à son frère les têtes de ses fils pour qu'il comprenne ce qu'il venait de manger. Dès lors, Atrée et sa descendance, notamment Agamemnon, Ménélas et Oreste, furent maudits des dieux.

Le trésor est souvent appelé tombeau d'Agamemnon. Or s'il s'agit bien d'une tombe royale, rien de concret ne permet d'appuyer cette dénomination. L'endroit que Schliemann (voir p. 112-113) pensait être la tombe d'Agamemnon est situé sur le site principal, plus loin sur la route. Le trésor quant à lui date du XIVe siècle av. J.-C. : il était donc utilisé avant l'époque d'Agamemnon.

L'arrivée sur le site proprement dit se fait par la célèbre **porte des Lions**, avec son fronton sculpté. Construite au XIIIe siècle av. J.-C., elle est large de 3,75 mètres à sa base et haute de près de 3,50 mètres. Les lionnes sont sans doute le symbole de la maison royale de Mycènes : le même dessin a été retrouvé sur un sceau exhumé sur le site. Notez les sillons pratiqués dans le sol : ce sont les traces laissées par les chars. Quant aux trous que l'on distingue sur le côté de la porte, ils servaient à fixer des verrous.

De l'autre côté de la porte, sur votre droite, se trouvent les ruines des **tombes royales**, disposées en cercle. Les tombes du « cercle A » sont au nombre de 6 et contenaient 19 dépouilles mortelles. C'est ici que Schliemann découvrit le magnifique masque funéraire en or qu'il attribua au roi Agamemnon. Au total, pas moins de 14 kilos d'or ont été retrouvés sous forme de masques, de bijoux, de couronnes et autres objets. Ce véritable trésor constitue l'une des plus belles pièces du Musée archéologique national, à Athènes (voir p. 78).

Pour le reste du site de Mycènes, armez-vous d'une bonne dose d'imagination, et aussi d'une carte. Vous y verrez une multitude de fondations : à vous de reconstituer par l'esprit cet immense palais royal aux murailles impressionnantes, autour duquel vivait une importante communauté de serviteurs de la cour. Les fortifications pouvaient atteindre 14 mètres de large, ce qui leur valut le nom de remparts cyclopéens : elles étaient si massives que, pour les générations futures, elles ne pouvaient avoir été construites que par les cyclopes à la force surhumaine !

Le palais royal disparut dans un incendie en 1200 av. J.-C. Les traces laissées par le feu sont encore visibles sur les pierres de fondation. Le site fut déserté et laissé à l'abandon un siècle plus tard, pour n'être redécouvert qu'avec Schliemann en 1874. En parcourant le site (sachez qu'en cas d'affluence, les ruines les plus éloignées de la porte des Lions seront sans doute beaucoup moins fréquentées), vous découvrirez les vestiges de chambres à coucher, d'appartements royaux, de bains, d'une grande salle d'audiences et d'une salle du trône. ■

L'impressionnante porte des Lions arbore au-dessus du linteau deux fauves encadrant une colonne.
Voir p. 25
une autre vision de cette célèbre entrée dans l'enceinte mycénienne.

Malvoisie

Monemvassia
p. 101 C1
Informations
Police touristique
2732 061210

LE NOM DE MALVOISIE, OU MONEMVASIE (MONEMVASSIA), EST pour ainsi dire inconnu en dehors de Grèce, ce qui est stupéfiant quand on sait que cette ville est l'une des plus merveilleuses du pays. Cela lui vaut d'être préservée des désagréments du tourisme de masse. Un terrain idéal pour planter son jardin secret.

Un entrelacs de chemins et de passages permet de s'élever au-dessus de la ville basse.

Un immense promontoire rocheux s'élevant en pleine mer et relié au continent par une route unique sur un bras de terre : vous êtes à Malvoisie, le Gibraltar de la Grèce. En arrivant sur les lieux pour la première fois, vous vous direz peut-être que la vue est belle, certes, mais encore? Alors, continuez votre chemin pour gagner l'« entrée » de Malvoisie. Et si vous êtes en voiture, préparez-vous à la garer à l'extérieur. Car Malvoisie

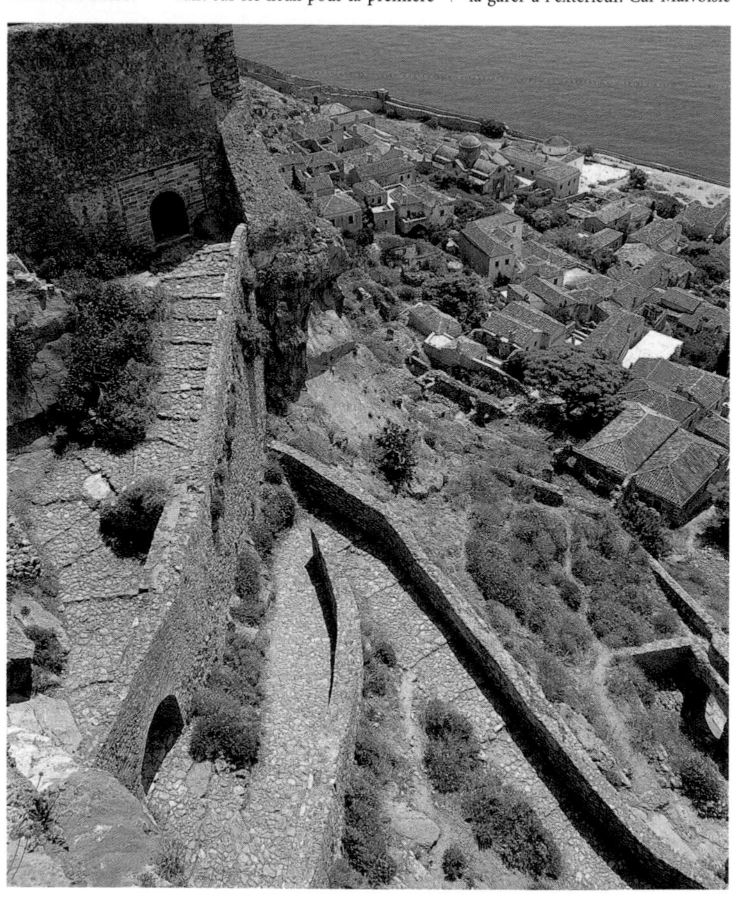

signifie « entrée unique », et si vous voulez découvrir les secrets de cette île hors du commun, il vous faudra passer par une porte, comme si vous pénétriez dans une forteresse médiévale. Et celle-ci est juste assez large pour laisser passer un mulet de bât !

ENTRÉE DANS LA VILLE

Passé l'entrée, vous aurez l'impression d'être plongé au XVe siècle, à l'époque où Malvoisie était une prospère ville byzantine de 50 000 âmes. La population actuelle tourne autour de la cinquantaine d'habitants, et Malvoisie a des allures de ville-fantôme. Quelques-unes des plus anciennes demeures ont été restaurées et converties en hôtels, d'autres en restaurants ou boutiques de cadeaux. Mais le développement touristique est resté limité à une toute petite échelle, et l'atmosphère, unique, est intacte. Les hôtels ont peu de chambres : si vous voulez habiter sur place et profiter pleinement du charme de Malvoisie, pensez à réserver. Vous trouverez également plusieurs petits hôtels très simples dans la ville moderne située sur le continent.

Le rocher de Malvoisie est devenu une île lors d'un tremblement de terre l'ayant détaché du continent en 375, et la vieille ville fut fondée avec la création de la première route, au VIe siècle. Malvoisie devint un port d'importance vitale, puisqu'il commandait le passage des bateaux contournant le Péloponnèse pour relier la péninsule italienne à Constantinople. Avec son entrée unique et ses flancs escarpés, le rocher était quasi imprenable : il ne courba l'échine qu'une seule fois, en 1821, pendant la guerre d'Indépendance, lorsque l'occupant turc s'y réfugia et fut assiégé par les Grecs. Au bout de cinq mois, les assiégés en furent réduits à se nourrir d'herbes et de rats – et peut-être même acculés au cannibalisme – avant de se rendre.

Rassurez-vous, les dîners en ville sont aujourd'hui un peu plus raffinés. Que vous visitiez Malvoisie en journée ou en soirée, prenez le temps d'explorer ses ruelles en vous éloignant des rues principales : églises et maisons en ruine vous donneront une idée du passé de la ville.

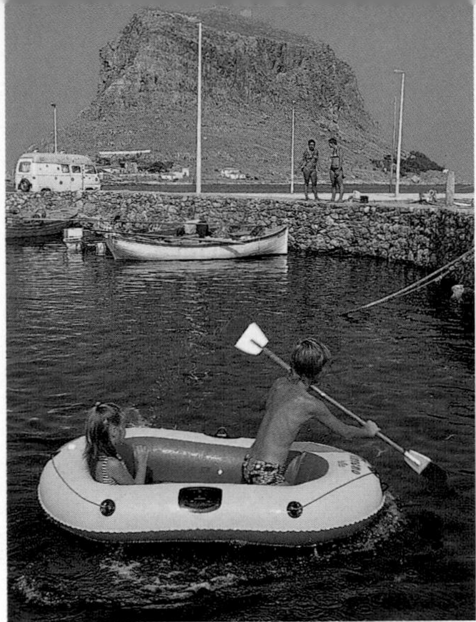

Malvoisie ne dévoile aucun de ses charmes aux touristes qui restent sur le continent.

Immédiatement sur votre gauche après l'entrée se trouve la maison qui a vu naître le grand poète grec Yannis Rítsos (1909-1990). Au fin fond du village, ne manquez pas l'église Panagia Chrysafitissa. Sa date de construction est incertaine, mais elle fut restaurée par les Vénitiens au XVIIIe siècle. Ses cloches sont pendues à un acacia. Non loin de là, l'église Agios Nikolaos, plus importante, remonte à 1703. Tous ces édifices se concentrent dans ce qu'on appelle la **ville basse**.

Pour accéder à la **ville haute**, située au sommet du rocher, un chemin pavé de pierres vous conduira en zigzag jusqu'à une nouvelle entrée, qui a conservé ses portes de fer d'époque. De la ville haute, il ne reste toutefois que l'église Agia Sofia (XIIIe siècle), trônant toute seule au sommet du rocher. Faites l'effort de cette petite ascension pour profiter de la vue extraordinaire sur la côte. ■

Surplombant majestueusement le cap Matapan, les tours de Vathia sont un superbe exemple de l'histoire architecturale du Magne.

Le Magne

Des trois péninsules semblables à des doigts faisant saillie au sud du Péloponnèse, le Magne (Mani) est celle du milieu. Le cap Matapan (akra Tenaro) est le point le plus méridional du continent grec. C'est là que se situait, dans la mythologie grecque, l'entrée de l'Hadès, les Enfers. Et il est vrai que la région du Magne a quelque chose d'irréel. Le paysage se fait franchement aride et rocailleux au bout de la péninsule, où vous apercevrez les tours de pierre traditionnelles qui témoignent de la violence de la vie dans le passé.

Le caractère reculé du Magne fait que la péninsule a toujours été terre de refuge, et les familles qui s'y installèrent au XVe siècle étaient de véritables clans, luttant âprement pour les meilleurs lopins de terre. Celui des Nyklian y était dominant. Ce fut d'abord le seul à avoir le droit de construire ces hautes tours carrées en pierre qui servaient aussi bien à se retrancher qu'à lancer des attaques.

Bientôt, d'autres familles dressèrent leurs propres tours, chacune essayant de surpasser les autres en hauteur. La moindre offense suffisait à déclencher d'interminables guerres de clans et vendettas. On sonnait alors le tocsin, et les belligérants se retiraient dans leur donjon. Ces querelles pouvaient durer des années, voire des générations, tant le sens de l'honneur était grand. Le ravitaille-

ment ne posait pas de problème, car les femmes étaient protégées et libres d'apporter des vivres à leurs époux, fils ou frères. Les luttes ne connaissaient qu'une seule trêve, pendant la moisson, et ne pouvaient se conclure que par l'annihilation totale ou la capitulation de l'un des camps. La dernière vendetta enregistrée dans les annales eut lieu en 1870 à Kita et ne prit fin que sur intervention de l'armée.

Les tours de **Kita** ont survécu, ainsi que celles du village de **Vathia**, à la pointe sud du Magne, où elles s'élèvent côte à côte dans un effet saisissant. Mais vous en rencontrerez ailleurs, au hasard de vos pérégrinations, parfois même une seule dans un village reculé.

Le Magne ne saurait toutefois se résumer à un paysage inhospitalier et à des coutumes belliqueuses. Plusieurs charmants petits villages de pêcheurs accueillent les visiteurs en été, comme **Stoupa** et **Kardamili**. À proximité de ce dernier se trouve le cimetière où repose le voyageur et romancier britannique Bruce Chatwin (1940-1989), grand amoureux de la région.

AUTOUR DU MAGNE

Le nord de la péninsule, ou Magne extérieur, est dominé par le massif du **Taygète** (Taygetos Oros), dont la crête culmine à 2 404 mètres. Ses versants inférieurs permettent mille et une randonnées, avec de superbes pinèdes en toile de fond, mais il sera prudent de consulter un guide local avant de s'aventurer plus haut.

La principale ville du Magne intérieur, partie sud de la péninsule, est **Areopoli**. Elle dispose de tous les services dont vous pouvez avoir besoin, notamment quelques hôtels, mais vous n'aurez sans doute guère envie de vous y attarder.

À quelques kilomètres au sud, sur la côte, se trouve l'une des principales attractions de la région, les **grottes de Diros (Spilia Dirou)**. Vous pourrez combiner une petite sortie en bateau de trente minutes pour découvrir le réseau de grottes souterraines et une courte randonnée au pied des grottes d'Alepotripa. Les deux sites vous enchanteront par la magie de leurs stalactites et stalagmites, mais l'atmosphère de Diros, caverneuse et humide, avec les surprenants reflets de la roche dans l'eau, est la plus féerique.

La principale ville de la côte orientale, **Githio**, est également la capitale administrative de la région, à laquelle elle ne ressemble guère. Ce petit port animé et prospère compte plusieurs bons restaurants autour de sa jolie darse. Avec les vestiges du théâtre romain, les plages des environs et ses hôtels, Githio est un bon endroit pour se détendre entre deux incursions dans l'insolite région du Magne. ■

Kardamili
101 B2

Areopoli
101 C1

Spilia Dirou
p. 101 C1
2733 052222
€€€

Githio
p. 101 C2
Informations
Vass. Georgiou, 20
2733 024484

Une promenade autour du Magne

On pourrait passer plusieurs jours à explorer le Magne, région à la culture unique et aux paysages sévères, mais irrésistibles. Le tableau est austère en hiver, mais, au printemps, les fleurs sauvages y ajoutent quelques touches de couleur. Cet itinéraire vous fera découvrir les plus beaux endroits de la région. Il est réalisable en une demi-journée, mais consacrez-lui une journée entière si possible. Il part de la principale ville de la côte ouest, Areopoli (voir p. 119), et s'achève à Githio, capitale de la côte est.

Fleurs sauvages sur les collines d'Areopoli.

Veillez à faire le plein d'essence avant de partir, car les stations-service sont rares dans cette région reculée. Au départ d'**Areopoli** ❶, prenez vers le sud sur la route locale (pas de numéro) en suivant les panneaux indiquant **Spilia Dirou** ❷ (grottes de Diros, voir p. 119), distantes de 8 km seulement. Tournez à droite juste après le virage sur la gauche (c'est ici que vous arriverez après un circuit dans le Magne intérieur, voir p. 119). Les grottes sont à 4 kilomètres à l'écart de la route. Elles valent la visite, mais prévoyez beaucoup de temps, surtout en haute saison, car vous ne pourrez y accéder qu'en bateau (croisière organisée), et l'attente peut être longue en cas d'affluence.

Regagnez la route principale et continuez vers le sud. Ne prenez pas les petites routes, même si la plupart vous ramèneraient sur l'axe principal : ce sont soit des voies sans issue, soit des boucles traversant des villages.

Regardez le paysage sur votre droite : la « Côte ombragée » est célèbre pour ses tours. N'hésitez pas à vous arrêter dans l'un des villages que vous traverserez : ils sont nombreux à être dotés de belles et anciennes petites églises orthodoxes.

S'il y a une boucle à ne pas éviter, c'est celle qui se trouve à une dizaine de kilomètres après l'embranchement pour Spilia Dirou. Vous parvenez à une intersection. Prenez alors à droite vers Agios Giorgios et continuez vers le village de **Mezapos** ❸. De là, une courte marche vous permettra de contempler la vue sur la baie et la forteresse byzantine de Tigani (XIIIe siècle), appelée « poêle à frire » pour sa forme. Revenez sur vos pas pour rejoindre l'itinéraire principal. Tournez à droite et continuez vers le sud.

Lorsque vous aurez atteint le village d'Alika, guettez l'embranchement pour **Vathia** ❹ sur votre droite. Ce village est minuscule, mais dominé par des tours s'élevant côte à côte. Rebroussez chemin jusqu'à la route principale, à moins que vous ne préfériez continuer vers la pointe sud de la péninsule et admirer de près le promontoire rocheux du cap Matapan.

Tournez à droite pour récupérer la route principale, que vous suivrez vers le nord (attention aux nombreux virages) jusqu'à rejoindre la côte orientale du Magne intérieur. Vous traverserez plusieurs villages reculés et longerez quelques plages à l'écart des sentiers battus, constituant une étape des plus agréables. La route finit par tourner vers l'ouest et rejoindre la côte occidentale au sud d'Areopoli.

Tournez à droite : la route prend le nom d'autoroute 39. Suivez-la pour retraverser la péninsule. Vous contournez le Taygète par le sud (nouvelle série de virages) avant d'arriver, au bout de 25 kilomètres environ, au petit port de **Githio** ❺ (voir p. 119), principale ville de la côte orientale du Magne. ■

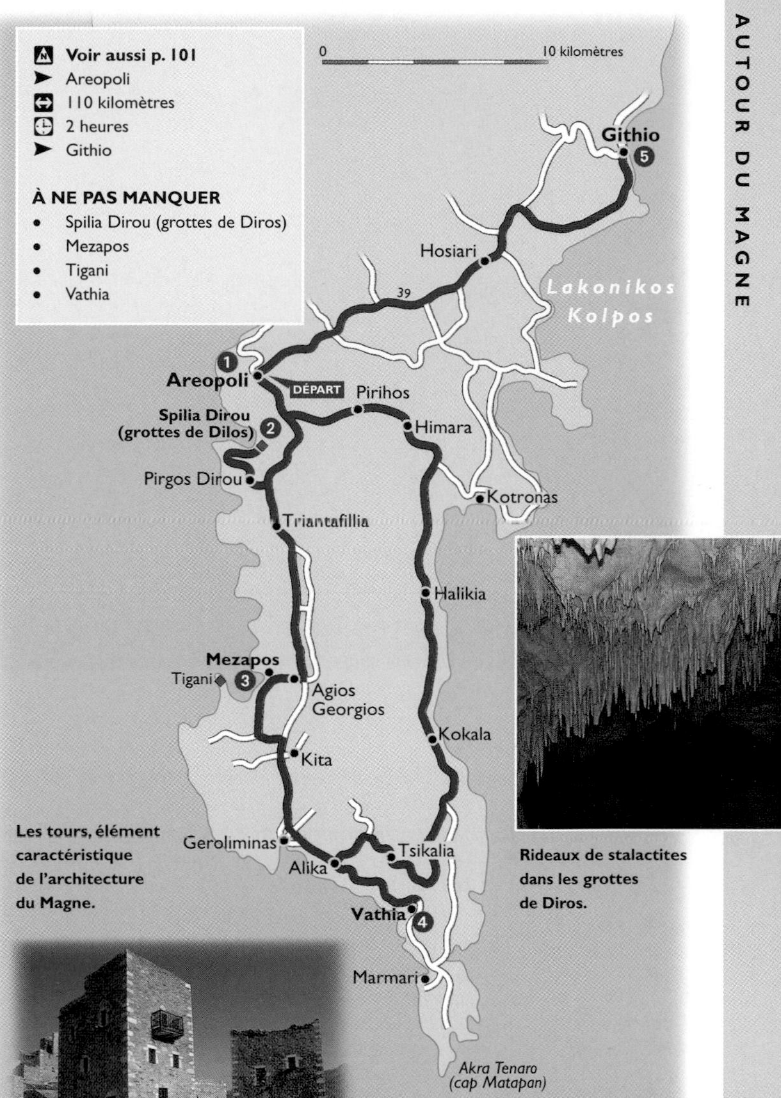

Les tours, élément caractéristique de l'architecture du Magne.

Rideaux de stalactites dans les grottes de Diros.

La majestueuse Mistra, cité fantôme de l'époque byzantine.

Mistra

LA PROMENADE DANS MISTRA (MISTRAS), UNE VILLE BYZANTINE aux ruines féeriques, est un enchantement. Le site est spectaculaire, perché sur une colline en bordure de la chaîne du Taygète, qui s'enfonce dans le Magne. Des ruines parsèment le sommet et les flancs de cette colline, si nombreuses que l'on peut facilement se représenter la ville à l'époque où elle abritait 42 000 habitants, au XVe siècle.

Mistras

p. 101 C2

2731 083377

€€

Mistra fut fondée en 1249 par les Francs, qui s'étaient rendus maîtres de la Grèce au début du XIIIe siècle. Elle doit son existence à Guillaume II de Villehardouin, qui conçut Mistra pour en faire son troisième fief dans la région, après Malvoisie et Tigani (Magne intérieur). Mistra devait remplacer Sparte, située à proximité, mais en plaine. Elle tomba aux mains des Byzantins en 1262, ce qui n'empêcha pas la ville nouvelle qui se développait dans la citadelle et aux alentours de prospérer. Elle devint notamment une capitale des arts, attirant des peintres venus d'Italie et de Constantinople.

Le site compte deux accès distincts, chacun avec son parc de stationnement. Si vous venez de Sparte, vous utiliserez l'entrée basse. L'autre se trouve en effet au sommet de la colline. Ces deux entrées se valent, mais, si vous n'aimez pas grimper,

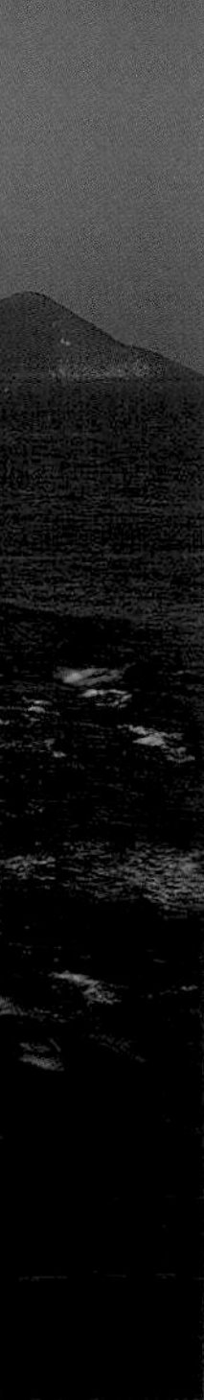

vous préférerez peut-être explorer la partie basse avant de reprendre votre véhicule pour gagner la partie haute. Dans tous les cas, un plan vous sera indispensable pour vous repérer dans le labyrinthe de sentiers qui parcourent le site. Vous serez de toute façon obligé de retourner sur vos pas de temps à autre.

Si vous commencez la visite par le bas, tournez à droite pour vous retrouver presque aussitôt en face de la **mitropolis**, ou cathédrale. Datant de 1309, c'est la plus ancienne église de Mistra. Elle abrite des fresques du XIVe siècle ainsi qu'une dalle gravée représentant l'aigle bicéphale emblématique de Byzance, qui marque l'endroit du couronnement du dernier empereur byzantin, Constantin XI Paléologue, en 1443.

Derrière la cathédrale, le **couvent de Pantanassa** accueille quelques nonnes, les seules personnes qui vivent encore réellement à Mistra. Pendant la saison, les couventines vendent des rafraîchissements et leurs produits artisanaux. L'église de cette communauté est bien sûr la mieux conservée de toutes celles de Mistra. Construite en 1365, c'est aussi la plus récente de la ville fortifiée.

Tournez à gauche à l'entrée du bas pour arriver au **monastère de Perivleptos**. Son église comporte des fresques du XIVe siècle d'une rare finesse, disposées autour de la coupole, laquelle est ornée, conformément à la tradition byzantine, d'une représentation du Christ Pantocrator.

En haut, à droite : Vue sur la plaine par-dessus les toits de Mistra.

LE KASTRO

L'édifice majeur de la partie haute du site est le château *(kastro)*. Vous y accéderez en passant par la chapelle royale d'Agia Sofia, au remarquable pavement en marbre. De là, vous pourrez faire à pied le tour du donjon, d'où vous aurez une vue magnifique sur les ruines de la ville. C'est ici que Goethe (1749-1832) a situé la rencontre entre Faust et Hélène de Troie dans son célèbre drame *Faust*.

Ne manquez pas non plus le **palais des Despotes**. Les premiers souverains byzantins de la région furent les despotes de Morée (le nom donné à cette partie de la Grèce). Le palais a bien résisté à l'épreuve du temps, mais il est fermé pour d'importants travaux de restauration depuis plusieurs années. L'une des ailes date de l'occupation franque, tandis que l'autre est un ajout du XIVe siècle. Vous y admirerez la salle du trône qui vit le couronnement de plusieurs empereurs byzantins. ■

La péninsule de Messénie

Les pèlerins du Moyen Âge en route pour la Terre sainte faisaient étape au fort de Methoni.

Koroni

p. 101 B2

Methoni

p. 101 B2

KORONI ET METHONI VEILLENT COMME DEUX SENTINELLES SUR la péninsule messénienne, au sud-ouest du Péloponnèse. Réputées jadis pour leurs forteresses, elles sont aujourd'hui plus connues comme stations balnéaires. Le reste de la région comporte plusieurs sites archéologiques mineurs mais non dénués d'intérêt.

Ces deux villes étaient appelées les « yeux de Venise », car leurs forts permettaient de surveiller le trafic maritime entre l'Italie et la Grèce. Le château de **Koroni** fut commencé en 1206. Ses imposants remparts abritent aujourd'hui le monastère de Timiou Prodromou et quelques demeures privées. C'est un endroit charmant pour une petite promenade vespérale. La ville en contrebas, avec son joyeux enchevêtrement de maisons, ne date que des années 1830. Son principal intérêt réside dans sa magnifique plage de sable fin, longue de plusieurs kilomètres.

Contemporaine de celle de Koroni, la forteresse de **Methoni** surplombe la mer. Elle est entourée d'eau sur trois côtés, le quatrième étant protégé par une douve. Mais ce bastion menaçant donne un sentiment d'abandon quand on parcourt l'intérieur de ses remparts. À la différence du fort de Koroni, celui de Methoni n'est que ruines : quelques maisons, une cathédrale, un bain turc et des passages souterrains.

La plage de Methoni est bonne, et la station beaucoup plus fréquentée que celle de Koroni. Mais, au cœur de la ville, vous retrouverez les jolies maisons blanchies à la chaux et les balcons chargés de bougainvillées et d'hibiscus qui lui confèrent son charme unique.

LE PALAIS DE NESTOR

Dans *L'Odyssée*, tandis qu'Ulysse est sur la route du retour à Ithaque, son fils Télémaque se rend au palais du roi de Pylos, Nestor, pour lui demander des nouvelles de son père. La princesse Polycaste lui donne le bain. Et comme on pouvait s'y attendre, une cuve a été retrouvée sur le site considéré comme étant celui du palais de Nestor, ajoutant un peu de crédibilité à la légende.

Il est préférable de visiter en premier le **Musée archéologique**, situé dans le village voisin de **Chora**. Les objets exhumés dans le palais y sont exposés, avec de bonnes explications, ce qui vous aidera à mieux profiter de la visite du site.

À première vue, les vestiges de ce palais de style mycénien n'ont rien de bien impressionnant. Ils sont pourtant plus intéressants qu'il n'y paraît, et la taille réduite du palais permet d'imaginer la vie que l'on y menait à l'époque où il était habité. Le site se compose essentiellement de quelques fondations affleurant à quelques centimètres à peine, mais avec un plan et un peu d'imagination, vous devriez pouvoir reconstruire le palais dans votre tête. Le cadre fabuleux vous y aidera, avec son promontoire rocheux surplombant la mer et ses oliveraies.

Le palais de Nestor ne fut mis au jour qu'en 1939, et n'a donc pas fait l'objet des interprétations enthousiastes, mais hâtives, des émules de Schliemann. Les fouilles ne sont pas terminées, et les archéologues ont aujourd'hui recours aux techniques les plus modernes. L'un des objets les plus fascinants livrés jusqu'à présent consiste en plusieurs centaines de tablettes portant des inscriptions en linéaire B, écriture connue depuis Arthur Evans et les fouilles de Cnossos, en Crète. Ces tablettes suggèrent un fort lien entre les civilisations minoenne et mycénienne. Par une ironie de l'histoire, elles ont été conservées par le feu qui ravagea le palais vers 1200 av. J.-C.

Palais de Nestor

p. 101 B2

Fermé lun.

€

Musée archéologique

Chora

2763 031358

Fermé lun.

€

Messini
p. 101 B2

Megalopoli
p. 101 B3
Fermé lun.

MESSÈNE

La Messène (Messini) antique aurait été construite en 85 jours seulement, en 369 av. J.-C., pour devenir la capitale des Messéniens, qui donnèrent leur nom à la plus occidentale des trois péninsules du Péloponnèse. Comme d'autres sites, elle doit son charme tant au cadre naturel qu'à ses vestiges. Le site antique se trouve près du village de Mavromati, sur les flancs du mont Ithôme (800 m), au nord de la péninsule. Si vous êtes en voiture, suivez les panneaux indiquant Ithomi.

Prenez la route de Meligalas pour franchir l'immense et spectaculaire porte d'Arcadie, qui faisait partie des remparts de la ville. Les murailles ont été dégagées sur quelque 9 kilomètres, et les fouilles se poursuivent sur le site. Vous verrez les fondations d'un temple dédié à Artémis, ainsi que les vestiges de l'acropole au sommet du mont Ithôme, et une fontaine située dans le sanctuaire d'Asclépios, qui alimente aujourd'hui encore le village en eau.

MEGALOPOLI

En suivant la route de Tripoli, vous parviendrez aux ruines de l'antique Megalopoli (la Grande Ville), situées en bordure de la cité moderne homonyme.

Il ne reste pas grand-chose du site, mais, pour vous faire une idée de sa gloire passée, sachez que son théâtre pouvait accueillir jusqu'à 20 000 spectateurs, et qu'il était donc plus grand que celui d'Épidaure, et même que celui de Dionysos, à Athènes.

Megalopoli fut construite vers la même époque que Messène, entre 371 et 368 av. J.-C., et par le même général thébain, Épaminondas qui voulait aligner une série de villes à vocation défensive afin de tenir les Spartiates en respect. Mais Megalopoli ne prospéra jamais, aussi a-t-elle conservé jusqu'à aujourd'hui son air de désolation. Envahi par la végétation, le site a néanmoins beaucoup plus de charme que ceux où la moindre pierre est répertoriée et dûment étiquetée. ■

Moment de farniente sur la plage de Koroni. Les bateaux de pêche sont en principe tirés au sec pour les travaux de réparation et de peinture en hiver.

Andritsena & Bassae

Les vieux villages de montagne, tel Andritsena, semblent à des années-lumière du monde moderne.

LA ROUTE SINUEUSE QUI PART DE MEGALOPOLI VERS LE NORD-ouest vous conduira dans l'un des plus pittoresques et sauvages villages de montagne de toute la Grèce : Andritsena. La route passe par le site de Bassae (Basses, ou Vasses), connu pour son temple au cadre exceptionnel. Andritsena, grande ville marché de la période d'occupation ottomane, est restée un poumon économique pour les minuscules villages reculés des alentours. Vous y verrez des vieillards aux traits creusés par le temps, assis aux terrasses des cafés, à regarder passer le monde.

Rien ne vous empêche de passer la nuit à Andritsena, si vous ne craignez pas les hébergements rustiques, mais la plupart des visiteurs n'y font qu'une courte halte avant de continuer sur une route plus isolée encore, qui grimpe jusqu'au **temple de Bassae**. Ce site est l'un des plus reculés et des plus impressionnants de l'Antiquité : à 1 131 mètres d'altitude, il s'élève dans un cadre où rien ne vient troubler le regard.

Le temple, consacré à Apollon, fut érigé par les Phigaliens pour remercier la divinité de les avoir épargnés de la peste. La ville antique de Phigalie se trouvait à l'ouest du temple, à l'emplacement actuel du village de Figalia. Le temple de Bassae est l'un des mieux conservés de Grèce, mieux encore que le Parthénon. On a d'abord pensé qu'il avait été dessiné par Ictinos, l'architecte du Parthénon, mais il est plus probable qu'il ait été achevé dès 425 av. J.-C., avant donc la construction du grand temple athénien.

Bassae sera encore plus impressionnant quand l'État grec aura levé les fonds nécessaires à sa restauration. En attendant, l'édifice est protégé du milieu extérieur par une immense tente, qui lui confère il est vrai une allure surprenante. ■

Andritsena
p. 101 B3

Basses
p. 101 B3

Olympie

Les jeux Olympiques modernes n'ont guère plus d'un siècle. Mais les premières épreuves se déroulèrent en Grèce il y a près de trois mille ans, puis tous les quatre ans – durée appelée « olympiade » – pendant plus d'un millénaire. La visite au stade des origines, celui où se tenaient les Jeux antiques et où la flamme olympique est encore allumée de nos jours, a quelque chose d'un rêve pour tous les férus de sport.

Ancienne Olympie
p. 101 B3
2624 022517
€€

Informations
Police touristique
2624 022550

La première compétition officielle eut lieu en 776 av. J.-C. L'histoire des Jeux est retracée aux pages 132-133, mais aucun récit ne saurait rendre compte du sentiment magique qu'éprouvent la plupart des visiteurs quand ils franchissent la galerie d'accès, puis l'arc du IIIe siècle av. J.-C. pour déboucher dans l'arène du **site antique** d'Olympie (Olympia). On croirait entendre la clameur des foules venues encourager les athlètes à travers les siècles.

Vous aurez vu la majeure partie du site avant même d'atteindre le stade proprement dit, car Olympie était avant tout un immense complexe, à l'instar de nos villages olympiques modernes.

Au centre du site se trouvait le **temple de Zeus**, construit au Ve siècle av. J.-C., alors que les Jeux étaient à leur zénith. Seules les bases des colonnes ont subsisté, mais certaines colonnes effondrées ont été laissées telles quelles, ce qui donne une image à la fois de la grandeur et de la décadence du site. Ce temple avait la taille du Parthénon d'Athènes, dont il est contemporain, ce qui donne une idée de l'importance du lieu.

Le temple abritait une statue colossale de Zeus, réalisée dans la série de bâtiments dont les fondations sont visibles en face du sanctuaire, du côté opposé au stade. L'un d'eux est considéré comme l'**atelier de Phidias**, le sculpteur qui réalisa la

statue. De l'autre côté du chemin se trouvent les ruines du **Léonidaion**, la maison d'hôtes mise à la disposition des visiteurs de marque.

Dans le bouleutérion (derrière le Léonidaion) se réunissait l'équivalent de notre Comité international olympique. C'est ici aussi que les athlètes prêtaient serment de respecter les règles olympiques devant une autre statue colossale de Zeus. Puis ils se rendaient dans le stade, en passant devant des statues payées par ceux ayant enfreint ces règles. Financées par les amendes infligées à ces athlètes déshonorés, ces statues mentionnaient le nom du contrevenant, ainsi que celui de son père et de sa ville natale. On ne plaisantait pas avec l'idéal olympique !

Les héros du stade pouvaient eux aussi être immortalisés dans le marbre. Près de l'entrée du site se trouve un autre édifice digne d'intérêt, le **temple d'Héra**, beaucoup plus petit que celui de son divin époux, Zeus. Il est presque aussi vieux que les Jeux eux-mêmes, puisqu'il date du VIIe siècle av. J.-C. et fut reconstruit au VIe siècle avant notre ère.

LE MUSÉE ARCHÉOLOGIQUE

En face du site d'Olympie se trouve le musée dans lequel sont exposés les objets exhumés lors des fouilles. C'est l'une des collections les plus intéressantes de Grèce, capable de rivaliser avec celles des musées d'Athènes et de Delphes.

Dans le hall principal, la place d'honneur revient aux sculptures et aux frises en bas relief qui ornaient le temple de Zeus. Les outils retrouvés dans l'atelier de Phidias sont exposés dans une autre salle, avec la coupe qui porte son nom et a permis de situer l'atelier du grand artiste. Parmi les objets les plus empreints d'humanité se trouvent les instruments qu'utilisaient les concurrents eux-mêmes, comme les disques (palets de pierre ou de fer), un fragment de starting-block et les pierres que soulevaient les haltérophiles.

L'une des plus belles pièces retrouvées sur le site est la *Niké* en marbre (Ve siècle av. J.-C.) du sculpteur Paionios. Cette déesse de la Victoire était disposée à un angle du temple de Zeus. ■

Le péristyle à double rangée de colonnes marque l'enceinte de l'arène carrée appelée palestre.

Musée archéologique
☎ 2624 022529
€ €€

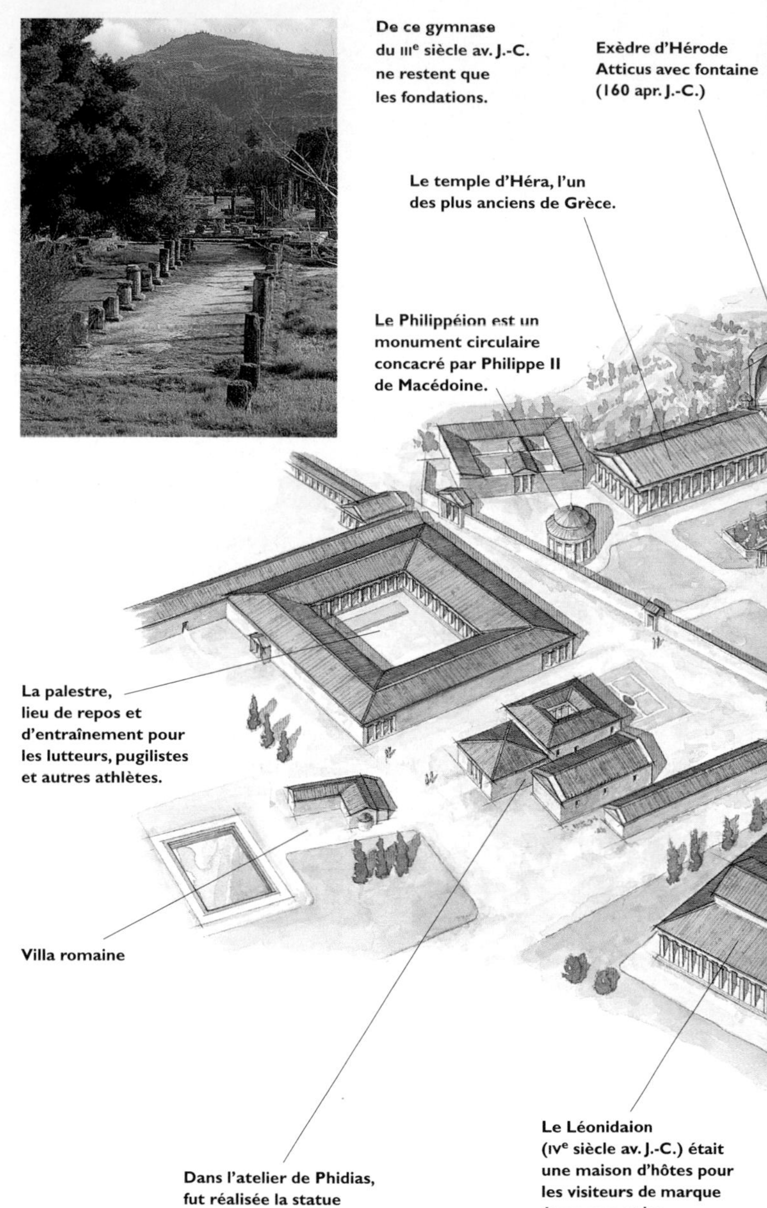
De ce gymnase du IIIe siècle av. J.-C. ne restent que les fondations.
Exèdre d'Hérode Atticus avec fontaine (160 apr. J.-C.)
Le temple d'Héra, l'un des plus anciens de Grèce.
Le Philippéion est un monument circulaire concacré par Philippe II de Macédoine.
La palestre, lieu de repos et d'entraînement pour les lutteurs, pugilistes et autres athlètes.
Villa romaine
Dans l'atelier de Phidias, fut réalisée la statue chryséléphantine de *Zeus olympien.*
Le Léonidaion (IVe siècle av. J.-C.) était une maison d'hôtes pour les visiteurs de marque étrangers et les représentants officiels.

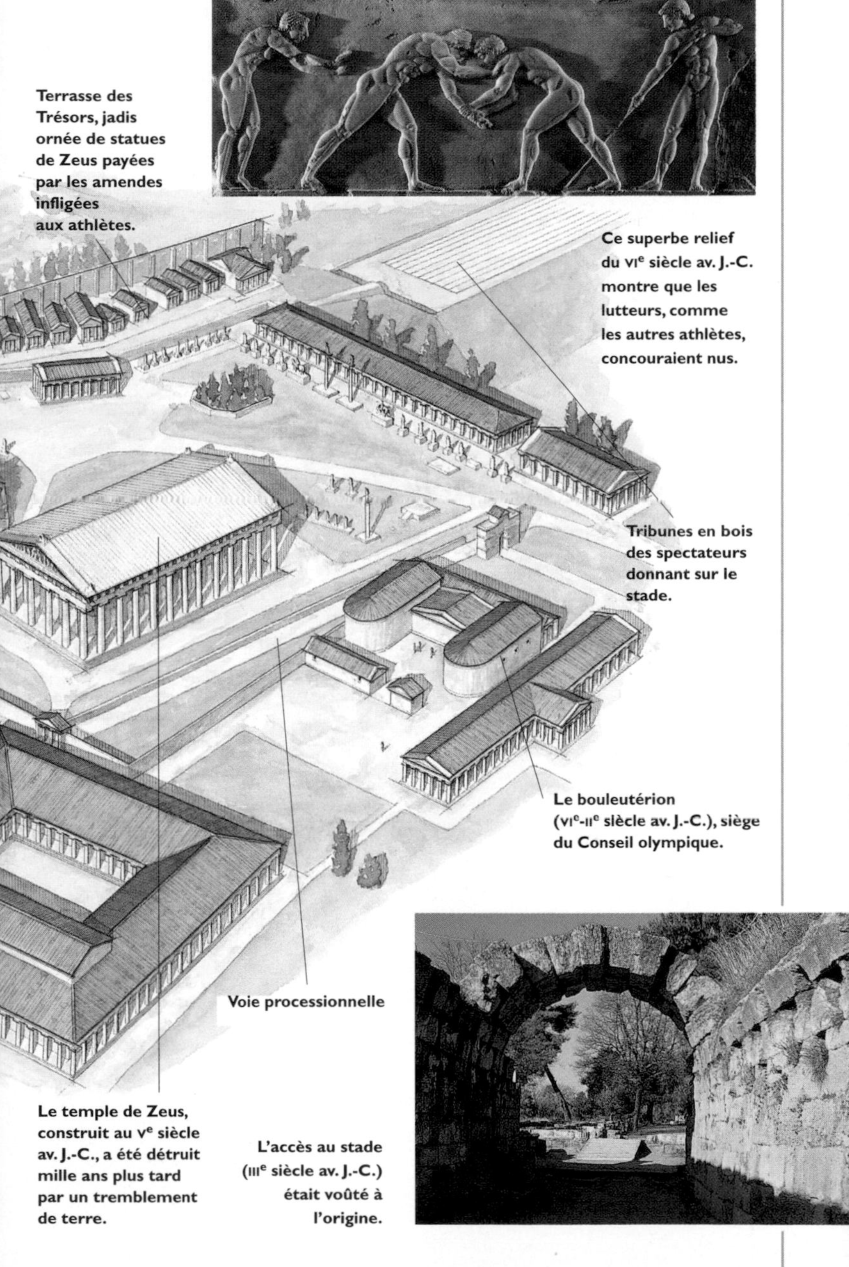

Terrasse des Trésors, jadis ornée de statues de Zeus payées par les amendes infligées aux athlètes.
Ce superbe relief du VIe siècle av. J.-C. montre que les lutteurs, comme les autres athlètes, concouraient nus.
Tribunes en bois des spectateurs donnant sur le stade.
Le bouleutérion (VIe-IIe siècle av. J.-C.), siège du Conseil olympique.
Voie processionnelle
Le temple de Zeus, construit au Ve siècle av. J.-C., a été détruit mille ans plus tard par un tremblement de terre.

L'accès au stade (IIIe siècle av. J.-C.) était voûté à l'origine.

Les jeux Olympiques

Un bref survol de l'histoire des jeux Olympiques suffit à expliquer la déception des Grecs de n'avoir pu accueillir les Jeux de 1996 et leur enthousiasme pour ceux de 2004.

Les premiers jeux Olympiques se sont tenus en 776 av. J.-C. : c'est d'ailleurs le premier événement datable de l'histoire grecque. Les Jeux modernes, eux, ont vu le jour en 1896, à l'initiative du Français Pierre de Coubertin (1863-1937). Ils furent organisés à Athènes, dans un stade (voir p. 43) conçu comme la réplique d'un stade antique décrit au IIe siècle et qui s'élevait au même endroit. On comprend que, pour des raisons symboliques, les Grecs aient souhaité que le centenaire des Jeux modernes se tînt dans ce même stade au dessin élégant.

Lorsqu'ils virent le jour à Olympie, les Jeux se réduisaient à une série de courses de vitesse disputées au niveau local. D'autres disciplines furent ajoutées plus tard, comme la course hippique et la lutte, mais aussi la poésie et la musique. Les concurrents commencèrent alors à venir de plus loin. En 720 av. J.-C., on décida que les athlètes concourraient nus et que les femmes ne seraient plus admises dans le stade. Ce qui n'empêcha pas des foules de quelque 20 000 personnes de se rassembler sur les terrasses surélevées surplombant la piste. L'endroit a survécu à l'épreuve du temps, et il y règne une atmosphère magique. C'est ici qu'aujourd'hui

encore la flamme olympique est allumée tous les quatre ans, à l'aide des rayons du soleil, pour être convoyée jusqu'au lieu des compétitions. Lors de la cérémonie d'ouverture des Jeux, c'est l'équipe nationale grecque qui ouvre la marche, en l'honneur de ses illustres ancêtres.

La ville d'Olympie possède un musée retraçant l'histoire des Jeux, de l'Antiquité à nos jours. Les premiers Jeux modernes se disputèrent entre 13 pays seulement. Sur un total de 42 épreuves, 9 disciplines y étaient représentées. Aujourd'hui, le Comité international olympique (CIO), qui siège à Lausanne, ne compte pas moins de 186 États membres.

Les Jeux se sont tenus tous les quatre ans depuis 1896, sauf pendant les deux guerres mondiales (1916, où ils auraient dû avoir lieu à Berlin, 1940 et 1944). Ils ont pris aujourd'hui une dimension politique indéniable. En 1980, près d'un tiers des pays participants ont boycotté les Jeux de Moscou pour protester contre l'invasion soviétique en Afghanistan. Comme il fallait s'y attendre, l'URSS fut la grande absente des Jeux suivants, qui se tenaient en 1984 à Los Angeles (le lieu où se tiennent des Jeux est décidé six ans à l'avance).

Les Jeux de Berlin, en 1936, sont restés célèbres pour les quatre médailles d'or gagnées par l'athlète noir américain Jesse Owens et perçues comme un démenti cinglant aux thèses nazies de la supériorité aryenne.

En 1972, 13 athlètes israéliens furent assassinés à Munich par un commando palestinien. Malgré tous ces drames (et il faut savoir que les Jeux de l'Antiquité n'étaient pas moins troublés), de plus en plus de pays cherchent à y participer. Les Jeux sont devenus l'un des plus grands événements à l'échelle planétaire. ■

Ci-dessus : Jesse Owens (1913-1980) est considéré comme l'un des plus grands coureurs de l'histoire olympique. En 1936, il remporta l'or pour le 100 mètres, le 200 mètres, le saut en longueur et le relais 4 x 100 mètres.

Ci-contre : Cette illustration des premiers Jeux modernes (Athènes, 1896) montre bien à quel point ils ont évolué : la tenue des athlètes paraît bien inconfortable, et les spectateurs sont peu nombreux, comparés aux centaines de millions de téléspectateurs des Jeux de Sydney (2000).

Le carnaval est un moment très fêté partout en Grèce, mais nulle part autant qu'à Patras.

Patras

LE PRINCIPAL INTÉRÊT DE PATRAS (PATRA), PREMIÈRE VILLE DU Péloponnèse et troisième du pays, réside dans son port, qui permet de relier d'autres régions de Grèce, mais aussi l'Italie et plusieurs îles Ioniennes. C'est le troisième port de Grèce, après Thessalonique et Le Pirée. Patras est aussi reliée à Athènes par le train et à la Grèce continentale par la route. Depuis Rion, située aux abords de Patras, une courte traversée du golfe de Corinthe en ferry vous emmènera en Grèce du Nord et de l'Ouest. Un pont réduira prochainement le temps de la traversée.

Patra
p. 101 B4
Informations
Filopomenos, 26
261 0620353 ou 261 0621992

Vous pouvez également passer la nuit sur place, Patras ne manquant ni d'hôtels ni d'attractions touristiques. Le centre de la ville s'organise autour de la **place Psila Alonia**, avec ses terrasses de café d'où vous pourrez assister au spectacle de la rue.

À l'extrémité sud du front de mer, la grande église orthodoxe **Agios Andreas** a été construite en 1979 à l'endroit même où le saint mourut en martyr. La tête de saint André, que Rome restitua à Patras en 1964, y est conservée en relique.

La partie la plus intéressante de Patras est la **ville haute**, sur les flancs de l'ancienne acropole. C'est ici que s'élève aujourd'hui le **château**. De style principalement byzantin, celui-ci a reçu toutes sortes d'ajouts au cours des siècles. Les ruines se trouvent dans un parc agréable, qui vaut de se donner la peine de gravir la colline. De là, vous jouirez d'une vue splendide, au nord sur le golfe de Corinthe, au sud sur les montagnes du Péloponnèse, et, au-delà de la mer Ionienne, sur les îles de Zante et Céphalonie.

À quelques pâtés de maisons au sud du château se trouve l'**Odéon** (théâtre romain). Il a été restauré et accueille aujourd'hui des spectacles modernes. ■

Autres sites à visiter

KALAVRITA

Les visiteurs étrangers sont peu nombreux à pousser jusqu'à Kalavrita, à 32 kilomètres au sud-est de Patras, un véritable lieu de pèlerinage pour les Grecs. C'est en effet au **monastère d'Agia Lavra**, à 6 kilomètres de Kalavrita, que l'archevêque de Patras hissa en 1821 le drapeau grec en geste de défi contre l'occupant ottoman. La guerre d'Indépendance venait de commencer. Cette petite ville de montagne sera probablement envahie de touristes grecs à tout moment de l'année, mais le 21 mars, jour anniversaire de l'événement, n'espérez même pas pouvoir bouger !

Le monastère lui-même dut être reconstruit après la Seconde Guerre mondiale. Dans une terrible expédition punitive, l'occupant nazi tua toute la population masculine de Kalavrita (1 436 hommes et jeunes garçons), puis incendia la ville, y compris, geste de mépris suprême, le monastère d'où la rébellion était partie. Une peinture murale située dans la ville reconstruite commémore la tragédie, et l'une des tours de la grande église indique à tout jamais 2 h 34, l'heure du massacre.

L'ascension jusqu'à Kalavrita sera peut-être votre voyage le plus plaisant : un **petit train à crémaillère** part de la ville de Diakofto, sur le golfe de Corinthe, et grimpe lentement sur 22,5 kilomètres jusqu'à Kalavrita (756 mètres d'altitude) en traversant un paysage à couper le souffle, fait de gorges, de falaises, de bois et de rivières, avec pas moins de quatorze tunnels et quelques ponts.

p. 101 B4 210 513 1601 pour les horaires des trains €

KALAMATA

Avec son aéroport animé, Kalamata, la plus grande ville du sud du Péloponnèse, est plus souvent un point de départ qu'un lieu de villégiature. Elle doit sa réputation fort ancienne à la qualité de ses olives et de son huile, exportées dans le monde entier. Ne partez pas sans en avoir acheté sur un marché local. L'endroit le plus plaisant de la ville est situé autour du **château** (Musée archéologique à proximité).

p. 101 B2

Informations Aristomenous & Poliviou, 6

2721 086868

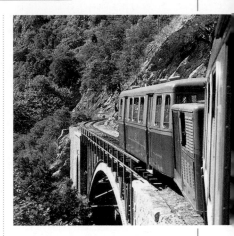

L'ascension jusqu'à Kalavrita, à déconseiller aux personnes sujettes au vertige, se fait par un petit train à crémaillère.

CYTHÈRE (KITHIRA)

Cythère, l'île d'Aphrodite célèbre grâce à l'image idyllique qu'en a donnée Watteau, est accessible par des vols quotidiens au départ d'Athènes et, plusieurs fois par semaine, par des ferries et hydroglisseurs depuis Neapoli. Mais, en dehors de la haute saison (juin-septembre), le service de ferry est très limité, et les départs sont souvent annulés, la mer pouvant être particulièrement mauvaise à ces parages.

C'est à la mer que Cythère doit sa fortune, ou son infortune. La dangerosité des eaux à cet endroit fut une raison primordiale pour creuser le canal de Corinthe à la fin du XIXe siècle (voir p. 102). Avant cela, les navires faisaient souvent escale à Cythère, pour qui ils représentaient une importante source de revenus. Avec l'inauguration du canal, le commerce fut presque réduit à néant, et la population de l'île est depuis tombée à quelque 3 000 âmes. Les visiteurs sont peu nombreux à se rendre à Cythère, qui ne manque pourtant pas d'attractions.

À la capitale (ou **Chora**), les maisons aux murs blanchis à la chaux se serrent sur les flancs de la colline dominant le port, qui conduit aux imposants remparts d'une puissante citadelle, semblant presque aussi grande que la ville basse. Le château fut commencé par les Vénitiens au XIIIe siècle, puis agrandi au XVe siècle. Dans ses murs se trouve l'église Panagia Myrtidiotissa, derrière laquelle le terrain descend abruptement jusqu'à la mer. Vous aurez vue jusqu'à l'îlot d'Avgo, l'un des nombreux lieux de naissance supposés de la déesse Aphrodite. Le château renferme aussi un minuscule **Musée archéologique** (*Kastro, Chora 2735 031 739 fermé lun).*

Toute proche, **Kapsali** est la meilleure station balnéaire de Cythère, avec sa plage de galet et de sable (mais les plus belles étendues de sable fin sont assez éloignées). Les transports en commun sont limités, faute de visiteurs, et vous serez obligé de louer une voiture ou de prendre le taxi pour vous déplacer. Les plages sont excellentes à Diakofti, sur la côte est, à Limiona, à l'ouest, et à Plateia Ammos, tout à fait au nord.

Pour rejoindre Plateia Ammos, vous traverserez le village de Karavas, au charme authentique, d'où une route descend jusqu'au principal port de l'île, Agia Pelagia. Plusieurs hôtels accueillent les voyageurs désireux de faire une pause pour la nuit avant de continuer leur route. Plus au sud se trouve le site de l'ancienne capitale de l'île, Paleochora (ou Paleohora), aujourd'hui abandonné, à 200 mètres au-dessus du niveau de la mer. L'endroit est véritablement magique. Ville prospère à l'époque byzantine, avec quelque 72 églises, Paleochora est devenue capitale de Cythère en 1248. Bien que conçue pour être invisible depuis la mer, elle fut attaquée et détruite par le célèbre pirate Barberousse (Khayr al-Din) en 1537; il tua nombre de ses habitants et fit 7000 prisonniers. Seules une douzaine d'églises subsistent aujourd'hui parmi les ruines.

p. 101 C1

AU LARGE DE CYTHÈRE

De toutes les îles grecques, **Elafonissi** est celle qui se rapproche le plus de l'île déserte ou du paradis perdu. Elle possède d'immenses et splendides plages de sable clair et un seul village, avec deux petites pensions, qui n'ouvrent que les mois d'été.

Anticythère (Andikithira), à mi-distance entre Cythère et la Crète, est encore plus sauvage, avec moins de 200 habitants, quelques ruines et des plages. Ses deux villages offrent de rares possibilités d'hébergement, très rudimentaires. L'endroit est parfait pour une retraite loin du monde, mais sachez que la date de votre retour dépendra des caprices de la mer.

p. 101 C1

PYLOS (PILOS)

Des bateaux qui dansent sur l'eau et des pêcheurs qui reprisent leurs filets : une scène courante dans ce joli port, comme ailleurs dans les îles grecques. Pylos, sur la côte occidentale du Péloponnèse, est un bon port d'attache pour quelques jours. Les restaurants de bord de mer servent un poisson à la fraîcheur irréprochable, et le port est dominé à une extrémité par le château construit par les Turcs en 1572, avec des ajouts plus tardifs par les Vénitiens et les Français. L'édifice est en partie en ruine, mais il abrite dans ses murs la magnifique église Agios Sotiros, ce qui en fait un bel endroit à explorer.

Pylos commande l'entrée sud de la baie de Navarin (Ormos Navarinou), presque isolée du reste de la mer Ionienne par l'île de Sphactérie (Sfaktiria). C'est dans cette baie que se déroula l'une des principales batailles navales de l'histoire grecque. Le 20 octobre 1827, une flotte de 26 navires de guerre grecs et alliés mirent le cap sur la baie, où les attendaient 82 navires turcs et égyptiens. Les Grecs étaient venus négocier, mais un coup de canon tiré depuis un navire égyptien entraîna une bataille en bonne et due forme. Les Grecs ne coulèrent pas moins de 51 navires ennemis, sans perdre un seul des leurs. L'hégémonie sur les mers qu'ils en retirèrent joua un rôle considérable dans l'accès à l'indépendance, en 1828.

p. 101 B2

SPARTE (SPARTI)

L'adjectif « spartiate » est passé dans la langue courante pour désigner une austérité digne du régime sévère auquel étaient astreints les soldats de Sparte lorsque leur cité-État était la grande rivale d'Athènes. La ville est aujourd'hui prospère, mais rien ne justifie que vous y passiez plus qu'une heure ou deux, le temps de découvrir quelques vestiges de l'Antiquité ici et là. Vous y verrez notamment un théâtre et un temple en ruine, avec son petit **Musée archéologique** (*Dionysiou-Dafnou 2731 028 575 fermé lun.).*

p. 101 C2 ■

Cette région de la Grèce continentale, entre les montagnes au nord, la Macédoine au nord-est, le golfe de Corinthe au sud et la mer Ionienne à l'ouest, est l'une des plus variées et des plus intéressantes du pays.

Grèce centrale, Thessalie & Épire

Icônes modernes à vendre.

Grèce centrale, Thessalie & Épire

Si l'on devait choisir une seule région offrant la synthèse de ce que la Grèce a de meilleur, ce serait celle-ci. La côte ouest est ponctuée de stations balnéaires modernes comme Parga et l'intérieur des terres recèle d'importants vestiges historiques tels que Dodone. Avec Delphes, la région possède aussi le site antique le plus important après Athènes. Très appréciée des Grecs, la ville de Ioanina (voir p. 162) est souvent négligée par les étrangers. Située au bord d'un lac, avec les montagnes en toile de fond, elle jouit pourtant d'un cadre splendide.

Cette région montagneuse englobe le beau massif du Pinde (Pindos Oros) et celui du Parnasse (Parnassos), plus au sud, très prisés par les randonneurs en quête d'air pur et de beauté intacte. À l'intérieur du Pinde, dans la zone de la Zagoria, des villages aux maisons de pierre et d'ardoise sont reliés par de très vieux sentiers taillés dans la roche même.

La région possède aussi les magnifiques gorges de Vikos, les plus longues d'Europe après celles de Samaria, en Crète (voir p. 300-301) mais on y rencontre beaucoup moins de touristes. À l'est des gorges, on peut s'aventurer très haut dans le massif du Pinde. Les routes, parfois coupées par la neige en hiver, permettent de jouir en été de splendides panoramas et d'accéder à des villages de montagne typiques, comme Metsovo, où vivent quelques-uns des derniers nomades de Grèce.

De l'autre côté de la montagne, en redescendant dans la plaine de Thessalie, on découvre un endroit unique au monde évoquant un paysage de Salvador Dalí, les Météores. Là, d'anciens monastères s'accrochent au sommet de rochers bizarrement surgis de la plaine.

En se dirigeant vers l'est pour retrouver la mer Égée, on atteint la péninsule du Pélion (Pilion), lieu de repos des dieux grecs dans la mythologie et séjour de villégiature favori des Grecs modernes. Ses paysages de carte postale, ses plages de sable, son poisson frais, ses habitants très chaleureux, tout évoque une Grèce idyllique. Pourtant, le Pélion est pratiquement inconnu des étrangers. Passez-y une semaine – ou, encore mieux, plusieurs –, et vous aurez l'impression d'avoir découvert la « vraie » Grèce. ■

Arahova, blottie sur les contreforts du mont Parnasse.

MACÉDOINE & THRACE p. 169
3/E65
2917m Mt Olympe
Elassona
Stomion
6/E92
Meteora (Météores)
Kalambaka
Tirnavos
E75
1978m Ossa
Larissa
Zarkos
6/E92
Trikala
Pineios
Kanalia
Athènes
Pyli
THESSALIE
Karditsa
Makrinitsa
1551m
Agios Ioanis
Tsangarada
Vizitsa
Milies
Volos
Pilion
Farsala
Limni Tavropou
Neo Monastiri
Pagasitikos Kolpos
Kastania
Oros
Domokos
Almyros
Trikeri
Platania
3/E65
Sourpi
Agia Kiriaki
1726m Othrys
Frangista
2315m
Makrakomi
38/E952
Lamia
Glifa
EUBÉE p. 205
Karpenissi
Spercheios
Acheloos
Texniti Limni Kremaston
GRÈCE CENTRALE
Vorios Evvoikos Kolpos
E75
Arkitsa
27/E65
3
2510m
Agrinio
Evinos
PARC NAT. du PARNASSE
Parnassos
Malesina
5/E55
Lidoriki
Amfissa
2457m
Kifisos
Antre Corycien
Limni Trichonida
Delfi (Delphes)
Arahova
Livadia
Messolongi (Missolonghi)
E65
Galaxidi
Nafpaktos (Naupacte)
Ossios Loukas
Aliartos
3/E962
Andirrio
Thiva (Thèbes)
Thisvi
Golfe de Corinthe
Korinthiakos Kolpos
PÉLOPONNÈSE p. 99
ENVIRONS D'ATHÈNES p. 85
C
D
E

Le golfe de Corinthe

On découvre en longeant la rive nord du golfe de Corinthe (Korinthiakos Kolpos) l'une des plus belles visions qu'offre la Grèce, avec l'eau bleue au premier plan et les montagnes du Péloponnèse derrière. En se dirigeant vers l'ouest au-delà de Delphes, tandis qu'en toile de fond se dresse l'imposant mont Parnasse, la route traverse de charmantes petites villes côtières qui méritent toutes que l'on y fasse halte un moment.

Golfe de Corinthe

p. 139 D1

Galaxidi

p. 139 D1

Musée archéologique et nautique

Mouseio, 4

2265 041558

€

La première de ces petites villes est **Galaxidi**, dont les jolies maisons badigeonnées de blanc et de tons pastel rayonnent à partir d'un promontoire. La coupole de l'église dédiée à saint Nicolas (agios Nikolaos), le saint patron des pêcheurs, est bien visible de loin, au sommet du promontoire. Sur le front de mer où abondent les tavernes accueillantes, de belles demeures datant du XIXe siècle évoquent l'ancienne prospérité du port. On peut découvrir le passé de Galaxidi en visitant l'intéressant petit **Musée archéologique et nautique**.

Plus loin sur la côte, **Naupacte** (Nafpaktos) est aussi édifié autour d'un promontoire couronné, cette fois-ci, par une **forteresse vénitienne**. D'en haut, on jouit d'une belle vue sur la côte et sur l'autre rive

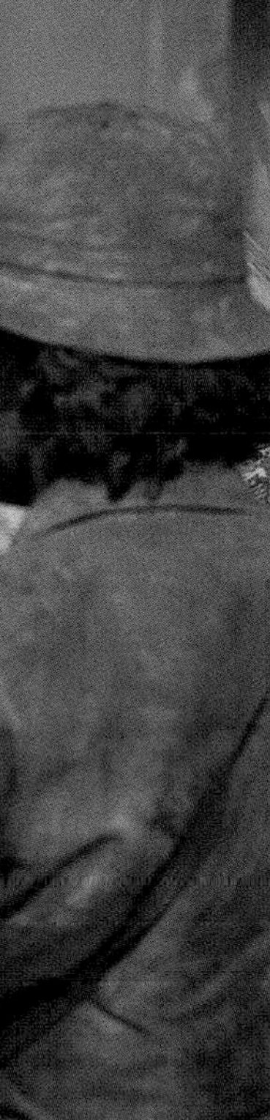

À Galaxidi, les lancers de farine font partie des divertissements du « lundi gras », le lundi qui précède le carême.

du golfe. Les murs de la forteresse descendent jusqu'à la mer et entourent le port ; l'une des vieilles portes mène à la plage de la ville.

Au Moyen Âge, les Vénitiens appelaient ce site Lepanto (Lépante). C'est ici qu'en 1571 eut lieu la dernière grande bataille navale opposant des galères manœuvrant à la rame. La bataille de Lépante opposa les Turcs, qui occupaient alors la Grèce, à une flotte chrétienne réunie par plusieurs pays d'Europe. Les Turcs perdirent la bataille mais conservèrent la Grèce. L'un des plus célèbres participants, l'Espagnol Cervantès (1547-1616), l'auteur de *Don Quichotte*, perdit un bras au cours du combat, ce qui lui valut le surnom peu littéraire de « Manchot de Lépante ».

À quelques kilomètres au sud-ouest de Naupacte, à **Andirrio**, des ferries traversent le golfe en direction de Rio, non loin de Patras (Patra), sur la rive nord du Péloponnèse. Un pont routier a été construit. À Andirrio, on peut flâner parmi les ruines du château fort franco-vénitien qui surveillait, avec une autre forteresse située sur la rive opposée, ce détroit que les Grecs appellent les Petites Dardanelles.

Après Andirrio, la route oblique vers l'intérieur et traverse un paysage plus plat en direction des marais salants qui entourent **Missolonghi** (Messolongi). C'est là que le grand poète romantique anglais, lord Byron, mourut victime du paludisme. On peut voir sa statue, érigée en 1881, dans le **jardin des Héros**. Son cœur est enterré dessous.

Tout près du jardin, vous franchirez probablement la **porte de l'Exode** pour entrer dans Missolonghi ou en sortir. En 1826, deux ans après la mort de Byron, la ville fut assiégée par les Turcs. Tentant désespérément de rester libres, près de 9 000 hommes, femmes et enfants s'enfuirent par cette porte, laissant à leurs compatriotes le soin de détruire la ville plutôt que de la laisser retomber aux mains des Ottomans. Les fuyards se réfugièrent dans les collines, mais ils furent tous capturés et tués. Les corps des gens restés dans la ville sont aussi enterrés dans le jardin des Héros, sous un petit tertre sans inscription, à côté de la statue de Byron.

Byron est mort dans une maison d'Odos Levidou qui a été détruite durant la Seconde Guerre mondiale. Un jardin commémoratif indique son emplacement. Vous pouvez visiter le petit musée si vous vous intéressez particulièrement à la guerre d'Indépendance grecque. On peut y voir une copie originale de l'*Hymne à la liberté*, le poème patriotique de Dionysios Solomos devenu l'hymne national grec. ■

Lord Byron en Grèce

Selon Caroline Lamb, l'une de ses maîtresses, lord Byron (1788-1824) était « fou, méchant et dangereux à fréquenter ». Mais le grand poète britannique vécut une intense histoire d'amour avec la Grèce. Il y écrivit l'une de ses œuvres les plus célèbres, le *Pèlerinage de Childe Harold*. Il se prit d'une telle passion pour le pays qu'en janvier 1824 il participa à la guerre d'Indépendance aux côtés des rebelles grecs combattant la domination turque. Trois mois plus tard, il mourut après avoir contracté le paludisme à Missolonghi – la région était alors beaucoup plus marécageuse qu'aujourd'hui. Dans la ville, une statue évoque le poète, et rares sont les villes grecques où l'on ne trouve pas une rue Byron (Vyronos). ■

Nafpaktos
p. 139 C1

Messolongi
p. 139 C1

Informations
Police touristique
2631 027220

Les mosaïques étincelantes d'Ossios Loukas datent du XIe siècle.

Ossios Loukas

LE MONASTÈRE D'OSSIOS LOUKAS (LUC LE BIENHEUREUX) EST niché dans une vallée, au milieu des oliviers et des montagnes, à quelques kilomètres à peine de la route Athènes-Delphes. Il est dédié à un ermite grec mort en 953 et enterré dans une crypte du monastère, et non au célèbre auteur de l'Évangile. Les chapelles comptent parmi les plus beaux spécimens de l'architecture byzantine en Grèce et abritent certaines des fresques les mieux conservées du pays. En dépit de son isolement, Ossios Loukas est souvent très fréquenté, pas seulement pour voir les fresques ou pour honorer le saint, mais parce que c'est une halte commode au cours d'une visite à Delphes, quand on vient d'Athènes.

Ossios Loukas
- p. 139 D1
- 2261 024088
- Fermé lun.
- €

Le saint Luc vénéré ici est probablement né à Delphes en 896; ses parents avaient fui Égine pour échapper aux sarrasins. Mystique et détaché des choses matérielles dès sa plus tendre enfance, Luc quitta son foyer encore adolescent pour chercher la solitude. Il acquit une réputation de guérisseur et on lui attribua vite des guérisons miraculeuses. Finalement, il s'installa au village voisin de Stiri. Entre 941 et 944, on construisit à l'emplacement du futur monastère une première église dédiée à sainte Barbara.

Il semble que Luc ait manifesté un don de prophétie. Il prédit ainsi que la Crète serait libérée par un empereur nommé Romain. En 961, huit ans après sa mort, les Byzantins menés par l'empereur Romain II reprirent la Crète aux musulmans. La même année, pour honorer la prophétie de Luc, l'empereur fit bâtir une seconde église, plus grande, à côté de la première.

Ce qui frappe quand on arrive à Ossios Loukas, c'est l'étincelante mosaïque dorée représentant le saint éponyme, au-dessus de la porte du monastère proprement dit. L'église bâtie par Romain II a été remplacée par une autre, édifiée en 1020, le **Catholicon**. Quand on entre dans le grand édifice aux parois de marbre, on est impressionné de voir la lumière pénétrer obliquement par de hautes fenêtres pour éclairer les fresques, dont certaines datent de la construction de l'église, au début du XIe siècle. Mais beaucoup ont été repeintes après le tremblement de terre qui a endommagé le monastère en 1659.

On considère que les plus belles mosaïques sont celles représentant *Le Lavement des pieds des apôtres*, dans le narthex, tout en haut à gauche quand on entre par la porte principale (à l'ouest). Elles sont remarquables non seulement à cause de l'or et des autres couleurs rutilantes, mais aussi en raison de l'expression pleine d'humanité du visage des apôtres. (Il est recommandé de se munir de jumelles pour pouvoir bien apprécier cette mosaïque, ainsi que les autres, tout aussi belles.)

Sous le Catholicon, une crypte dont l'entrée se trouve sur le côté abrite le corps de saint Luc. Elle contient d'autres fresques du XIe siècle, qui sont difficiles à discerner, car l'endroit est peu éclairé, à la fois par respect pour les reliques du saint et pour préserver les peintures.

De façon inhabituelle, la petite église dédiée à la **Theotokos** (la Mère de Dieu) communique avec la grande église. On pense qu'elle a été construite entre 997 et 1011 ; elle est donc légèrement plus ancienne que le Catholicon. Ses mosaïques sont plus faciles à observer : la plupart ornent le sol. Les murs sont aussi décorés de fresques. Notez également l'appareillage très élaboré de brique, à l'extérieur.

Le monastère comporte des dépendances que l'on peut visiter, ainsi qu'un musée abritant des objets découverts sur le site, et des boutiques qui attestent la fréquentation de l'endroit par les pèlerins. La terrasse offre une belle vue sur la campagne couverte d'oliviers et d'amandiers, avec le mont Hélicon (Elikonas) à l'arrière-plan.

Seuls quelques moines y vivent encore, et l'afflux quotidien de visiteurs perturbe leur vie contemplative. Heureux celui qui vient chercher ici la sérénité, à laquelle les moines eux-mêmes aspirent, et qui est capable de la partager avec eux, ne fût-ce qu'un instant.

Si vous voulez jouir du maximum de tranquillité, venez de préférence tôt le matin ou tard dans la journée, afin d'éviter la foule des touristes. Néanmoins, quel que soit le moment, cet endroit est toujours magique. ■

Les icônes

Dans notre univers moderne, les icônes sont des symboles graphiques, mais, au sens premier, ce mot vient du grec *eikonion*, qui désigne l'image d'une personne. C'est bien de cela qu'il s'agit dans les églises : l'image ou la représentation d'un saint ou d'un personnage sacré. Chez les orthodoxes, en particulier dans l'Église grecque, l'image elle-même est sacrée. Dans les églises, quand des fidèles s'agenouillent devant une icône ou l'embrassent, ils communiquent avec le personnage représenté. En Grèce, on a peint des icônes depuis les tout débuts du christianisme et on continue de le faire. Les Grecs en achètent toujours, des grandes pour leur foyer et des petites pour leur voiture. Pour vous, c'est là une idée de cadeau originale. ■

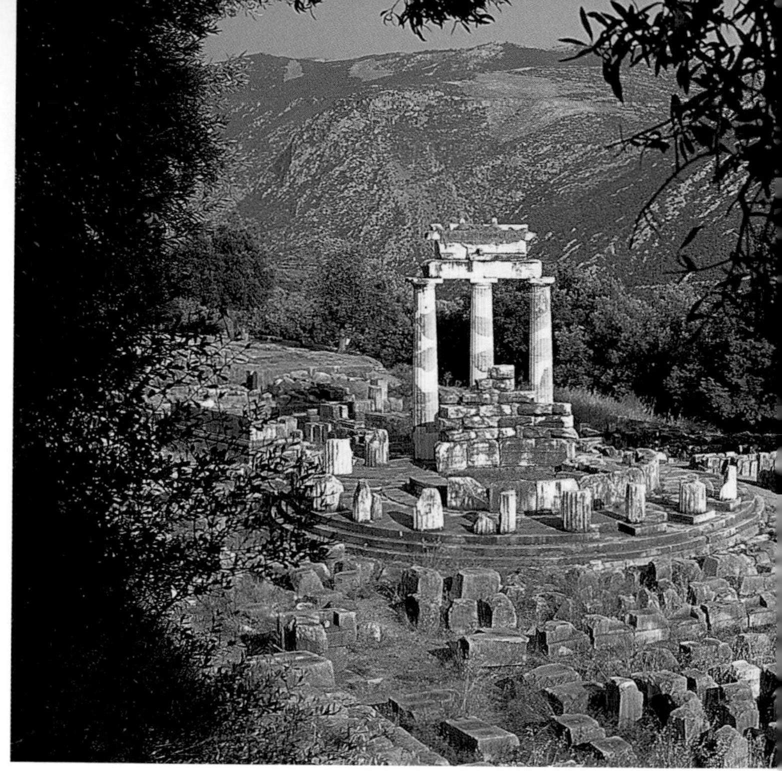

Delphes

Delfi

p. 139 D2

2265 082312 (site & musée)

Ouvert tous les jours

€€

Informations

Police touristique

2265 082220

L'ÉCOLE FRANÇAISE D'ATHÈNES

fouille à Delphes. Pour plus d'informations : www.efa.gr

Pour les anciens Grecs, Delphes (Delfi) était le centre du monde. Pour les visiteurs modernes qui veulent accomplir un circuit en dehors d'Athènes, Delphes peut constituer le centre de n'importe quel itinéraire. Le site, sur le flanc sud du mont Parnasse, domine une grande vallée d'oliviers qui s'étire vers la côte et que l'on surnomme parfois la « mer d'oliviers ». Même sans les extraordinaires vestiges antiques, l'endroit serait superbe.

Les touristes visitent Delphes toute l'année. Donc, si vous voyagez de façon indépendante, il vaut mieux passer au moins une nuit au village moderne de Delphes ou au village voisin d'Arahova. Cela vous permettra de vous rendre sur le site antique de Delphes en fin de journée ou de bonne heure le matin, et de profiter relativement en paix de ce lieu splendide et émouvant.

Quand on visite Delphes, on s'inscrit dans une tradition vieille de trois mille ans. Au XIIe siècle avant notre ère, les premiers pèlerins ont commencé à venir consulter les oracles de la pythie, le plus célèbre oracle de l'Antiquité. Ils ont continué à le faire en grand nombre jusqu'au IVe siècle apr. J.-C.

Traditionnellement, cela se passait le septième jour du mois ; tout le

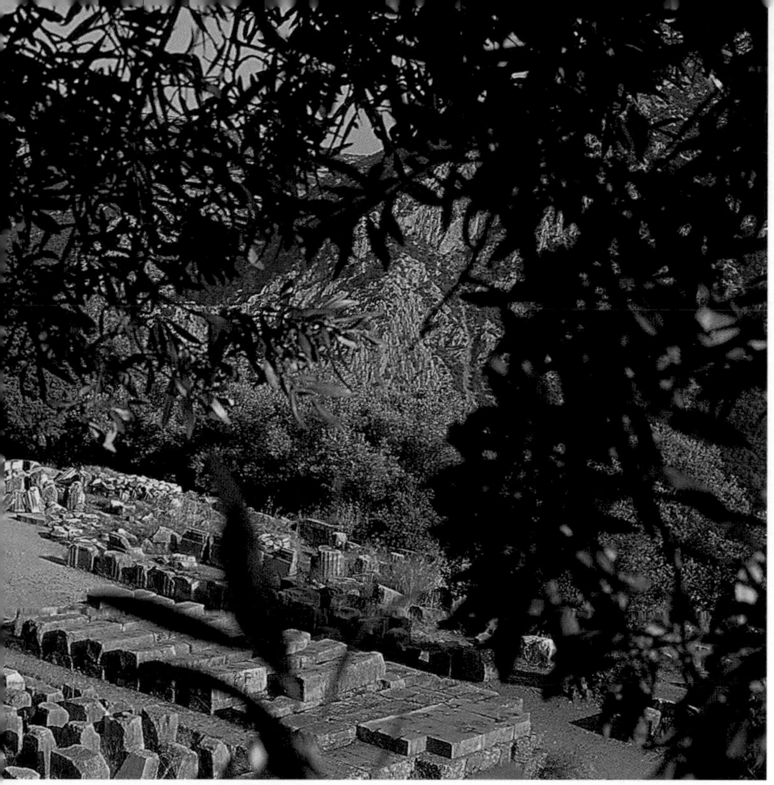

monde pouvait poser des questions à l'oracle pour obtenir des conseils sur toutes sortes de problèmes, grands ou petits. Grâce aux tablettes trouvées sur place ou sur les sites d'autres oracles, on découvre que les préoccupations des gens ont peu changé au cours des siècles. Ils voulaient savoir si leur partenaire leur était fidèle, s'ils pouvaient se fier à un ami ou s'il leur convenait d'accepter telle ou telle offre d'emploi.

L'oracle, la pythie, était une femme (d'ordinaire âgée de plus de cinquante ans), censée avoir reçu du dieu Apollon le don de prophétie. Elle était assistée par des prêtres qui interprétaient ses prédictions. On suppose que, quand on la consultait, elle était en transe (sous l'effet d'une drogue ?), et les propos qu'elle tenait exigeaient donc un gros effort d'interprétation, d'où l'importance du rôle des prêtres.

Le **rocher de la Sibylle**, qui se dresse à l'endroit où on la consultait, est indiqué d'un côté de la **voie sacrée**. Ce chemin dallé traverse le site de Delphes jusqu'aux vestiges du **temple d'Apollon**, qui date du IVe siècle av. J.-C. – on sait qu'un autre édifice l'a précédé au VIe siècle. Le temple n'a été découvert qu'en 1892 par des archéologues français. Depuis lors, on a redressé six des colonnes doriques, pour donner une idée du caractère grandiose de l'édifice dans l'Antiquité.

Au-dessus du temple se trouve le **théâtre**, remarquablement bien préservé, construit au IVe siècle av. J.-C. pour accueillir environ 5 000 spectateurs. Au-delà du théâtre, où relativement peu de visiteurs ont le temps

La belle rotonde, ou *tholos*, du sanctuaire d'Athéna, érigé au IVe siècle avant notre ère.

Le trésor des Athéniens, restauré sur la voie sacrée, a été construit vers 490 av. J.-C. pour rendre grâce de la victoire grecque de Marathon.

L'assemblée de Delphes se réunissait dans le bouleutérion.

Trésor des Athéniens

Le premier oracle se tenait sur le rocher de la Sibylle.

Trésor des Siphniens

Trésor des Sicyoniens

Voie sacrée

Le monument aux rois d'Argos a été édifié en 369 av. J.-C.

ou l'envie de s'aventurer, se trouve le **stade**, l'un des plus beaux de Grèce. Il pouvait contenir 7 000 personnes, et tous les quatre ans il servait de cadre aux jeux Pythiques, comportant des concours poétiques et dramatiques, des courses et des exercices gymniques. Beaucoup de gradins ont subsisté, notamment ceux réservés aux personnages de marque.

Le **musée** de Delphes constitue une étape essentielle de la visite. Ses trésors, par rapport à sa taille, rivalisent avec ceux qui proviennent de l'Acropole d'Athènes.

L'œuvre la plus célèbre et la plus impressionnante à la fois par son allure et par son regard est une statue de bronze, l'*Aurige*, théâtralement installée à l'extrémité du couloir central. Commandée pour honorer un brillant conducteur de char vainqueur d'une course aux jeux Pythiques de 478 av. J.-C., elle a été trouvée lors de fouilles effectuées en 1896. La statue grandeur nature est apparemment déséquilibrée, mais c'est une astuce du sculpteur, car elle était conçue pour être juchée sur son char et pour être vue d'en bas.

L'autre ensemble sculptural le plus notable, *Les Trois Danseuses,* appartenait probablement à un trépied évoquant celui sur lequel la pythie prophétisait. Prenez pleinement le temps d'admirer tous les trésors du musée. ■

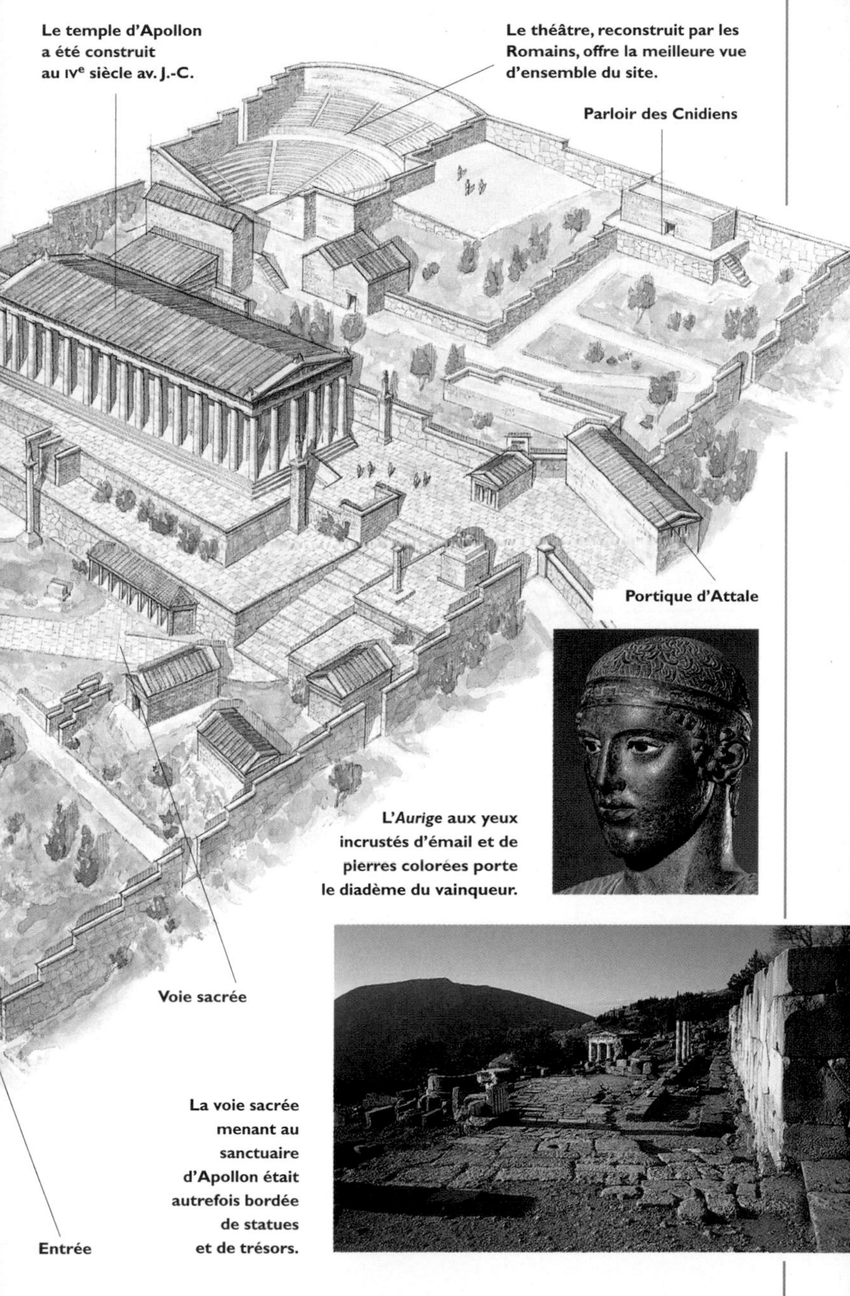
Le temple d'Apollon a été construit au IVe siècle av. J.-C.
Le théâtre, reconstruit par les Romains, offre la meilleure vue d'ensemble du site.
Parloir des Cnidiens
Portique d'Attale
Voie sacrée
Entrée

L'*Aurige* aux yeux incrustés d'émail et de pierres colorées porte le diadème du vainqueur.

La voie sacrée menant au sanctuaire d'Apollon était autrefois bordée de statues et de trésors.

À Arahova, on célèbre la Saint-Georges par des danses populaires pleines d'entrain.

Le massif du Parnasse

À QUELQUES KILOMÈTRES DE DELPHES SURGIT LE MASSIF DU Parnasse (Parnassos), séjour mythique des Muses, d'Apollon et de Dionysos. Le plus haut sommet, le mont Liakoura (mont Loup), atteint 2 457 mètres d'altitude. Une route mène aisément au sommet, et l'endroit est fréquenté par quantité de skieurs, de randonneurs et d'adeptes du VTT. Le sommet voisin, le Gerontovrahos (roc du Vieil Homme), ne culmine qu'à 2 435 mètres.

Parc national du Parnasse
p. 139 D2

La majeure partie de la région constitue le parc national du Parnasse, créé en 1938. C'est l'un des premiers parcs naturels d'Europe et l'un des plus anciens de Grèce, avec celui qui entoure le mont Olympe. Les pentes sont couvertes de forêts de sapins de Céphalonie avec, çà et là, de magnifiques prairies égayées au printemps par les couleurs des fleurs alpines. Seuls quelques loups s'y montrent occasionnellement de nos jours, quand ils sont chassés par la rigueur du climat des montagnes situées plus au nord; mais on y rencontre des renards, des blaireaux, des écureuils et des sangliers. Plusieurs espèces de vautours et d'aigles y vivent, notamment l'aigle royal. Quand il fait chaud, on peut voir des

rapaces profiter des courants ascendants pour monter haut dans le ciel.

Si vous êtes féru de mythologie, sachez que c'est au pied du Parnasse, sur la route de Delphes, qu'Œdipe assassina Laïos, dont il ignorait qu'il fût son père.

ARAHOVA

À 12 kilomètres à peine de Delphes, sur la route principale, ce charmant village de montagne est peu affecté par le tourisme, en dehors des magasins de souvenirs qui bordent la rue principale. La vie traditionnelle y suit son cours, comme vous pourrez vous en rendre compte si vous y passez la nuit, si vous vous joignez aux gens du cru pour leur *volta* du soir ou si vous regardez les hommes s'attrouper dans les cafés en début de soirée pour discuter bruyamment de tout et de rien. En quittant la grand-rue, dans les ruelles étroites bordées de maisons traditionnelles, des tavernes servent une solide cuisine montagnarde. La région est connue pour ses fromages et son vin corsé. Les magasins proposent aussi des tapis de laine appelés *flokates*, qui isolent bien en hiver.

D'Arahova, on peut facilement faire des incursions sur les pentes inférieures du Parnasse, soit en engageant un guide local, soit en se munissant d'une bonne carte. Mais comme toujours en montagne, il faut être très vigilant, car le temps peut changer rapidement. Dites à quelqu'un, à votre hôtel, où vous allez et quand vous comptez être de retour.

DELPHES (DELFI)

Le village moderne de Delphes offre également une bonne base pour visiter le site classique (voir p. 144-147), accessible à pied, mais aussi pour s'aventurer dans les montagnes. Les hôtels et les restaurants sont un peu plus chers qu'à Arahova.

À Delphes, une promenade très prisée mène à l'**antre Corycien**, où l'on organisait dans l'Antiquité des cérémonies dédiées à Pan, le dieu des Bergers et des Troupeaux. Il faut se munir d'une lampe de poche, bien que, à l'intérieur de la grotte, on ne voie plus aujourd'hui que des stalactites, des stalagmites et des graffiti sur les parois. (Informez-vous des horaires d'ouverture; d'ordinaire, la grotte est fermée de novembre à avril.)

De décembre à avril, la saison des sports d'hiver bat son plein. La principale station est **Fterolakkas**, à 24 kilomètres environ d'Arahova. Vous y trouverez un restaurant et un télésiège qui vous mènera à 1 900 mètres d'altitude, d'où une remontée mécanique vous conduira encore plus haut. Au printemps, la neige fait place à un tapis de fleurs sauvages multicolore. ■

Arahova
p. 139 D2

Delfi
p. 139 D2

Volos
p. 139 E3
Informations
Siège Région Thessalie, plateia Riga Fereou, Volos
2421 023500 ou 2421 036233

Musée archéologique
Athanasaki, 1
2421 025285
Fermé lun.
€

Volos & la péninsule du Pélion

DANS UN PASSÉ MYTHIQUE, C'EST SUR LA PÉNINSULE DU PÉLION (Pilion) que les dieux grecs allaient se divertir, manger et boire. Aujourd'hui, les Grecs s'y rendent dans le même dessein, imités par un nombre croissant de touristes. La région offre des plages, des villages de montagne intacts, des forêts propices à de belles promenades, des vergers et une abondance de fruits et de légumes qui ont inspiré une cuisine originale et délicieuse.

Si l'on en croit les récits de la mythologie, le Pélion était habité par les centaures. Ces créatures dotées d'un torse et d'une tête d'homme et d'un corps de cheval étaient connues pour leur goût de la luxure et de la boisson. Chiron, le sage et bon centaure qui fut le tuteur du jeune Jason, faisait exception. Devenu adulte, Jason partit en quête de la Toison d'or afin d'affirmer ses droits au trône d'Iolcos. Il entreprit cette quête héroïque sur l'*Argo* avec des marins (Argonautes) originaires de **Volos**, la cité implantée à l'entrée du Pélion.

Makrinitsa, un village traditionnel accroché au flanc de la montagne.

Volos est aujourd'hui une ville industrielle et un grand port. La seule raison de s'y attarder est peut-être le **Musée archéologique**, un modèle du genre, qui présente les plus belles pièces provenant de deux sites archéologiques voisins, Simini et Sesklo.

En quittant Volos, on pénètre dans l'univers verdoyant et boisé du Pélion, où l'on peut effectuer une première halte à **Makrinitsa**. Ce village de montagne a été fondé au XIIIe siècle par des réfugiés venus de Constantinople. C'est un site protégé aux rues très pentues ; il faut donc laisser sa voiture à l'entrée du village et continuer à pied. Plusieurs demeures traditionnelles ont été bien restaurées et certaines transformées en hôtels. On peut visiter plusieurs vieilles églises, ainsi qu'un monastère, et admirer une superbe vue de Volos et de sa baie.

Vizitsa, un village du même genre, plus au sud, mérite aussi le détour. Là, également, de belles demeures ont été restaurées et transformées en pensions de famille et en restaurants. Durant la journée, l'endroit est parfois très fréquenté, mais la nuit il redevient le paisible village

traditionnel de montagne qu'il a toujours été.

Pour atteindre Vizitsa, quittez la route au gros village de **Milies**, où l'on peut observer d'autres belles demeures et visiter des églises et un petit **Musée folklorique**. Le week-end, durant l'été, le village est relié à Volos par un train à vapeur, ce qui constitue un moyen original de profiter des beaux paysages de la péninsule du Pélion.

Pour trouver une plage, rendez-vous à **Agios Ioanis**, une jolie petite station balnéaire située à l'extrémité d'une route en pente raide et en zigzag dévalant les collines. La plage est belle, on peut y pratiquer des sports nautiques variés et, dans plusieurs restaurants au bord de l'eau, on pourra apprécier l'originale cuisine locale.

Au sud d'Agios Ioanis, le village de **Tsangarada**, à l'intérieur des terres, a beaucoup grossi tout en conservant son aspect ancestral. Son principal titre de gloire est de posséder le plus vieux platane de Grèce : il serait âgé d'un millier d'années, et son tronc massif atteint une circonférence de 18 mètres. Toute cette zone est couverte de forêts de platanes et de chênes, avec des vergers où poussent des pommiers et des cerisiers, et les terrasses des maisons blanchies à la chaux sont couvertes de vigne grimpante.

Plus au sud, la péninsule se termine par une sorte de petite protubérance baptisée Trikerion. C'est une zone beaucoup plus calme que le reste du Pélion.

Le joli village de pêcheurs d'**Agia Kiriaki** est tel que l'on a toujours rêvé un village de pêcheurs grec. On y construit encore les bateaux de façon traditionnelle. Agia Kiriaki n'a pas de plage, pas d'hôtel, juste quelques chambres à louer chez l'habitant et peu d'endroits où se restaurer, mais c'est un lieu idyllique pour passer quelques jours.

Il est relié par la route et par des chemins au village de Trikeri perché sur la colline. Et si vous voulez vous rendre en mer Égée, en été, des bateaux partent régulièrement d'ici pour les Sporades. ■

Promenade à cheval. Le Pélion était habité par les centaures de la mythologie, mi-hommes, mi-chevaux.

Milies
p. 139 E3

Musée folklorique
Milies
2423 086602
Fermé lun.-mar. & nov.-mars
€

Les Météores

Meteora
p. 139 C4
2432 022649
Horaires variables selon les monastères et les saisons. Se renseigner au préalable.
€€

Les Météores (Meteora) – un nom qui signifie « roches suspendues dans les airs » – est l'un des endroits les plus étonnants de la planète. D'imposants rochers de grès se dressent au-dessus de la plaine de Thessalie (Thessalia) comme de titanesques mottes d'argile sur le tour d'un potier. Ils se sont formés il y a quelque 30 millions d'années sous la mer : l'action de l'eau sur le grès a créé ces formes bizarres, qui sont restées dressées vers le ciel quand la mer s'est retirée.

Ce télésiège primitif constitue une alternative périlleuse à l'ascension de centaines de marches.

Il n'est guère étonnant que l'on ait vu dans ces énormes rochers des lieux propices à la méditation et que leur inaccessibilité ait attiré des ermites en quête de solitude. Le premier fut, semble-t-il, un certain Barnabas, qui s'installa dans une grotte en 985. Parler d'une colonie d'ermites peut sembler paradoxal, c'est pourtant bien une telle colonie qui vit le jour autour des Météores, avant que l'on n'y fonde un monastère en 1336.

Ce premier monastère, le **Megalo Meteoro**, a été érigé sur un piton rocheux de 534 mètres par un moine nommé Athanasios venu du mont Athos (voir p. 188-189). On peut toujours voir la grotte de cet ermite à l'entrée du monastère. D'autres monastères ont suivi; à une époque, il y en eut 24. Aujourd'hui, il n'en subsiste que 13, dont 6 sont ouverts au public. (Pour laisser aux moines et aux religieuses un minimum d'isolement, ils n'ouvrent pas tous en même temps. Informez-vous sur place pour connaître les heures d'ouverture, très variables.)

Comment a-t-on bâti ces monastères accrochés à des parois si abruptes? Les voies d'accès taillées dans le roc sont assez récentes et, au **monastère de Varlaam**, on peut encore voir les treuils utilisés auparavant pour hisser les vivres et les visiteurs dans un panier, au bout d'une corde. Selon certaines théories, des cerfs-volants auraient été utilisés pour hisser des échelles de corde permettant d'accéder au sommet. Personne ne sait avec certitude si c'est vrai, mais ce que l'on a créé là est absolument stupéfiant.

C'est en voiture que l'on peut visiter le plus facilement certains monastères. L'endroit le plus proche pour se loger est le village de Kastraki ou, légèrement plus loin, la ville de Kalambaka. De là, on peut se rendre à pied à **Agia Triada**, le monastère le plus proche (trente minutes environ). On peut également prendre l'un des bus quotidiens jusqu'à **Metamorphosis**, le monastère le plus éloigné, et revenir à pied ou en bus. ■

Page ci-contre : Le très photogénique monastère de Roussanou a été fondé vers 1288.

Metsovo
p. 138 B4

Archontiko Tositsa
Tositsa
2656 041084
Fermé jeu.
€

Musée Averoff
Près de la place centrale
2656 041210
Fermé mar.
€

Metsovo

POUR PASSER DES PLAINES DE THESSALIE EN ÉPIRE (EPIROS), À l'ouest, il faut franchir le col le plus haut de Grèce (1 707 mètres), souvent fermé en hiver. Dans les parages se trouve la jolie petite ville de montagne de Metsovo, dont l'atmosphère très particulière reflète l'indépendance d'esprit des montagnards. Elle est habitée en partie par d'anciens nomades valaques sédentarisés (voir p. 158-159), mais, dans les collines, certains nomades parviennent à sauvegarder leur mode de vie traditionnel.

Si Metsovo est une agréable station de ski très fréquentée en hiver et un endroit fort apprécié des randonneurs en été, la petite ville a néanmoins su conserver tout son charme.

On y a élaboré une cuisine originale et solide, à base de fromage de brebis, de gibier et de vin rouge corsé. Sur place, de nombreux restaurants permettent de l'apprécier. Les épiceries vendent du vin, du miel et des fromages, aussi adaptés en tant que souvenirs que pour un pique-nique.

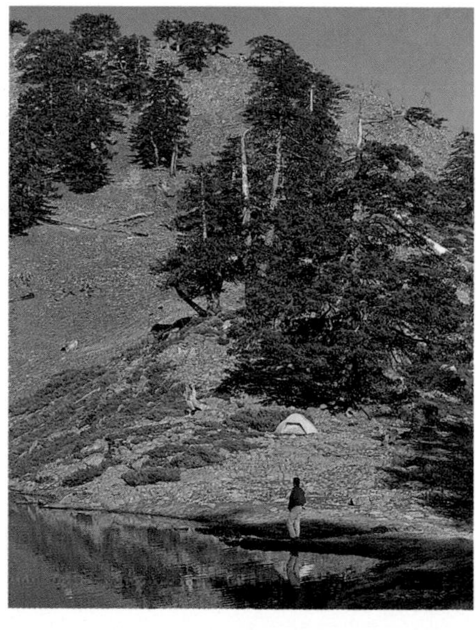

Couvertes de neige en hiver, les collines des environs de Metsovo permettent d'effectuer de magnifiques randonnées en été.

L'artisanat de la région produit des broderies, de l'argenterie et des houlettes de berger en bois sculptées – presque tous les hommes âgés de Metsovo en ont une à la main. Certains anciens portent encore le costume plissé traditionnel bleu marine ou noir, assez semblable au costume à jupon empesé de l'armée grecque, avec des chaussures à pompons.

Metsovo a prospéré pendant des années, grâce à de judicieux avantages fiscaux accordés par le pouvoir ottoman, en raison de sa position clé au débouché d'un col stratégique. Les marchands se sont donc enrichis, et on peut encore voir certaines de leurs imposantes demeures.

L'une d'elles, l'***archontiko* Tositsa**, est ouverte au public. La famille Tositsa était très en vue à Metsovo et jouait un rôle philanthropique non seulement local, mais dans toute la Grèce. Sa demeure ancestrale a été conservée et transformée en musée pour présenter aux visiteurs son somptueux mode de vie. Sur trois étages sont exposés avec élégance des meubles précieux, des tapis, de l'argenterie, des bijoux et des costumes traditionnels. Toutes les demi-heures, des visites guidées sont organisées.

Le **musée Averoff** présente quant à lui une collection d'art des XIXe et XXe siècles réunie par l'écrivain et politicien Evangelou Averoff (1910-1990), un membre d'une autre famille influente de Metsovo. ■

Le massif du Pinde

Alimentée par la neige fondue du massif du Pinde, cette rivière au cours fantasque remplit son vaste lit.

Le Pinde (en grec, Pindos Oros) est l'un des plus vastes massifs montagneux de Grèce. Il s'étend en effet depuis la frontière avec l'Albanie, au nord, jusqu'au cœur de la Grèce centrale, et de la mer Ionienne, à l'ouest, jusqu'à la Macédoine, à l'est. Il englobe deux parcs naturels, la deuxième gorge d'Europe par la longueur et quelques-uns des plus hauts sommets du pays.

La région des gorges de Vikos constitue le **parc national de Vikos-Aoös**, créé en 1973. Plus grand, le **parc national du Pinde** a été institué en 1966 en partie pour protéger les pins des Balkans et les pins noirs qui couvrent ces montagnes depuis des milliers d'années.

En fait, le parc du Pinde se trouve en Macédoine, mais le massif éponyme ne tient pas compte des frontières régionales.

Il abrite une riche faune, dont les derniers loups de Grèce et des ours (voir p. 156), ainsi que des cerfs, des sangliers, des chats sauvages et des chamois. On y trouve aussi des serpents comme la couleuvre tesselée et la vipère ammodyte ou vipère des sables (soyez prudent quand vous vous promenez dans des endroits écartés). En scrutant le ciel, vous apercevrez aussi de nombreux oiseaux de proie tels l'autour, le

Massif du Pinde
p. 138 B4

Konitsa
p. 138 B4

percnoptère d'Égypte, l'aigle royal, l'aigle impérial et le vautour fauve.

Ces montagnes accidentées sont potentiellement dangereuses. Si vous n'avez jamais vraiment fait de randonnée en montagne, ne vous aventurez pas sans guide et ne partez pas seul. Les sommets sont enneigés d'octobre à mai, plus longtemps quand l'hiver est très rude, et, lorsque la neige fond, l'eau s'écoule impétueusement vers les rivières. Les sentiers faciles à emprunter en été peuvent alors devenir périlleux.

Pour les randonneurs expérimentés, l'objectif le plus tentant est le **mont Smolika** (2 637 mètres), le deuxième sommet de Grèce après le mont Olympe. Pour atteindre la cime, il faut plusieurs jours… et une bonne préparation physique. Il faut aussi prévoir son matériel de camping ou penser à réserver une place dans un refuge pour y passer la nuit. Même si vous ne comptez pas vous attaquer à des objectifs ambitieux, notez qu'en Grèce les sentiers ne sont pas très bien balisés ; souvent, les seuls points de repère sont des taches de peinture rouge sur les rochers.

Le sud du massif du Pinde est décrit ailleurs (voir p. 154 et 160-166), car il possède de nombreux attraits, tels les villages de la Zagoria, les gorges de Vikos, Ioanina, Dodone et Metsovo. La partie nord du massif est plus isolée et moins touristique ; elle satisfera ceux qui aspirent à une expérience de la montagne plus rude et plus authentique. L'hébergement peut s'avérer plus sommaire qu'ailleurs, mais l'hospitalité compensera largement : il est peu probable que vous ayez jamais du mal à trouver gîte et couvert.

La petite ville de **Konitsa**, à quelques kilomètres à peine de la frontière albanaise, est un lieu prisé des randonneurs. On y trouve quelques hôtels et divers endroits où se restaurer, et on peut y engager un

Le royaume des ours et des loups

De magnifiques animaux sauvages vivent encore dans

les montagnes du nord de la Grèce, en dépit de la passion des Grecs pour la chasse et du fait que les paysans tuent tout ce qui menace leur subsistance souvent précaire. Les plus beaux et les plus rares sont l'ours brun *(Ursus arctos)* et le loup argenté *(Canis lupus)*.

Malheureusement, vous avez peu de chances de les rencontrer, car les deux espèces sont très menacées. On espère que la conscience écologique des Grecs s'est réveillée à temps pour les sauver. On estime qu'il reste moins d'une centaine d'ours et peut-être quelques centaines de loups, pour la plupart concentrés dans les parcs naturels du nord de la Grèce : Vikos-Aoös, Pindos et Prespa. ■

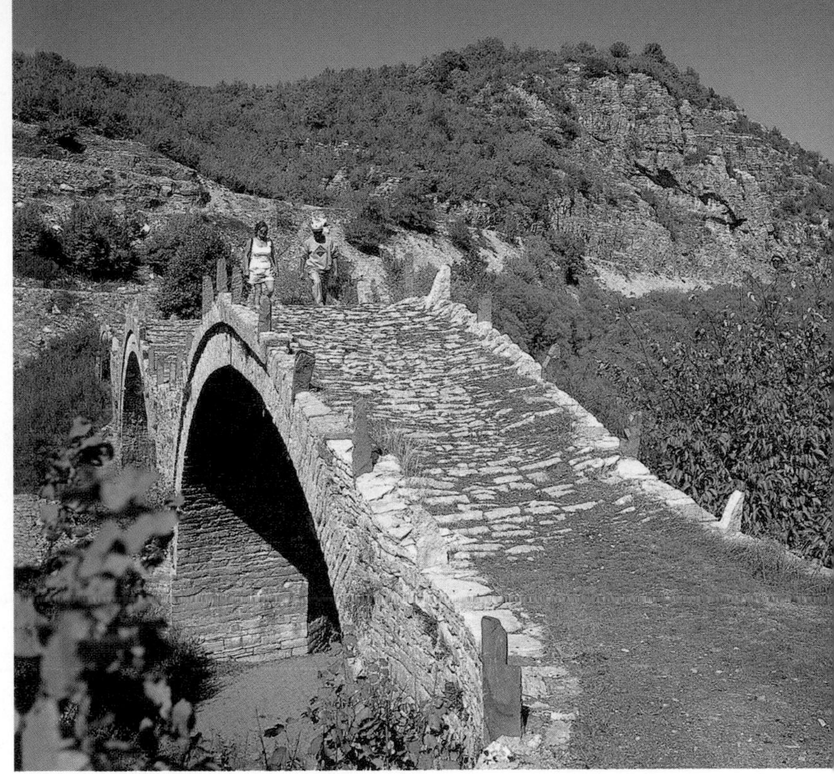

Un pont en dos d'âne à trois arches signale l'ancienne route, près du village de Kipi.

guide si l'on veut explorer ce recoin isolé du pays. Le site de Konitsa est splendide : dominé par le mont Trapezitsa, il surplombe l'Aoös. Un grand pont construit en 1870 franchit la rivière, et le kayak, un sport assez nouveau en Grèce, y devient à la mode.

Konitsa a été très touché par un séisme en 1996, et certains de ses plus anciens édifices ont été détruits. Toutefois le vieux bazar a survécu, de même que le petit quartier turc, l'un et l'autre conférant un cachet supplémentaire à cette petite ville vivante mais isolée.

De Konitsa, on peut tenter l'ascension du **mont Gamila** (2 497 mètres), au sud. Il faut passer la nuit au refuge de montagne d'Astraka. Puis, en vous dirigeant vers l'est, vous pouvez rejoindre le mont Smolika en passant par le refuge de Naneh et aller voir le Drakolimni, ou lac du Dragon.

La route quittant Konitsa en direction du nord-ouest conduit vers la frontière albanaise ; récemment encore, elle était interdite aux voyageurs. Il s'agit toujours d'une zone sensible, à cause des récents conflits dans les Balkans, et vous devrez parfois présenter votre passeport avant de pouvoir poursuivre votre chemin. Mais cela vaut la peine de tenter l'aventure pour aller visiter le village de **Molivdoskepastos**, juste à la frontière : il offre une vue imprenable sur l'Albanie et, de l'autre côté, sur les sommets du Pinde, les monts Smolika et Gamila. Si vous vous aventurez jusqu'ici, vous aurez vraiment atteint l'un des points les plus reculés de la Grèce. ■

Des peuples nomades en Grèce

Peu de visiteurs habitués aux plages de l'Égée ou aux grands hôtels d'Athènes savent que vivent encore en Grèce des nomades aux traditions vieilles de plusieurs milliers d'années. Il n'en reste pas beaucoup – c'est un genre de vie en voie de disparition un peu partout –, mais on peut encore en rencontrer dans les endroits les plus reculés de l'Épire, aux environs de la petite ville de Metsovo et dans les profondeurs du massif du Pinde.

Le groupe le plus important est celui des **Valaques** (ou Vlaques), dont le nom évoque la Valachie, une région de Roumanie. Jadis bergers, ils menaient une existence nomade à travers l'Europe centrale et orientale, et dans les Balkans, s'installant pour un temps là où ils trouvaient de bons pâturages pour leurs troupeaux de moutons.

Leur « capitale » traditionnelle était Metsovo (voir p. 154), à proximité du plus haut col de Grèce, entre les Météores, en Thessalie, et Ioanina, la capitale de l'Épire. Aujourd'hui, beaucoup de Valaques y vivent, car ils se sont sédentarisés et ne sont plus pasteurs. Bien que leur mode de vie traditionnel soit en train de disparaître, on peut encore avoir un dernier aperçu des mœurs de ce peuple fier et indépendant.

Certains pratiquent toujours la transhumance en faisant descendre leurs moutons vers des cieux plus cléments et de meilleurs pâturages en hiver, et les reconduisant dans le massif du Pinde, plus frais, en été. Mais ces bergers

Les gens âgés, tel ce berger valaque, se souviennent du mode de vie nomade. À gauche : Les moutons de montagne à longues pattes sont appréciés pour leur lait, leur viande et leur toison. On entend le tintement de leurs clochettes dans toutes les campagnes grecques.

vivent dans des maisons, ils ne font que changer de lieu de résidence au cours de l'année, contrairement aux Sarakatsani (voir plus bas), qui emportent leurs tentes avec eux. Autrefois, un riche berger valaque pouvait posséder jusqu'à 10 000 moutons, alors qu'aujourd'hui les rares troupeaux qui continuent à transhumer ne dépassent pas quelques centaines de têtes.

L'origine des Valaques a fait couler beaucoup d'encre. Selon les uns, il s'agirait des descendants de légionnaires romains installés en Europe centrale. Selon d'autres, ils seraient originaires de la région, et leur mode de vie nomade remonterait à l'occupation romaine : les populations montagnardes auraient été chargées de faire paître les moutons ou de monter la garde le long de la via Egnatia, la voie romaine qui passait par le massif du Pinde, les Météores, le grand port balkanique de Thessalonique et aboutissait à Constantinople. Par la suite, ils auraient conservé leur mode de vie nomade.

L'influence des Romains est évidente sur le plan linguistique. Les Valaques parlent leur propre langue, qui est assez proche du latin et de l'italien. De fait, ils ont souvent servi de traducteurs quand les Italiens ont occupé ces montagnes, au cours de la Seconde Guerre mondiale.

L'autre grand groupe nomade est constitué par les **Sarakatsani**, qui étaient aussi traditionnellement des bergers. Ils vivaient dans l'est de la Grèce, en Macédoine et en Thrace ; ceux qui restent sont encore moins nombreux que les Valaques. Les Sarakatsani sont grecs, et ils parlent le grec. Certains font encore transhumer leurs troupeaux entre les plaines de la Thrace en hiver et le massif du Pinde en été.

Pour en savoir plus sur les Sarakatsani, et pour voir leurs costumes traditionnels et les rustiques tentes sous lesquelles ils vivaient jadis, visitez le Musée folklorique et ethnologique de Thessalonique (voir p. 184) et le musée d'Art populaire grec à Athènes (voir p. 65). ■

Les villages de la Zagoria & les gorges de Vikos

AU NORD DE IOANINA, EN SE DIRIGEANT VERS LA FRONTIÈRE ALBANAISE, on pénètre dans l'une des régions les plus séduisantes du nord de la Grèce, la Zagoria (« le pays derrière la montagne »). Quarante-six villages présentant une architecture et une culture spécifiques sont reliés par des chemins propices à de magnifiques randonnées dans un cadre splendide.

Les **gorges de Vikos** constituent le principal attrait naturel de la région. Elles s'étirent sur 12 kilomètres, soit juste 3 kilomètres de moins que les gorges de Samaria, en Crète (voir p. 300-301). Leurs parois abruptes atteignent par endroit 950 mètres de hauteur. Elles abritent en été des prairies fleuries qui bordent une rivière, la Voidhomatis, dans laquelle il fait bon se baigner.

Si l'on est suffisamment entraîné, on peut traverser les gorges à pied en une journée. Mais il faut être prudent, car on rencontre ici très peu de randonneurs. Même au moment le plus favorable, au début et à la fin de l'été, il n'y a presque personne, et dans ces conditions une foulure de cheville ou un coup de chaleur peuvent prendre des proportions dramatiques. En hiver, il est parfois impossible de s'aventurer dans la gorge, de même qu'en avril et en mai, quand la neige fond dans les hauteurs, transformant les rivières en torrents impétueux. Informez-vous sur place et dites toujours à quelqu'un où vous comptez vous rendre.

Il faudrait une bonne semaine pour commencer à explorer la région. Les **villages de la Zagoria** sont fascinants. Ici, l'histoire et le paysage sont intimement mêlés. La richesse culturelle est liée à la pauvreté passée de la région. La vie y était très éprouvante, et beaucoup d'hommes ont dû émigrer pour chercher du travail et envoyer de l'argent à leur famille restée sur place. Les Turcs avaient accordé l'autonomie à la Zagoria. Ainsi, la plupart des fonds régulièrement reçus de l'étranger sont restés sur place. On les a utilisés aux XVIIIe et XIXe siècles pour construire des maisons d'un type particulier, appelées *archontika*. Elles sont de dimensions modestes, mais plus grandes que les habitations montagnardes traditionnelles. Dans certaines, des familles vivent dans le dénuement ; d'autres maisons sont abandonnées et en ruine ; enfin, quelques-unes ont été restaurées et transformées en musée ou en pension de famille.

Cette partie du Pinde n'étant pas très boisée, les maisons sont en grès local et coiffées de toits d'ardoise. Elles comportent souvent au rez-de-chaussée un espace pour les animaux et ont une cour entourée d'un mur. Cette architecture paysanne confère aux villages de la Zagoria un aspect très caractéristique.

Aujourd'hui, certains villages sont désertés ou comptent juste une poignée d'habitants vivant de l'agriculture. D'autres prospèrent grâce au tourisme. Ils attirent les alpinistes, les randonneurs et les visiteurs aventureux. Les meilleures bases pour découvrir la région sont les villages de **Monodendri**, **Tsepelovo**, **Megalo Papingo** et **Mikro Papingo** (service régulier de bus à Ioanina). Ils disposent de pensions de famille, de restaurants, de boutiques, où l'on peut se procurer des guides de randonnée. ■

Gorges de Vikos
p. 138 B4

Un chemin balisé passe au fond de la gorge située dans le parc national de Vikos-Aoös.

Ioanina
p. 138 B4
Informations
Siège Région Épire, Dodonis, 39
2651 041868

Musée byzantin/salle de l'Argenterie
Dans la citadelle
2651 025989 ou 039580
Fermé lun.
€

Ioanina

LES FINS MINARETS DE LA CITADELLE D'ALI PACHA DOMINANT LES arbres qui bordent le lac constituent le trait caractéristique de cette charmante capitale régionale. Située dans un cadre idyllique, au bord d'une belle étendue lacustre, avec une île au milieu et le massif du Pinde en toile de fond, c'est un endroit très agréable pour passer quelques jours.

Il est recommandé de ne pas trop évoquer Ali Pacha, le tyran sanguinaire qui gouverna la ville de 1788 à sa mort, en 1822, car son mauvais souvenir se perpétue encore dans la mémoire collective des habitants. En effet, Ioanina a enduré le joug turc pendant près de cinq cents ans – c'est la période la plus sombre de son histoire. Mais, que ses habitants le veuillent ou non, le nom d'Ali Pacha est inextricablement lié à l'histoire de la ville, et l'influence turque est restée ici plus forte que partout ailleurs en Grèce.

Sous la domination ottomane, Ioanina était un prospère centre d'art et d'artisanat, notamment spécialisé dans le travail de l'argent. On considère aujourd'hui encore que l'argenterie de Ioanina est l'une des plus pures de Grèce, et l'on peut toujours voir des artisans travailler dans leurs ateliers. La **salle de l'Argenterie** expose de superbes pièces et présente même un atelier d'orfèvre reconstitué ; c'est une annexe du **Musée byzantin**, dans la citadelle, qui abrite une belle collection bien présentée d'art byzantin. À côté du Musée byzantin, on peut voir la **Fethiye tzami**, ou mosquée de la Victoire *(fermée au public)*, devant laquelle se trouve la tombe – sans inscription et pratiquement laissée à l'abandon – d'Ali Pacha.

Ces plats en argent martelé en vente à Ioanina révèlent des influences turques.

Toujours à l'intérieur de la citadelle, la **mosquée d'Aslan Pacha** abrite un musée d'Art populaire. Cela vaut la peine de le visiter, ne serait-ce que pour voir l'intérieur de la mosquée, construite en 1619. Le musée possède aussi une belle collection de costumes folkloriques, de bijoux et d'autres objets d'art et d'artisanat de la région.

Hors de la citadelle, il convient de visiter le **Musée archéologique**, si vous comptez vous rendre à Dodone (voir p. 166-167), car il abrite beaucoup d'objets découverts sur ce site.

À Ioanina, il faut absolument voir aussi la **Nissi Ioaninon**, l'île située au milieu du lac – en grec, *nissi* signifie « île ». Un bateau partant en face de la citadelle y mène régulièrement. On y trouve un petit village tout en longueur, dont les habitants vivent de la pêche et du tourisme. Les visiteurs et les gens du cru aiment aller déjeuner ou dîner sur l'île, car plusieurs tavernes proposent d'excellents plats de poisson. Mais, contrairement à ce que l'on vous y affirmera, ce poisson ne vient pas du lac mais d'élevages piscicoles situés dans la montagne. Les restaurants de l'île proposent un autre mets savoureux : des cuisses de grenouille. Ces petits batraciens abondent dans le lac, et on en exporte même en France.

Un sentier faisant tout le tour de l'île permet de faire une agréable petite promenade. Comme c'est un environnement protégé, les oiseaux l'apprécient, et on peut voir ou entendre des rossignols, des bruants des roseaux, des crécerelles, des pics et toutes sortes d'espèces d'oiseaux aquatiques.

Des panneaux indiquent l'unique attraction de l'île, le **musée Ali Pacha** (*fermé oct.-avril* €), dans le monastère de Panteleimon. Ce dernier a été construit au XVIe siècle, mais l'édifice actuel est une restauration moderne, celui d'origine ayant été détruit par la chute d'un arbre.

C'est ici qu'Ali Pacha a été assassiné, non par des Grecs, mais par des Turcs. Les souverains ottomans avaient fini par s'inquiéter de sa puissance, de la richesse qu'il avait accumulée et de ses velléités d'indépendance. Assiégé dans sa citadelle, le pacha réussit à s'enfuir dans l'île, trouvant refuge au monastère. Des Grecs révélèrent sa cachette, et les Turcs le tuèrent en lui tirant dessus depuis une pièce du bas, à travers les lattes du plancher ; on peut toujours voir les trous faits par les balles. On le décapita et on envoya sa tête au sultan, à Istanbul, pour prouver à celui-ci que la mission avait été accomplie.

Ce passé violent contraste avec la nature paisible du lac aujourd'hui. ■

D'élégants minarets confèrent à Ioanina un cachet caractéristique.

Musée d'Art populaire

Dans la citadelle
2651 020515
Fermé sam.-dim.
€

Musée archéologique

Plateia Martiou
2651 033357
Fermé lun.
€

Une promenade à Ioanina sur les pas d'Ali Pacha

Dans certains endroits de Ioanina, on se croirait facilement dans une ville du Moyen-Orient, ou pour le moins de Turquie : cinq cents ans de domination turque ont laissé des traces indélébiles. Personne n'a autant marqué l'histoire de la ville que le féroce Ali Pacha. Cette promenade vous mènera dans plusieurs endroits associés à son nom, à commencer par la citadelle, où il régnait d'une main de fer.

Un petit bateau permet d'atteindre l'île située au milieu du lac.

La promenade commence à l'entrée principale de la **citadelle** ❶, la seconde porte percée dans la muraille, sur la droite en descendant la rue Karamanli depuis la place Niomart Yioryiou. On voit un petit sanctuaire dans le mur, à côté de la porte. Entrez et tournez immédiatement à gauche dans la rue Ioustinianou. On passe devant la **vieille synagogue** *(fermée au public)* construite en 1790, sur la droite. Ioanina comptait depuis le XIIIe siècle une importante communauté juive, mais seuls quelques dizaines de juifs ont survécu à la Seconde Guerre mondiale.

Suivez la rue jusqu'au bout : elle tourne à droite et mène en direction de la mosquée d'Aslan Pacha qui abrite le **musée d'Art populaire** ❷ (voir p. 163). Les autres salles, autour de la cour, ne se visitent pas. C'est là que s'est déroulé l'un des pires épisodes du règne tyrannique d'Ali. Il viola la maîtresse de son fils aîné, puis il la jeta dans le lac avec dix-sept autres femmes, dans des sacs lestés, afin qu'elles ne puissent pas témoigner de son forfait.

En quittant la mosquée par où vous êtes venu, tournez à gauche pour reprendre la promenade. Restez à l'intérieur des murs de la citadelle et ignorez les panneaux qui vous invitent

Voir aussi p. 138
- Entrée principale de la citadelle
- 2 kilomètres
- 2 heures
- Nissi Ioaninon

À NE PAS MANQUER
- Le musée d'Art populaire
- Le Musée byzantin
- La salle de l'Argenterie
- L'île (Nissi Ioaninon)
- Le musée Ali Pacha

à franchir une porte indiquant « Vers le lac ». Continuez tout droit et pénétrez dans la citadelle intérieure. Sur la gauche il y a un café ; le bâtiment moderne, en face, est le **Musée byzantin ❸** (voir p. 162), avec la **mosquée Fethiye** *(fermée au public)* sur sa gauche, devant laquelle se trouve la tombe présumée d'Ali Pacha. L'annexe du musée, la **salle de l'Argenterie ❹**, se trouve à droite, dans le bâtiment qui abritait autrefois la trésorerie d'Ali Pacha.

Revenez à la porte qui donne accès au lac et descendez au bord de l'eau, en tournant à gauche jusqu'à l'endroit d'où part le **bac pour l'île ❺** (voir p. 163). Le petit bateau appareille toutes les demi-heures en été, toutes les heures en hiver, de 8 heures à 23 heures. Prenez-le pour vous rendre dans l'île. Il y aura probablement deux ou trois autres touristes avec vous, mais la plupart des passagers sont des insulaires revenant de faire leurs courses.

Une fois sur l'île, tournez à gauche en suivant, à travers un lacis de ruelles, les panneaux menant au **musée Ali Pacha ❻** (voir p. 163). Ce dernier présente une intéressante collection d'objets ayant appartenu au pacha, et on peut encore voir les trous faits dans le plancher par les balles qui l'ont tué. À partir du musée, vous pouvez tranquillement faire tout le tour de l'île, ceinturée de roseaux. Le pourtour de l'île offre de très belles vues du massif du Pinde et de Ioanina, bien que l'on oublie par endroit l'existence de la ville animée. Le long du sentier, vous pourrez voir des pêcheurs ramender patiemment leurs filets.

Poursuivez votre chemin jusqu'à ce que vous ayez regagné l'embarcadère pour retourner à Ioanina. ■

La « maison » d'Ali Pacha a été reconstruite après avoir été endommagée par la chute d'un arbre.

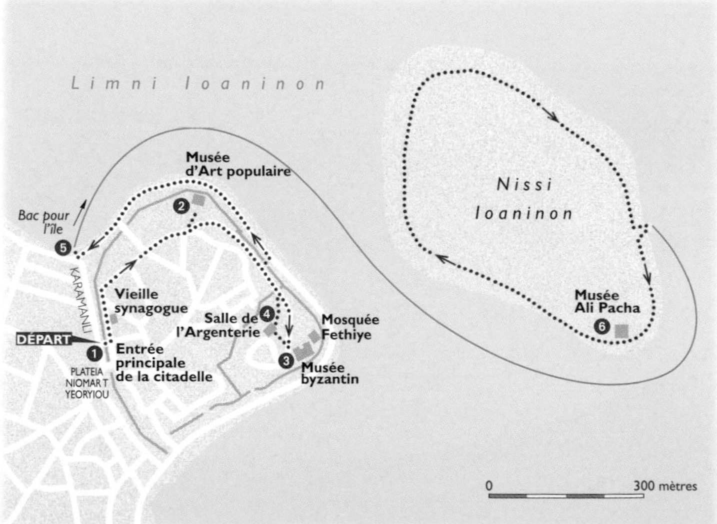

Autres sites à visiter

DODONE (DODONI)

Bien que l'oracle de Delphes soit mondialement connu, celui de Dodone, l'oracle de Zeus, est beaucoup plus ancien et, en importance, il se plaçait juste après celui de Delphes. Des cérémonies religieuses se sont déroulées à Dodone depuis 2000 av. J.-C. au moins. L'endroit est magnifiquement situé, dans une vallée haut perchée (630 mètres), dominée par une série de collines, à 22 kilomètres environ au sud-ouest de Ioanina.

Que ce soit avant ou après avoir visité le site, il est recommandé d'aller voir le **Musée archéologique de Ioanina** (voir p. 163), où sont exposés nombre d'objets découverts à Dodone. Les plus intéressants sont des tablettes sur lesquelles étaient inscrites des questions posées à l'oracle. Elles témoignent d'angoisses éternelles, comme : « Suis-je bien le père de mes enfants ? »

Le monument le plus impressionnant de Dodone est son **théâtre** du IIIe siècle av. J.-C.,

l'un des plus vastes de Grèce. Restauré à la fin du XIXe siècle, puis à nouveau dans les années 1960, il accueille toujours des représentations occasionnelles, au cours de l'été. Ses hauts murs dominent le visiteur.

Notez les canalisations d'écoulement, sur les côtés, construites par les Romains, qui organisaient en ce lieu des combats d'animaux et de gladiateurs. On peut encore voir, de chaque côté, les enclos où les taureaux, les lions, les tigres et autres animaux féroces étaient enfermés avant d'être lâchés dans l'arène face à 17 000 spectateurs enthousiastes.

Le sanctuaire de Zeus et l'oracle se trouvaient juste à droite du théâtre. On connaît assez bien le mode de consultation de l'oracle. Un chêne sacré était entièrement entouré de chaudrons posés sur des trépieds. La question du consultant était inscrite sur une tablette de plomb ; on la remettait à un prêtre, qui la lisait à l'oracle. Pour répondre, le prêtre interprétait le bruissement des feuilles du chêne et les sons émis par les chaudrons.

p. 138 B4

PARGA

La station balnéaire de Parga est l'une des plus charmantes et des plus réputées de la côte ionienne. La ville et ses environs offrent de belles plages et d'excellents restaurants de poisson. Si l'on dispose d'un moyen de transport, Parga est une base commode pour aller visiter Dodone, Ioanina, les villages de la Zagoria et les gorges de Vikos (voir p. 160). On peut aussi y prendre un ferry pour l'île de Paxi, d'où l'on peut ensuite se rendre à Corfou (Kerkira). Enfin, Parga n'est pas très loin des aéroports de Preveza, pour les vols charters internationaux, et de Ioanina, pour les vols intérieurs. Il n'est donc pas étonnant que l'endroit soit prisé. En haute saison, il est difficile d'y trouver une chambre si l'on n'a pas réservé au préalable.

Malgré son apparence toute simple, Parga a connu une histoire mouvementée. À l'une des extrémités du port bordé de restaurants et de boutiques de souvenirs, se dresse une imposante **forteresse vénitienne** édifiée en 1624 – la date figure au-dessus de l'une des portes. Le symbole de Venise, le lion de saint Marc, est gravé sur un mur du donjon. La ville a été prise par les Turcs, puis par les Vénitiens à une époque où les Turcs dominaient la majeure partie de la Grèce actuelle. Ensuite, les Britanniques l'ont prise aux Vénitiens, puis l'ont vendue aux Turcs en 1819. Elle se retrouva ainsi entre les griffes d'Ali Pacha, qui gouvernait Ioanina. Son despotisme poussa de nombreux habitants de Parga à s'exiler à Corfou ; leurs familles ne sont revenues que lorsque Parga devint grecque, en 1913.

Un bateau de croisière vogue sur l'eau claire au large de Parga, une station balnéaire à l'histoire riche en rebondissements.

L'une des plus belles plages de la ville, un long ruban de sable, est située au-delà du promontoire ; il y en a d'autres au nord et au sud. Les éblouissantes maisons blanchies à la chaux de Parga sont agrémentées des touches de couleurs vives des bougainvillées, des hibiscus et des volubilis qui s'accrochent aux murs et aux balcons. On y trouve aussi des petits hôtels et des boutiques de souvenirs caractéristiques de toute station touristique. En dehors de la haute saison, soit de juin à fin août, ces jolies ruelles symbolisent le charme de la Grèce des cartes postales.

p. 138 A3 **Informations** Alexandrou Paga, 18 2684 032107

EFYRA

À 22 kilomètres environ au sud-est de Parga, à l'orée du village de Messopotamo, se trouve l'un des plus petits sites antiques de Grèce, et l'un des plus insolites.

Quelques bâtiments d'apparence insignifiante couronnent un monticule qui fut autrefois une île, quand le niveau de la mer Ionienne était beaucoup plus élevé. C'est le **Necromanteion** d'Efyra. On voyait dans cet endroit la source du Styx de la mythologie et l'entrée de l'Hadès (l'enfer). C'est aussi là, logiquement, que se trouvait l'oracle de la Mort, où les gens essayaient d'entrer en contact avec les défunts, en interrogeant l'oracle par l'intermédiaire des prêtres. On administrait des substances hallucinogènes aux consultants avant de les emmener visiter l'oracle, au centre du sanctuaire souterrain, en empruntant un dédale de passages, toujours visibles.

p. 138 A3 €

KASSOPI

Le site de l'ancienne Kassopi se trouve au flanc d'une colline, au-dessus du village de Kamarina, à 27 kilomètres au sud-est d'Efyra. Un sentier traversant un bois de pins mène à ce qui fut autrefois une cité-État. Il reste très peu de choses de la ville, abandonnée par ses habitants en 31 av. J.-C. pour aller s'installer à Nikopolis, à quelques kilomètres plus au sud. Avec un peu d'imagination et grâce à la carte disposée à l'entrée, on peut se faire une idée d'ensemble du site. Le principal attrait en est le cadre, qui mérite bien un détour.

p. 138 B3

NIKOPOLIS

L'ancienne cité de Nikopolis se trouve à 7 kilomètres au nord de Preveza (où se déroula en 1538 une grande bataille navale qui vit la défaite de la flotte vénitienne). Il en reste bien peu de chose, mais, en parcourant le site envahi par la végétation, on peut se faire une idée de ce qui fut autrefois une grande cité antique. Son nom signifie « cité de la Victoire » : en effet, elle a été édifiée à l'endroit même où l'armée d'Octave a campé juste avant d'aller affronter la flotte d'Antoine et de Cléopâtre lors de la fameuse bataille d'Actium (Aktion), en 31 av. J.-C. Après cette victoire décisive, qui permit à Octave de devenir le premier empereur romain, sous le nom d'Auguste, celui-ci fonda donc cette « cité de la Victoire ».

Certains murs subsistants donnent une indication de l'imposante dimension de la ville ; on y trouve aussi un théâtre, les vestiges de thermes et un petit musée.

Le site était peut-être un excellent endroit pour qu'une armée y bivouaquât, mais ne suffisait pas pour que s'y développât une cité viable : elle était isolée géographiquement et manquait d'eau douce ; en outre, elle avait tendance à s'affaisser. Néanmoins, Nikopolis a subsisté près d'un millier d'années, avant d'être abandonnée en 1040.

p. 138 B3 Fermé lun. €

LES GROTTES DE PÉRAMA (PERAMA SPILAIA)

L'un des plus beaux complexes de grottes ouverts au public est situé aux environs de Ioanina. Il a été découvert durant la Seconde Guerre mondiale par un berger en quête d'un abri lors d'un bombardement. La partie explorée s'étend sur plusieurs kilomètres, mais il en reste sans doute encore beaucoup à découvrir ; on estime que c'est le plus grand ensemble de grottes de Grèce.

Un circuit de 1 700 mètres est accessible au public. Lors des visites obligatoirement guidées, les accompagnateurs illuminent le site et désignent aux visiteurs des stalactites et des stalagmites particulièrement intéressantes, notamment des formations rocheuses dont la silhouette évoque des monuments comme la statue de la Liberté de New York, la Tour penchée de Pise et le Sphinx de Gizeh.

p. 138 B4 2651 081650 €€ Bus 8 ■

Étirée du massif du Pinde à la frontière turque, la vaste région du nord et de l'est de la Grèce, qui comprend la Macédoine et la Thrace, présente une passionnante diversité géographique, historique et politique.

Macédoine & Thrace

Pavement de mosaïque à Dion.

Macédoine & Thrace

La Macédoine (Makedonia) est la plus grande circonscription administrative de la Grèce. Elle a beaucoup à offrir aux visiteurs, à commencer par Thessalonique : située sur le littoral, la deuxième ville du pays est fière de son riche passé. À l'est de la Macédoine, la Thrace (Thraki) s'étire en longueur. L'influence turque y est de plus en plus notable au fur et à mesure que l'on s'approche de la frontière.

L'ouest de la Macédoine est une région écartée et sauvage limitée par le massif du Pinde (voir p. 155-157) où des loups et des ours vivent encore dans les forêts (voir encadré p. 156). Elle englobe également les beaux lacs de Prespa, encadrés de magnifiques montagnes aux sommets enneigés. Le mont Olympe, le séjour mythique des dieux, est aussi une destination prisée des alpinistes : c'est le plus haut sommet du pays.

Parmi les grands sites historiques, l'ancienne Pella, résidence des rois de Macédoine et capitale de Philippe II, le père d'Alexandre le Grand, possède de splendides mosaïques, et Vergina, qui abriterait le tombeau dudit Philippe, a livré certaines des plus grandes découvertes archéologiques réalisées en Grèce.

Semblant totalement hors du temps, le mont Athos est une sorte de république monastique où l'on s'adonne depuis plus d'un millénaire à la vie contemplative. On ne peut imaginer plus grand contraste avec les stations balnéaires animées des deux péninsules voisines de la Chalcidique.

Bien que les relations avec la Turquie se soient améliorées ces dernières années, la frontière reste une zone sensible. Il faut prendre garde à ne pas trop s'aventurer hors des sentiers battus. Pourtant, les occasions ne manquent pas, car la Thrace est incroyablement belle et abrite certains des lieux les plus authentiques et les moins visités de la Grèce.

Dans le Nord, les monts Rhodope (Rodopi) séparent la Grèce de son voisin balkanique, la Bulgarie. À l'extrémité orientale, la faune abonde dans le delta de l'Évros et la forêt de Dadia. Même si l'on n'y trouve ni loups ni ours, on peut voir des aigles fuser dans le ciel. Là, on éprouve la sensation d'avoir atteint l'ultime limite du pays. ■

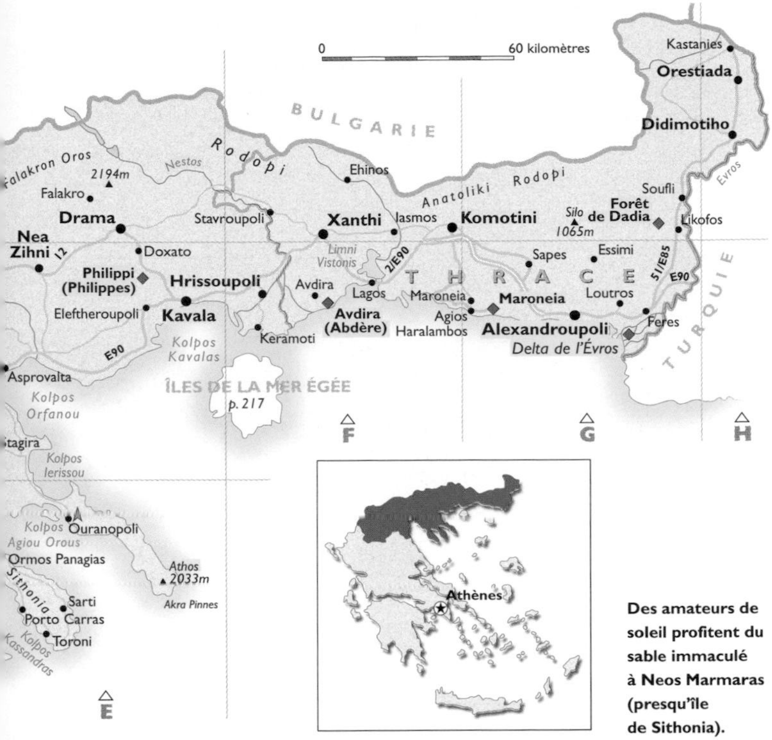

Des amateurs de soleil profitent du sable immaculé à Neos Marmaras (presqu'île de Sithonia).

Mont Olympe
p. 170 C1

Le mont Olympe & Dion

Le plus haut sommet de la Grèce est aussi le plus spectaculaire, car le petit massif auquel il appartient surgit brusquement de la plaine et se dresse droit vers le ciel. En effet, moins de 20 kilomètres séparent le sommet du mont Olympe (Olympos) du rivage de la mer Égée. La route nationale Athènes-Thessalonique passe juste entre les deux. Les automobilistes peuvent ainsi s'arrêter pour admirer cette belle montagne mythique. Tout autour, dans le parc national du mont Olympe, vivent des chevreuils, des sangliers, des blaireaux, des chats sauvages et des oiseaux de proie. On y trouve également près de 1 700 espèces végétales, avec des forêts de chênes et de hêtres, de vastes étendues de sapins de Macédoine, et même, près d'un monastère, un rare bosquet d'ifs pluriséculaires.

Le massif de l'Olympe ne dépasse pas 20 kilomètres de long d'une extrémité à l'autre. Le point culminant est appelé soit mont Olympe, soit mont Mitikas, mais on s'accorde sur son altitude : 2 917 mètres. Aucun mortel ne l'avait jamais escaladé avant 1913.

Les dieux grecs, eux, y avaient élu domicile depuis longtemps ! En effet, pour les anciens Grecs, c'est là que s'est déroulée la bataille au cours de laquelle douze dieux menés par Zeus ont triomphé des Titans. De la sorte, les dieux ont dompté les forces brutes de la nature représentées par les Titans et introduit un minimum de civilisation dans le monde.

Aujourd'hui, tous ceux qui sont suffisamment en forme et s'organisent raisonnablement à l'avance

peuvent atteindre le sommet, mais le trajet de six heures implique de passer au moins une nuit en montagne : il faut camper dans la nature, ou réserver dans l'un des deux refuges. Une personne non expérimentée ne doit tenter l'escalade sous aucun prétexte, à moins d'être accompagnée par un guide local.

On accède à la montagne et au parc qui l'entoure par le village de **Litohoro**, qui possède plusieurs hôtels et restaurants. C'est un endroit commode où l'on trouve des cartes, des guides et tous les équipements nécessaires.

DION

De Litohoro, un trajet de 14 kilomètres mène au village de Dion, dont le nom dérive de *dios* qui signifie « de Zeus ». Au centre, le beau petit **Musée archéologique** présente des objets trouvés sur le site de l'**antique Dion**, à la limite du village. Il est conseillé de visiter d'abord le musée : des vidéos présentent les fouilles en détail et expliquent l'importance du site.

Les statues, parfaitement conservées parce que la cité antique a été recouverte de boue après un tremblement de terre, comptent parmi les plus belles trouvailles. Lieu sacré pour les Macédoniens, Dion était une cité très importante où près de 15 000 personnes vivaient au IVe siècle av. J.-C. Les vestiges que l'on voit aujourd'hui datent pour la plupart de la fin de la période romaine : de beaux thermes, un théâtre et un stade. Le site est bien aménagé et bien signalé. On peut voir partout les ruines de maisons, les unes humbles, les autres magnifiques. Une splendide mosaïque se trouve dans ce qui fut autrefois une salle de banquet.

Il faut voir le sanctuaire de la déesse égyptienne Isis, de l'autre côté de la route par rapport au centre du site. Des copies de statues originales provenant du site se détachent, toutes blanches, sur la verdure autour d'un petit étang. C'est un endroit somptueux, magiquement situé entre les montagnes et la mer. ■

Le séjour des dieux est devenu le premier parc naturel du pays, en 1937.

Dion
p. 170 C1

Musée archéologique
2351 053206
€

Les dieux grecs

Le plus haut sommet de Grèce, le mont Olympe, surgit brusquement de la plaine près de la mer Égée. Il est parfois enveloppé d'un brouillard aérien et on comprend aisément que pour les Anciens l'Olympe ait été le séjour des dieux. Il faudrait un livre entier pour narrer toutes leurs histoires, mais quelques indications peuvent s'avérer utiles.

Zeus, ve siècle av. J.-C.

À l'origine, ces mythes se transmettaient oralement, de la même manière que les récits homériques, *L'Iliade* et *L'Odyssée* : un conteur habile les narrait à une assistance captivée. Ils ont été mis par écrit vers le VIe siècle av. J.-C. et, par la suite, on a pu comparer leurs points communs avec les mythes d'autres peuples. Si la population grecque, qui est chrétienne à 99 %, ne croit plus aux anciens dieux, ceux-ci sont néanmoins très présents dans les récits populaires et les légendes.

On ne sait pas avec certitude d'où viennent les récits de la mythologie. Il est probable qu'ils découlent d'un grand nombre de sources différentes. L'une est la *Théogonie* d'Hésiode, un poète grec du VIIIe siècle av. J.-C. À peu près à l'époque où Homère imaginait ses deux grands poèmes épiques, Hésiode créa son œuvre poétique, qui narrait « l'origine des dieux ». Il a dû être influencé par les mythes d'autres cultures du Moyen-Orient et par les récits transmis par la civilisation mycénienne, qui dominait la Grèce au IIe millénaire av. J.-C.

Zeus, qui régnait sur le panthéon depuis l'Olympe, était le plus jeune fils de deux Titans, eux-mêmes enfants du Ciel et de la Terre. Zeus prit le contrôle de l'univers et devint le dieu du Ciel et de la Pluie, et le père des autres dieux ainsi que des mortels. Poséidon, un frère de Zeus, devint le dieu de la Mer et le père du cheval ailé, Pégase. Sensible aux charmes des nymphes aquatiques, Poséidon engendra de nombreux enfants. Autre frère de Zeus et de Poséidon, Hadès devint le dieu du Monde souterrain. Un fils de Zeus, Apollon, dieu de la Musique, de la Guérison et de la Prophétie, incarnait la civilisation. L'enfant préféré de Zeus était sa fille Athéna, déesse des Techniques, des Arts et de la Sagesse, qui donna son nom à la cité d'Athènes. Aphrodite, déesse de l'Amour surgie des vagues, devint la mère de Cupidon.

Les héros étaient des divinités inférieures, des intermédiaires entre les dieux et les hommes, qui possédaient certaines qualités des uns et des autres. ■

À droite :
Le mont Olympe, trône de Zeus.
Page ci-contre, en haut :
Sur ce vase, la déesse Athéna arbitre une scène de vote pour savoir qui, d'Ulysse ou d'Ajax, obtiendra les armes d'Achille.

À Kastoria, on fabrique des barques d'une forme particulière, à la proue et à la poupe relevées.

Kastoria

LES TOURISTES ONT L'IMPRESSION QUE LES ÎLES ET LES STATIONS balnéaires du continent sont les plus beaux endroits du pays. Mais les voyageurs plus aventureux se font une opinion différente en découvrant des localités comme Kastoria. Petite ville sans prétention, celle-ci est merveilleusement située sur un promontoire qui s'avance dans le lac Kastoria (également nommé Orestias). Notez juste qu'il est facile de se perdre en parcourant le dédale de ruelles aux pavés ronds et de passages dérobés, sans compter que la ville est presque entièrement cernée par le lac.

Néanmoins, il peut ne pas être désagréable de se perdre ici : la plupart des trésors de la ville sont en effet bien cachés, comme ses cinquante-quatre **églises byzantines**. Certaines ont plus de mille ans, notamment celle de Taxiarkhes tis Mitropoleos, qui date du IXe siècle et est ornée de superbes fresques peintes au cours des époques suivantes. L'église Agios Stefanos (Saint-Étienne), fondée au IXe siècle, possède une galerie réservée aux femmes, ce qui est rare. D'ordinaire, les églises sont fermées. Pour visiter l'intérieur, il faut avoir la chance d'arriver au moment de la messe ou quand quelqu'un fait le ménage, ou bien aller chercher les clés, qui sont d'habitude conservées au Musée byzantin.

Le petit **Musée byzantin** mérite une visite pour les icônes très colorées et magnifiquement présentées provenant des églises de Kastoria. Ce musée est situé dans la partie haute de la ville, à deux pas de la plateia Dexamenis, la place principale. Si vous demandez votre chemin, sachez que beaucoup de gens, ici, l'appellent le « Musée archéologique ».

Le nom de la ville signifie « castor ». En effet, grâce au beau pelage de cet animal, la ville a dominé le

Kastoria
p. 170 B2
Informations
Plateia Dimarchiou
2467 026777

Musée byzantin
Plateia Dexamenis
2467 026781
Fermé lun.

commerce des fourrures en Grèce depuis le XVIIe siècle. On a tellement donné la chasse aux castors locaux qu'ils se sont éteints au XIXe siècle, mais les fourreurs ont continué, jusqu'à nos jours, à importer des fourrures. Ils confectionnent des manteaux, des gants, des bonnets et d'autres articles que vous verrez dans certains magasins, bien que beaucoup soient produits pour l'exportation.

La ville possède aussi un **Musée folklorique** qui mérite une visite, entre autres pour la belle demeure du XVIIe siècle qui l'abrite, la maison Alvazi. Habitée jusqu'en 1972, elle a été convertie en musée ; on peut y voir des objets quotidiens, des costumes, des instruments agricoles, ainsi que la reconstitution d'une cuisine et d'une cave à vin. Le musée présente également d'intéressants témoignages sur le commerce des fourrures.

Grâce à la richesse acquise en s'adonnant au commerce des fourrures, les habitants de Kastoria ont construit de très belles demeures. Bien que la maison Alvazi soit la seule dont on puisse voir l'intérieur, il en existe d'autres remarquables, à travers la ville, que l'on peut admirer de l'extérieur, dont plusieurs à proximité du musée. Les maisons Skoutari, Natzi, Basara et Immanouil sont caractéristiques : elles présentent une partie basse en pierre et des étages supérieurs plus sophistiqués, avec des balcons de bois, des murs ornés de sgraffites, et parfois des vitraux. Les pièces d'habitation se trouvent dans les étages supérieurs, alors que le rez-de-chaussée et le premier étage servaient de réserves, comme on le voit au Musée folklorique.

En se promenant au bord du lac – c'est particulièrement agréable au printemps et à l'automne, car les arbres sont magnifiques –, on peut voir les barques aux formes originales amarrées au bord de l'eau. L'eau du lac est assez polluée, mais on y trouve encore toutes sortes d'animaux, comme des grenouilles et des tortues. En faisant le tour du promontoire, on atteint le **monastère de Panagia Mavriotissa**. Il est désaffecté, et ne subsistent que deux églises des XIe et XIVe siècles, aux fresques bien préservées. ■

Avec son étage supérieur en encorbellement et ses grandes fenêtres, la maison Immanouil est l'une des plus belles de Kastoria.

Musée folklorique

✉ Kapetan Lazou

☎ 2467 028603

🕒 Fermé tous les jours de midi à 15 h

€ €

Les lacs de Prespa

Informations
p. 170 B2
Agios Germanos
2385 051452

Les frontières avec l'Albanie et l'ex-République yougoslave de Macédoine convergent au milieu du plus grand lac de Prespa, le Limni Megali Prespa. La Grèce et l'Albanie se partagent le Mikri Prespa. Cette terre de confins, à la pointe nord-ouest de la Grèce, semble ne pas avoir été affectée par la vie moderne. Peu accessibles, les lacs constituent un vrai paradis pour la faune.

À Agios Germanos, on passe le temps en jouant aux dominos à l'ombre.

Au cours des années 1970, les touristes ne pouvaient pas accéder à cette zone particulièrement sensible, puisque située à la frontière avec l'Albanie. Il fallait demander une autorisation et se faire escorter par la force militaire, ne serait-ce qu'un soldat. La région est donc aujourd'hui beaucoup moins connue que d'autres parties de la Grèce. Mais on découvre peu à peu qu'elle est exceptionnelle, idyllique et de toute beauté.

Le **parc national de Prespa** constitue une aire de reproduction vitale, en Europe, pour une multitude d'espèces d'oiseaux. Les visiteurs doivent en être conscients, et le meilleur moyen d'aborder une visite du parc, c'est de se rendre au **centre d'information** situé dans le petit village d'Agios Germanos. Il fournit d'abondantes informations en plusieurs langues, des dépliants, des guides de randonnées, et on y trouve en outre des créations et des produits artisanaux provenant de toute la région. C'est également là qu'il faut s'inscrire pour une visite guidée du parc.

On peut se rendre aux lacs dans la journée depuis Kastoria, mais, si l'on veut y passer la nuit, il convient de réserver aux moments de grande affluence – à Pâques et en août –, car les possibilités d'hébergement sont fort limitées. Il y a bien quelques pensions de famille à Agios Germanos (qui abrite par ailleurs la seule poste de la zone). Mais on trouvera plus facilement à se loger au village de Psarades, au bord du lac. Partout, l'hébergement sera simple, mais agréable.

Quelques rares pélicans frisés, dont il ne reste qu'un millier de couples dans le monde, vivent ici, et jusqu'à cent cinquante couples nidifient d'ordinaire à Prespa. Mais ils peuvent aller plus au sud, à Corfou, quand l'hiver est particulièrement rude et long dans les montagnes. Beaucoup d'autres espèces vivent dans la région des lacs : des hérons, des cormorans, des aigrettes, des oies, des grèbes et les seules harles de Grèce. En scrutant le ciel, on peut apercevoir divers oiseaux de proie, notamment l'aigle royal, le circaète Jean-le-blanc, l'aigle botté, le faucon lanier et le faucon pèlerin.

Ce milieu naturel extrêmement riche comprend également des amphibiens, plusieurs espèces de

grenouilles, des crapauds, des tritons et des salamandres tachetées, vingt espèces de reptiles – y compris des serpents, il faut donc être prudent en randonnée – et plus de mille trois cents espèces végétales.

La région est riche d'un grand nombre d'édifices religieux. À **Agios Germanos**, il faut absolument voir l'église éponyme, du XIe siècle, ornée de fresques, dont certaines d'origine. L'église d'**Agios Athanasios**, dans le même village, mérite aussi une visite. Mais pour voir l'une des églises les plus originales de la région, il faut prendre un bateau sur le lac de Mikri Prespa. On peut en trouver un à Psarades.

L'église byzantine d'**Agios Akhillios**, en ruine, se trouve sur le petit îlot homonyme, où l'on peut aussi découvrir les vestiges d'un ancien monastère et rencontrer les quelques familles qui vivent encore ici et s'efforcent avec peine de joindre les deux bouts grâce à la pêche et à l'agriculture.

On peut aussi effectuer une promenade en bateau sur l'autre lac, le Megali Prespa, où le principal centre d'intérêt est l'église **Panagia Eleousas** (XVe siècle), bizarrement édifiée sur la roche tout au bord du lac. Parmi les autres curiosités, visibles uniquement en bateau, citons une icône de la Vierge peinte à même le rocher.

La promenade en bateau sur ce grand lac paisible entouré de collines, avec ces frontières invisibles passant au milieu de l'eau, est une magnifique expérience. On se sent véritablement privilégié de pouvoir accéder à un tel site. ■

Les roselières bordant les rives des lacs de Prespa offrent un habitat précieux à la faune aquatique.

Vergina

L'UNE DES DÉCOUVERTES ARCHÉOLOGIQUES LES PLUS MARQUANTES du XXe siècle en Grèce a eu lieu en 1977 à 13 kilomètres du bourg de Veria. Les fouilles des tombes royales de Vergina ont montré qu'il s'agissait en fait de l'ancienne capitale macédonienne d'Agai, abandonnée ensuite au profit de Pella (voir p. 181).

Vergina
p. 170 C2
2331 092397
Fermé lun.
€€

C'est le professeur Manolis Andronikos (1919-1992) qui a découvert les tombes. Contrairement à Schliemann, si sûr de lui à Troie, il ne prétendait pas savoir à l'avance ce qu'il y avait à l'intérieur. Apparemment, il aurait trouvé la sépulture du roi Philippe II de Macédoine, le père d'Alexandre le Grand, datant du IVe siècle av. J.-C. Le squelette de l'ancien souverain était entier et bien préservé à l'intérieur d'un coffre d'or portant l'emblème macédonien, le soleil à seize rayons. Mais cette identification reste très controversée (voir encadré).

Deux autres tombes royales ont été découvertes à proximité, contenant des frises sculptées et des objets funéraires. La première des deux grandes tombes mises au jour par Andronikos avait été pillée il y a longtemps, mais la seconde contenait des trésors inestimables.

Cette découverte a entraîné une réécriture des livres d'histoire, car on a longtemps pensé que les rois de Macédoine étaient enterrés à Édesse (voir p. 204). Le contenu des tombes figure maintenant parmi les trésors du Musée archéologique de Thessalonique (voir p. 183), mais cela vaut la peine de voir les tombes, même vides.

La découverte des tombes a entraîné un regain d'activité ; d'importantes fouilles archéologiques sont encore en cours, ce qui accroît l'intérêt de la visite. Un très beau musée a été édifié à Vergina. On peut y voir les tombes présentées derrière une vitre protectrice.

En plus des tombes royales (et d'autres moins importantes trouvées à proximité), Vergina est aussi le site du **palais de Palatitsia** ; postérieur à Philippe II et à Alexandre, il a probablement été édifié par le roi Antigone Gonatas au IIIe siècle av. J.-C. Ce palais est très étendu. On pense que le théâtre voisin, plus ancien, est l'endroit où Philippe a été assassiné en 336 av. J.-C. Certains historiens affirment que le meurtre fut perpétré à l'instigation de son fils Alexandre (voir p. 29). ■

Mais à qui sont ces ossements ?

Depuis une étude publiée en 1984, certains affirment que le squelette découvert dans la tombe royale de Vergina est celui de Philippe II, le père d'Alexandre le Grand. Entre autres arguments, il y avait une blessure visible au-dessus de l'œil droit, qui concorde avec ce que l'on sait de la mort du roi. Pourtant, en 2000, l'historien grec Antonis Bartsiokas a prétendu qu'en fait ces ossements étaient ceux du demi-frère d'Alexandre, Philippe III Arrhidée, qui s'empara du trône à la mort d'Alexandre. Antonis Bartsiokas affirme qu'il n'y a pas de trace de blessure à l'œil, et que certains objets trouvés dans la tombe sont postérieurs à la mort de Philippe II. Pour le moment, toutefois, le musée s'en tient à la première version. ■

La mosaïque originale de cette *Chasse au lion* est conservée dans le musée local qui lui est dédié.

Pella

Le site d'apparence modeste de Pella se trouve à 44 kilomètres à l'ouest de Thessalonique, à cheval sur la route nationale provenant du nord-ouest de la Grèce. On a du mal à croire que cet endroit ait jamais été important, mais on peut considérer qu'il s'agit de la première capitale d'un État correspondant approximativement à la Grèce moderne. Pella était la capitale de la Macédoine sous Philippe II. Après avoir battu les armées grecques en 338 av. J.-C. (voir p. 29), le roi de Macédoine unit pour la première fois les diverses cités-États jusque-là presque constamment en guerre les unes contre les autres, créant une entité correspondant à la plus grande partie de la Grèce actuelle.

Pella a été fondée à la fin du Ve siècle av. J.-C. par le roi Archélaos (413-399). Philippe II et Alexandre le Grand y sont nés. La ville a été détruite par les Romains au IIe siècle av. J.-C. Aujourd'hui, ce qui est surtout intéressant, ce sont les magnifiques mosaïques qui ont subsisté. Certaines, encore en place, datent pour la plupart de 300 av. J.-C., peu de temps après la mort d'Alexandre. Elles sont splendides. Plusieurs figurent des scènes de chasse. On peut voir des chasseurs nus attaquant un lion à l'aide de massues et d'épées, un chevreuil poursuivi par un griffon, une chasse au cerf et une splendide représentation du dieu Dionysos chevauchant une panthère.

La plupart se trouvent dans la **maison de la Chasse au lion**, qui était probablement un édifice officiel. Mesurant 90 mètres de long sur 50 mètres de large, elle comportait des dizaines de salles réparties autour de trois cours à ciel ouvert.

De l'autre côté de la route, l'extraordinaire **musée** local présente d'autres mosaïques, des statues, des céramiques et divers objets. ■

Pella

p. 170 C2

2382 031160

Fermé lun.

€

Sur le front de mer, les grands immeubles d'habitation modernes contrastent avec l'ancienne Tour blanche.

Thessalonique

Capitale de la Macédoine, Thessalonique (Thessaloniki) est une métropole très vivante donnant sur la mer Égée. Ville chargée d'histoire et très moderne à la fois, elle compte un grand nombre d'étudiants. Le soir, sur le front de mer, les bars et les cafés sont bondés de jeunes discutant avec animation.

À une extrémité du front de mer se dresse une grande statue équestre du roi de Macédoine, Alexandre le Grand, dont la demi-sœur Thessalonica a laissé son nom à la ville. En effet, ladite demi-sœur épousa un certain Cassandre – après qu'il eut mis à mort Olympias et Roxane, les mère et femme d'Alexandre, ainsi que le jeune fils de ce dernier. Cassandre fonda la cité en 315 av. J.-C. en incorporant vingt-cinq bourgades à la petite ville de Therma (il y a des sources d'eau chaude) et lui donna le nom de son épouse. Dix ans plus tard, il se proclama roi de Macédoine.

Quand les Romains conquirent la Grèce, ils firent de Thessalonique (ou Salonique) la capitale de la province de Macédoine Première, en 146 av. J.-C. Elle se trouvait sur la via Egnatia, la route qui unissait Rome à l'avant-poste oriental de Constantinople. D'ailleurs, la rue principale s'appelle encore Egnatia.

Thessaloniki

p. 170 D2 & 184

Informations

Mitropoleos, 34

231 0222935 ou 231 0271888

En bordure de cette rue, à l'est de la ville, l'**arc de Galère** a été érigé en 303 par l'empereur Galère pour commémorer sa victoire sur les Perses six ans auparavant. Les bas reliefs de l'arc évoquent ses exploits de façon détaillée. Presque à côté, la **Rotonde** aurait été construite pour servir de mausolée au même Galère. Ayant successivement fait fonction d'église et de mosquée au fil des siècles, elle abrite aujourd'hui des expositions temporaires.

Non loin de là se trouve l'édifice le plus célèbre de la ville, la **tour Blanche**, reproduite sur un grand nombre d'affiches et de cartes postales. Autrefois appelée Tour sanglante parce qu'elle servait de prison et de lieu d'exécution, elle abrite aujourd'hui un **Musée byzantin** très éclectique qui présente sur cinq étages de nombreux objets d'art byzantins, notamment des bijoux, des mosaïques et des icônes. Du sommet de la tour, on jouit d'une belle vue sur le front de mer.

Le **Musée archéologique**, l'un des principaux attraits de Thessalonique, se trouve à quelques pas. Certains objets du néolithique et de l'âge du fer montrent que la Macédoine a été l'une des premières régions peuplées de la Grèce.

Dans une annexe spécialement aménagée, on peut voir le squelette présumé du roi Philippe II de Macédoine, ainsi que la cuirasse qui revêtait la dépouille, le coffre en or dans lequel il a été enterré et beaucoup d'autres objets splendides provenant des tombes royales de Vergina (voir p. 180), notamment des effigies en ivoire de la famille royale et une couronne en or.

Musée byzantin
- ✉ Tour Blanche, front de mer
- ☎ 231 0267832
- 🕒 Fermé lun.

Musée archéologique
- ✉ Manoli Andronikos/ Leoforos Stratou
- ☎ 231 0830538
- € €€

Alexandre le Grand dans une pose héroïque.

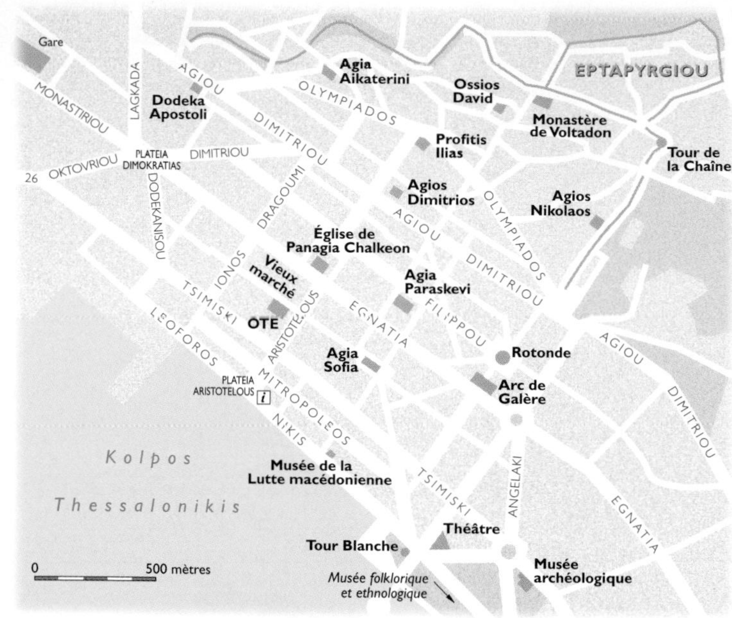

Dans la même salle sont exposés des objets découverts au nord de la ville, à Derveni ; les plus belles pièces sont présentées ici – la visite du site est moins intéressante. On notera surtout les restes d'un rouleau de papyrus datant du IVe siècle av. J.-C. et l'immense cratère de Derveni, un vase en bronze de un mètre de haut richement orné, utilisé pour mélanger le vin.

Le musée possède aussi de délicates mosaïques provenant surtout de maisons romaines découvertes à Thessalonique. Elles sont réunies dans une salle aménagée en forme de cour romaine : les mosaïques ornent le sol et les murs. Notez la mosaïque aux trois chevaux très réalistes. Plusieurs petits musées méritent aussi une visite. Le **Musée folklorique et ethnologique** est installé dans une demeure du XIXe siècle, à l'est du centre-ville. Il présente, entre autres, une très belle collection de costumes traditionnels et d'intéressantes archives photographiques. Le **musée de la Lutte macédonienne** se trouve à quelques pas du front de mer. L'utilisation du nom « Macédoine » par l'ex-république yougoslave de Macédoine a naturellement beaucoup troublé les Grecs, surtout ici, dans ce qu'ils ont toujours considéré comme la véritable Macédoine. Ce musée captivant expose leur point de vue, avec une insistance dramatique sur leurs combats pour contrôler la région ; il présente notamment des armes utilisées par les combattants de la liberté et des dioramas très vivants.

LES ÉGLISES

Thessalonique compte beaucoup de belles églises. **Agia Sofia**, construite au VIIIe siècle, est un des hauts lieux du centre-ville. On la reconnaît faci-

Musée folklorique et ethnologique
✉ Vasilissis Olgas, 68
☎ 231 083059
🕒 Fermé jeu.
€ €

Musée de la Lutte macédonienne
✉ Proxenou Koromila, 6
☎ 231 0229778
🕒 Fermé sam.

lement, car elle ressemble à Sainte-Sophie d'Istanbul ; elle aussi, elle a fait fonction de mosquée de 1585 à 1912. La base d'un minaret subsiste à un angle de l'église. À l'intérieur, on peut voir des fresques et des mosaïques des IXe et Xe siècles remarquablement bien conservées.

Thessalonique s'enorgueillit également de posséder la plus grande église de toute la Grèce, **Agios Dimitrios**, dédiée au saint patron de la ville. Édifice relativement moderne reconstruit en 1917 après le terrible incendie qui a dévasté la ville, elle est située à l'endroit présumé où saint Dimitri a été tué par les Romains en 305 parce qu'il refusait d'abjurer sa foi. La crypte où cela se serait produit est un endroit envoûtant, sous le maître-autel. Le jour de la Saint-Dimitri, le 26 octobre, on organise des processions et des festivités à travers toute la ville.

La riche ornementation du cratère de Dervani évoque Dionysos et son cortège de ménades.

Dans une petite rue du haut de la cité, la minuscule chapelle **Ossios David** forme un contraste saisissant avec Agios Dimitrios. Derrière l'autel, on peut admirer la plus belle mosaïque de Thessalonique, la *Vision d'Ézéchiel*. Même ceux qui ne se passionnent pas pour les églises ou les mosaïques apprécieront l'incomparable beauté de cette œuvre, la conservation des coloris et le fait que, de façon inhabituelle, le Christ soit représenté sans barbe. La chapelle est fermée à clé afin de protéger la mosaïque des voleurs, mais d'ordinaire un gardien ouvre la porte aux visiteurs.

LA TOUR DE LA CHAÎNE

Dans la ville haute, la tour de la Chaîne offre un magnifique panorama de la ville. Elle s'insérait dans la muraille byzantine inachevée de Thessalonique, que l'on peut voir en différents endroits de cette partie de la ville baptisée Eptapyrgiou (les « Sept Tours »).

De là, en se dirigeant droit vers le front de mer, on passe à côté de la maison natale de Mustafa Kemal Atatürk (1881-1938), le premier président de la Turquie moderne. À l'intérieur, un petit musée évoque cet homme extraordinaire ; le reste est conservé tel qu'il était quand sa famille y vivait. Pour visiter, il faut d'abord se rendre au consulat de Turquie, à côté, pour obtenir l'autorisation. Compte tenu de l'état tendu des relations entre la Grèce et la Turquie dans le passé, et du fait que les Grecs tiennent Atatürk pour responsable des échanges de population qui ont humilié la Grèce en 1923, les autorités turques sélectionnent avec soin les visiteurs admis dans la maison – qui a été menacée à plusieurs reprises. Munissez-vous de votre passeport. ■

La Chalcidique

LE NOM DE CHALCIDIQUE (CHALKIDIKI) ÉVOQUE AU PREMIER abord les trois péninsules qui s'insinuent dans la mer Égée septentrionale. Mais la Chalcidique comporte une quatrième partie, au nord : une région de collines boisées, qui n'a rien à voir avec les stations balnéaires des deux péninsules occidentales et qui est beaucoup moins fréquentée. Quant à la troisième péninsule, à l'est, elle est connue dans le monde entier à cause du mont Athos, où aucun être du genre féminin – ni femme ni animal – n'est jamais admis, à l'exception de la Vierge Marie (voir p. 188-189).

Chalkidiki
p. 170 D2

Grotte de Petralona
p. 170 D1
55 km au sud-est de Thessaloniki
€

La péninsule occidentale, **Kassandra**, offre beaucoup de plages bondées. C'est là qu'il faut aller pour paresser au soleil et profiter de la vie nocturne.

Au nord-ouest, les stations balnéaires se touchent et finissent par se fondre dans la banlieue de Thessalonique.

Située au nord de l'étroit goulot de la péninsule, la ville de **Nea Moudania** est la porte de Kassandra. La plupart des touristes la traversent sans s'arrêter. Elle est moins attirante que les stations balnéaires situées plus au sud, mais elle possède tous les équipements nécessaires, et des bateaux desservent les Sporades et la péninsule du Pélion. Il ne faut guère de temps pour faire le tour de Kassandra en voiture et avoir un aperçu de la région. Les deux côtes offrent des stations balnéaires assez semblables, mais celles de la côte orientale ont vue sur la deuxième péninsule, Sithonia.

Sithonia est plus calme ; elle a aussi plus de charme, avec son paysage de vertes collines semblables à celles du nord de la Chalcidique. Les stations balnéaires sont intimes bien que les plages soient étendues, et là aussi, depuis la côte orientale, on a vue sur le mont Athos. On peut faire une promenade en bateau autour du mont Athos (voir p. 190-191), à partir d'Ouranopoli, au nord d'Athos, ou d'Ormos Panagias, la principale localité de la côte est de Sithonia.

De petites stations telles Toroni et Aretes, vers la pointe sud de Sithonia, offrent les meilleures plages. Si vous désirez tout le confort d'un centre de vacances organisées, allez à **Porto Carras**, le plus vaste de ces complexes en Grèce, qui dispose d'une plage de 10 kilomètres.

Les belles collines boisées et les villages perchés du **nord de la Chalcidique** sont peu touchés par le tourisme. L'une des principales attractions est la grotte proche du village de Petralona ; parfois appelée **grotte de Petralona**, elle s'appelle en réalité grotte des Kokkines Petres (« des Pierres rouges »). C'est ici que l'on a découvert en 1960 le plus ancien vestige archéologique de Grèce, un crâne de néanderthalien vieux de sept cent mille ans environ. L'importance de la grotte est soulignée par la reconstitution de scènes préhistoriques très convaincantes dans leur cadre naturel.

Une route agréable serpente au milieu des plus beaux paysages du nord de la Chalcidique. Elle passe par le gros village d'**Arnea**, où l'on peut faire halte pour admirer les charmantes maisons anciennes et examiner les tapis typiques et les autres produits de l'artisanat local. Plus loin, on traverse **Stagira (Stagire)**, lieu de naissance du précepteur d'Alexandre le Grand, le philosophe Aristote (384-322 av. J.-C.), célébré à la sortie du village par une statue de marbre. ■

Un pêcheur vérifie ses filets dans le port de Nea Skioni (presqu'île de Kassandra).

Mont Athos

p. 171 E1

Le mont Athos

LE NOM GREC DE LA PRESQU'ÎLE OÙ SE DRESSE LE MONT ATHOS, Agion Oros, signifie « Montagne sainte ». Pour y accéder, il faut demander une autorisation bien à l'avance, mais tout le monde peut faire une promenade en bateau au large de la péninsule pour découvrir les monastères qui caractérisent le paysage (voir p. 190-191). Certains sont théâtralement perchés au sommet de la falaise et on se demande comment on a pu les construire. À l'extrémité sud de la péninsule, le majestueux mont Athos (2 033 mètres) est le plus haut sommet de Chalcidique.

Saint Athanase a fondé en 963 la Grande Laure, ou Grande Lavra, le premier monastère sur la péninsule d'Athos. En ce temps-là, l'endroit était déjà considéré comme un lieu sacré et avait attiré des ermites aspirant à la vie contemplative. Le premier monastère a été bâti sur un affleurement rocheux, à la pointe sud-est de la péninsule, le plus loin possible de toute civilisation. On construisit ensuite bien d'autres monastères, et à une certaine époque on compta à Athos quarante monastères en activité, pouvant accueillir chacun jusqu'à 1 000 moines.

Seuls quelques rares pèlerins sont autorisés à partager brièvement la vie austère des moines du mont Athos.

La situation a bien changé à présent : seulement vingt monastères abritent moins de 2000 moines. Toutefois, leur nombre a augmenté ces dernières années : des jeunes se sont tournés vers la vie monastique, poussés par le changement de millénaire et par le rejet de l'hédonisme ambiant.

Tout le monde sait qu'aucune femme n'est admise dans la péninsule. Cette règle est en vigueur depuis 1060 : un édit de l'empereur byzantin Constantin Monomaque a interdit aux femmes de se rendre au mont Athos, lieu réservé à la seule Vierge Marie. Même les animaux femelles sont bannis. Le statut unique d'Athos a été confirmé par un décret du gouvernement grec qui créa en 1926 une république théocratique à Athos, indépendante tout en faisant partie de l'État grec. On a insinué que cela pourrait changer, mais, pour l'instant, le mont Athos suit sa propre voie.

Un homme qui désire se rendre à Athos et non se contenter de l'observer d'un bateau doit suivre une procédure très stricte. Il lui faut d'abord obtenir une lettre de recommandation du consul de Grèce dans son pays, et pour cela avancer de bonnes raisons éducatives, religieuses ou culturelles justifiant son désir de visiter Athos. Il doit ensuite envoyer ou présenter sa lettre au ministère des Affaires étrangères à Athènes ou au ministère de la Macédoine et de la Thrace, à Thessalonique, seuls habilités à lui délivrer une autorisation. Aucun bateau ne l'emmènera à Athos sans cette autorisation.

Si ses motivations sont admises, il peut s'inscrire sur la liste des candidats ; chaque ministère n'accorde que dix autorisations par jour, de façon à limiter le nombre de visiteurs et à garantir aux moines la paix à laquelle ils aspirent. L'autorisation permettra à l'impétrant de passer quatre nuits – néanmoins, une fois sur place, on peut solliciter de rester deux nuits supplémentaires. Le visiteur ne pourra utiliser son autorisation que le jour précis pour lequel elle lui aura été accordée. Si l'on veut visiter Athos, il faut donc être patient et organiser son voyage en fonction de ce rendez-vous.

Les moines mènent une vie très austère. Les premières messes ont lieu fort tôt, vers 3 ou 4 heures du matin. On appelle les moines à la prière en tapant sur un bout de bois suspendu près de l'entrée de l'église, le *simandro*. Ils ne prennent que deux repas par jour et observent de nombreux jours de jeûne durant lesquels ils n'ont droit qu'à un repas très léger. Quand ils ne prient pas, les moines s'activent en travaillant aux champs ou en entretenant les bâtiments de leur monastère. ■

À Ouranopoli, le rivage est dominé par la tour byzantine de Phosphori.

Une promenade en bateau au large du mont Athos

Peu d'élus ont accès au mont Athos – ou Agion Oros. La majorité des visiteurs doivent se contenter d'une promenade en bateau le long de la côte, pour voir de loin les splendides monastères bâtis en haut des falaises.

Certains circuits en bateau font tout le tour de la péninsule pour que les touristes voient aussi les monastères de la côte est. Mais la plupart des bateaux qui partent d'**Ouranopoli** ❶, au nord-ouest du mont Athos, se limitent à son côté le plus spectaculaire. Ouranopoli n'est pas un endroit particulièrement attirant, et la plupart des visiteurs préfèrent séjourner en Chalcidique ou à Thessalonique. On peut tout de même passer une nuit à Ouranopoli pour prendre l'un des premiers bateaux.

Ceux-ci ne peuvent pas s'approcher à plus de 500 mètres du rivage et, pour prendre des photos, il faut prévoir un téléobjectif. Mais même avec un petit appareil, on peut photographier les dauphins qui escortent parfois les embarcations et sautent joyeusement hors de l'eau. Ces promenades durent quatre heures au minimum, et bien que l'on vende de quoi se restaurer à bord des bateaux, le choix est limité ; il est préférable de prévoir un pique-nique. Le circuit est commenté en grec, en anglais et en allemand, mais la sonorisation est assez mauvaise sur certains esquifs.

La carte ci-contre vous aidera à identifier les principaux monastères. Les premiers devant lesquels on passe se trouvent à l'intérieur des

Voir aussi p. 171
➤ Ouranopoli
Environ 80 kilomètres
Entre 4 et 6 heures
➤ Ouranopoli

À NE PAS MANQUER

- Dochiariou
- Agiou Pandeleimonos
- Simonopetra
- Agiou Dionisiou

terres. **Zografou**, le plus au nord, a été fondé au Xe siècle mais, comme de nombreux monastères, il a été reconstruit aux XVIIIe et XIXe siècles. Aujourd'hui, il abrite une petite communauté de moines bulgares. Quant à **Konstamonitou**, également toujours habité, il a été fondé au XIe siècle.

Les monastères que l'on peut voir le mieux se trouvent plus bas sur la côte. **Dochiariou** ❷ apparaît en premier, derrière une jetée; il comporte une série de beaux bâtiments situés sur une colline. Ce monastère, encore en activité, a été fondé au Xe siècle et, outre les fresques d'origine de son église, il affirme posséder un morceau de la vraie Croix. Plus loin sur la côte, **Xenofondos** ❸, fondé au Xe siècle par le saint éponyme, est également toujours actif et comporte même une scierie. Mais comme beaucoup de ses homologues, il a été endommagé au fil du temps par des incendies et présente un mélange de styles divers.

Le monastère côtier suivant, le très majestueux **Agiou Pandeleimonos** ❹, date du XIIe siècle, avec des ajouts dus à des moines russes au XIXe siècle. On distingue les coupoles en forme de bulbe des églises pointer au-dessus des bâtiments aux toits rouges. Plus loin, le port de **Dafni** ❺ accueille les pèlerins; une petite communauté y vit pour subvenir aux besoins des moines et de leurs visiteurs. Dans les terres se trouve le monastère de **Xeropotamou**, lui aussi endommagé par le feu et rebâti en styles variés.

L'un des sites les plus impressionnants est **Simonopetra** ❻, sur une crête rocheuse, fondé au XIVe siècle comme **Grigoriou**, également en haut d'une falaise mais moins spectaculaire. Ensuite **Agiou Dionisiou**, avec ses balcons roses et blancs, est perché à 80 mètres au-dessus de la mer. **Agiou Pavlou** ❼ se trouve encore plus haut, niché au pied du mont Athos lui-même. À ce point, beaucoup de bateaux font demi-tour et retournent à Ouranopoli, laissant les moines à leur existence contemplative que seuls quelques pèlerins privilégiés peuvent partager. ■

Le monastère de Grigoriou, au sommet de la falaise.

La vallée verdoyante du Nestos.

La vallée du Nestos

LE NESTOS PREND SA SOURCE DANS LES MONTS RHODOPE (Rodopi), à la frontière de la Bulgaric, puis il parcourt 130 kilomètres à travers la Grèce avant de se diviser et de se jeter dans la mer Égée. Une partie de son cours marque la limite entre la Macédoine et la Thrace. La région se situe à la confluence de diverses cultures. À l'ouest, c'est la Grèce moderne, à l'est la Turquie, et au nord l'Europe centrale, avec ses histoires flamboyantes de Tsiganes et de vampires. Le delta du Nestos est une zone marécageuse essentielle au nord de la Grèce : elle regorge de végétaux, de reptiles, d'amphibiens et abrite près de 250 espèces d'oiseaux.

Vallée du Nestos
p. 171 E3

Stavroupoli
p. 171 F3

À l'intérieur des terres, on peut emprunter un magnifique itinéraire le long du fleuve entre Xanthi, en Thrace, et Drama, en Macédoine. C'est une région très intéressante, influencée par la Turquie et la Bulgarie toutes proches. Très peu de touristes la visitent, alors que l'accueil de la population y est chaleureux et le paysage tout à fait pittoresque. Soyez néanmoins prudent en hiver : les routes sont parfois coupées en raison des intempéries. Quand c'est le cas, des panneaux avertissent les automobilistes aux deux extrémités de la vallée. Faites le plein d'essence avant le départ; il y a très peu de stations-service.

La route serpente au milieu d'immenses forêts de hêtres, au pied des montagnes, enneigées pendant plusieurs mois. On rencontre d'adorables petits villages où l'on peut s'arrêter pour avoir un aperçu de la vie en montagne dans ce coin perdu de la Grèce, à des années-lumière d'Athènes. À **Stravroupoli**, on peut se restaurer et prendre de l'essence, mais on ne trouve pas à se loger. **Xanthi** (voir p. 196-197) est de loin la meilleure base pour séjourner dans la région. ■

Philippes

Les imposants vestiges de la florissante cité de Philippes (Philippi, ou Filippi), à 15 kilomètres au nord-ouest de Kavala, enjambent la route nationale Kavala-Drama. La ville fut nommée ainsi en l'honneur de Philippe II de Macédoine, père d'Alexandre le Grand (voir p. 29), qui l'avait prise aux Thraces en 356 av. J.-C. Toutefois, les vestiges datent surtout de la période romaine.

L'endroit le plus célèbre du site est ce qui reste de la **prison**. Saint Paul y aurait été enfermé quand il effectua son premier voyage en Europe en l'an 49 de notre ère.

Philippes est surtout célèbre pour la bataille qui s'y déroula en 42 av. J.-C. Voyant que leur défaite face aux forces de Marc Antoine et d'Octave était inéluctable, Brutus et Cassius, les meurtriers de Jules César, se donnèrent la mort.

On peut voir un assez grand **théâtre** datant de l'époque de Philippe II de Macédoine. Il a été reconstruit à l'époque romaine et utilisé comme amphithéâtre. Au bord de la route – une partie de la via Egnatia qui unissait Rome à Constantinople – il y a un **musée**, mais sa visite n'est pas indispensable, car les principaux attraits du site sont encore en place.

Le gros des vestiges de la ville se trouve de l'autre côté de la route. On peut notamment voir deux éléments très différents : les imposantes fondations d'une grande église, dite **basilique B**, et des **latrines publiques** – le bon état de conservation des cinquante sièges en marbre est impressionnant. À côté se trouvent les ruines des thermes romains, édifiés en 250 de notre ère, mais détruits peu de temps après par un incendie. ■

Philippi / Filippi

p. 171 E2

251 0516470

Fermé lun.

€

La basilique B a été édifiée au VIe siècle mais elle s'est écroulée sous le poids de la voûte.

La ville moderne de Kavala vue de l'ancienne citadelle.

De Kavala à Alexandroupoli

À VOIR SON PORT, SA FORTERESSE ET SES RESTAURANTS SUR LE front de mer, Kavala est indéniablement grecque. Mais, quand on se déplace vers l'est, l'atmosphère change peu à peu : à Xanthi et à Komotini, tout indique que l'on se rapproche de la frontière. Et quand on arrive à Alexandroupoli, on découvre une ambiance très fortement marquée par la Turquie voisine.

Kavala

p. 171 E2

Informations

Plateia Eleftherias

251 0222425

KAVALA

Ce port très animé possède d'intéressants musées d'art et d'histoire. Cette cité est à la fois la porte qui permet d'accéder aux îles du nord de la mer Égée et du Dodécanèse, et une station balnéaire appréciée pour ses belles plages. La première impression n'est pas toujours favorable : Kavala est une grande ville très active, mais cela vaut vraiment la peine de consacrer quelques jours à la découvrir.

Kavala est ancienne : elle a été fondée au VIe siècle av. J.-C. par des colons venus de l'île de Paros. C'est ici que, selon les Écritures, saint Paul a posé le pied pour la première fois

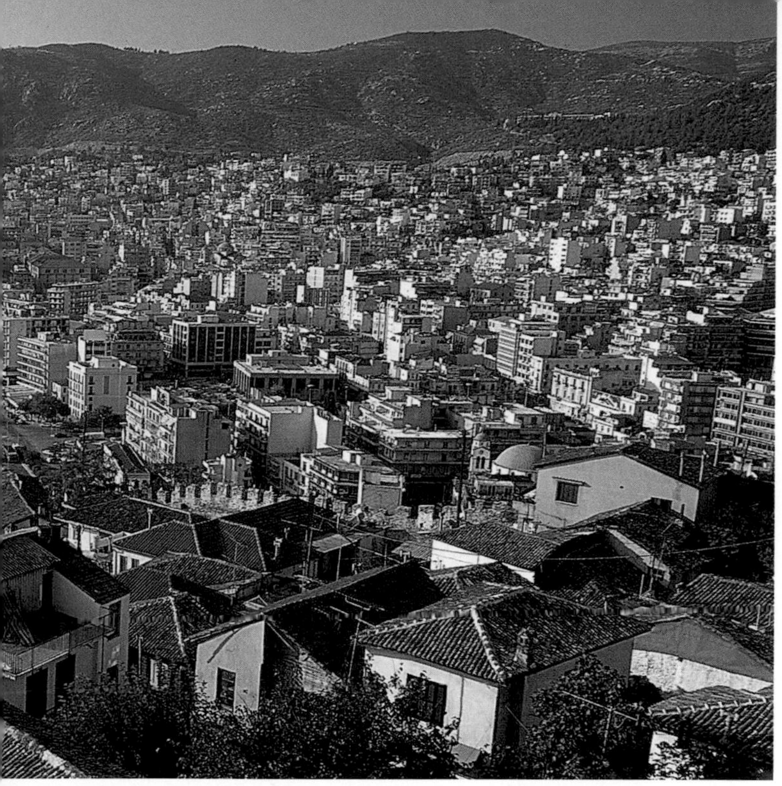

en Europe, en l'an 49, avant de se rendre à Philippes (voir p. 193). La ville a été contestée au cours des siècles. Elle fut successivement occupée par les Francs, les Turcs, les Vénitiens, les Normands et autres envahisseurs, y compris les Bulgares durant les deux guerres mondiales du XXe siècle.

L'occupation turque, de 1371 à 1912, a exercé la plus profonde influence, que l'on perçoit bien dans l'architecture.

Cette civilisation a laissé sa trace avec, entre autres édifices, l'**aqueduc** de la ville, qui ne date pas de la période romaine, comme on pourrait s'y attendre, mais du XVIe siècle.

Une **citadelle** domine l'extrémité orientale du port. Ses murs puissants, bâtis au Xe et au XVIe siècle, sont particulièrement impressionnants quand ils sont illuminés, la nuit. La citadelle englobe une partie de la ville baptisée Panagia. On se perd facilement dans ses ruelles sinueuses, entre ses maisons des XVIIIe et XIXe siècles.

Parmi ces dernières se trouve la **maison natale de Méhémet-Ali** (en arabe Muhammad Ali, 1769-1849), qui devint pacha d'Égypte. On identifie facilement cette demeure grâce à la statue équestre en bronze qui la jouxte. La maison se visite, mais elle n'est pas toujours ouverte. Cependant, il suffit de frapper et d'attendre que le gardien vienne ouvrir. On peut alors arpenter le jardin et parcourir les salles, assez vastes, parmi lesquelles se trouve notamment un harem.

L'édifice le plus remarquable, l'**Imaret**, domine le port, à droite

Musée archéologique
Erythrou Stavrou, 17
251 0222335
Fermé lun.
€

Musée d'Art folklorique et moderne
Filippou, 4
251 0222706
Fermé dim.

quand on pénètre dans la citadelle. Fondé par Méhémet-Ali, il accueillait à l'origine des étudiants en théologie musulmane, qui pouvaient s'y restaurer à bon marché. Après être resté à l'abandon pendant des années, il a été finalement transformé en restaurant; le cadre est absolument superbe. Si vous voulez juste y jeter un coup d'œil, allez donc prendre un verre au bar, installé dans la cour.

Le **port** de Kavala est un lieu très animé, et le marché situé juste derrière prend des allures de bazar oriental. Vous pouvez être sûr que le poisson servi dans les nombreux restaurants qui bordent le front de mer est bien frais, mais si vous recherchez une cuisine et une atmosphère un peu différentes, d'influence turque, vous les trouverez le soir dans le quartier de Panagia.

De l'autre côté du port, le beau **Musée archéologique** présente des objets provenant de plusieurs sites classiques des environs, y compris Philippes (voir p. 193). Certains des plus beaux proviennent d'Abdère (voir p. 197-198), notamment une superbe mosaïque, représentant un dauphin, et un immense sarcophage, exceptionnel dans la mesure où sa peinture a subsisté. Le site d'Amphipolis, à l'ouest de la ville, est aussi représenté, notamment par des couronnes de laurier d'or pur datant du IIIe siècle av. J.-C.; elles paraissent beaucoup trop délicates pour avoir plus de deux mille ans. On peut admirer également une importante collection de céramiques, de bijoux, de monnaies, de statues et autres objets.

Le **musée d'Art folklorique et moderne**, également appelé musée municipal, est un modèle du genre : il n'est pas seulement tourné vers le passé, il fait aussi place à l'art grec moderne. Parmi les œuvres les plus intéressantes figurent plusieurs sculptures de Polygnotos Vagis

(1894-1965), un artiste de l'île de Thassos. Dans d'autres salles, on peut s'intéresser à une précieuse collection de costumes traditionnels, ainsi qu'à des instruments ménagers et agricoles. Ce musée très éclectique mérite bien qu'on lui consacre une heure ou deux.

Xanthi
p. 171 F3

Musée folklorique
Antika, 7
2541 025421
Ouvert tous les jours 11 h-13 h, & lun., mer., ven.-sam. 19 h-21 h
€

XANTHI

La ville possède un charme indéniable qui incite à lui consacrer plus qu'un rapide coup d'œil. On peut même y séjourner pour rayonner dans la région. En plus de son atmosphère orientale, elle dégage une impression d'énergie juvénile, grâce aux nombreux étudiants qui fréquentent l'université de Thrace.

Xanthi regorge de bars, de bistrots et de musées. L'endroit le plus animé est la grand-place, agréable et

C'est le carnaval à Xanthi !

moderne, agrémentée de fontaines et bordée de cafés et de restaurants.

Xanthi abrite l'un des plus grands **marchés** de la région. Le samedi matin, la ville est envahie par une foule bigarrée de Grecs, de Turcs, de Tsiganes et de Pomaks. Ces derniers, des musulmans d'origine slave, forment une minorité extrêmement marginale. Ils sont environ 40 000, vivant pour la plupart au nord de Xanthi. Ils parlent un mélange de bulgare, de grec et de turc. Les Grecs ne sont guère tolérants à leur égard : ils doivent posséder un laissez-passer pour se déplacer, et les visiteurs ont aussi besoin d'une autorisation (difficile à obtenir) pour se rendre dans leurs villages. La langue des Pomaks est menacée, car les Grecs ne les encouragent pas à l'utiliser : ils font tout, par exemple, pour les empêcher d'avoir un journal dans leur langue.

Xanthi s'est enrichie grâce aux grandes plantations de tabac que l'on voit en traversant la Thrace. Les demeures des marchands de tabac, bâties pour la plupart au XIXe siècle, sont concentrées dans le dédale des ruelles de la vieille ville. L'une de ces demeures abrite aujourd'hui le **Musée folklorique** de la ville, consacré en partie à l'industrie du tabac ; il présente également des costumes et des bijoux de la région. Il offre aussi l'occasion de voir l'intérieur de l'une de ces demeures, à laquelle on a rendu son ancienne gloire.

ABDÈRE (AVDIRA)

Avdira
p. 171 F2

Abdère est un petit bourg agricole situé à quelques kilomètres de la côte. La plage voisine attire de nom-

Komotini
p. 171 F3
Informations
Ap Souzou, 14
2531 070996

Musée archéologique
Symeonidi, 4
2531 022411
Fermé lun.

Musée d'Ethnologie et d'Histoire
Agios Yeoryios, 13
Fermé dim.-lun.

breux vacanciers grecs en été, mais peu d'étrangers car elle est un peu isolée. Non loin de là, les marais qui entourent le lac de Vistonis sont un véritable sanctuaire naturel, où nichent surtout des échassiers et de rares oiseaux de proie, comme le pygargue. Des tours d'observation permettent aux passionnés d'ornithologie de les observer.

Le site de l'**Abdère antique** se trouve près de la plage. Les plus beaux objets qui en ont été exhumés sont presque tous exposés dans les musées archéologiques de Komotini et de Kavala. Le périmètre est envahi par la végétation, et il faut un minimum de persévérance pour l'apprécier. Il est situé sur un petit promontoire, entouré par les vestiges des murs de l'acropole. Il reste peu de choses du théâtre, et l'on reconnaît à peine des thermes romains. Non loin se devinent les fondations de maisons romaines; on peut aussi discerner l'ancienne porte de la ville, flanquée de deux tours.

La cité d'Abdère a été fondée vers 656 av. J.-C. par des réfugiés venus de Clazomène, en Asie Mineure, et refondée cent cinquante ans plus tard par d'autres immigrants en provenance de Perse. Elle devint un membre important de la ligue de Délos, la fédération des cités-États grecques formée au Ve siècle av. J.-C. pour faire face à la menace perse. Ce fut une ville assez étendue au moins jusqu'au IXe siècle. À cette époque-là, c'était encore le siège d'un évêché. Des fouilles, entreprises après 1950 seulement, ont mis au jour nombre d'objets précieux; ainsi, à un endroit, on a trouvé plus de 2 000 petits vases votifs.

Le site n'est pas spécialement attirant ni spectaculaire, raison pour laquelle il n'est pas très fréquenté; on peut donc en profiter pour flâner seul au milieu des vestiges, ce qui procure, tout compte fait, une expérience tout aussi gratifiante que de visiter des sites plus prestigieux en compagnie de centaines de touristes.

KOMOTINI

Comme Xanthi (voir p. 196-197), Komotini révèle un fascinant cocktail d'influences; elle semble un peu plus turque que sa proche voisine. Située à 100 kilomètres à peine de la Turquie, sa voisine orientale, elle est encore plus proche (22 kilomètres) de la Bulgarie, au nord. Ces deux pays ajoutent leur touche au *melting pot* grec qu'est la Thrace.

L'influence turque est la plus immédiatement perceptible à travers les minarets et les coupoles des mosquées de la ville – il n'y en a pas moins de quatorze, toujours en fonction. Komotini a appartenu à la Turquie ottomane de 1363 à 1920, date à laquelle on a modifié le tracé de la frontière. Il n'est donc pas étonnant qu'elle se sente aussi turque que grecque – mais avant d'exprimer ce point de vue à des habitants de Komotini, il est plus prudent de savoir où se situent leurs affinités. Car les relations gréco-turques constituent un sujet de conversation épineux, et près de la moitié de la population est d'origine turque; on y trouve aussi des Pomaks (voir p. 197).

Komotini a été fondée au IVe siècle av. J.-C., et le **Musée archéologique** présente son histoire ancienne. Il abrite aussi les plus beaux objets découverts sur les sites voisins d'Abdère (voir ci-dessus) et de Maroneia (voir p. 204). On peut y voir de beaux bijoux en or découverts dans les tombes, ainsi que des sarcophages peints, des statues, des céramiques et une importante collection de monnaies antiques.

L'intéressant **musée d'Ethnologie et d'Histoire**, installé dans les salles d'une demeure du XVIIIe siècle, présente un fatras délicieusement désuet où il est agréable de fouiner. Il possède une riche collection de costumes folkloriques, d'objets quotidiens et de broderies – une spécialité de la région.

Conséquence de l'influence turque, Komotini possède un bazar animé, qui maintient la tradition orientale des échoppes rassemblées par activité, de sorte que l'on peut voir, par exemple, toute une série de magasins de chaussures alignés les uns à côté des autres. On y trouve de tout, des objets antiques au poisson pêché le jour même, sans oublier de l'excellent tabac en feuilles cultivé dans la région.

ALEXANDROUPOLI

Certains touristes éliminent d'emblée Alexandroupoli de leur programme parce qu'ils savent que c'est une ville de garnison. Pourtant, située à l'extrémité orientale de la côte thrace, c'est une station balnéaire très agréable, avec une belle promenade et une longue plage de sable. D'esprit très familial, celle-ci offre de nombreux équipements pour les enfants, et les adultes peuvent pratiquer le ski nautique, le parachute ascensionnel et d'autres sports nautiques.

La partie ancienne de la ville jouxte la promenade ; c'est un dédale de rues étroites où se succèdent des ateliers, des boutiques de brocanteurs, des magasins d'alimentation et de souvenirs, des bars et d'excellents restaurants.

Le soir, les familles flânent sur la promenade avant d'aller dîner. Les grands-parents tiennent leurs petits-enfants par la main, et les groupes d'adolescents en profitent pour se dévisager.

L'édifice le plus marquant de la ville, le phare construit en 1880, se trouve aussi sur la promenade. La nuit, son fanal contribue à l'atmosphère magique du lieu. Alexandroupoli est un port ; ses ferries desservent les îles du nord de la mer Égée et vont jusqu'à Rhodes et à Cos, dans le Dodécanèse. C'est aussi la ville la plus proche de la frontière turque (d'où la présence militaire), et elle est reliée par chemin de fer à Istanbul, à Sofia en Bulgarie et à Athènes, *via* Thessalonique.

Alexandroupoli est cependant moins cosmopolite que Komotini ou Xanthi. Son essor ne date que de la guerre russo-turque, en 1878 : les Russes ont transformé un insignifiant village de pêcheurs en une ville moderne – qui porta d'abord le nom turc de Dedeagac, datant du XVe siècle. Elle fut rebaptisée en 1919, en l'honneur du roi Alexandre qui régnait alors sur la Grèce.

Alexandroupoli étant une base militaire, vous croiserez des soldats dans la rue, mais elle a beaucoup plus de charme que son statut ne le ferait croire. ■

La construction du phare, en 1880, a favorisé l'essor d'Alexandroupoli.

Alexandroupoli
p. 171 G2
Informations
Police touristique
2551 037411

Les oiseaux en Grèce

Comme les touristes, les oiseaux affluent en Grèce : ce pays constitue une halte idéale pour les espèces qui migrent à travers la Méditerranée orientale, quittant l'Europe centrale et orientale pour les régions plus douces d'Afrique du Nord.

L'île de Crète, idéalement située entre la Grèce et l'Afrique, attire beaucoup d'oiseaux migrateurs. On peut surtout y observer le « peuple migrateur » au printemps et en automne. Formant comme une sorte de microcosme de la Grèce continentale, elle offre des habitats très variés : des zones marécageuses qui attirent les grands échassiers, des marais salants appréciés par les avocettes, des plateaux dégagés qui conviennent bien à certaines espèces, comme la huppe très colorée.

Plusieurs régions de Grèce constituent des aires de reproduction vitales, y compris pour certaines espèces très menacées. Les lacs de Prespa, près de la frontière albanaise, sont l'une des rares aires de reproduction en Europe du pélican frisé, un oiseau jugé menacé par l'International Council for Bird Preservation. Il en reste moins de 1 000 couples dans le monde, et près d'un cinquième nidifient dans la région. C'est également la seule aire de reproduction en Grèce du pélican blanc, plus répandu. Parmi les autres espèces qui y nidifient, on peut encore citer le cormoran pygmée (lui aussi en danger), le harle et de splendides oiseaux de proie tels l'aigle royal, le circaète Jean-le-blanc et l'aigle botté.

La région du delta de l'Évros, à l'est d'Alexandroupoli, près de la frontière turque, est un refuge où des milliers de canards et d'oies viennent hiverner. Plus de 75 % des 408 espèces de l'avifaune grecque ont été observées dans le delta de l'Évros, notamment le cormoran pygmée, le cormoran blanc, le pélican blanc, le héron, l'aigrette, la cigogne et d'innombrables échassiers. On peut également y voir des pygargues.

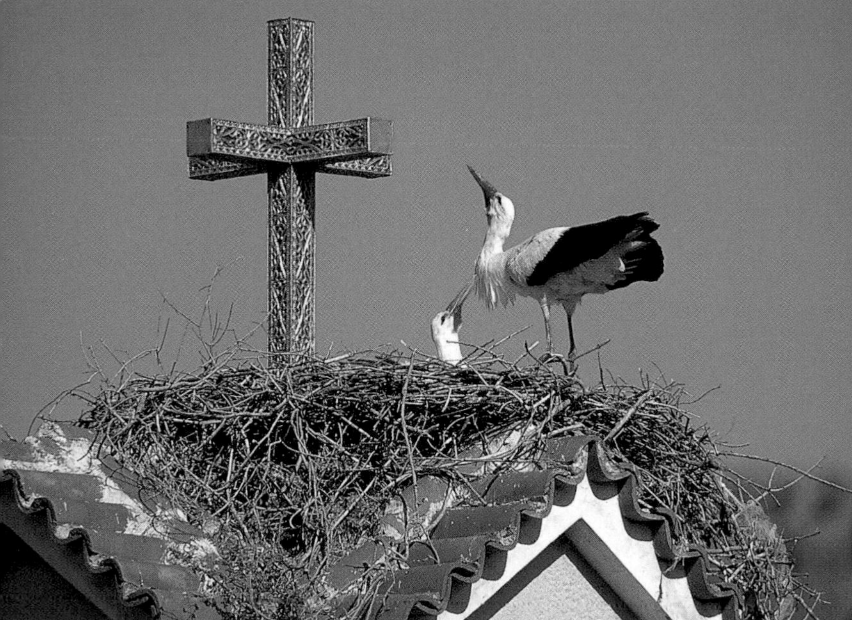

Le meilleur endroit pour observer des oiseaux de proie est le nord du delta de l'Évros, dans la forêt de Dadia. Sur les 39 espèces de rapaces vivant en Europe, on en a repéré 36, dont 26 vivent et nichent dans les bois de pins, sur les pentes des monts Évros. Il s'agit notamment du vautour fauve, de l'aigle royal, du percnoptère d'Égypte et de l'épervier à pattes courtes, ainsi que du pygargue et du vautour cendré, l'un des plus rares en Europe.

Sur la côte occidentale de la Grèce continentale, les marais proches de Missolonghi comptent parmi les sites écologiques les plus importants de Grèce. Des fleuves comme l'Acheloös et l'Évinos ont créé toute une série de lagunes, de laisses, de marais et de roselières. On y a observé près de 300 espèces d'oiseaux; en hiver, on y rencontre de grandes quantités de foulques (estimés à 30 000) et de canards (plus de 20 000 individus). Missolonghi est une halte essentielle pour le courlis à bec grêle menacé en Russie, où il niche. Il fait halte ici avant d'aller passer l'hiver en Afrique du Nord.

Les îles de la mer Égée orientale sont particulièrement intéressantes pour les passionnés d'ornithologie. Ils peuvent y observer des espèces que l'on sait être plus communes en Asie. Ainsi la sittelle de Krüper, répandue en Turquie, vient jusque dans l'île de Lesbos (voir p. 236-237), et elle n'est pas rare dans les bois proches du village de montagne d'Ayiassos.

Toujours à Lesbos, le golfe de Kalloni constitue un refuge bien connu pour les oiseaux migrateurs, notamment les oiseaux aquatiques comme les canards, les échasses et les avocettes. On y rencontre aussi le très rare faucon d'Éléonore, de toute beauté. ■

À gauche : On peut voir de gros nids de cigognes sur les toits et les cheminées du nord et de l'est de la Grèce.
Ci-dessus : Le chevalier gambette, aux pattes et au bec caractéristiques, se nourrit en eau peu profonde.
Ci-dessus à droite : Le vautour fauve n'est que l'une des quinze espèces de vautours de l'Ancien Monde.
À droite : L'autour est l'un des oiseaux de proie les plus répandus en Grèce.

Le delta de l'Évros & la réserve forestière de Dadia

Centre d'information de la réserve forestière de Dadia
p. 171 G3
2554 032209

La pointe orientale de la Grèce englobe deux des plus beaux sites naturels du pays : le delta de l'Évros et la forêt de Dadia. L'Évros naît en Bulgarie et délimite la frontière entre la Grèce et la Turquie sur la plus grande partie de son cours. C'est pourquoi le delta est une région aussi sensible sur le plan politique que sur le plan écologique, et les autorités grecques surveillent tous ceux qui s'y rendent. Donc ne soyez pas étonné, si vous vous promenez avec des jumelles et un bloc-notes, que l'on vienne contrôler votre identité. Jusqu'à la fin des années 1990, il fallait une autorisation pour accéder à certaines zones, mais ce n'est plus le cas.

Si vous voulez découvrir la région, le bourg de **Loutros Traianopolis**, à la limite du delta, dispose de quelques chambres toutes simples. On peut se déplacer à pied, car de nombreux sentiers sillonnent le delta, mais on risque facilement de se perdre.

La région abrite des serpents venimeux et, bien qu'il soit rare de se faire mordre (d'ordinaire, les serpents s'éclipsent à l'approche des pas), il vaut mieux être prudent. On trouve ici la vipère ammodyte, le boa javelot, la couleuvre à collier, la couleuvre tesselée, la couleuvre chat et la couleuvre léopard. Il y a beaucoup d'autres reptiles, notamment plusieurs espèces de tortues et de lézards. Les amphibiens abondent également, comme le triton crêté, le sonneur à ventre jaune, la grenouille rieuse et la salamandre tachetée.

Le mammifère le plus rare que l'on puisse voir est la loutre commune. Des loups, des chacals dorés et des putois habitent aussi dans

cette zone, attestant que tout le delta n'est pas entièrement marécageux.

Si vous avez de la chance, vous aurez peut-être le privilège d'apercevoir un pygargue ou un balbuzard pêcheur plonger pour saisir un poisson. En hiver, l'eau peut rester étonnamment douce dans cette région, et des quantités d'oiseaux sauvages y séjournent.

Du delta, dirigez-vous vers le nord-est. La petite ville de **Feres** constitue une bonne base pour aller explorer la **réserve forestière de Dadia**, d'une superficie d'environ 32 000 hectares, située plus au nord. Dominée par les monts Évros, c'est une région originale, avec ses paysages splendides, parcourue surtout par les passionnés de la faune.

On atteint le **centre d'information de la forêt** à partir du village de Likofos ; il fournit des informations utiles sur la flore et la faune de la réserve, particulièrement renommée pour ses rapaces (voir p. 201). On peut également y obtenir des conseils pour explorer la réserve à pied ou s'inscrire pour un circuit organisé dans les zones où les véhicules privés sont interdits. Les deux principaux sentiers sont bien balisés. L'un mène au point culminant de la réserve (620 mètres), l'autre à un observatoire qui domine le canyon de Mavrorema. C'est un endroit formidable pour observer les oiseaux de proie qui se laissent porter par les courants chauds ascendants venus du canyon.

Outre des aigles et des vautours, on peut voir le faucon lanier, le milan noir, l'autour, l'épervier à pattes courtes et la bondrée. Vous aurez peut-être la chance de reconnaître une cigogne noire, mais elles se font de plus en plus rares ; il n'en reste que quelques-unes dans la forêt.

Au sein même de la réserve forestière, on peut séjourner dans le très agréable refuge proche du centre d'information. Sachez qu'au printemps et en automne, périodes de migration des oiseaux, mieux vaut réserver. Un bar est ouvert à proximité et, au village de **Dadia**, à 1 kilomètre de là environ, vous trouverez d'autres endroits où vous restaurer, ainsi que des magasins. ■

Rares sont les visiteurs qui viennent jusqu'ici découvrir ces paisibles zones marécageuses, paradis des oiseaux migrateurs et de la faune aquatique.

Autres sites à visiter

EDESSA

Edessa, située au bord d'un escarpement qui domine la vaste plaine de Macédoine, est un lieu de villégiature très apprécié des vacanciers grecs.

Les cascades d'Edessa sont l'une des principales attractions touristiques des collines de l'ouest de la Macédoine. La plus grande d'entre elles se jette d'une hauteur de 25 mètres dans un précipice et ruisselle vers la plaine de Macédoine. Un sentier forestier permet de passer derrière l'une des chutes et de pénétrer dans une petite grotte.

Mais l'attrait tient plus au cadre qu'aux cascades elles-mêmes. En effet, l'espace environnant a été aménagé en parc agréable. On y trouve une grande diversité d'espèces végétales, une abondance d'arbres et de nombreuses variétés de fleurs très colorées. En outre, des cafés et un restaurant ont été aménagés pour retenir les visiteurs.

p. 170 C2 Train à partir de Thessalonique

FLORINA

Le bourg de Florina se trouve à 40 kilomètres à l'est des lacs de Prespa, dans la montagne. On peut y passer plusieurs nuits si l'on veut explorer le nord du massif du Pinde et certains petits lacs des environs – bien que la ville de Kastoria (voir p. 176-177) ait plus de charme et soit mieux située.

Très proche de l'ex-république yougoslave de Macédoine, Florina offre une atmosphère intéressante de ville frontière. L'un de ses principaux attraits est sa partie ancienne, qui comporte un grand nombre de pittoresques maisons turques et de demeures néoclassiques. On y trouve aussi un intéressant petit **Musée archéologique** (*fermé sam.-lun.* €), ainsi que quelques hôtels et restaurants.

p. 170 B2 Train à partir de Thessalonique

MARONEIA

L'antique Maroneia est l'un de ces sites historiques délicieusement isolés qui méritent une visite autant pour le voyage et le cadre que pour voir les vestiges eux-mêmes. La route traverse les champs de coton et de tabac de la Thrace, longe des fermes et des bois, et atteint la Maroneia moderne, une petite localité rurale – vous rencontrerez probablement en route des tracteurs et des troupeaux. Cela vaut la peine de s'arrêter dans ce village : de grandes demeures aux beaux balcons surplombant les rues étroites témoignent de son ancienne prospérité.

À la sortie de Maroneia, en suivant l'indication Agios Haralambos, un chemin cahoteux, le long de la côte, vous mène rapidement aux ruines couvertes de végétation de l'**ancienne Maroneia**. Le principal attrait est un petit théâtre, qui semble une version miniature des grands théâtres d'Athènes (voir p. 56) et d'Épidaure (voir p. 104). Il a été restauré, et il s'y donne régulièrement des spectacles et des concerts. On voit aussi les vestiges de ce qui fut un sanctuaire probablement dédié à Dionysos (que les Romains appelaient Bacchus), le dieu du Vin, de l'Ébriété et de la Gaieté, grand amateur de fêtes et père de Maron, le fondateur de la cité de Maroneia.

Les vestiges aujourd'hui visibles rendent difficilement compte de ce qu'était l'ancienne ville qui prospéra du VIIIe siècle av. J.-C. à 1400 environ. Ses murailles atteignaient une longueur totale de 10 kilomètres, ce qui donne une idée de sa taille. C'était de loin la plus grande ville de la région.

Continuez jusqu'à **Agios Haralambos**, un charmant petit port peu touché par le tourisme, avec un hôtel, quelques tavernes et des maisons éparpillées. C'est un endroit tout indiqué pour qui souhaite échapper aux sentiers battus. p. 171 G2

SIATISTA

Comme Kastoria, 70 kilomètres plus au nord, Siatista était autrefois un des grands centres du commerce des fourrures. Cette activité a aujourd'hui périclité, mais certains magasins de la ville en vendent toujours. Ici aussi, on peut voir les demeures des marchands cossus du XVIIIe siècle, à l'intérieur richement orné ; certaines se visitent. La plupart sont bien entretenues et toujours habitées par les mêmes familles. Mais quelques-unes tombent en ruine. La principale église de Siatista, **Agia Paraskevi**, abrite des fresques du XVIIe siècle qui méritent d'être vues.

p. 170 B1 ■

Juste séparée du continent par un étroit chenal, l'Eubée est la seconde île grecque (après la Crète) par la superficie. Elle offre une grande diversité, de sa capitale animée, Chalcis, aux villages perdus de la montagne.

L'Eubée

Tête de Gorgone provenant d'Érétrie.

L'Eubée

Les Grecs connaissent bien la beauté de l'Eubée (Evia), mais peu d'étrangers la visitent. Il est vrai que les guides touristiques ont tendance à la négliger. L'Eubée est une île, mais elle est reliée au continent par un pont. Aussi les guides traitant des îles grecques l'ignorent-ils souvent, car ils la considèrent comme une partie de la Grèce continentale, et vice versa. Finalement, c'est là un gros avantage quand on a envie de séjourner dans une région de la Grèce qui ne soit pas envahie par la foule des vacanciers. Et comme l'Eubée est vaste, les visiteurs sont bien répartis.

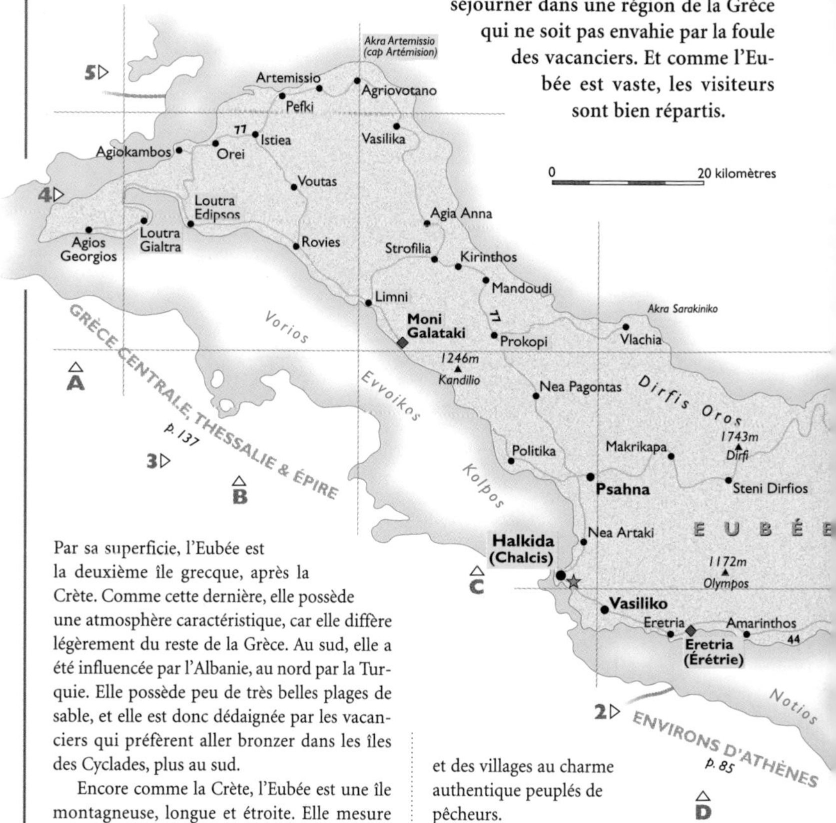

Par sa superficie, l'Eubée est la deuxième île grecque, après la Crète. Comme cette dernière, elle possède une atmosphère caractéristique, car elle diffère légèrement du reste de la Grèce. Au sud, elle a été influencée par l'Albanie, au nord par la Turquie. Elle possède peu de très belles plages de sable, et elle est donc dédaignée par les vacanciers qui préfèrent aller bronzer dans les îles des Cyclades, plus au sud.

Encore comme la Crète, l'Eubée est une île montagneuse, longue et étroite. Elle mesure 175 kilomètres de long, et son point culminant, le mont Dirfi, atteint 1 743 mètres. Extrêmement fertile, l'Eubée est couverte de forêts, de vergers, d'oliveraies et de vignobles. C'est d'ici, dit-on, que vient le meilleur *retsina* de Grèce. On y trouve aussi d'excellents pâturages ; en fait, le nom grec originel de l'île est *Euboea,* qui signifie « Où le bétail abonde ». Sur la côte, on rencontre des falaises déchiquetées, des plages et des villages au charme authentique peuplés de pêcheurs.

Si vaste soit-elle, l'Eubée ne possède guère de grands sites classiques. Toutefois, il faut absolument visiter le plus connu, l'antique Érétrie (Eretria) (voir p. 212). L'île comporte aussi un grand nombre de sites de moindre importance et de nombreuses forteresses franques et byzantines.

Selon la mythologie, l'Eubée est devenue une île quand le dieu de la Mer, Poséidon, a

Le ton vert argenté des oliveraies domine dans l'île d'Eubée.

créé, d'un coup de trident, le chenal qui la sépare du continent. Elle devint ensuite l'île préférée du dieu, qui établit à proximité des côtes son palais sous-marin. La liste des résidents qui l'ont suivi comprend presque tous ceux qui ont envahi la Grèce : les Macédoniens, les Romains, les Francs, les Byzantins, les Vénitiens et, bien entendu, les Turcs, qui restituèrent l'île à la Grèce en 1830. Tous ces peuples ont laissé des traces, comme on le verra plus loin.

L'impact du tourisme est beaucoup plus faible que dans la plupart des autres îles grecques. Si vous prévoyez d'y passer un moment, n'oubliez pas de vous munir d'un guide de conversation, surtout si vous désirez visiter les jolis villages de l'intérieur, car on n'y pratique guère les langues étrangères. ■

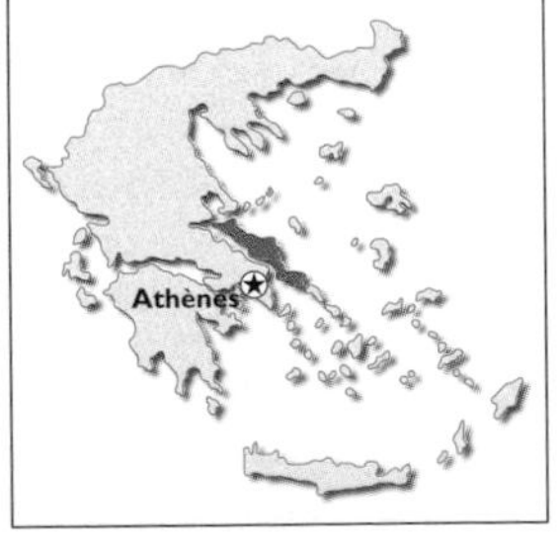

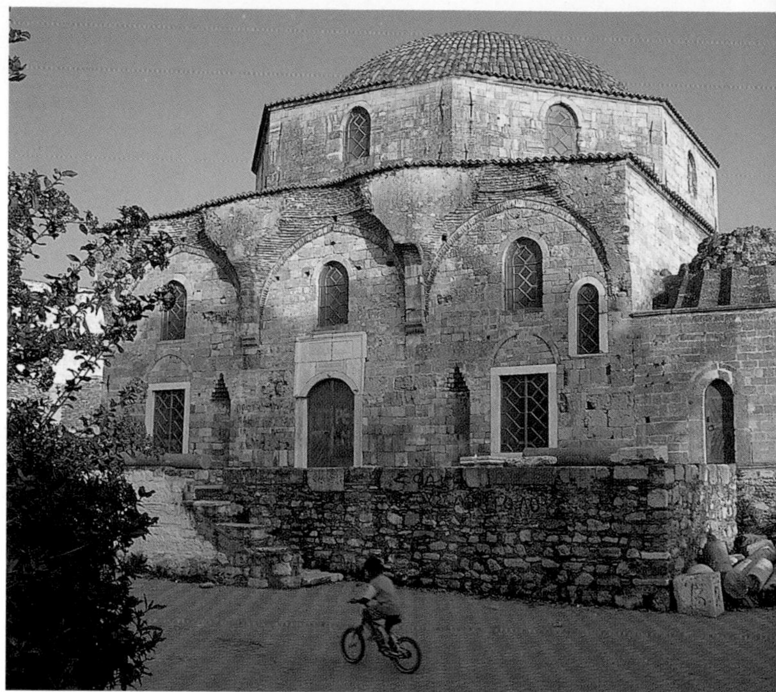

Halkida
p. 206 C3
Informations
Police touristique
2221 077777

Musée folklorique
Skalkota, 4
2221 021817
Fermé lun.-mar., jeu. & sam.

Chalcis

LE PORT INDUSTRIEL DE CHALCIS (HALKIDA) EST LA CAPITALE DE l'Eubée. En voiture, c'est elle que l'on découvre en premier. C'est ici que le détroit d'Euripe (Evvoikos Kolpos) est le plus étroit (40 mètres), et un pont la relie directement au continent. Le détroit est fameux pour ses courants mystérieux : parfois, ils changent de direction plus d'une dizaine de fois dans la journée; d'autres jours, ils ne changent qu'une seule fois. Selon la légende, le philosophe Aristote s'est senti si frustré d'être incapable de comprendre ce phénomène qu'il s'est jeté dans l'Euripe et s'est noyé. Si Aristote est bien mort à Chalcis en 322 av. J.-C., il n'est pas certain que ce soit de cette manière-là.

Chalcis est une capitale insulaire très active, pourvue de nombreuses industries, notamment des cimenteries, et elle est très peuplée. Son quartier turc, très animé, constitue l'un de ses principaux attraits, mais la ville ne doit pas être considérée comme un reflet de l'ensemble de l'île.

Un pont franchit l'Euripe depuis 411 av. J.-C. (le pont actuel ne date que des années 1960). La ville fut l'une des cités-États indépendantes

L'aspect de la vénérable mosquée située à l'entrée du quartier de Kastro dénonce bien le poids des ans.

de la Grèce avant d'être soumise par Athènes en 506 avant notre ère. Puis, comme le reste de l'île, Chalcis a été dominée par toute une série de peuples envahisseurs : Macédoniens, Turcs, Francs et Vénitiens.

On pense que le nom de Chalcis dérive du mot grec *chalkos*, qui désigne le cuivre. En effet, ce minerai a constitué l'une des premières sources de richesse de l'île.

Chalcis dominait jadis la péninsule de Chalcidique (voir p. 186), à laquelle elle a donné son nom, et possédait plusieurs colonies dans la péninsule italienne.

Pendant longtemps, Chalcis a rivalisé avec Érétrie pour contrôler l'ensemble de l'Eubée, tout particulièrement la fertile plaine de Lélantine, qui nourrit la plus grande partie de l'île. Au VIIe siècle av. J.-C., Chalcis affirma sa supériorité et devint la capitale de l'Eubée.

Aujourd'hui, bien qu'elle ne séduise pas d'emblée, Chalcis mérite que l'on consacre un jour ou deux à ses musées, à sa vieille ville et à son **front de mer**, situé pour l'essentiel à gauche après avoir franchi le pont. On y trouve de nombreux restaurants, des cafés, des bars à ouzo, ainsi que des hôtels. C'est un endroit agréable pour prendre un café, déjeuner ou dîner, avec vue sur le continent, de l'autre côté du détroit. Les restaurants de poisson sont très prisés : on dit même que les Athéniens parcourent fréquemment la distance de 88 kilomètres qui les sépare de Chalcis pour venir dîner ici.

C'est également sur le front de mer que se tient le marché où les paysans apportent les produits de l'île. Ce marché est très animé, surtout le samedi.

Pour cette raison, le samedi matin est le pire moment de la semaine pour traverser Chalcis en voiture ou pour emprunter le pont qui la relie au continent.

Pour trouver des rues plus calmes, dirigez-vous vers le quartier baptisé **Kastro**, en tournant à droite, vers l'intérieur de l'île, après avoir franchi le pont. Beaucoup de vieilles maisons trahissent des apports turcs et vénitiens. Plus à l'est, une communauté de musulmans originaires de Thrace confère une touche orientale particulière à cette partie de la ville, renforcée par une imposante mosquée du XVe siècle, un aqueduc turc et une forteresse du XVIIe siècle. L'aqueduc servait à alimenter Chalcis en eau de source provenant du mont Dirfi, à 25 kilomètres au nord-est.

Le christianisme est représenté par l'église quelque peu bizarre et massive d'**Agia Paraskevi** originellement construite au XIIIe siècle, non loin du pont. Au XIVe siècle, les croisés ont remanié l'extérieur de ce vaste édifice en style gothique, avec des rosaces, mais l'intérieur présente un mélange de toutes les influences reçues par l'île. On peut y remarquer une chaire de bois très ornée et un plafond de bois.

Le **Musée folklorique** de Chalcis, juste à côté d'Agia Paraskevi, présente l'habituelle collection de costumes traditionnels et d'objets ruraux.

Le **Musée archéologique** de Chalcis est plus intéressant. Situé dans la partie moderne de la ville, il possède de magnifiques sculptures provenant du temple d'Apollon de l'ancienne Érétrie, ainsi que des objets exhumés de sites moins connus de l'île, comme Karistos. Il présente aussi des céramiques et des figurines du IIIe siècle av. J.-C. découverts en fouillant le cimetière et le site de Manika, juste au nord de Chalcis. Il y a peu de choses à voir sur le site même, mais les fouilles continuent et fourniront peut-être d'autres trésors. D'autres sites historiques sont représentés au musée, comme Agios Stephanos et Tries Kamares. ■

Musée archéologique
✉ Venizelou, 13
☎ 2221 076131
🕒 Fermé lun.
€ €

Une promenade à la découverte du nord de l'Eubée

Ce circuit part de la ville portuaire animée de Chalcis, en suivant d'abord le littoral, puis en s'enfonçant dans les montagnes pour découvrir la superbe partie accidentée du nord de l'île.

Après avoir franchi le pont reliant le continent à **Chalcis** ❶ (voir p. 208), restez sur la route nationale qui traverse le centre de la ville, en tournant à gauche (route 44) puis à droite (route 77), tout en suivant l'indication Mandoudi. Hors de Chalcis, la plupart des panneaux routiers sont rédigés uniquement en grec. Munissez-vous donc d'un exemplaire de l'alphabet grec pour pouvoir déchiffrer le nom des localités.

Au nord de Chalcis, la route traverse des marais salants et longe la côte, offrant une vue superbe sur le continent. Au bout de 12 kilomètres, prenez une petite route quand vous voyez le panneau indicateur « Psahna ». Vous y arrivez au bout de 2 kilomètres. **Psahna** ❷ est un agréable bourg qui mérite une brève halte pour admirer les fresques du XIIIe siècle de l'église paroissiale.

De Psahna, suivez l'indication Prokopi, qui vous ramène sur la route 77. Prokopi se trouve à 30 kilomètres. La route, vraiment splendide, traverse des oliveraies puis des forêts de pins quand le paysage devient plus montagneux. Plus on monte, plus on découvre de splendides panoramas du continent et de l'Eubée elle-même ; on peut voir à quel point l'île est verte, tout particulièrement au printemps et au début de l'été. La route longe un moment une rivière dans la **vallée de la Kleisoura**, profonde, étroite et très boisée : on y trouve une abondance de noyers, de platanes et de peupliers. Suivez cette route jusqu'à Prokopi.

Prokopi ❸ (voir p. 215) est une étape essentielle. Cette localité s'est développée après l'arrivée de réfugiés grecs expulsés de Turquie lors de l'échange de populations effectué en 1923. L'église **Agios Ioanis o Rosos** (Saint-Jean-le-Russe) abrite le corps momifié de ce saint, ramené de Turquie. Prokopi abrite aussi le **centre Kandili**, un endroit conçu pour passer des vacances spécialement consacrées à l'art. Il est installé autour de l'ancien manoir féodal de l'Anglais Edward Noel, un proche de lord Byron, et doit son nom au mont Kandilio situé au sud. Cela vaut la peine de visiter ce centre, ne serait-ce que pour voir la belle et imposante vieille demeure et le parc.

De Prokopi, reprenez la route 77 sur 8 kilomètres, en suivant les indications Limni et Mandoudi.

Mandoudi ❹ est un beau village aux maisons blanchies à la chaux, situé à 1 kilomètre de la route principale. N'hésitez pas à faire ce léger détour pour vous arrêter un instant et vous reposer sur la jolie place centrale.

Regagnez la route 77 et tournez à droite en direction de Strofilia et Limni. La route traverse une région plus agricole, au milieu des pieds de vigne croulant sous le poids des grappes en automne. À Strofilia, la route bifurque. Prenez à gauche, la route qui traverse d'autres villages perchés, avant de redescendre vers la jolie petite ville côtière de **Limni** ❺ (voir p. 215). Un bon repas de fruits de mer vous y attend.

Si vous le pouvez, prenez le temps de vous rendre à pied à l'extraordinaire **Moni Galataki** (voir p. 215). Il n'y a pas d'heures d'ouverture officielles, mais tous ceux qui se présentent le matin ou en début d'après-midi pourront visiter le monastère, s'ils sont convenablement vêtus. ■

Voir aussi p. 206
- ➤ Halkida (Chalcis)
- 80 kilomètres
- 2 heures
- ➤ Limni

À NE PAS MANQUER
- Halkida (Chalcis)
- Psahna
- Prokopi
- Mandoudi
- Limni

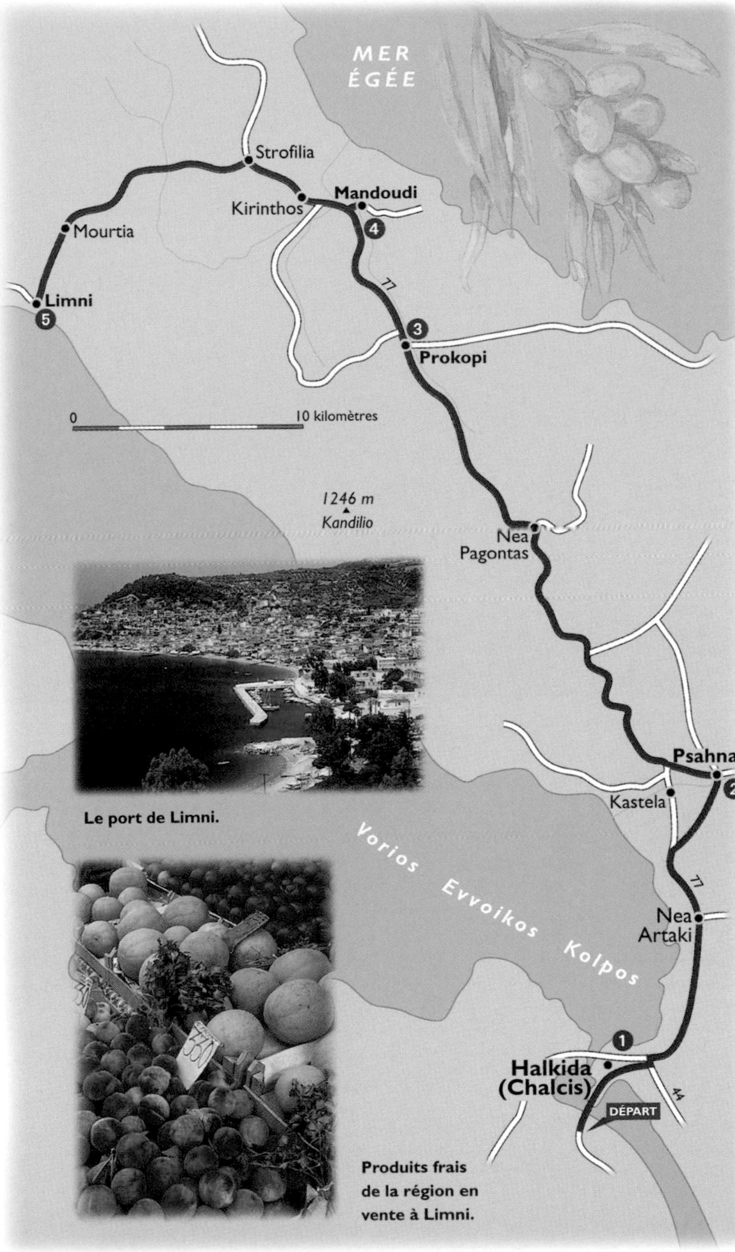

Le port de Limni.

Produits frais de la région en vente à Limni.

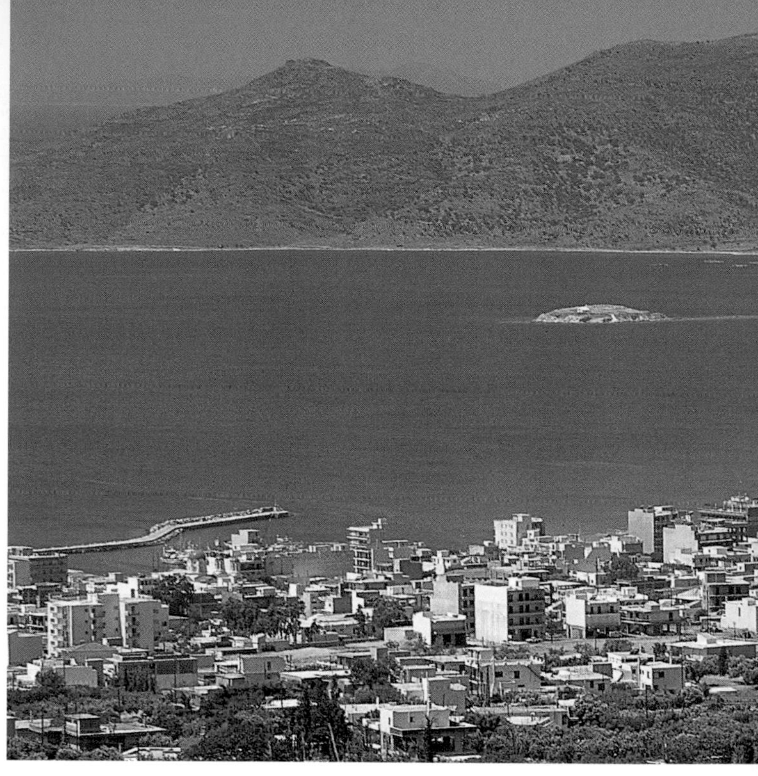

Coupé du reste de l'Eubée par les montagnes, Karistos donne sur une baie abritée.

À travers l'Eubée

En dehors de sa capitale, la grande et attachante île d'Eubée attend les voyageurs curieux. Avec des sites antiques, des stations balnéaires modernes, des plaines, des montagnes, l'île peut satisfaire tout le monde.

Eretria
p. 206 D2

Musée archéologique
Eretria
2229 062206
Fermé lun.
€

ÉRÉTRIE

Érétrie (Eretria) est le principal site antique de l'Eubée. À une époque, elle rivalisa avec Chalcis pour dominer l'île. Celle-ci l'emporta finalement au VIIe siècle av. J.-C. Quant à Érétrie, elle fut finalement détruite en 87 av. J.-C.

Malheureusement pour les archéologues, la localité moderne s'est développée sur les ruines de la cité antique et non à côté, comme c'est souvent le cas. Mais il y a encore bien des choses intéressantes à voir, bien que les plus beaux objets provenant du site soient exposés au Musée archéologique de Chalcis (voir p. 209).

Le **Musée archéologique** d'Érétrie possède une effrayante tête de Gorgone découverte dans une villa du IVe siècle av. J.-C. Non loin, une demeure restaurée du IVe siècle, la **Maison des mosaïques**, possède des sols ornés de mosaïques bien conservées; la clé se trouve au musée. Il subsiste d'autres vestiges au nord-ouest de la ville, notam-

ment le **théâtre**, où l'on peut s'engager dans un passage pratiqué sous la scène. Il mène à l'endroit d'où pouvait surgir, grâce à un dispositif mécanique souvent utilisé pour conclure un drame grec, le *deus ex machina* – sorte d'intervention providentielle très appréciée, avec apparition soudaine des dieux régissant le sort des humains. On peut aussi découvrir les vestiges d'un gymnase et d'un palais.

Au-dessus du théâtre, sur l'acropole, on remarque les vestiges des murs et de tours, et on découvre la plaine de Lélantine, la région fertile que se disputèrent Érétrie et Chalcis dans l'Antiquité, au nord-ouest.

Au centre de la ville apparaissent encore les fondations du **temple d'Apollon** sur le site de l'agora. La ville moderne d'Érétrie s'étire le long de la côte ; c'est l'une des principales stations balnéaires de l'île, mais ce n'est pas l'endroit le plus indiqué pour séjourner. Des stations bien plus agréables attendent le voyageur en Eubée.

KARISTOS

Presque à la pointe sud de l'Eubée, Karistos est une charmante petite ville en grande partie moderne : elle a été édifiée après la guerre d'Indépendance (1821-1829).

Othon, premier souverain de la Grèce moderne, aimait tellement cet endroit qu'il le rebaptisa Othonoupolis et en fit la nouvelle capitale de la Grèce. Il fit tracer par un architecte bavarois le plan d'une grande ville aux rues longues et larges, bordées de belles demeures. Mais, peu de temps après le début des travaux,

Karistos
p. 207 F1

Construit par les Vénitiens, le Castello Rosso domine le front de mer de Karistos.

Othon dut abdiquer. Karistos récupéra son nom et garda ses rues. Aujourd'hui, c'est l'un des points de destination des ferries venant de Rafina (voir p. 91), sur le continent. L'endroit est donc assez fréquenté, surtout en été, mais reste attrayant.

Une puissante forteresse médiévale, le **Castello Rosso**, domine la ville moderne du haut de l'ancienne acropole. Il ne reste pas grand-chose à l'intérieur de la forteresse, qui doit son nom à ses murs rougeâtres, mais elle offre un point de vue splendide sur la ville et, vers l'intérieur, sur le mont Ochi.

Kimi
p. 207 E3

Musée folklorique
2222 022011
Fermé lun.-mar., jeu.-ven.
€

Steni Dirfios
p. 206 D3

KIMI

La petite ville de Kimi est implantée au milieu des vignobles et des vergers, sur la côte septentrionale de l'Eubée. Son intéressant **Musée folklorique** possède une fascinante collection d'anciennes photographies.

En dépit de son apparence endormie et de sa situation retirée, cette paisible localité fut jadis prospère, ainsi que l'attestent les belles demeures du XIXe siècle qui bordent les rues. Sa prospérité d'autrefois reposait à la fois sur la production de soie et sur le commerce maritime international.

Kimi possède aussi une église intéressante, la **Panagia Koimisis**, qui abrite une précieuse icône du VIIe siècle représentant la Vierge et l'Enfant. Au nord de la ville, **Moni Sotira**, un monastère du XVIIe siècle, est spectaculairement juché au sommet d'une falaise. Il est toujours habité par des religieuses, et les hommes n'y sont pas admis.

STENI DIRFIOS

Grâce à sa localisation au pied des **monts Dirfi** (Dirfis Oros), où se trouve le point culminant de l'Eubée, le village de Steni Dirfios est devenu une florissante localité touristique.

Le sommet du mont Dirfi (à 1 743 mètres) offre un point de vue splendide, d'un côté sur la mer Égée, de l'autre sur la Grèce continentale. Il est relativement accessible, à condition d'être en forme et entraîné à la randonnée. Il faut prévoir environ quatre heures de marche jusqu'au sommet. Profitez d'une belle journée pour aller y pique-niquer.

Une carte est nécessaire pour effectuer l'ascension, qui commence au bout de la route traversant Steni Dirfios et aboutissant sur un parking 3 kilomètres plus loin. Suivez le sentier et bifurquez à droite en direction du « Refuge de la fontaine de Liri ». Du refuge, un autre sentier balisé à l'aide de taches de peinture rouge appliquées sur les rochers mène droit au sommet.

PROKOPI

Prokopi est aussi un village de montagne, dominé par le plus haut point du nord de l'île, le mont Kandilio (1 246 mètres). Le circuit détaillé p. 210-211 passe par là, et cela vaut la peine d'y faire halte. Beaucoup de pèlerins s'y arrêtent pour visiter l'église d'**Agios Ioanis o Rosos**, qui abrite les restes de saint Jean le Russe. Ukrainien combattant dans l'armée du tsar, il fut capturé et réduit en esclavage par les Turcs dans la petite ville de Prokopi, au centre de la Turquie. Lors de l'échange de populations qui eut lieu en 1923, ses fervents adeptes apportèrent ses précieuses reliques en Grèce. Ils édifièrent une église pour les abriter et baptisèrent leur nouveau village Prokopi. On peut également rencontrer des visiteurs russes venant en pèlerinage à Prokopi, car le saint a aussi été canonisé par l'Église orthodoxe russe en 1962.

LOUTRA GIALTRA ET LOUTRA EDIPSOS

À la pointe nord-ouest de l'Eubée, une grande baie encadrée de pentes boisées abrite deux agréables stations thermales.

La plus petite, Loutra Gialtra, est un joli petit port qui s'enorgueillit d'un vieux moulin à vent et d'une plage assez plaisante. À partir de là, on peut accéder à divers sites balnéaires plus séduisants, situés à la pointe nord-ouest de l'île.

De l'autre côté de la baie, Loutra Edipsos, la plus grande station thermale de Grèce, est renommée pour ses sources sulfureuses. Cette réputation attire ici chaque été des foules alléchées par la perspective de retrouver la forme. Ce n'est donc pas le bon moment pour s'y rendre, à moins d'avoir préalablement réservé. En revanche, grâce à cet afflux de visiteurs durant l'été, la petite ville dispose d'un grand nombre de chambres à d'autres moments de l'année – beaucoup d'hôtels possèdent même leur propre source chaude. On peut alors profiter de la belle plage, apprécier le charme d'un pittoresque port de pêche et aller passer la journée aux îles Sporades (voir p. 226-231).

LIMNI

Situé à 45 kilomètres plus bas sur la côte, Limni est resté un paisible port de pêche. Dépourvu des belles plages de Loutra Gialtra, de Loutra Edipsos ou d'autres stations de l'Eubée, il s'éveille tout juste au tourisme. Pour l'instant, c'est encore une discrète localité traditionnelle, avec des maisons aux murs blanchis à la chaux et aux toits en tuile rouge, et quelques belles demeures du XIXe siècle. Des cafés et des tavernes donnent sur le paisible front de mer ; dans le port, les bateaux dansent sur les vagues… Profitez-en : ce calme pittoresque ne durera peut-être pas.

Les visiteurs pleins d'énergie peuvent parcourir 8 kilomètres à pied jusqu'au **Moni Galataki**. C'est le plus ancien monastère de l'Eubée : certaines parties datent du XIIIe siècle. Dans l'église, des fresques du XVIe siècle ont subsisté. Elles comportent des scènes très intenses, notamment un Jugement dernier assez effrayant. Abandonné pendant longtemps, le monastère est à nouveau habité par des religieuses, depuis les années 1940. On peut le visiter. ■

Prokopi
p. 206 C4

Loutra Gialtra
p. 206 B4

Loutra Edipsos
p. 206 B4

Limni
p. 206 C4

Dans les collines proches de Stira, les chèvres imposent leur propre limitation de vitesse.

Autres sites à visiter

LE CAP ARTÉMISION (AKRA ARTEMISSIO)

Sur la côte nord de l'Eubée se trouve le cap Artémision – au large duquel se déroula une célèbre bataille navale qui opposa les Grecs à Xerxès au cours des guerres médiques, en 480 av. J.-C. Plusieurs plages de sable y sont très appréciées des gens du cru en été. Le joli village d'**Agriovotano** domine la baie. C'est au large de ce cap qu'en 1928 les pêcheurs locaux ont trouvé une statue de Poséidon, aujourd'hui l'une des œuvres les plus admirées du musée national d'Archéologie, à Athènes (voir p. 78-81). On raconte que Poséidon, le dieu de la Mer, vivait dans l'île d'Eubée.

p. 206 C5 Bus depuis Halkida

LE MONT OCHI

Le mont Ochi – ou Ohi – est le point culminant (1 398 mètres) du sud de l'Eubée. Il domine de pittoresques petits villages, aussi bien sur ses pentes que sur les côtes proches. Le village de **Mili** domine Karistos, près du Castello Rosso (voir p. 214); c'est d'ici que l'on part pour atteindre le sommet. Il s'agit d'une sérieuse ascension de quatre heures; il faut donc être en forme et avoir une bonne carte ou un guide. Le sommet offre une vue exceptionnelle. On peut voir notamment ce que l'on surnomme une **maison de dragon**, parce qu'on pensait autrefois que seuls des dragons avaient pu transporter les énormes pierres aux endroits élevés où les édifices ont été construits. En réalité, ce sont probablement des esclaves qui ont déplacé ces énormes rocs. Personne ne sait avec certitude à quoi servaient ces constructions du VIe siècle av. J.-C; il s'agissait peut-être de sanctuaires dédiés à Poséidon. p. 207 F1

OHTHONIA

Le village perché d'Ohthonia est un lieu enchanteur, où les demeures néoclassiques, les tours en ruine, les vestiges du château fort qui domine le village trahissent un passé plus prospère. Plus bas, sur la côte, les longues plages de sable blanc sont trop écartées pour attirer beaucoup de monde, elles sont donc tout indiquées quand on a envie de bronzer et de se reposer loin des foules.

p. 207 E3 Bus depuis Halkida

STIRA

Sur la côte ouest de l'Eubée, le port animé de Nea Stira est relié par ferry à Rafina, sur le continent. C'est une petite station estivale particulièrement appréciée des Athéniens – c'est à deux pas de la capitale. La magnifique et longue plage de sable est bondée en été. Le reste de l'année, Nea Stira constitue une base commode où l'on peut séjourner quelques jours. En grimpant à l'intérieur des terres sur 5 kilomètres, on atteint le paisible village perché de Stira, célèbre pour ses mystérieuses **maisons de dragons** (voir mont Ochi, ci-contre), juste à la sortie du village.

p. 207 E1 Bus depuis Halkida. ■

Les îles de l'Égée sont très diverses. Entre les extrêmes représentés par de minuscules îlots inhabités et les hauts lieux du tourisme, où la foule se dore au soleil, elles offrent des quantités d'endroits capables de séduire le voyageur curieux.

Les îles de l'Égée

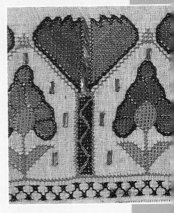

Broderie de Skiros.

Les îles de l'Égée

L'extraordinaire diversité des îles de l'Égée ne cesse d'attirer de nombreux voyageurs. On peut les explorer sans jamais se lasser : il y a toujours une île à découvrir au-delà de l'horizon. Certains préfèrent retourner régulièrement au même endroit et les insulaires les accueillent comme les hirondelles revenant chaque année.

Si votre temps est compté, choisissez soigneusement la ou les îles qui vous attirent plus particulièrement. Si vous voulez vous détendre et découvrir une île authentique, évitez les pièges à touristes comme Rhodes et Cos, ou les endroits spécialisés dans les soirées en discothèques tels Mykonos et Ios. Si vous aimez disposer d'un choix de restaurants et rencontrer d'autres voyageurs, n'allez pas dans une petite île hors saison. Parfois tout y est mort, les hôtels et les restaurants sont tous fermés, leurs propriétaires ayant regagné Athènes pour l'hiver.

Si vous avez le temps, rendez-vous dans un archipel comme les Cyclades ou le Dodécanèse. Parcourez-le, en comparant l'extraordinaire diversité des îles avant de vous installer dans celle qui comble vos désirs – chacune est unique. D'ordinaire, on se rend facilement d'île en île du printemps à l'automne, sauf dans le cas des îles du nord-est de la mer Égée, beaucoup plus dispersées.

Les îles du Saronique (ou du golfe d'Égine) sont les plus aisément accessibles, car elles sont proches d'Athènes. Mais, l'été et le week-end, elles regorgent d'Athéniens en goguette. Ces îles ont également été découvertes par les tour-opérateurs étrangers et les croisières. Elles sont donc souvent noires de monde.

Les Sporades, plus au nord, sont plus verdoyantes et cosmopolites. Les plages de Skiathos attirent les foules, Alonissos est plus tranquille, Skopelos, entre les deux, offre une situation intermédiaire. Dans le nord et l'est de l'Égée, de grandes îles telles Lesbos et Chios sont assez vastes pour comporter à la fois de grands centres de villégiature et des villages préservés, tandis que Samothrace, plus difficile d'accès, demeure l'une des îles les moins développées. Le Dodécanèse et les Cyclades, avec leurs maisons blanches étincelant au soleil, offrent l'image la plus classique. Quelque part au milieu de ces archipels se cache sans doute l'île dont chacun rêve. ■

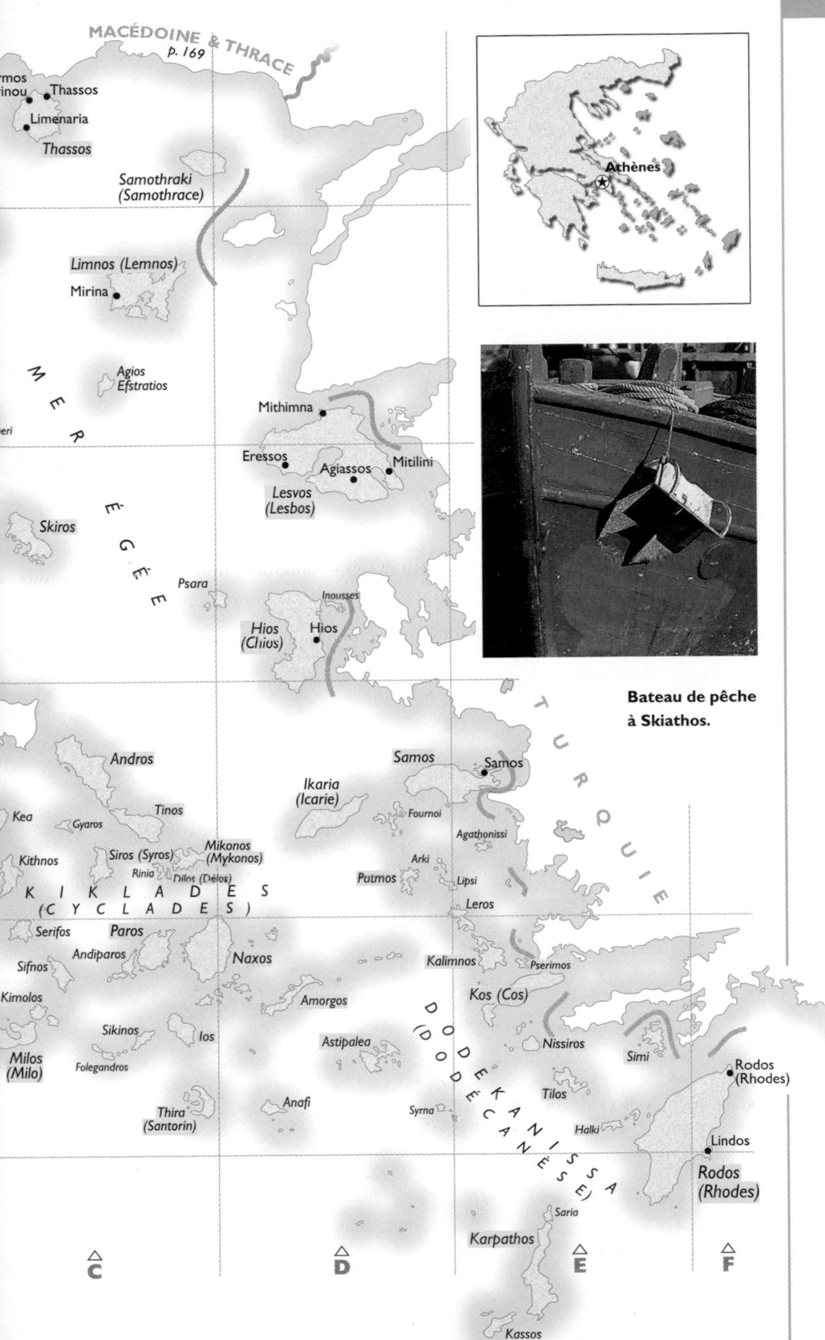

Bateau de pêche à Skiathos.

Les îles du Saronique

SITUÉ DANS LE GOLFE D'ÉGINE, OU SARONIQUE (SARONIKOS KOLPOS), AU LARGE DE l'Argolide, cet archipel est très proche d'Athènes – l'été, on y croise donc une foule d'Athéniens en quête de fraîcheur. Pourtant, chaque île conserve sa propre identité – les unes sont élégantes et charmantes, les autres rustiques et verdoyantes. Des lignes de ferries commodes permettent de toutes les visiter en l'espace de quelques jours.

Certains habitants d'Égine, la plus grande des îles du Saronique, vont travailler tous les jours à Athènes. Le week-end, c'est l'inverse : les Athéniens affluent ici pour se détendre. Égine possède de belles demeures et l'un des plus beaux temples de Grèce. Comme toutes ces îles, il est préférable de la visiter au printemps ou en automne, en dehors de l'afflux estival. Car les bateaux de croisière en route vers Athènes font régulièrement escale à Égine et dans les autres îles de l'archipel. En s'ajoutant aux visiteurs du week-end, les touristes font donc d'Égine une ruche bourdonnante d'activité en été.

Plus au sud, les douces collines de Poros attirent les randonneurs. En été, la vie nocturne y est très animée. La proximité du Péloponnèse constitue un avantage indéniable : on peut se rendre facilement en Argolide; en été, un car-ferry traverse le détroit toutes les vingt minutes.

Découverte dans les années 1950 par les milieux bohèmes, Hydra est devenue et est restée un endroit à la mode. L'île est trop accidentée pour être dénaturée, et le charme chic du port contraste avec l'intérieur rocheux et les monastères isolés disséminés sur la côte.

Dans le port d'Hydra, un âne attend patiemment son chargement à côté d'un caïque.

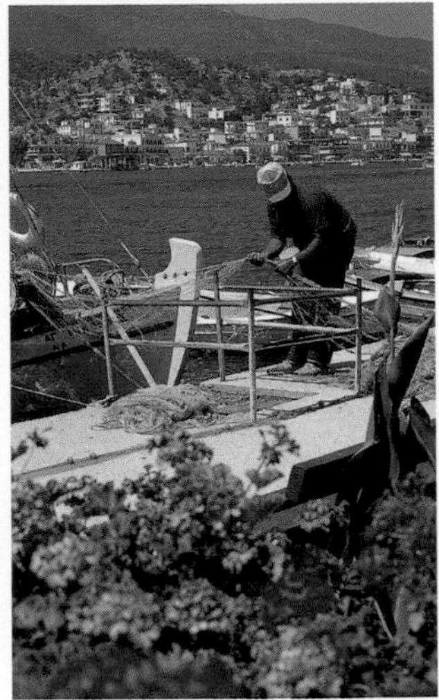

Démêlage des filets à Poros.

L'île la plus éloignée d'Athènes, Spetsai (Spetses), possède de très beaux édifices. C'est l'île la plus verdoyante de l'archipel, même si ses bosquets de pins ont souffert des incendies. Elle attire surtout les Athéniens fortunés et les voyageurs les plus aisés.

En hydroglisseur, ces îles sont à une ou deux heures d'Athènes et, si l'on n'a pas envie de séjourner dans la capitale, on peut chercher un logement dans les îles et se rendre tous les jours à Athènes pour visiter. Les îles du Saronique constituent une excellente introduction à la découverte des îles grecques. Elles sont assez rapprochées pour que l'on puisse passer facilement de l'une à l'autre, tout en étant très différentes.

Aller d'île en île est l'idéal pour ceux qui n'aiment pas prévoir un itinéraire strict et veulent pouvoir rester plus longtemps dans les sites qui leur plaisent vraiment. À condition d'éviter les mois d'août et la semaine de Pâques, on trouve facilement à se loger dans les îles du Saronique. ■

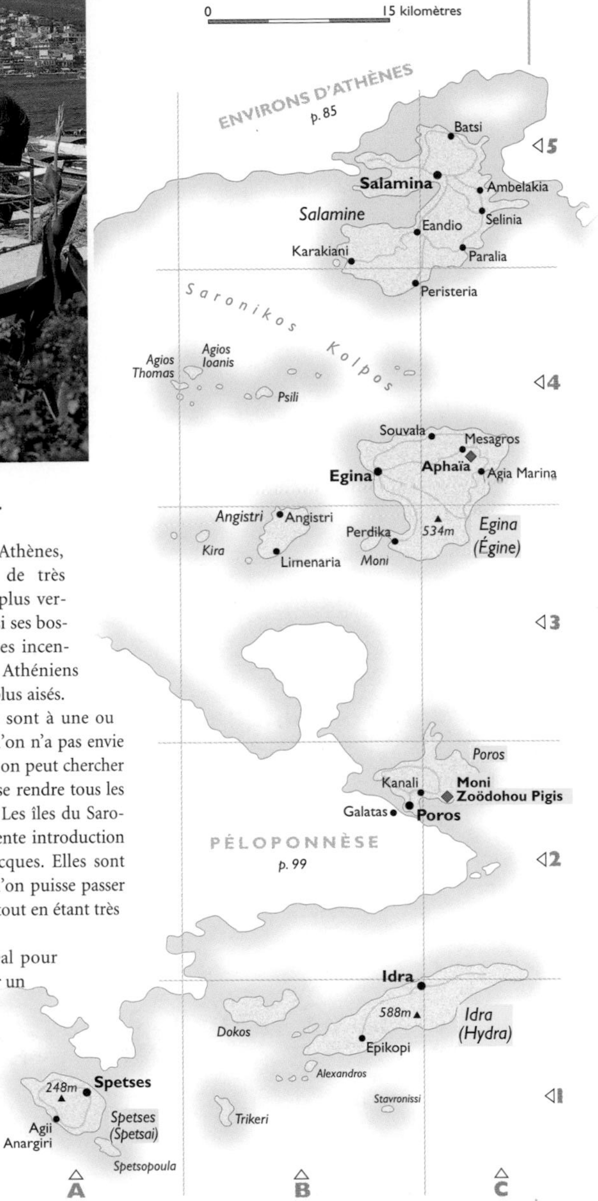

0 15 kilomètres
ENVIRONS D'ATHÈNES
p. 85
Batsi
Salamina
Ambelakia
Salamine
Selinia
Eandio
Karakiani
Paralia
Peristeria
Saronikos Kolpos
Agios Thomas
Agios Ioanis
Psili
Souvala
Mesagros
Aphaïa
Egina
Agia Marina
Angistri
Angistri
534m
Egina (Égine)
Perdika
Kira
Limenaria
Moni
Poros
Kanali
Moni Zoödohou Pigis
Galatas
Poros
PÉLOPONNÈSE
p. 99
Idra
588m
Idra (Hydra)
Dokos
Epikopi
Alexandros
Spetses
248m
Stavronissi
Agii Anargiri
Spetses (Spetsai)
Trikeri
Spetsopoula
5 4 3 2 1
A B C

Egina
p. 221 C3
Informations
Leonardou Lada, Egina
2297 027777

Temple d'Athéna Aphaïa
2297 032398
€

Égine

EGINA SIGNIFIE « ÎLE DU PIGEON » ; CE NOM A ÉTÉ DONNÉ PAR LES premiers habitants phéniciens d'Égine. Aujourd'hui, on peut voir dans ce site élégant de belles demeures du XIXe siècle rappelant le passé prospère du port. Dans l'Antiquité, la cité d'Égine fut l'une des principales rivales d'Athènes. Elle fut aussi la première à émettre une monnaie d'argent qui fut ensuite adoptée dans toute la Grèce. En 1828, Égine fut pendant un temps la capitale de la Grèce – ce que l'on a du mal à croire quand on la compare à l'Athènes d'aujourd'hui. L'économie de l'île repose maintenant sur la production de pistaches et sur le tourisme.

La ville d'Égine comporte une profusion d'églises et d'autres édifices historiques à découvrir. Les vestiges de la cité antique sont éparpillés sur l'acropole, sur une colline basse proche de la plage. L'élément dominant de l'acropole est une colonne encore debout du temple d'Apollon.

Mais l'île est célèbre pour le magnifique **temple d'Athéna Aphaïa**, situé à 12 kilomètres de la ville environ. On peut facilement s'y rendre en bus ou en voiture, ou même à pied en partant de la station balnéaire d'Agia Marina. Le temple est un excellent spécimen d'architecture dorique. Construit sur une colline qui a servi de lieu de culte depuis le XIIIe siècle av. J.-C. au moins, il a été bâti vers 490 av. J.-C. ; il a donc été édifié soixante ans avant le Parthénon. Comme pour ce dernier, les sculptures de son fronton ne sont plus en place (elles sont à Munich). Mais, même dépouillé, il vaut la peine d'être vu. ■

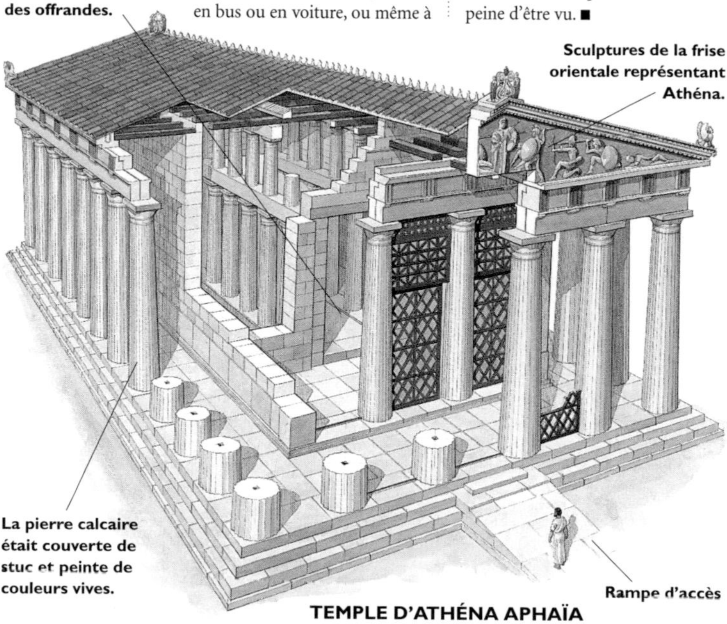

Une statue de la déesse Aphaïa se trouvait dans la salle interne, ou *cella*, où l'on effectuait des offrandes.

Sculptures de la frise orientale représentant Athéna.

La pierre calcaire était couverte de stuc et peinte de couleurs vives.

Rampe d'accès

TEMPLE D'ATHÉNA APHAÏA

Poros

Vue du pittoresque port de Poros.

www.poros.gr

Poros est presque rattachée au Péloponnèse : elle n'en est séparée que par un étroit goulet de 350 mètres à peine en son point le plus resserré. Ce goulet a donné son nom à l'île (*poros* signifie « passage »). De petits bateaux vont et viennent toute la journée pour transporter des passagers entre Poros et Galatas, sur le continent, où l'on peut prendre un bus pour Épidaure et Nauplie.

Poros se compose de deux îles séparées par un petit bras de mer, Kalavria, la plus grande, et **Sferia**, sur laquelle se trouve la **ville de Poros**. Cette dernière est une destination prisée des bateaux de croisières, des Athéniens durant le week-end et des touristes européens, en dépit de l'absence de belles plages. Elle est très agréable. Ses maisons pittoresques égaient de blanc et de tons pastel les pentes dominant le port. Le front de mer, où abondent les bars et les restaurants, est l'endroit idéal pour s'amuser la nuit.

Si l'on aspire à la tranquillité, on peut marcher ou se promener à vélo sur l'unique route qui fait le tour de **Kalavria**, la plus grande île. **Moni Zoödohou Pigis**, un monastère abandonné du XVIIIe siècle, se trouve juste au bord de la mer. Au prix d'un effort modéré, on peut aller voir les maigres vestiges du **temple de Poséidon**, datant du VIe siècle av. J.-C., plus haut sur cette île boisée et vallonnée. On y accède librement.

Après avoir exploré Poros, effectuez la courte traversée bon marché jusqu'à **Galatas**. En sortant du port, tournez à gauche et marchez jusqu'aux plantations de citronniers de Limonodassos. Il y en a des dizaines de milliers, et c'est vraiment merveilleux de parcourir ces douces collines, au milieu des citronniers, en humant l'arôme des citrons porté par la brise. ■

Poros

p. 221 C2

Informations

Police touristique, front de mer

2298 022256

www.saronicnet.com/index.htm

Hydra

Idra
p. 221 B1
Informations
Police touristique, odos Votsi
2298 052205

Hydra (Idra) est une petite île très caillouteuse et assez désolée mais attirante. La principale localité, blottie autour du port, a beaucoup de charme. Sa popularité attire parfois un monde fou et il est difficile de trouver à se loger en juillet et en août. Par rapport aux autres îles, c'est un endroit cher. Et l'aspect du front de mer, bordé de boutiques chics et de galeries d'art, est plus sophistiqué que dans la plupart des autres îles grecques.

Les milieux bohèmes ont mis Hydra à la mode dans les années 1950 et au début des années 1960, quand des peintres et des poètes tel le chanteur-compositeur Leonard Cohen sont venus s'y installer.

Comme d'autres îles du golfe d'Égine, Hydra possède de belles demeures des XVIIIe et XIXe siècles, attestant la richesse née du trafic maritime. En voyant le minuscule port, on a du mal à croire que l'île posséda autrefois une flotte de cent cinquante navires qui commerçaient avec l'Amérique du Nord. Il est également difficile d'imaginer qu'elle comptait jadis 40 000 habitants, alors qu'elle en rassemble tout juste 3 000 à présent.

Hydra n'est pas une île pour les amateurs de soleil : sa seule plage de sable jouxte l'hôtel Miramar, à 2 kilomètres environ de la ville d'Hydra. Plusieurs plages de galets sont réparties tout autour de l'île. Hydra est assez grande pour permettre d'échapper au port surpeuplé durant la journée en empruntant les sentiers qui longent la côte ou les routes de l'intérieur. ■

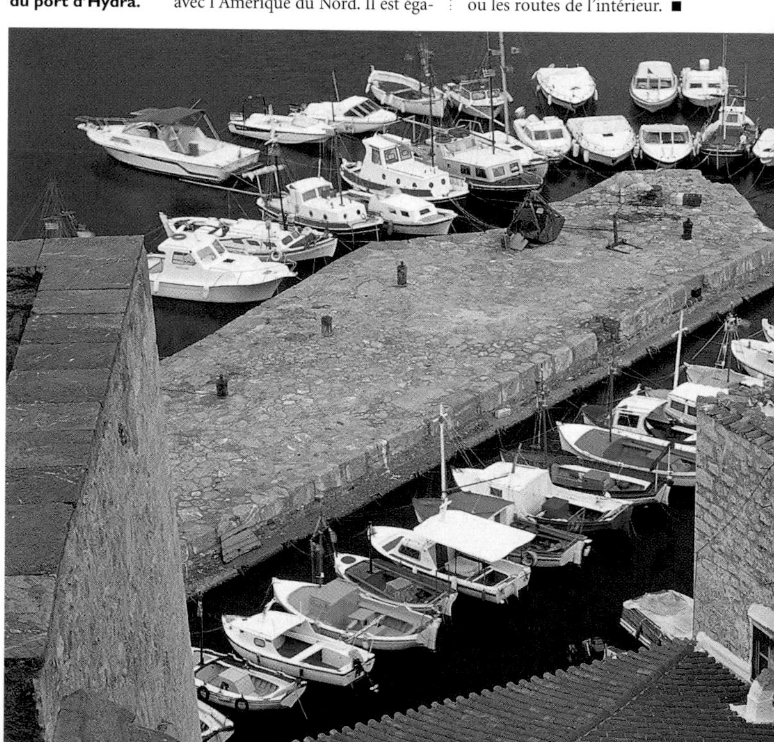

Toutes sortes de petits bateaux sont amarrés à la jetée du port d'Hydra.

Spetsai

COMME HYDRA, SPETSAI (SPETSES) S'EST ENRICHIE AUX XVIIIe ET XIXe siècles grâce à la construction navale et au trafic maritime. On peut toujours voir les splendides demeures de cette période bénie dans les rues de Spetsai. Beaucoup ont été transformées en résidences secondaires par des Athéniens aisés. Spetsai est devenue à la mode mais, bien qu'elle soit plus sophistiquée que l'exubérante petite Poros, il lui manque la touche bohème d'Hydra.

Spetses

p. 221 A1

Les insulaires sont fiers de leur héritage maritime, en particulier de la fille la plus illustre de l'île, Laskarina Bouboulina (1771-1825), dont la statue orne le port. Elle fut en effet amiral de la flotte grecque et joua un rôle de premier plan dans les années 1820, durant la guerre d'Indépendance contre les Turcs. Son cercueil et ses ossements sont exposés au **musée Chatzi-Giannis Mexis** *(Spetses ☎ 2298 072994 ⌚ fermé lun.)*, qui évoque l'histoire locale, en particulier la guerre d'Indépendance – le musée doit son nom à l'ancien propriétaire de la demeure, qui date du XVIIIe siècle.

Tout près du port, la **maison de Bouboulina** *(près de la plateia Ntapia ☎ 2298 072416 ⌚ fermé oct.-avril)* est aussi un musée consacré à sa mémoire. La maison appartient toujours à ses descendants. En saison, des visites guidées commentées en grec et en anglais, débutent toutes les demi-heures.

Le romancier britannique John Fowles (né en 1926), qui a vécu à Spetsai, en a fait l'île imaginaire de Phaxos dans *Le Mage,* son roman publié en 1966 qui fut ensuite adapté au cinéma. Il y mentionne le collège Anaryiros, à la sortie de la ville, où il enseignait, ainsi que l'hôtel Possidonion. Ce livre a remporté un grand succès parmi les jeunes à la fin des années 1960, notamment aux États-Unis.

Dénuée de vestiges historiques importants, l'île possède plusieurs belles plages, comme celle d'Agii Anargiri, et de paisibles villages. Cela vaut donc la peine de l'explorer. Son ancien nom, Pityoussa, évoquait ses forêts de pins, qui embaument toujours l'air quand il fait chaud l'été.

On peut se déplacer à pied ou louer un vélo ou une moto. Pendant longtemps, les voitures ont été interdites. Maintenant, les résidents sont autorisés à en introduire dans l'île, mais elles sont toujours prohibées dans le centre-ville. Spetsai est donc l'une des localités les plus agréables des îles grecques. ■

En dépit de son commandement naval, Laskarina Bouboulina n'a jamais renoncé au costume traditionnel local, comportant un corsage et une guimpe ; c'est ainsi qu'elle est représentée dans le port de Spetsai.

Les Sporades

CE PETIT ARCHIPEL COMPORTANT QUATRE ÎLES PRINCIPALES TIRE SON NOM D'UN MOT grec signifiant « éparpillé ». Les îles se sont toutes ouvertes au tourisme à des degrés divers. La plus petite, Skiathos, est de loin la plus fréquentée et possède les plus belles plages, mais la plus grande, Skiros, a beaucoup mieux préservé son atmosphère traditionnelle, qui vous enchantera.

Ces îles étaient autrefois rattachées à la péninsule du Pélion (voir p. 150-151) et, comme elle, elles sont couvertes d'épaisses forêts de pins. À cause de la végétation, il y a plus de moustiques dans les Sporades que dans les îles plus arides du sud de l'Égée ; pensez-y.

La présence des moustiques n'empêche pas les foules de se précipiter à Skiathos en été. Visitez-la au printemps ou à l'automne si vous voulez disposer des superbes plages pour vous seul. Sinon, prenez le ferry pour l'île voisine de Skopelos, à l'est ; ses paysages sont beaucoup plus beaux, on peut y faire d'agréables randonnées, et les plages sont presque aussi belles que celles de Skiathos.

Étonnamment longue et mince, Alonissos, encore plus à l'est, possède peu de routes. Elle a été épargnée par le boom touristique, mais de nombreux étrangers, surtout des Allemands, y achètent des propriétés pour vivre à peu de frais ou pour lancer de petites affaires commerciales. Alonissos est entourée de plusieurs petites îles, où vit le mammifère le plus rare d'Europe, le phoque moine de la Méditerranée ; en 1992, le premier parc marin du pays a été créé ici pour protéger le phoque moine et promouvoir l'écotourisme à Alonissos.

À l'écart des autres îles, Skiros est plus difficile à atteindre. C'est pourquoi les coutumes et les costumes anciens s'y maintiennent. ■

ELIOS
SKOPELOS 25km
AGNONTAS 16km
PANORMOS 10km
MILIA 5km
LOUTRAKI 10km
GLOSSA 7km
KLIMA 4km

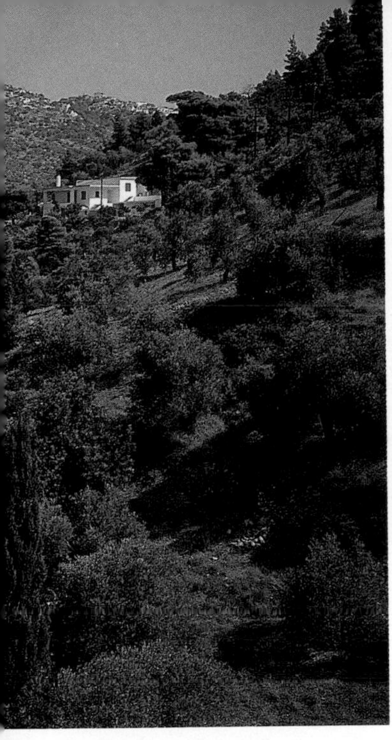

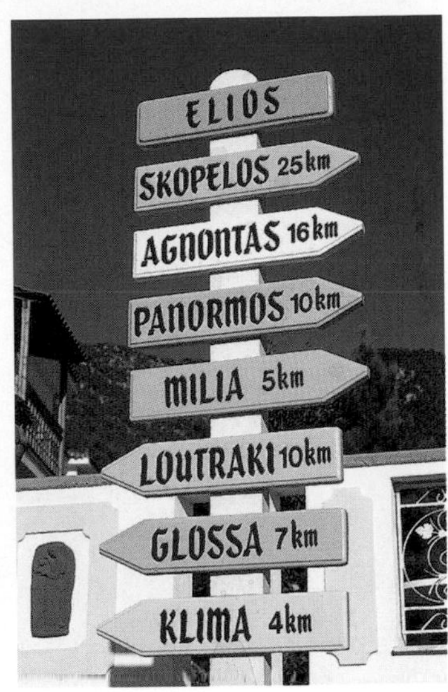

Panneaux indicateurs à Skopelos.
Où l'on voit que les transcriptions du grec sont parfois variables : Agnondas est ici écrit Agnontas...

La paisible plage de Mourtia, sur l'île d'Alonissos.

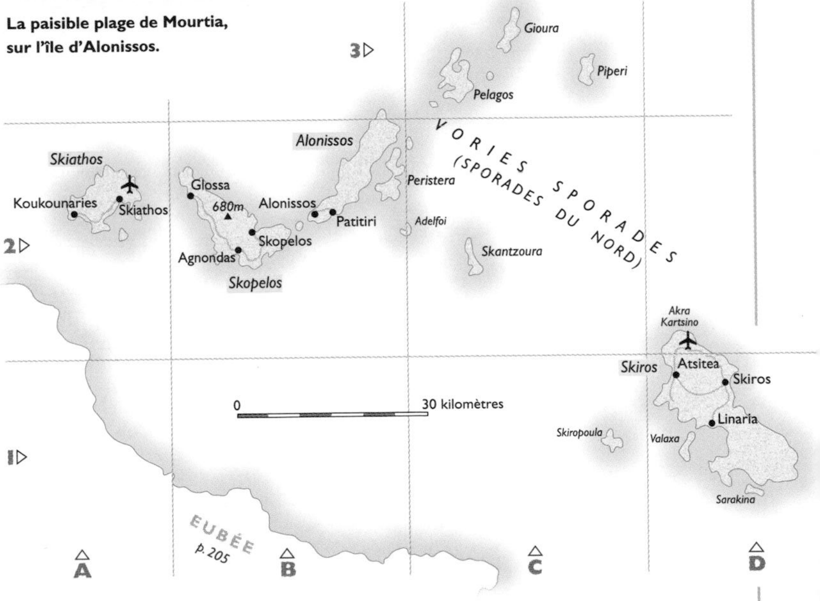

Gioura
Piperi
Pelagos
3▷
Alonissos
VORIES SPORADES (SPORADES DU NORD)
Skiathos
Koukounaries
Skiathos
Glossa
680m
Alonissos
Patitiri
Peristera
Adelfoi
Skantzoura
2▷
Skopelos
Agnondas
Skopelos
Akra Kartsino
Skiros
Atsitea
Skiros
Linaria
0
30 kilomètres
Skiropoula
Valaxa
1▷
Sarakina
EUBÉE
p. 205
A
B
C
D

Les envahisseurs modernes débarquent pour profiter de la plage de Platnias, à Skiathos.

Skiathos

SI VOUS VOULEZ CONTEMPLER L'APOTHÉOSE – OU LE CAUCHEMAR, à votre guise – du tourisme, rendez-vous donc à Skiathos au cœur de l'été, quand ses superbes plages se transforment en une sorte de Mecque des adorateurs du soleil. Les côtes méridionale et orientale sont entièrement bordées de villas, d'hôtels, de boutiques de souvenirs, de bars et de restaurants, chaque localité se confondant avec la suivante de façon indifférenciée.

Skiathos
p. 227 A2
Informations
Police touristique
2427 023172

Comme dans beaucoup d'endroits très fréquentés, le tourisme de masse n'affecte qu'une petite frange de l'île, à proximité des plages. L'intérieur de Skiathos est superbe, boisé et accidenté, et on peut y faire de merveilleuses promenades.

Les monastères continuent à mener leur paisible existence. Celui d'Evangelistria (XVIIIe siècle) se trouve à une heure de marche, au nord de la ville de Skiathos. Prenez la route de l'aéroport ; un embranchement, à gauche, conduit au monastère magnifiquement situé. Pour d'autres excursions, procurez-vous un guide spécifique dans les librairies locales.

La majorité de la population de l'île vit dans la **ville de Skiathos**, dotée d'un double port et d'une double existence. Un port est réservé aux bateaux de plaisance, l'autre aux pêcheurs. Dans les petites rues, c'est l'atmosphère pittoresque de n'importe quelle petite cité grecque, mais, quand on arpente les zones commerçantes ou le front de mer, on se croirait dans n'importe quelle station balnéaire et touristique du monde. Même la forteresse médiévale, le **Bourtzi**, entre les deux ports, abrite aujourd'hui un restaurant.

La ville séduit surtout quand on la voit de la mer. Les voyageurs les plus perspicaces se dépêchent de partir pour une autre île. Il y a des départs quotidiens pour Skopelos et Alonissos. ■

Skiros

Skiros
p. 227 D1
Informations
Police touristique
0222 91274

Musée archéologique
Plateia Brooke
2222 091206
Fermé lun.
€

Distante des autres îles de l'archipel, Skiros a conservé un caractère typiquement grec. L'un des meilleurs exemples en est la « danse de la Chèvre ». Cette tradition d'origine païenne est toujours bien vivante dans l'île : durant le carnaval précédant le carême, des personnages masqués parcourent les rues de la ville. La principale figure est celle, plutôt inquiétante, du *geros* (vieil homme) portant un masque en peau de chèvre et de nombreux grelots attachés sur le dos.

Skiros possède une autre curiosité : de minuscules chevaux sauvages, dont certains sont domestiqués. Durant la fête du 15 août, les enfants de l'île les font courir près de la plage de Magazia, juste à la sortie de la ville de Skiros.

La **ville de Skiros** semblerait plus à sa place dans le Dodécanèse ou dans les Cyclades, avec son fouillis de maisons blanches au pied des pentes couronnées par les ruines d'une forteresse vénitienne construite à l'emplacement de l'ancienne acropole. On y accède par un tunnel. Du fort, on découvre un beau panorama de la ville.

Trois musées présentent divers aspects de l'histoire de l'île : le **Musée archéologique** et **musée municipal** *(Megalou Stratou 2222 091256 fermé nov.-mars)*, ainsi que le **musée Faltauïts** *(Palaiopyrgos 2222 091232 fermé nov.-mars)*, un musée folklorique installé dans une vaste demeure.

À côté de Treis Mpoukes, le port en eau profonde situé à la pointe sud de Skiros, on peut voir la tombe toute simple du poète britannique Rupert Brooke (1887-1915), mort de septicémie durant la Première Guerre mondiale à bord d'un navire hôpital. Avant de mourir, il a laissé ces lignes prophétiques : « Si je devais mourir, pensez simplement qu'un morceau de terre étrangère est devenu à tout jamais l'Angleterre. » ■

On tient aux traditions à Skiros : les hommes âgés portent toujours les larges pantalons à l'ancienne.

Alonissos
p. 227 B2

Alonissos

Île vallonnée et boisée, Alonissos n'est pas la plus séduisante des Sporades – son gros atout est la faiblesse du tourisme. Sa capitale, Patitiri, a été en partie détruite par un tremblement de terre en 1965. Avant cela, en 1950, une maladie avait détruit les vignobles et les plantations de pamplemousse de l'île.

La création, en 1992, d'un **parc marin national** au large de l'île a contribué à améliorer le sort de celle-ci. Le parc a été créé pour protéger les phoques moines de la Méditerranée, une espèce rare et menacée d'extinction. Il reste moins de 800 individus dans le monde, dont une trentaine environ se reproduisent dans les petites îles proches d'Alonissos. La pêche est à présent interdite dans certaines zones, car, les réserves de poissons ne cessant de diminuer, les pêcheurs locaux se trouvaient en concurrence avec les phoques. Si l'on vous propose d'aller admirer ceux-ci, refusez : ce sont des animaux très farouches, facilement perturbés. D'autres espèces profitent du parc marin, des oiseaux migrateurs aux dauphins.

Le parc a suscité un nouveau type de tourisme à Alonissos. On y voit plus de yachts qu'auparavant, car, hors de la zone protégée, les bons mouillages et les plages désertes sont nombreux.

Alonissos elle-même comporte essentiellement le petit port de **Patitiri**, la charmante vieille ville restaurée de **Palaia Alonissos**, perchée audessus de lui, ainsi que quelques autres villages traditionnels dispersés dans l'île. Aucun d'eux n'est particulièrement équipé pour le tourisme, et tout cela en fait un site idéal pour les voyageurs désirant échapper aux foules estivales. ■

Les pittoresques caïques de bois partagent le port de Patitiri avec des hydroglisseurs modernes.

Les superbes bougainvillées du bourg de Skopelos.

Skopelos

Possédant l'un des plus beaux ports de Grèce, Skopelos est couverte d'une végétation dense. Ses forêts de pins descendent jusqu'aux anses écartées et l'intérieur regorge d'arbres fruitiers fournissant les prunes et les amandes fort prisées de l'île.

Avant de quitter le petit bourg de Skopelos, allez visiter l'une de ses très nombreuses églises, en particulier **Agios Athanasios**, construite au IXe siècle et abritant des fresques du XVIe siècle. Elle se trouve à l'intérieur de la **forteresse vénitienne** qui domine le port, à l'emplacement d'un antique temple d'Athéna.

En dehors du bourg, il y a une seule route, mais des sentiers mènent à d'autres villages.

On peut faire une belle promenade à travers les oliveraies jusqu'au point culminant de l'île, le **mont Delfi** (680 mètres).

Dans les collines, à l'est de la petite ville, on trouve cinq monastères et couvents, dont trois sont accessibles aux visiteurs. Les religieuses d'**Evangelistria** vendent leur production artisanale dans une petite boutique. Le monastère de **Metamorphosis**, fermé en 1980, a rouvert après avoir été restauré par les moines. Le couvent de **Prodromos** est tourné vers la mer Égée et Alonissos. ■

Skopelos

p. 227 B2

Informations

Front de mer

2424 023220

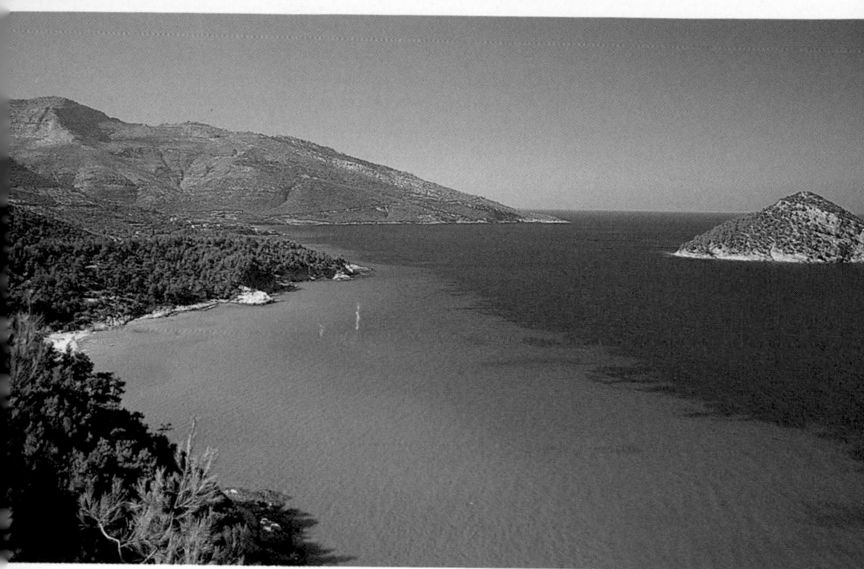

Ce magnifique paysage de Thassos symbolise à lui seul la beauté des îles grecques.

Les îles du nord-est de l'Égée

LES DIVERSES ÎLES, GRANDES ET PETITES, SITUÉES DANS CE SECTEUR DE L'ÉGÉE NE constituent un ensemble ni géographique ni politique, mais on a tendance à les regrouper. Comme elles sont très dispersées et parfois difficiles d'accès, elles sont relativement peu visitées.

Cela ne veut pas dire qu'elles ne soient pas affectées par le tourisme – certains endroits, à Thassos, à Samos et à Lesbos, sont surpeuplés en été. Mais à Samothrace (Samothraki) ou à Lemnos (Limnos), par exemple, les visiteurs étrangers constituent une espèce rare.

Lesbos (Lesvos), la troisième île grecque, est très variée et comporte énormément de choses à découvrir, bien que l'on puisse la parcourir en voiture sans se presser en quelques heures. Chios (Hios) et Samos sont assez grandes aussi. Des ferries les relient toutes les trois à la Turquie. Bien qu'elle soit reliée au continent (Alexandroupoli) par hydroglisseur en été, Samothrace est difficile d'accès : elle ne possède pas de port naturel, et les ferries ne peuvent pas toujours accoster par gros temps. Il faut s'en souvenir quand on a un avion à prendre !

Certaines îles de ce secteur nord-est sont très petites, telle Icarie (Ikaria, près de Samos), ainsi nommée en l'honneur du légendaire Icare qui vola trop près du soleil. Inousses et Psara, au large de Chios, qui n'abritent l'une et l'autre qu'un village mais un grand nombre de plages désertes seront parfaites si l'on recherche des sites où s'évader vraiment du quotidien. Ces îles sont toutes voisines de la Turquie ; la présence militaire y est très visible, et il n'est pas rare d'entendre le grondement des avions à réaction patrouillant à la limite de l'espace aérien grec. Mais, en dépit de cette proximité, on note beaucoup moins de signes de la domination turque qu'ailleurs, parce que la côte occidentale de la Turquie était surtout habitée par des Grecs, avant l'échange de populations réalisé en 1923. ■

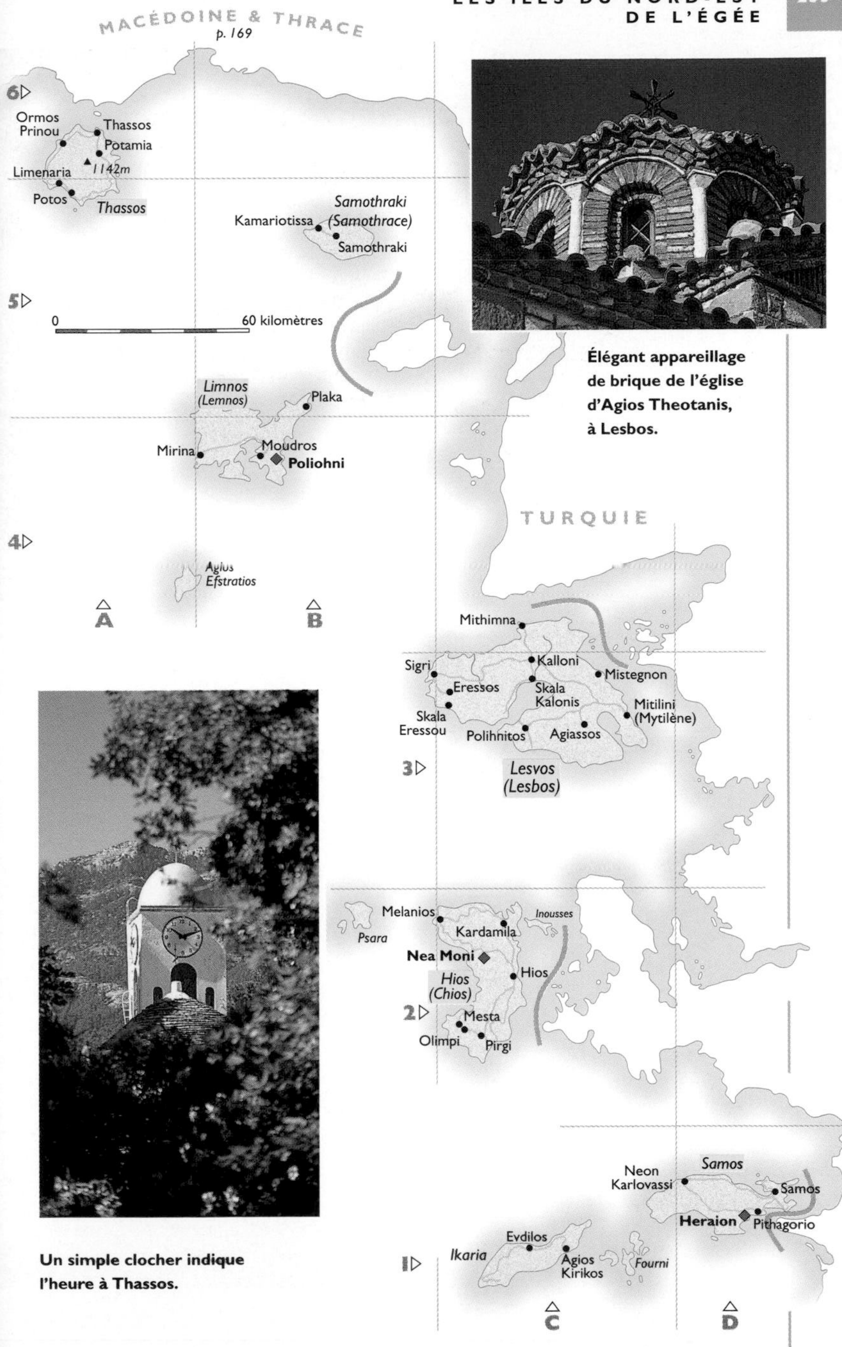

Élégant appareillage de brique de l'église d'Agios Theotanis, à Lesbos.

Un simple clocher indique l'heure à Thassos.

Thassos

Thassos
p. 233 A5
Informations
Police touristique, front de mer
2593 023111

Musée archéologique
Près de l'agora romaine, à Thassos
2593 022180
Fermé lun.
€

ATTIRÉS PAR SES MONTAGNES COUVERTES DE PINS, SES PLAGES ET les vestiges antiques de Thassos (ou Thasos), les vacanciers grecs affluent dans l'île depuis des années. Les randonneurs apprécient particulièrement la côte nord sauvage. Les voyageurs étrangers l'ont découverte plus récemment, grâce à la proximité de l'aéroport de Thessalonique. La plupart des touristes séjournent dans la capitale moderne de l'île ou dans les environs.

Les Grecs appellent aussi la **ville de Thassos** Limin ou Limenas – c'est bon à savoir quand on voyage en bus ou en ferry. Et pour ajouter à la confusion, la deuxième localité de l'île, sur la côte sud, s'appelle Limenaria. Des ferries desservent régulièrement Thassos à partir de Kavala, en Macédoine ; en fait, la plupart des ferries accostent à Ormos Prinou, à 11 kilomètres à l'ouest de la ville de Thassos.

Hors saison, la ville de Thassos est un endroit agréable pour séjourner ; son intérêt est dû en partie aux vestiges antiques disséminés à travers la ville. À l'époque romaine, c'était en effet un grand port prospère. L'île, située à 12 kilomètres à peine du continent, a été peuplée dès l'âge de pierre. Elle a été très convoitée dans l'Antiquité en raison de ses opulents gisements d'or, d'argent et de marbre.

C'est sur l'**agora** qu'il reste le plus de vestiges romains. L'espace est clôturé et n'est officiellement pas accessible, mais, si le portail est ouvert, personne ne s'offusquera que vous y jetiez un coup d'œil. Avec un peu d'imagination et un bon plan, que l'on peut se procurer sur place, on arrive à distinguer les restes de boutiques et les fondations de temples et

Très proche du continent, l'île de Thassos est une destination très prisée.

d'autres édifices publics. Les ruines d'un temple d'Athéna Poliouchou (« Patronne de la ville »), datant du début du ve siècle av. J.-C., sont situés juste en dessous du site de l'**acropole** ; derrière celle-ci se trouve l'une des portes de l'ancienne muraille de la ville, la **porte de Parmenon**, qui possède encore son énorme linteau. Elle porte le nom du maçon qui l'a construite (il est gravé sur un mur voisin). Cela vaut la peine d'aller voir le **théâtre**, moins pour l'édifice en ruine que pour le splendide point de vue sur l'Égée que l'on découvre.

L'autre grand monument est la **forteresse** ; datant essentiellement des XIIIe et XVe siècles, elle a été bâtie en partie avec les pierres d'un temple d'Apollon qui se trouvait à cet emplacement. Les plus belles trouvailles sont présentées au **Musée archéologique** de Thassos, qui vient d'être réaménagé.

À LA DÉCOUVERTE DE THASSOS

L'intérieur de l'île est très vallonné. Malheureusement, ses vastes forêts de pins ont été en grande partie détruites il y a quelques années par des incendies. Une route longe la côte de cette île pratiquement circulaire dont on peut facilement faire le tour dans la journée, en voiture ou en bus. Plusieurs routes partent vers l'intérieur, menant à travers les collines à des villages et à des monastères comme perdus dans les terres.

Limenaria, sur la côte sud, est une petite ville attirante, à la fois lieu de villégiature et centre d'affaires. Son charme tient essentiellement à ses demeures anciennes, et elle n'offre pas de très belles plages. Les plus agréables que l'on puisse trouver sont sur la côte sud, notamment à **Potos**, à 3 kilomètres à l'est de Limenaria. Potos est la seconde station balnéaire de l'île pour ce qui est de la fréquentation.

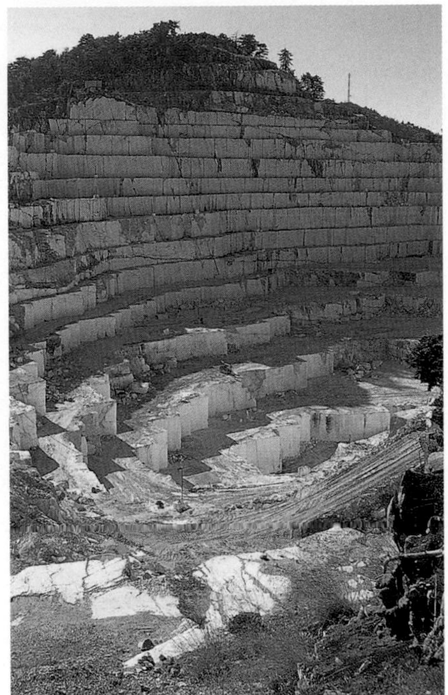

Au VIIe siècle avant notre ère a commencé ici l'extraction du marbre pour l'exportation.

Si vous désirez le calme, allez à l'intérieur de Thassos. Beaucoup de stations de la côte correspondent à un village de l'arrière-pays, où les habitants se réfugiaient en cas d'attaques de pirates. La plupart de ces villages disposent de chambres à louer toutes simples et de tavernes. **Potamia** est l'un des plus gros villages, d'où l'on peut entreprendre l'ascension du point culminant de l'île, le **mont Ipsarion** (1 142 mètres). Il s'agit d'un trajet ardu de trois heures et demie, et il faut absolument être accompagné d'un guide ou disposer d'une bonne carte – on peut s'en procurer sur place.

Au-dessus de Potos, l'agréable vieux village de **Theologos**, fondé au XVIe siècle par des réfugiés venus de Constantinople, fut un moment la capitale de l'île. ■

Lesvos
p. 233 C3
Informations
Aristarchou, 6,
811 00 Mitilini
2251 042511 ou
2251 042513

Lesbos

Lesbos (Lesvos) est de loin la plus grande île du nord-est de l'Égée. Aux yeux de nombreux étrangers, Lesbos est surtout fameuse pour avoir donné le mot « lesbienne ». La poétesse Sappho (voir p. 238), née à Eressos au VIIe siècle av. J.-C., était bien lesbienne au sens originel : elle était native de Lesbos. Aux yeux des Grecs, l'île est avant tout un lieu de villégiature très prisé et l'endroit où l'on élabore le meilleur ouzo du pays.

La dimension même de l'île lui confère une grande diversité, de Mytilène (Mitilini), sa capitale très animée, aux paisibles villages de montagne, des stations balnéaires bruyantes aux calmes retraites permettant d'observer les oiseaux près de Skala Kalonis. Lesbos a été un centre de villégiature prisé dès la période romaine; ses plages magnifiques, ses épaisses forêts et ses montagnes majestueuses ont toujours été appréciées. Ses deux sommets, le mont Olimpos, dans le sud de l'île, et le mont Lepetimnos, au nord, ont exactement la même altitude (967 mètres). Cela entraîne une inévitable rivalité entre les communautés locales, chacune affirmant que son sommet est le plus haut.

Un dédale de rues parties du port de Mithimna gravit la colline, couronnée d'un château fort.

Musée Theophilos
Mikras Asias, Varia
2251 041644
Fermé lun.
€

On emploie parfois le nom de la capitale, **Mytilène**, pour désigner l'île elle-même, et cette pratique courante en Grèce peut troubler les visiteurs qui prennent le ferry.

Mytilène (Mitilini) est un grand port animé, aux édifices modernes pour l'essentiel, mais cela vaut la peine de lui consacrer une journée avant de partir vers les villes et les villages plus attrayants du pourtour de l'île. La ville possède une **forteresse** *(Kastro ✉ Ermou 201 ☎ 2251 027970 ⏲ fermé lun.* € *€)*, ce qui est presque inévitable pour un port de cette région. Les ruines imposantes datent en grande partie du XIVe siècle, bien que l'on ait bâti un premier fort à cet emplacement sous le règne de l'empereur Justinien (527-565). La forteresse est un excellent site où flâner, apprécier le panorama et échapper un moment aux rumeurs de la ville.

La ville dispose de trois musées. Le **Musée byzantin** *(Agios Therapon ☎ 2251 028916 ⏲ fermé dim. et oct.-mai* € *€)* présente une belle collection d'icônes du XIIIe au XVIIIe siècle, tout à fait intéressante tant pour les spécialistes que pour les simples curieux.

Le **Musée archéologique** *(Argyris Eftaliotis ☎ 2251 028032 ⏲ fermé lun.* € *€)* est installé dans l'une des nombreuses demeures de style Belle Époque que comporte Lesbos. Il présente des mosaïques grecques et romaines, ainsi que de nombreux vestiges préhistoriques provenant du site de Thermi, situé juste au nord de la ville.

Le musée le plus intéressant se trouve à 3 kilomètres environ du centre-ville, à Varia. C'est la maison du peintre naïf grec Theophilos Hadzimichalis (1873-1934), né à Mytilène, qui a été ainsi aménagée. Ce **musée Theophilos** présente les œuvres du peintre, évoquant la vie populaire et l'âme grecques (voir p. 40).

À LA DÉCOUVERTE DE LESBOS

Pour le reste de l'île, la principale attraction, au sud, est la belle ville perchée d'**Agiassos**, avec ses maisons anciennes, ses rues pavées de galets et l'église de Panagia Vrefokratoussa, du XIIe siècle, où l'on vénère une icône qui, selon la légende, aurait été peinte par saint Luc.

Dans la partie occidentale de Lesbos, Eressos draine d'autres pèlerins, attirés par la poésie – ou juste par la réputation – de Sappho ; la superbe plage de Skala Eressos est l'une des plus belles de l'île. Encore plus à l'ouest, le charmant port de pêche de **Sigri** semble peu affecté par les rares touristes qui s'y aventurent chaque année.

Skala Kalonis, au fond du golfe de Kalonis, au centre de l'île, est une station balnéaire très fréquentée au plus fort de l'été. Mais, chaque printemps, les marais salants des environs attirent d'autres visiteurs, des milliers d'oiseaux migrateurs et des centaines d'ornithologues amateurs venus les observer. Les cigognes et les échassiers sont particulièrement nombreux, tandis que les sardines et les anchois figurent au menu à la fois des oiseaux et des restaurants.

Personne ne devrait visiter Lesbos sans se rendre dans la localité de **Mithimna** (également appelée Molivos) pour voir son port pittoresque sur la côte nord. Ses maisons aux toits rouges se serrent autour d'un fort génois, et ses rues pavées de galets sont à de nombreux endroits ombragées de vignes. Au sud de Mithimna, le village côtier en pleine expansion de **Petra** est connu pour ses couchers de soleil de toute beauté.

Le port de **Skala Sikaminias**, un peu plus loin sur la côte, est encore plus joli, avec son adorable chapelle dédiée à la Vierge Gorgona (une sirène) perchée sur les rochers, au bout de la jetée. ■

Les grands poètes grecs

Pour un si petit pays, la Grèce a fourni un nombre incroyable de grands poètes, dont deux, à l'époque moderne, ont reçu le prix Nobel de littérature. Partout dans le monde sont connus les noms d'Homère, de Sappho et de Constantin Cavafy, pour ne citer que ceux-là.

On peut à bon droit considérer Homère (voir p. 330-331) comme le père de la poésie. Mais il est loin d'être la seule grande figure grecque du monde de la poésie. Considérons la poétesse Sappho (vers 610-580 av. J.-C.), dont le nom est entré dans la langue à travers le terme *saphique*, qui désigne l'homosexualité féminine. Le mot *lesbienne* lui-même vient du fait que Sappho est née dans l'île de Lesbos, dans le nord de l'Égée. En fait, rien ne prouve que Sappho ait été elle-même lesbienne autrement que par son origine ; beaucoup de choses semblent même indiquer le contraire. On raconte qu'elle a aimé le poète Alcée (vers 620-580 av. J.-C.), qu'elle s'est mariée et a eu un enfant avec un autre homme, puis qu'elle s'est suicidée en se jetant du haut d'une falaise sur l'île de Leucade à cause de son amour non partagé pour un marin. C'est un autre poète, Anacréon (vers 582-485 av. J.-C.), qui est à l'origine de l'opinion selon laquelle Sappho était homosexuelle : il a affirmé qu'elle éprouvait une attirance amoureuse pour les femmes auxquelles elle enseignait la poésie. De son œuvre poétique, il ne subsiste que des fragments des neuf livres qu'elle a écrits, mais elle a été tenue en estime longtemps après sa mort. Le philosophe Platon (vers 428-347 av. J.-C.) voyait même en elle la dixième Muse.

En ce qui concerne les poètes modernes, l'un des plus célèbres est Constantin Cavafy (1863-1933). Bien qu'il soit né et ait passé la plus grande partie de sa vie en Égypte, à

Alexandrie, Cavafy était grec et a fait référence à de nombreux mythes et épisodes historiques grecs dans son œuvre comprenant des poèmes comme *Ithaque*, *Retour de Grèce* et *À Sparte*. Il publia relativement peu.

Le poète et diplomate Georges Séféris (1900-1971), un admirateur de Cavafy, fut le premier poète grec à recevoir le prix Nobel de littérature, en 1963. Bien qu'aucun écrivain grec ne puisse ignorer la longue et riche histoire du pays, Séféris s'est plutôt intéressé à l'identité grecque moderne et à la question de l'aliénation. Il est né à Smyrne (aujourd'hui Izmir, en Turquie), alors peuplée par les Grecs avant les échanges de populations de 1923. Il a étudié à Athènes et à la Sorbonne, à Paris.

En 1979, Odysseus Elytis (1911-1996) fut le second poète grec couronné du prix Nobel de littérature. Elytis est né en Crète et, comme Séféris avant lui, il a étudié à Athènes et à Paris. Il a combattu les Italiens quand ils ont envahi la Grèce durant la Seconde Guerre mondiale et a évoqué cette expérience d'une manière saisissante et poignante, poursuivant la tradition de la poésie guerrière remontant aux poètes grecs inconnus qui, les premiers, ont narré l'épopée de la guerre de Troie. Elytis a commencé à écrire des poèmes en 1929, à l'époque où il a entrepris de visiter les îles grecques ; il allait y retourner tous les étés. Ses poèmes des années 1930 célèbrent les îles tout en envisageant les conséquences de la guerre à venir. Cinquante ans après, à soixante-dix ans passés, il était toujours aussi prolifique. Sa popularité a crû en Grèce quand certains de ses poèmes ont été mis en musique par Mikis Theodorakis. ■

De gauche à droite :
Homère qui, selon la tradition, était aveugle, narra ses récits épiques en vers.
Sappho est honorée par une statue sur son île natale de Lesbos.
Georges Séféris a su allier la poésie et une carrière de diplomate.
Odysseus Elytis était le pseudonyme adopté par Odysseus Alepoudelis.

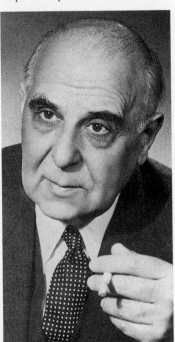

Des tomates attachées comme les perles d'un chapelet sèchent au soleil.

Chios

Malgré l'attrait incontestable de ses fertiles vallées verdoyantes et de sa partie nord, montagneuse – le mont Pellinaion atteint 1 297 mètres –, l'île de Chios, ou Chio (Hios) est étonnamment peu fréquentée par les touristes. C'est donc un site idéal pour ceux qui veulent expérimenter un séjour original, découvrir un mode de vie authentique et la véritable hospitalité grecque. Cette dernière peut réserver des surprises, car les Grecs aiment traiter leurs hôtes avec libéralité.

Hios
p. 233 C2
Informations
Kanari, 18, Hios
2271 022581

Musée Giustiniani
Plateia Frourio, Hios
2271 022819
Fermé lun.
€

La grande île de Chios – elle s'étend sur 47 kilomètres du nord au sud – est surnommée l'« île au mastic ». En effet, elle doit en partie sa prospérité à la résine fournie par les lentisques, ou arbres à mastic. Cet ingrédient, très demandé autrefois pour la fabrication de peintures, de vernis et de cosmétiques, ainsi que de médicaments, entre toujours dans la composition des chewing-gums et de certaines liqueurs. Les orangers et les citronniers abondent également à Chios. Le commerce maritime de l'île ayant été très florissant, on y trouve de splendides demeures. Malheureusement, beaucoup ont disparu lors d'un tremblement de terre dévastateur, en 1881. Une vingtaine de **villages du mastic**, dans le Sud, constituent l'une des grandes curiosités de l'île. Anciens pôles du commerce de ce produit, ils sont uniques en leur genre, avec leurs maisons serrées sur un très petit espace et entourées d'un cercle extérieur de bâtisses servant aussi de muraille défensive en cas d'attaque des pirates. De fait, sous la domination génoise, au Moyen Âge, Chios était considérée comme l'île la plus prospère de toute la Méditerranée; c'était donc une cible de choix pour les pirates. **Pirgi** est connu pour ses maisons ornées de motifs noir et blanc. **Olimpi** a conservé sa tour défensive centrale et **Mesta**, le plus

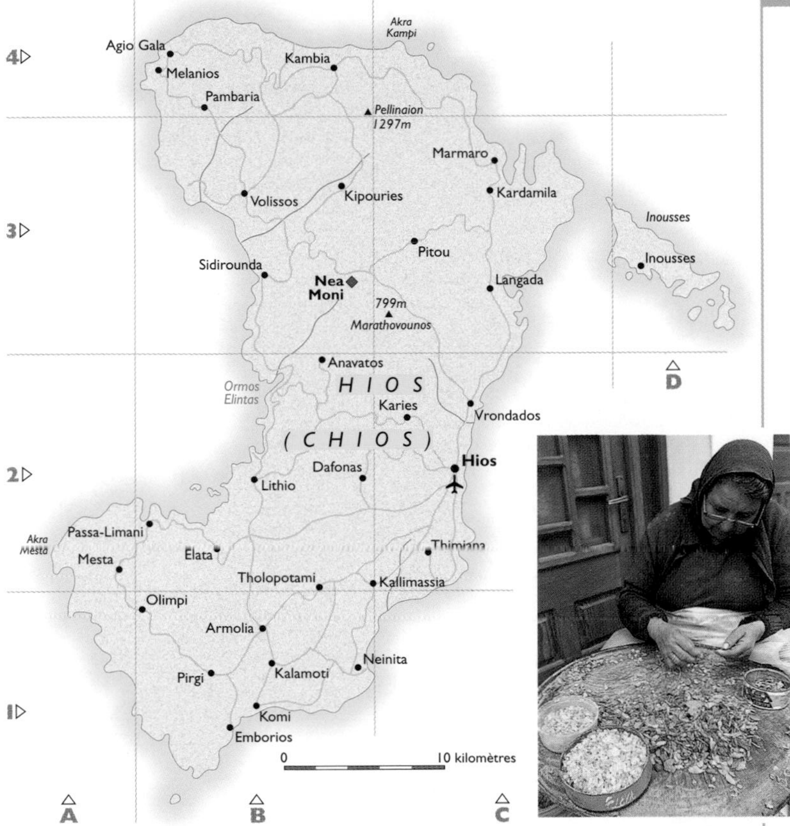

Le tri du mastic est une tâche minutieuse.

beau village, possède encore les tours de défense érigées aux quatre angles.

La **ville de Chios** (25 000 habitants), dont le port est très animé – comme il se doit dans la capitale d'une île grecque –, est dominée par une **forteresse** datant en partie de la période byzantine, mais considérablement rénovée et agrandie après que les Génois se furent emparés de l'île, en 1261. Elle abrite une mosquée turque, un cimetière, les vestiges d'un hammam et des maisons datant de plusieurs siècles. À l'entrée du fort, le **musée Giustiniani** expose une importante collection d'art religieux – icônes, fresques, mosaïques et sculptures sur bois.

Chios possède aussi un **Musée byzantin**, également voué aux collections archéologiques, et un **musée Philippe Argenti** (*odos Korai, 2 fermé dim.* €.), dédié à l'art et à l'artisanat populaires, où l'on peut voir les portraits de plusieurs membres de l'importante famille locale des Argenti.

Nea Moni, monastère qui date du XIe siècle, est superbement situé dans la nature, à 15 kilomètres à l'ouest de la ville de Chios. Il est renommé dans toute la Grèce pour sa remarquable mosaïque, également du XIe siècle, qui rivalise avec celles d'Ossios Loukas, près de Delphes (voir p. 142-143). ■

Musée byzantin
Plateia Vounakiou
2271 026866
Fermé lun.

Nea Moni
p. 241 B3
2271 079370

Les petites îles du nord de l'Égée

LEMNOS (LIMNOS)

Lemnos produit un *retsina* de grande qualité ainsi que d'autres vins. Les vignobles sont situés dans la moitié occidentale de l'île, plus volcanique que l'autre. Lemnos est presque coupée en deux par la profonde échancrure de la baie de Moudros, l'un des ports naturels les plus vastes et les mieux situés de l'Égée. Pour cette raison, et à cause de sa proximité avec la Turquie, l'île compte plusieurs bases militaires; on entend d'ailleurs souvent le grondement des avions à réaction.

Contrastant avec l'Ouest rocheux, la partie orientale est plate et agricole, en dehors de quelques marécages. La côte offre de belles plages, mais peu d'équipements touristiques. De **Mirina**, la ville principale, sur la côte ouest, partent les ferries reliant Lemnos à d'autres îles et au continent.

Mirina est agréablement située, avec un front de mer attrayant, quelques belles plages à proximité et un pittoresque port de pêche. Les ruines de son **fort byzantin**, à l'emplacement de l'ancienne acropole, offrent un extraordinaire point de vue sur la ville et sur toute la côte ouest. La vieille ville a des rues pavées de galets et de superbes maisons ottomanes; le **Musée archéologique** *(Romaikos Gialos, Myrina ☎ 2254 022087 ⏲ fermé lun.* € *€)*, installé dans une demeure du XIXe siècle, fait de son mieux avec des collections limitées. Plusieurs sites antiques parsèment l'île, notamment la ville fortifiée de Poliohni, datant de 3000 av. J.-C., la cité autrefois importante d'Héphaistia (Ifaistia),

et le site du Kabirion, sanctuaire des dieux Cabires. Ils mériteraient que soient entreprises des fouilles de grande ampleur.

p. 233 B5 **Informations** Hôtel de ville, 81400 2254 022996

SAMOS

Fertile et verdoyante, avec des collines arrondies couvertes de forêts de pins et des vallées plantées de vignobles et d'oliveraies, Samos est l'une des plus belles îles de l'Égée, dotée de plages merveilleuses. Ce n'est donc pas étonnant qu'elle ait été appréciée au cours des siècles : même Antoine et Cléopâtre sont venus s'y détendre, et c'est aujourd'hui un lieu de villégiature très prisé. En été, beaucoup de chambres d'hôtel sont réservées par des voyagistes. Mais quand les fleurs apparaissent, au printemps, puis en automne, lorsque les vignes sont chargées de raisin, Samos est une île de rêve. Ses vignobles fournissent un vin de dessert aussi doux que le miel, exporté dans le monde entier. Procurez-vous un samos grand cru ou un samos anthemis dans l'une des coopératives viticoles de l'île.

Les maisons blanches étincelantes de la capitale, **Samos** – également appelée Vathi – sont disséminées entre des collines vertes et un beau port en fer à cheval. Dans la ville haute, le dédale d'étroites ruelles pavées de galets semble à des années-lumière de l'effervescence du port (que l'on apprécie le soir).

Samos, dont l'histoire est longue et fascinante, fut habitée dès 3000 av. J.-C. Le remarquable **Musée archéologique** *(Kapetan Gymnasiarchou Katevani 2273 027469 fermé lun. €)* retrace une grande partie de cette histoire. Il possède l'une des plus importantes collections d'offrandes votives de Grèce, grâce à la popularité de l'Héraion, le sanctuaire de la déesse Héra. L'autre sujet de gloire du musée est un *kouros* (une statue archaïque de jeune homme) en marbre de 5 mètres de haut qui date du VIe siècle av. J.-C.

L'**Héraion** *(2273 095259 fermé lun. €)* se trouve à 22 kilomètres au sud-ouest de Samos/Vathi. Un premier temple a été édifié à cet emplacement au VIIIe siècle av. J.-C. ; un autre le remplaça au VIe siècle av. J.-C., rapidement détruit par un tremblement de terre. On commença à en édifier un troisième, jamais achevé mais davantage fréquenté. Le site n'est guère parlant, même après d'importantes fouilles archéologiques, mais il éclaire en partie l'histoire de la Samos antique.

Non loin, **Pithagoria**, la première capitale de l'île édifiée au VIe siècle avant notre ère, est devenue un centre touristique à la mode. Parmi ses attraits figurent les vestiges de plusieurs thermes romains et de l'étonnant tunnel d'Efpalidion, un aqueduc de près de 1 kilomètre creusé entre 539 et 524. Pithagoria doit son nom au philosophe et mathématicien Pythagore, né ici vers 580 av. J.-C. On ne sait pas grand-chose de sa vie, mais ses idées avancées dans le domaine des mathématiques et de l'harmonie de l'univers nous sont parvenues.

p. 233 D1 **Informations** Martiou, 25, Samos 2273 028582 ■

Le relief accidenté de Lemnos fait place à la plage de sable d'Aktamarina.

Les Cyclades

QUAND UNE PHOTOGRAPHIE ÉVOQUE LES ÎLES GRECQUES, IL Y A DE grandes chances qu'elle ait été prise dans les Cyclades (Kiklades). On y voit un ciel d'un bleu intense, des maisons blanches éblouissantes à flanc de colline et une église à coupole bleue. Dans l'esprit de beaucoup, c'est l'image archétypale d'une île grecque. Sur ces îles singulières, des coquelicots poussent sur la roche dénudée, l'arôme des herbes sauvages embaume l'air et des plages idylliques miroitent au soleil. Pour couronner le tout, les localités aux rues pittoresques offrent une vie nocturne intense, des boutiques bien achalandées, de bons restaurants et des bars. Les Cyclades symbolisent un été réussi par excellence.

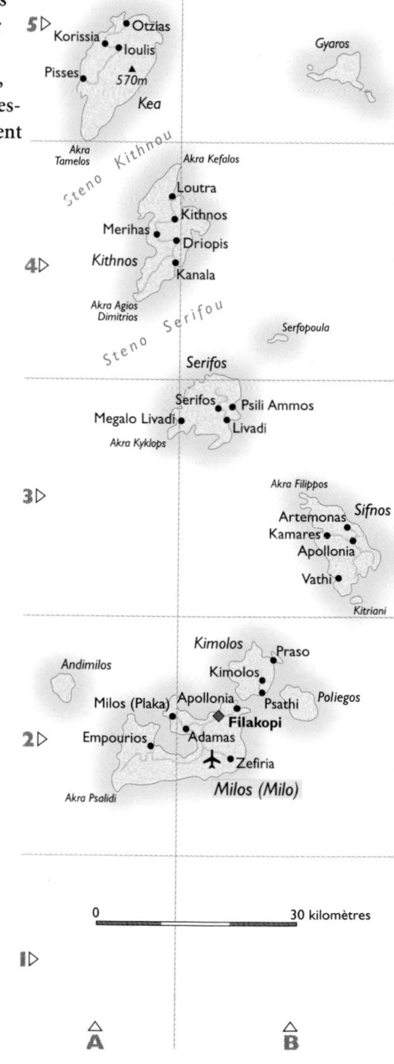

Le nom des Cyclades vient du mot *kyklos* (cercle), et un coup d'œil à la carte montre qu'effectivement ces îles sont disposées en cercle autour de l'île sacrée de Délos (voir p. 251). Sur le plan historique, les Cyclades sont les plus importantes de toutes les îles grecques. Entre 3000 et 1000 avant notre ère a fleuri ici ce que l'on a appelé la civilisation cycladique, source d'extraordinaires œuvres d'art qui ont exercé une influence considérable sur le monde. C'est d'ailleurs la seule civilisation grecque à laquelle un musée soit entièrement consacré : celui de l'Art cycladique, à Athènes (voir p. 74).

La capitale administrative des Cyclades, Syros, est moins affectée par le tourisme que l'on pourrait le craindre.

Naxos, la plus grande île, et Paros, sa voisine, se situent précisément au centre géographique de l'archipel. Et bien qu'elles se trouvent au cœur du réseau de communication des Cyclades, aucune des deux n'a été défigurée par le tourisme. Malheureusement, on ne peut pas en dire autant des îles voisines, Ios et Mykonos, pratiquement submergées l'été par les touristes en quête de divertissement. Mais il est facile d'échapper au bruit et à la foule si on le désire, car les Cyclades comptent 24 îles, dont certaines sont très peu peuplées. Et il est relativement aisé de passer de l'une à l'autre.

La plupart des voyageurs visitant une seule île de cet archipel choisissent l'extraordinaire Santorin (Thira), dont le cratère volcanique accidenté et les plages de sable noir offrent une image différente mais tout aussi forte des Cyclades. ■

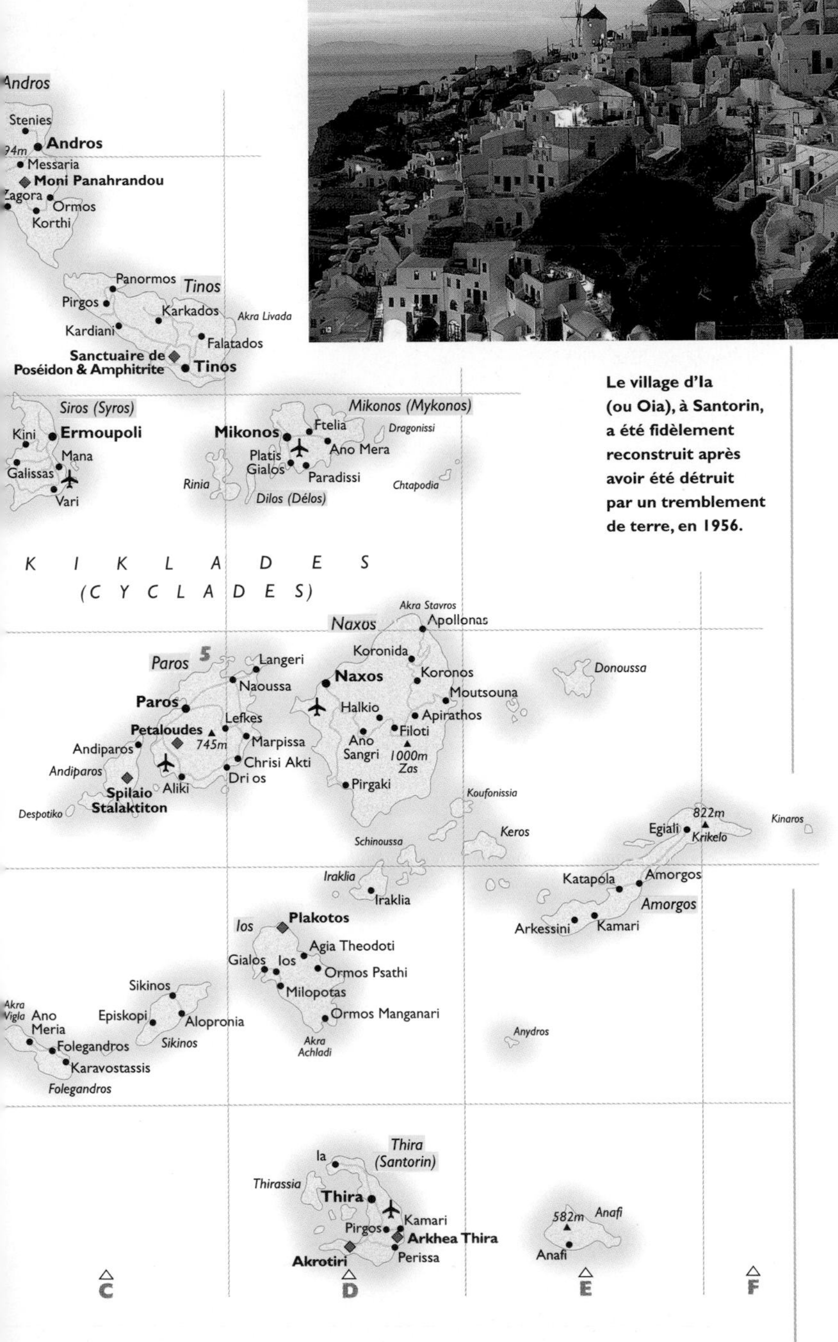

Le village d'Ia (ou Oia), à Santorin, a été fidèlement reconstruit après avoir été détruit par un tremblement de terre, en 1956.

Dans le vaste Moni Panahrandou, seuls quelques moines vivent aujourd'hui.

Andros

DEUXIÈME PAR LA SUPERFICIE, ANDROS EST LA PLUS SEPTENTRIONALE des Cyclades. Comme elle est aisément accessible à partir de Rafina, en Attique, les Athéniens y installent volontiers leur résidence secondaire et les autres Grecs l'apprécient comme lieu de villégiature. Le tourisme va sûrement s'amplifier avec l'ouverture du nouvel aéroport d'Athènes : Rafina sera pour les étrangers le port le plus proche pour se rendre dans les Cyclades.

Andros
p. 245 C6
Informations
Gavrio
2282 022300

Musée archéologique
Plateia Kairi
2282 023664
Fermé lun.
€

Musée d'Art moderne
Plateia Kairi
2282 022444
Fermé lun.-mar.
€€

Mesurant plus de 34 kilomètres du nord au sud, Andros est assez vaste pour absorber ses nombreux visiteurs. L'île est montagneuse. Le **mont Petalo** (994 mètres), au centre, la divise en deux moitiés distinctes : le Nord accidenté et désert, le Sud fertile et vert. Les Ioniens s'y sont installés vers 1000 av. J.-C. Puis, au fil des siècles, Andros a vu se succéder les Romains, les Vénitiens et les Turcs.

La **ville d'Andros** (également dite Chora) compte de nombreuses demeures néoclassiques élégantes trahissant l'influence des riches Athéniens qui y ont vécu au cours des deux derniers siècles. La ville a un air prospère, avec sa grand-rue piétonne couverte de dalles de marbre. Andros a fourni des découvertes archéologiques particulièrement importantes ; beaucoup sont présentées au beau **Musée archéologique**. La plus belle pièce est une copie en marbre du IIe siècle av. J.-C. d'une statue de bronze, l'Hermès d'Andros. L'excellent **musée d'Art moderne**, une rareté dans ces îles, est installé dans deux bâtiments. Il présente en permanence des œuvres de Picasso et de Braque, ainsi que des expositions temporaires d'art contemporain ; il abrite aussi un superbe jardin rempli de sculptures.

N'oubliez pas **Moni Panahrandou**, le monastère situé dans les montagnes, au sud de la ville d'Andros. Fondé en 961, il est toujours parfaitement entretenu. ■

Tinos

Un étroit bras de mer sépare Andros de Tinos, sorte de version miniature de sa voisine : elle a plus ou moins la même forme, et une épine dorsale montagneuse la parcourt. Comme Andros, Tinos a été colonisée par les Ioniens, puis occupée successivement par les Romains, les Vénitiens et les Turcs. On voit à Tinos les mêmes colombiers vénitiens qu'à Andros.

La **ville de Tinos** ne possède pas la richesse de la ville d'Andros. Elle ressemble plus à un chef-lieu caractéristique des Cyclades, avec son petit port animé et ses rues étroites zigzaguant entre les maisons régulièrement blanchies à la chaux. Le **Musée archéologique** est extrêmement intéressant. Le principal site de l'île, en ruine, est le **sanctuaire de Poséidon et d'Amphitrite**, du IVe siècle av. J.-C., situé à 4 kilomètres au nord-ouest de la ville.

Pour les Grecs, Tinos évoque avant tout l'**église de la Panagia Evangelistria** (l'Annonciation). Le 15 août, fête de l'Assomption – qui est un jour férié en Grèce –, Tinos est envahie de fervents pèlerins venus vénérer une icône miraculeuse de la Vierge. Beaucoup remontent à genoux la grand-rue conduisant à l'église afin d'aller se prosterner devant la représentation de Marie. La rue est alors bordée de stands et de boutiques vendant des cierges, des icônes et des offrandes votives. L'icône miraculeuse est portée dans les rues lors d'une procession solennelle ; cette manifestation a également lieu le 25 mars, à la fois jour de l'Annonciation et fête de l'Indépendance grecque.

Le pèlerinage remonte à 1822 : une religieuse de Moni Kehrovouniou, monastère dans les collines, vit apparaître en songe la Vierge Marie, qui lui révéla où était enterrée une icône. En suivant les indications de la religieuse, on découvrit une image représentant l'Annonciation. Enterrée depuis huit cent cinquante ans, elle était toujours en parfait état. On lui attribue des pouvoirs curatifs, et Tinos est devenue l'équivalent grec orthodoxe du sanctuaire de Lourdes en France. Si vous voulez vous trouver à Tinos le 25 mars ou le 15 août, soyez prévoyant, car il faut toujours réserver les ferries et les chambres longtemps à l'avance. ■

Tinos
p. 245 C5

Informations
Police touristique, plateia L. Sochou, 5
2283 023670

Musée archéologique
Megalochori, Tinos
2283 022670
Fermé lun.

À genoux, une fidèle effectue son pèlerinage à l'église de la Panagia Evangelistria.

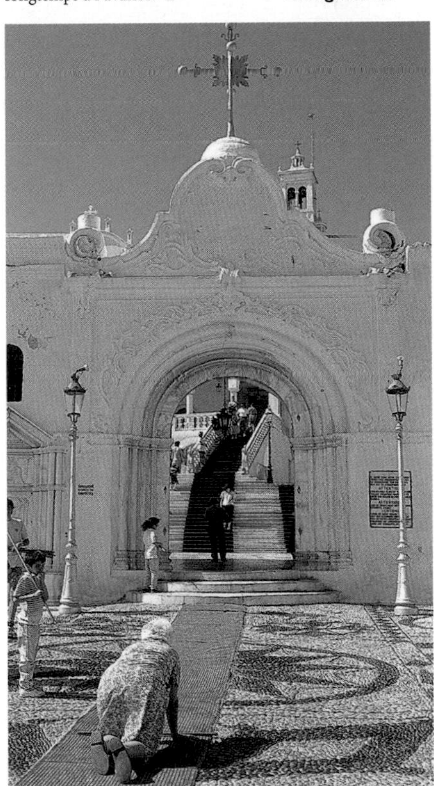

Syros

Le dôme aux tuiles bleues d'Agios Nikolaos domine le port de commerce.

BIEN QUE SYROS (SIROS) SOIT UN ENDROIT ASSEZ DÉSOLÉ ET rocheux, cette île est le centre administratif des Cyclades. Elle doit ce statut à l'excellent port naturel d'Ermoupoli, qui fut jadis le plus grand de toute la Grèce. Au XIXe siècle encore, c'était le port le plus actif de toute la mer Égée orientale, et on peut y admirer par conséquent nombre de belles demeures. Au dire de certains, Ermoupoli est la ville néoclassique la mieux préservée de Grèce et, avec ses 13 000 habitants, la plus grande localité des Cyclades.

Siros

p. 245 C4

Informations

Dodekanissou, 10, 841 00

2281 022375 ou 2281 086725

Malgré son importance, Syros n'est pas submergée par le tourisme. Grâce à son statut de centre administratif des Cyclades, contrairement à certaines petites îles, elle prospère sans avoir besoin de séduire les visiteurs. Pourtant, les touristes y sont de plus en plus nombreux, attirés par les petites stations balnéaires, les minuscules villages de pêcheurs et les plages, assez belles pour contenter tout le monde. Certaines, comme celles d'Armeos et de Delfini, sont assez écartées pour satisfaire les nudistes.

Probablement peuplée d'abord par les Phéniciens, Syros a été un centre important de la civilisation cycladique vers 2800 av. J.-C. Plus tard, l'île fit partie de l'Empire romain, comme le reste de la Grèce. Ensuite, elle resta quasi abandonnée jusqu'au XIIIe siècle. Elle fut alors occupée par les Vénitiens, qui fondèrent la ville d'**Ano Siros**, sur l'une des deux collines constituant maintenant Ermoupoli (la seconde est Vrondado). À cause de son origine vénitienne, Ano Siros présenta longtemps l'originalité d'être une ville catholique, avant l'apparition d'une communauté grecque orthodoxe à Vrondado.

Implantée sous et entre Ano Sirios et Vrondado, la ville basse possède une grande place centrale dallée de marbre, la **plateia Miaouli**. Toute la zone adjacente a été inscrite au patrimoine historique national et jouit d'un statut protégé. De belles demeures et des cafés ombragés bordent la place, agrémentée d'un étonnant kiosque à musique en marbre. À une extrémité de la place, l'imposant hôtel de ville de 1876 a été conçu par l'architecte allemand Ernst Ziller, à qui l'on doit aussi plusieurs beaux bâtiments néoclassiques d'Athènes, y compris le palais présidentiel.

À côté de l'hôtel de ville se trouve le petit **Musée archéologique**, qui mérite une brève visite.

Le **théâtre Apollon** qui le jouxte a été construit en 1864 : ce fut le premier Opéra de Grèce. Copie de la Scala de Milan, il a été restauré dans les années 1990 pour retrouver en partie sa gloire d'antan. Non loin, l'église du XIXe siècle **Agios Nikolaos** possède une iconostase de marbre de toute beauté. À l'extérieur, on peut voir le premier monument du monde dédié à un soldat inconnu, érigé à la fin du XIXe siècle. Ermoupoli compte beaucoup d'autres églises intéressantes, notamment l'église byzantine d'Anastasi, au sommet de la colline de Vrondado, et la cathédrale baroque Saint-Georges couronnant celle d'Ano Siros.

La plus grande partie de la population de l'île vit dans des villages de la moitié sud, aisément accessibles en voiture ou en bus. Sur la côte ouest se trouvent les deux stations balnéaires les plus prisées, Kini et Galissas. Située dans une baie splendide, **Kini** est restée un charmant village de pêcheurs. Son principal avantage, pour les amateurs de soleil, est qu'elle se trouve à quelques pas de la plus belle et plus grande plage de Syros, celle de Delfini, dont le sable doux est fort apprécié des amateurs de bronzage intégral.

Quelques kilomètres plus au sud, **Galissas** se trouve au fond d'une longue baie, à proximité de la plage d'Armeos. On y trouve les deux seuls terrains de camping de Syros ; en été, ils attirent des foules de jeunes, et Galissas devient l'endroit le plus animé de l'île.

Dans le nord de Syros, des chemins de terre battue mènent à des villages comme Chalandriani et Syringa, où l'on voit peu de touristes – aussi les autochtones réservent-ils souvent un accueil chaleureux aux voyageurs qui s'aventurent à visiter cette région. ■

Le Vendredi saint, une effigie du Christ est portée en procession dans les rues d'Ano Siros.

Musée archéologique
Plateia Miaouli, Ermoupoli
2281 088487
Fermé lun.
€

Mikonos
p. 245 D4
Informations
Front de mer
2289 022990

Musée folklorique
Front de mer
2289 022591
Fermé oct.-avr.

Mykonos

DANS LES ANNÉES 1980 ET 1990, MYKONOS (MIKONOS) AVAIT acquis la réputation de paradis gay de l'Égée. Bien que ce ne soit plus vraiment le cas, Mykonos est restée l'une des îles où beaucoup de gens vont faire la fête durant l'été. Au printemps et en automne, quand les nuits sont plus tranquilles, les visiteurs peuvent profiter pleinement du charme de l'île.

L'intérieur de l'île, restreint et désert, ne vous occupera pas très longtemps. Mykonos doit une grande part de sa popularité à ses plages de sable doré. La principale se trouve à Platys Gialos. Les stations balnéaires sont au centre de l'activité touristique, avec les nombreuses discothèques animées et bruyantes.

Les ruelles blanches de Mykonos sont parmi les plus pittoresques des Cyclades.

La **ville de Mykonos** est l'une des capitales les plus séduisantes des Cyclades. On se perd facilement dans le dédale de petites rues sinueuses, entre les maisons d'un blanc immaculé, souligné du bleu vif des huisseries. Ces ruelles peuvent mener à de paisibles églises aux dômes azuréens caractéristiques ou s'achever en impasse. Si vous visitez l'île dans le cadre d'une croisière, prévoyez bien le temps de regagner le bateau. On peut acheter un plan de la ville dans une boutique ou dans un kiosque.

La ville possède d'autres attraits et mérite au moins qu'on lui consacre une journée, même si l'on veut profiter de la vie nocturne sans perdre un instant. Le **Musée folklorique** est l'un des meilleurs du genre en Grèce : Mykonos a une riche tradition locale, l'art et l'artisanat y ont toujours fleuri. Le **Musée archéologique** *(front de mer 2289 022325 fermé lun.)* offre un vaste choix de pièces intéressantes, dont beaucoup viennent de l'île sacrée voisine de Délos (où l'on peut se rendre à partir de Mykonos, voir p. 251).

En outre, la petite ville possède un **Musée maritime** *(Enoplon Dynameon 2289 022700 fermé oct.-avril)* et un intéressant **musée municipal des Beaux-Arts** *(Matogianni 2289 022615 fermé oct.-avril)*. En dessous de la **forteresse** édifiée du XVe au XVIIe siècle se trouve le quartier des artistes, surnommé **Petite Venise** à cause de ses hauts édifices aux élégants balcons de fer forgé. ■

Délos

La maison des Masques et la maison des Dauphins (au centre) dominent la partie basse du site de Délos.

ON NE PEUT VISITER L'ÎLE SACRÉE DE DÉLOS (DILOS), ARIDE ET inhabitée, que dans la journée. Elle se trouve à 2 kilomètres environ au sud-ouest de Mykonos. Personne ne peut y passer la nuit. Cette mesure vise à protéger l'un des sites archéologiques les plus précieux de Grèce. Les Ioniens sont arrivés ici vers 1000 av. J.-C., mais Délos a probablement d'abord été peuplée par des colons venus d'Asie Mineure plus de mille ans plus tôt.

Délos était la capitale religieuse des Ioniens, consacrée au dieu Apollon. On a instauré des festivités artistiques et sportives en son honneur vers 700 av. J.-C. Délos était un très important centre de pèlerinage et un port très prospère. Mais, à la chute de l'Empire romain, elle déclina et devint un repaire de pirates coupé du monde.

Les précieuses ruines de Délos s'étendent sur une vaste superficie. L'élément le plus célèbre est la **terrasse des Lions**, dominant et protégeant un **lac sacré**, aujourd'hui à sec, qui aurait été témoin de la naissance d'Apollon. À l'origine, il y avait neuf lions datant du VIIe siècle av. J.-C., en marbre provenant de l'île proche de Naxos, mais il n'en reste à présent que cinq. Les originaux se trouvent au musée local.

Parmi les principales curiosités figurent un **théâtre** de 300 av. J.-C., de belles mosaïques ornant des demeures telles la maison des Dauphins et celle de Dionysos, et le **sanctuaire d'Apollon**, avec les vestiges de trois temples attenants.

Ce site mérite tout le temps que vous pourrez lui consacrer. Des bateaux quittent Mykonos pour Délos en début de matinée et reviennent en début d'après-midi. Le site ferme à 15 heures. Il y a un petit café sur l'île, mais il n'offre guère de choix, alors apportez vos provisions – surtout de l'eau. ■

Dilos

p. 245 D4

2289 022259

Fermé lun.

€€

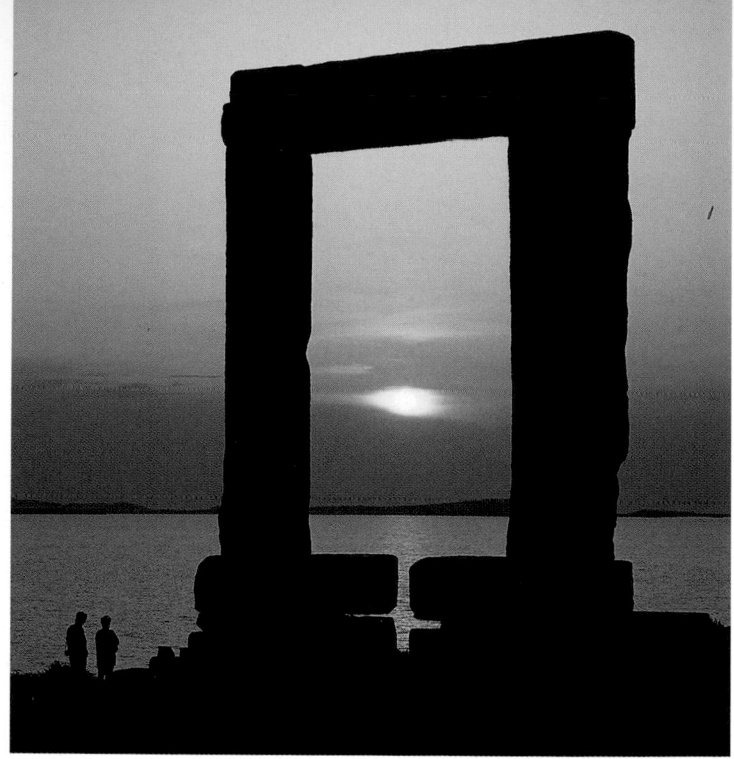

Le Portara, portique monumental, encadre le coucher du soleil.

Naxos

La verdoyante île de Naxos est la plus grande et la plus fertile des Cyclades ; des oliveraies et des vergers s'étendent à perte de vue dans les vallées. Elle est montagneuse – le mont Zas, au sud, atteint 1 001 mètres – et possède de belles plages, dont beaucoup sont désertes. En dépit de ces attraits, l'île n'a pas été bouleversée par l'essor du tourisme. Mais l'ouverture récente d'un aéroport risque d'altérer sa sérénité.

Naxos
p. 245 D3
Informations
Front de mer, Naxos
2285 024799

Naxos a été l'un des principaux centres de la civilisation cycladique, qui se développa aux alentours de 2800 av. J.-C., et l'un des premiers à utiliser le marbre pour la sculpture et l'architecture. Le marbre de Naxos a été utilisé pour sculpter certaines des plus belles statues de *kouros*, dont plusieurs actuellement présentées au Musée archéologique national d'Athènes (voir p. 78-79), ainsi que les lions de Délos (voir p. 251). Plus près de nous, Naxos fut dominée par les Vénitiens puis par les Turcs, qui l'ont marquée les uns et les autres de leur empreinte culturelle et architecturale.

La **ville de Naxos** est un port animé et une cité agréable, avec des bars et des restaurants très fréquentés autour du port et à proximité du *kastro*, la **forteresse vénitienne** ceinte de hautes murailles. En dessous, dans le quartier de Bourgos, l'imposante **cathédrale Zoödohou Pigis** a été bâtie au XVIIIe siècle en réutilisant les pierres d'églises antérieures et d'un temple antique.

L'un des monuments les plus anciens et les plus impressionnants de Naxos est le **portique (Portara)**, sur l'îlot de Palatia uni à la terre par une route. C'était l'entrée du temple d'Apollon, commencé en 530 av. J.-C. mais resté inachevé. Aujourd'hui, cet imposant portique sert souvent de symbole à la ville et à l'île, et accueille de façon spectaculaire les voyageurs arrivant en ferry.

Le passionnant **Musée archéologique** présente une vaste collection d'œuvres locales comportant naturellement un grand nombre de délicates sculptures de la période cycladique. L'intérêt du musée vient aussi de l'édifice qui l'abrite. Ce palais, édifié en 1627, devint par la suite l'École française – elle compta parmi ses élèves le romancier crétois Nikos Kazantzakis (voir p. 283).

Naxos est assez grande pour y séjourner longuement afin de découvrir ses charmes naturels. Dans la **vallée de Livadi**, on extrayait jadis le plus beau marbre de Naxos et, dans la **vallée de Melanes**, on trouve plusieurs tours de guet vénitiennes caractéristiques. La **vallée de Tragaia** est émaillée de merveilleux villages de montagne propices à de belles randonnées. Elle est particulièrement séduisante au printemps, quand les bourgeons et les fleurs apparaissent, et au début de l'automne, lorsque les arbres sont chargés de fruits. **Halkio** est l'un des villages les plus agréables, avec ses charmantes vieilles églises. Mais si vous voulez y séjourner pour faire de la randonnée, il faut trouver une chambre chez l'habitant – ce qui peut être une agréable manière d'expérimenter l'hospitalité grecque.

En ce qui concerne les localités en bord de mer, **Apollonas**, au nord-est, est l'une des plus prisées, en particulier pour son grand choix de restaurants de poisson. Dans les anciennes carrières de marbre, hors du village, on peut voir une énorme statue inachevée de plus de 10 mètres de long, qui représente, croit-on, le dieu Apollon. Elle est couchée là depuis l'an 600 av. J.-C. environ.

Les plus belles plages se trouvent à **Ormos Avraam** sur la côte nord, ou à **Moutsouna,** à l'est. Les produits locaux de Naxos les plus prisés des touristes sont les tissages, les broderies, le miel et le fromage. ■

Musée archéologique

✉ Palais de Sanoudo

☎ 2285 022725

🕒 Fermé lun.

€ €

Les bâtiments donnant sur la vieille forteresse vénitienne de Paros reçoivent leur badigeon de chaux annuel.

Paros

PAROS, LA TROISIÈME ÎLE DES CYCLADES PAR LA SUPERFICIE, EST encore plus célèbre que Naxos pour son marbre. C'était le matériau le plus prisé des meilleurs sculpteurs et architectes, et, à l'époque classique, on l'acheminait dans toute la Grèce. Deux chefs-d'œuvre du musée du Louvre, à Paris, la *Vénus de Milo* du IIe siècle av. J.-C. (voir p. 255) et la célèbre *Victoire de Samothrace* (vers 200 av. J.-C.), ont été sculptées en marbre de Paros.

Paros
p. 245 C3
Informations
Police touristique, plateia Mando Mavroyenous, Paroikia
2284 021673

Musée archéologique
Paroikia
2284 021231
Fermé lun.
€

Conséquence de cette générosité naturelle et de la grande fertilité de l'île, Paros a toujours été prospère et n'a pas eu besoin de recourir au tourisme autant que certaines de ses voisines. Elle a beaucoup mieux préservé ses coutumes et sa culture authentiques que, par exemple, Ios ou Mykonos.

Cela ne veut pas dire que l'île ne soit pas fréquentée, surtout au cœur de l'été, quand les vents forts qui y soufflent attirent des surfeurs du monde entier. Les meilleures plages se trouvent dans le Nord, autour de Langeri.

La **ville de Paros**, ou Paroikia, dans une rade abritée de la côte occidentale, est un nœud central des lignes de ferries dans les Cyclades. On y trouve toute l'activité, les bars et les restaurants auxquels on peut s'attendre. Mais, à l'écart du front de mer, les rues et les maisons du style typique des Cyclades, avec de jolies cours ornées de fleurs suspendues, ont tout pour séduire.

La **cathédrale de la Panagia Ekatondapiliani**, byzantine (Xe siècle), est un splendide exemple d'édifice construit en marbre local. À proximité, le **Musée archéologique** présente d'autres œuvres en marbre de Paros et un fragment extrêmement précieux de la *Chronique de Paros*, une sorte de compte-rendu gravé dans le marbre de l'histoire grecque depuis le XVIe siècle av. J.-C. ■

Milo

C'est en marbre de Paros qu'a été sculptée l'une des œuvres les plus célèbres du monde, la *Vénus de Milo*, découverte dans l'île éponyme (en grec, Milos). Elle fut mise au jour le 8 avril 1820, après qu'un paysan de l'île eut repéré une cavité dans un champ : il eut la surprise d'y trouver une moitié de statue. On exhuma vite la seconde moitié, et l'ensemble fut acheté pour en faire présent au roi de France Louis XVIII (1795-1824). Ainsi peut-elle aujourd'hui participer à la gloire du musée du Louvre, à Paris.

Une plaque signale l'endroit où l'on a trouvé la première partie de la statue, à Tripiti, à côté des **catacombes chrétiennes**. Ce sont les seules catacombes de Grèce. Les 291 tombes découvertes renfermeraient, semble-t-il, au moins 8 000 corps.

Tripiti est presque un faubourg du chef-lieu de l'île, Plaka, bien que parler de faubourg soit quelque peu abusif : l'île tout entière compte moins de 5 000 habitants. Cet effectif est renforcé en été par les visiteurs, bien qu'ils ne soient pas nombreux. **Plaka** est bâti sur ce que l'on croit être l'ancienne acropole, fondée entre 1100 et 800 av. J.-C. Le **Musée folklorique** présente de passionnantes photographies anciennes, des costumes traditionnels et des productions artisanales qui évoquent l'histoire plus récente de l'île.

Au **Musée archéologique**, une copie de la *Vénus de Milo* accueille les visiteurs à l'entrée. Le musée présente notamment des vestiges provenant du site le plus important de Milo, en grande partie recouvert par la mer, **Filakopi**, au nord de l'île. Deux des plus belles pièces provenant de ce site se trouvent au Musée archéologique national d'Athènes (voir p. 78-79) : la célèbre statue de Poséidon du IVe siècle av. J.-C. et un *kouros* (une statue de jeune homme) du VIe siècle av. J.-C. ■

Comme Santorin, Milo est une île volcanique.

Milos
p. 244 B2

Informations
Front de mer, Adamas
2287 022445

Catacombes chrétiennes
Tripiti
2287 021625
Fermé lun.

Musée folklorique
Plaka
2287 021292
Fermé lun.
€

Musée archéologique
Place principale, Plaka
2287 021620
Fermé lun.
€

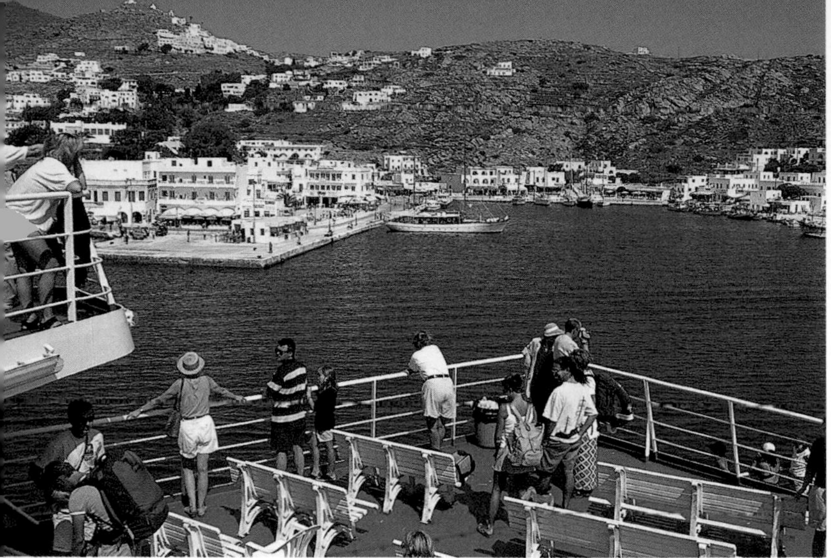

À Ios, le ferry accoste au port de Gialos.

Ios

Si l'une des Cyclades présente des contrastes, c'est bien la minuscule Ios. Sa population permanente, qui ne dépasse pas 2 000 habitants, est multipliée plusieurs fois en été par les jeunes visiteurs attirés par sa vie nocturne et ses plages de sable doré.

Ios
p. 245 D2
Informations
Ano Chora, Ios
2281 090128

En août, dans la ville d'Ios, il est impossible d'être tranquille la nuit : les bars et les discothèques font du vacarme jusqu'à l'aube. Pourtant, ce n'est pas la première impression qui se dégage de cette petite ville des Cyclades toute pimpante, aux maisons immaculées régulièrement badigeonnées de chaux, aux églises couvertes de dômes bleus avec, dans les hauteurs, douze moulins à vent. Il y en avait bien plus autrefois, et ils ne sont pas tous en très bon état, mais ils sont pittoresques, même s'ils ne fonctionnent plus. Ici aussi, tout en haut de la ville, on voit les vestiges d'une forteresse vénitienne construite en 1400.

On dit qu'Homère est enterré à Ios (voir p. 330-331). On avance parfois que sa mère était originaire de l'île et que le grand poète est revenu y mourir. Ou encore qu'il se trouvait simplement à bord d'un bateau faisant route vers Athènes quand la mort l'a surpris. On montre sa tombe à **Plakotos**, une petite localité du nord vallonné de l'île (il ne reste que la roche sur laquelle son tombeau aurait été érigé). Chaque année, le 15 mai – un moment plus favorable pour visiter l'île que le milieu de l'été –, a lieu la fête d'Homère. Les habitants de Ios portent en procession une flamme sur 10 kilomètres, du port où Homère est mort à l'endroit où on le dit enterré.

On prétend que l'île abrite près de 400 chapelles, en plus de ses superbes plages de sable – désertes ou envahies de jeunes récupérant après avoir passé la nuit en ville. Pour être au calme, choisissez les plages de Psathi ou de Kalamos, ou allez à pied visiter les monastères de Kalamos ou du mont Pirgos. ■

Amorgos

Amorgos
p. 245 E2
Informations
Sur le quai,
à Katapola
2285 071246

Le paysage de montagne d'Amorgos la distingue de la plupart des autres îles des Cyclades, et comme elle ne dispose pas de plages accessibles, elle n'a pas succombé au tourisme de masse. En fait, elle attire les visiteurs qui trouvent plus intéressant de découvrir le mode de vie grec que de se contenter de lézarder au soleil.

Amorgos est une île longue et étroite. Les montagnes façonnent tellement le paysage que l'on a attendu les années 1990 pour construire une route décente afin de faciliter les communications entre le nord-est et le sud-ouest de l'île. Jusque-là, il était tout aussi rapide, et souvent plus confortable, de faire le trajet en bateau.

Le paysage rude d'Amorgos n'a nullement entravé l'essor culturel. L'île a été peuplée dès 3300 av. J.-C. Elle fut l'un des centres les plus influents de la civilisation des Cyclades et compta trois cités importantes : Minoa, Arkessini et Egiali. Les Romains l'utilisèrent ensuite comme lieu de bannissement. Par la suite, l'île subit, comme ses voisines, les dominations vénitienne puis turque. Sous le régime des colonels (voir p. 36-37), on y exila à nouveau des prisonniers politiques. L'image de l'île reçut un coup de fouet quand Luc Besson y tourna *Le Grand Bleu* (1988) : cette publicité inattendue entraîna l'essor du tourisme.

La principale ville, **Amorgos**, dite aussi Chora, est une merveilleuse petite cité, avec des maisons blanchies à la chaux blotties sous un fort vénitien du XIIIe siècle, plusieurs moulins à vent et plus de quarante églises et chapelles. **Agios Fanourios**, la plus petite chapelle de Grèce, ne peut pas accueillir plus de trois personnes à la fois.

Katapola, le principal port, est une petite ville grecque typique très animée ; en fait, elle est constituée de trois petits villages distincts. On y trouve toute une série d'excellents hôtels et restaurants, et tous les services que l'on peut désirer.

Si vous cherchez de belles plages, vous en trouverez de plus agréables ailleurs, telle celle d'**Ormos Egiali**, la seule plage de sable de l'île, dans le Nord ; elle est petite et demeure immaculée. ■

L'étonnant monastère de Panagia Hozoviotissa, fondé en 1088, est construit dans la falaise, en dessous de la ville d'Amorgos.

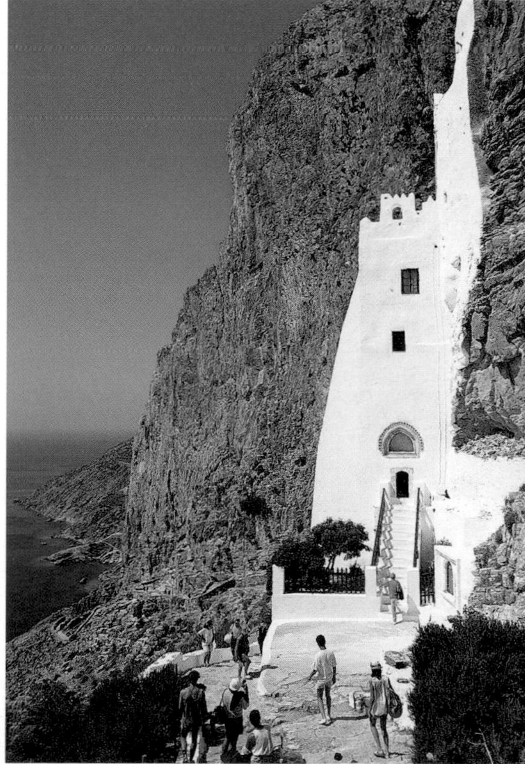

Santorin

FORMÉE DES RESTES D'UN CRATÈRE VOLCANIQUE, SANTORIN (Thira, ou Thera) est un endroit spectaculaire et unique. Les ferries s'engagent dans le cratère envahi par l'eau et accostent au port de Skala Thira, en contrebas de la ville de Thira. Un sentier en zigzag, très raide, relie le port à la ville. On trouve toujours des ânes à louer pour faire le trajet, mais il y a aussi un téléphérique.

L'enseigne d'un restaurant, à Nauplie, s'inspire d'une célèbre fresque d'Akrotiri.

Page ci-contre : Le blanc et le bleu crus d'une église s'estompent au coucher du soleil.

Le nom qui désigne l'île en grec, **Thira**, est aussi celui de la capitale. Dévastée par un tremblement de terre en 1956, elle a été rebâtie et accueille un grand nombre de touristes. La saison touristique y dure plus longtemps qu'ailleurs, car les bateaux de croisière et les ferries amènent des visiteurs pour la journée, du printemps à l'automne, y compris quand d'autres îles sont plus paisibles.

Mais il y a des endroits tranquilles à Santorin, comme le village d'**Ia**, spectaculairement perché au bord de la caldeira, à la pointe nord de l'île. À l'autre extrémité, on trouve les vestiges remarquablement bien conservés d'**Akrotiri**, une cité minoenne dévastée par l'éruption volcanique de 1625 av. J.-C., qui détruisit aussi l'ancienne île et créa l'actuelle. Le cataclysme a peut-être aussi déclenché un raz-de-marée qui peut avoir causé la ruine de la civilisation minoenne en Crète. Le **Musée archéologique** de Thira présente les découvertes faites à Akrotiri, et on est en train de construire un nouveau musée (en face de l'arrêt des bus) afin d'abriter les fameuses fresques de l'île, conservées jusqu'ici au Musée archéologique national d'Athènes. Sur la côte orientale, les vestiges d'**Arkhea Thira** (Ancienne Thira) dominent la mer.

Santorin produit un très bon vin. À première vue, on pourrait penser qu'il y a trop de vent, qu'il fait trop chaud et trop sec, mais un cépage, l'assurtiko, se plaît ici. Les vignes les plus anciennes ont au moins deux cents ans. On les fait pousser tout près du sol, à l'abri du vent, et on les couvre de paniers en rotin. Sec ou doux, le vin blanc de Santorin est plus fort que le vin de table courant.

Nichées à l'intérieur et autour de la caldeira de Santorin, plusieurs petites îles sont accessibles en bateau depuis Thira. La plus grande, **Thirassia**, était rattachée à l'île principale jusqu'à ce qu'un tremblement de terre l'en écarte, en 236 av. J.-C. Comme Santorin, son sol volcanique est fertile. À **Manolas**, le port de l'île, on trouve des endroits où se restaurer et des chambres à louer. La deuxième île par la superficie, **Nea Kameni**, n'est apparue qu'en 1720 et elle est inhabitée, car il s'y produit encore des éruptions : la plus récente a eu lieu en 1950. ■

Santorin
p. 245 D1
Informations
Police touristique, Martiou, 25, Thira
2286 022649

Akrotiri
p. 245 D1
Fermé lun.
€€

Musée archéologique
Thira
2286 022217
Fermé lun.
€

Thira antique
p. 245 D1
Fermé lun.
€€

Le Dodécanèse

Le mot grec Dodekanissa signifie « douze îles ». En réalité, cet archipel – également appelé « Sporades du Sud » – compte quatorze grandes îles, trois petites qui sont habitées et des dizaines d'autres inhabitées. Toutes sont très fréquentées par les touristes, car elles se trouvent très au sud et il y fait très chaud en été, au point que l'eau vient parfois à manquer : si l'on veut voir de la verdure et des fleurs sauvages, mieux vaut venir au printemps. À l'automne, ces îles paraissent parfois complètement arides.

En gros, l'archipel épouse le contour de la côte turque ; Kastellorizo, qui compte moins de 300 habitants, en est éloignée de 3 kilomètres à peine. En revanche, la plus grande de ces îles, Rhodes, compte 100 000 résidents permanents et bien plus en été car c'est elle qui est la mieux équipée pour le tourisme. L'île de Cos, beaucoup plus petite, vient tout de suite après.

Entre les deux, on citera, entre autres, Tilos et Halki, où le tourisme est arrivé mais reste limité, et où l'accueil est encore amical. À ce groupe, il faut ajouter Patmos, où saint Jean aurait eu la vision qu'il décrit dans l'Apocalypse, ainsi que la petite Nissiros, île volcanique dont le cratère n'émet guère que des bulles sulfureuses. À deux heures de ferry de Rhodes, Simi est l'une des perles de la mer Égée, avec un port presque trop parfait pour être vrai – il suffit, pour le comprendre, d'y pénétrer en bateau à la nuit tombante lorsque scintillent ses lumières.

4▷ Vathi Analipsi Astipalea Livadia Ofidoussa Astipalea

Bien que le Dodécanèse soit proche de la Turquie, l'influence turque n'y est pas plus grande que dans les autres archipels. L'atmosphère est plutôt italienne ; ces îles furent d'ailleurs occupées par les Italiens pendant la Seconde Guerre mondiale et rendues à la Grèce en 1948. Depuis lors, le tourisme a permis de relancer une économie autrefois fondée sur la construction navale ainsi que sur la pêche de poissons et d'éponges. ■

3▷

△ A

Sur Karpathos, des moulins à vent produisent la farine qui servira à faire des pains, cuits dans des fours aménagés dans le flanc de la colline.

Agathonissi
Arki
Lipsi
Farmakonissi
Agia Marina
Leros
Xirokambos
TURQUIE
Emborios
Kalimnos
Mirties
Telendos
Vathis
Pothia
Pserimos
Kos (Cos)
Marmari
Asclipio
Mastihari
Asfendiou
Pili
Kos (Cos)
Kardamena
Kefalos
Giali
Akra Krikelos
Nimos
Emborios
Simi
Simi
Pali
Mandraki
Nissiros
Nikia
Panormitis
Moni Taxiarchis
Michail Panormitis
Seskli
DODEKANISSA
(DODÉCANÈSE)
Megalo Horio
Tilos
Livadia
Rodos (Rhodes)
Kremasti
Paradissi
Ialyssos
Faliraki
Syrna
Kamiros
Petaloudes
Afandou
Alimia
Salakos
Kritinia
Tria Nissia
Halki
Embonas
Halki
1215m
Arhangelos
Monolithos
Akropoli
Kastello
Lardos
Lindos
Apolakia
Genadi
Katavia
Rodos (Rhodes)
Akra Prassonissi
Astakida
Saria
2
Diafani
Olimbos
Karpathos
Spoa
Lefkos
1215m
Aperi
Karpathos
0
30 kilomètres
Arkassa
Menetes
1
Armathia
Fri
Akra Kastelou
C
D
E
Kassos
B

Un cerf et une biche montent la garde à l'entrée de Mandraki, le port de la ville de Rhodes.

Rhodes

Le nom de Rhodes (Rodos) désigne à la fois la plus grande île du Dodécanèse et le chef-lieu de l'archipel. Au nord de l'île, la plus grande partie de la côte est consacrée au tourisme, les agglomérations finissant par se rejoindre, ce qui donne une longue suite d'hôtels, de tavernes et de boutiques de souvenirs. On y trouve aussi des plages magnifiques : c'est le lieu idéal pour passer la journée au soleil sur la plage et la nuit dans les bars et les discothèques. Mais l'île est assez grande pour proposer d'autres centres d'intérêt.

Rodos

p. 261 D2 & D3

Informations

Bureau du Dodécanèse, Papagon
2241 023255

Makariou, Rodos
2241 023655

La **ville de Rhodes** (Rodos) est un mélange de très ancien et de très moderne. La vieille ville médiévale, ceinte de remparts, est l'une des perles de la mer Égée, et elle a été inscrite au patrimoine mondial de l'humanité par l'Unesco en 1988. De nombreux paquebots y font escale, donnant aux passagers quelques heures pour explorer la vieille ville – et les boutiques de la ville nouvelle.

Si la vieille ville date de l'arrivée des chevaliers de Saint-Jean, en 1306, la première cité fut en fait fondée en 408 av. J.-C., et l'île a joué un rôle dans l'histoire dès le Ve siècle av. J.-C. Néanmoins, ce sont bien les chevaliers de Saint-Jean qui ont

donné son identité durable à la cité, dont ils furent les maîtres jusqu'en 1519. Au sommet de la colline, l'imposante forteresse, appelée **palais des Grands Maîtres**, ainsi que la **rue des Chevaliers** (Ippoton) sont d'une beauté sans équivalent dans le Dodécanèse. Plusieurs auberges des chevaliers de Saint-Jean bordent cette rue pavée, sans cesse restaurée au cours des siècles. C'est là que se retrouvaient les chevaliers selon leur nationalité – ainsi a-t-on l'auberge d'Italie, l'auberge de France, etc. Bien entendu, ce quartier est devenu un bazar pour touristes, mais cela ne vaut que pour les quelques grandes artères. Il suffit de se promener dans les ruelles des alentours pour se trouver plongé dans l'atmosphère authentique des petites communautés grecques typiques.

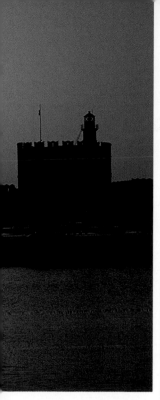

Le **Musée archéologique** se trouve près de l'entrée principale de la vieille ville. D'un point de vue purement historique, le bâtiment est intéressant : c'est l'ancien hôpital des Grands Maîtres, construit entre 1440 et 1481. De nombreuses découvertes archéologiques ont été effectuées dans l'île de Rhodes et l'on en trouve ici un certain nombre de spécimens, qui proviennent de sites tels que Kamiros, Ialyssos et Lindos. La plus belle pièce, dite *Aphrodite de Rhodes*, est une sensuelle statue de marbre datant du Ier siècle av. J.-C.

Entre autres musées intéressants à découvrir à l'intérieur des remparts, on citera le **musée d'Art byzantin**, installé dans une église du XIIIe siècle, devenue mosquée d'Enderoum sous l'occupation turque. Le **musée des Arts décoratifs** propose quant à lui une belle collection de productions typiques de l'île, notamment des tuiles décoratives de Lindos, ainsi que la reconstitution d'une maison d'habitation où l'on voit les lits traditionnels en surélévation ainsi qu'une cour de style local, dont le sol est fait de cailloux noirs et blancs alternés.

Au centre de la ville nouvelle, on remarquera le marché de la **Nea Agora**, juste en face de la rue principale qui vient du port. Quoique petit, il est toujours plein de vie, avec ses nombreux cafés et restaurants, simples mais bons.

LINDOS

Au sud de la ville de Rhodes, sur la partie orientale de l'île, les anciens villages ne constituent plus guère qu'une seule agglomération, puis, progressivement, ils retrouvent leur identité propre. Lindos est particulièrement original : s'il est très fréquenté à cause de son excellente plage, les rues de la vieille ville, avec leurs maisons blanchies à la chaux, ont conservé tout leur charme.

Palais des Grands Maîtres
Ippoton (rue des Chevaliers)
2241 023359
€€

Musée archéologique
Plateia Mouseiou
2241 027657
Fermé lun.
€€

Musée d'Art byzantin
Apellou
2241 027674
Fermé lun.
€

Musée des Arts décoratifs
Plateia Argyrokastrou
2241 021954
Fermé lun.
€

Lindos
p. 265 C2

Acropole
2244 031258
Fermé lun.
€€

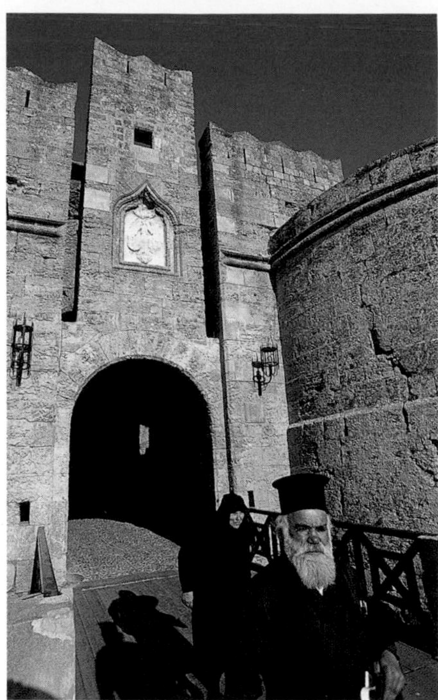

Les puissants remparts de la ville de Rhodes, construits vers 1330, sont percés de portes massives.

Les premiers habitants de Lindos s'y sont installés vers 3000 av. J.-C., et les vestiges que l'on distingue sur l'acropole, qui se dresse à 116 mètres au-dessus de la ville et de la plage, datent du IVe siècle avant notre ère.

Le **temple d'Athéna Lindia** était l'un des sites les plus sacrés de la Grèce antique, et même Alexandre le Grand y vint en pèlerinage. S'il n'en reste que quelques colonnes, ce site, sur lequel est érigée l'église Saint-Jean (Agios Ioanis), demeure superbe. Les remparts fortifiés qui entourent le rocher de l'acropole furent ajoutés au XIIIe siècle par les chevaliers de Rhodes.

Le vieux village d'**Akra Lindos** est d'une beauté presque indicible, et l'interdiction de la circulation lui permet de préserver son atmosphère d'antan. Bien entendu, il y a beaucoup de boutiques de souvenirs et parfois bien trop de monde, mais il arrive que l'on puisse y flâner tranquillement en admirant les vieilles demeures. La plupart de celles-ci furent construites par des marins qui amassèrent d'incroyables fortunes entre le XVe et le XVIIIe siècle, grâce en particulier aux chevaliers, qui contribuèrent à faire de Rhodes une puissante base navale.

Au pied de l'acropole, en face de la plage de Lindos, se trouve la **baie de Saint-Paul**, où l'apôtre débarqua en l'an 43, apportant le christianisme sur l'île. Une petite chapelle lui est dédiée. Non loin de là – ironie de l'histoire – se trouve une plage très fréquentée par les nudistes.

À LA DÉCOUVERTE DE L'ÎLE DE RHODES

Sur la côte ouest, le lieu le plus fréquenté se trouve à l'extrémité d'une route secondaire qui, au-delà de l'aéroport, mène à **Petaloudes**, surnommée la « vallée des Papillons ». En fait, elle devrait plutôt s'appeler la « vallée des Mites », mais c'eût été moins poétique : en effet, entre juin et septembre, des millions d'arcties de Jersey y vivent, attirées par les styrax (aliboufiers) ; la résine de ces arbres, dont l'odeur rappelle celle de la vanille, sert à la fabrication de l'encens. Malheureusement, les guides qui y conduisent des touristes par autocars entiers les encouragent à claquer des mains, ce qui fait s'envoler les insectes. De ce fait, leur nombre diminue d'année en année.

Plus au sud se trouve le site absolument fascinant de **Kamiros**. C'est l'un des exemples les mieux conservés d'une cité grecque classique, et son importance a été comparée à celle de Pompéi. De nombreux vestiges remontent au VIe siècle avant notre ère – en particulier, une citerne

Petaloudes
p. 265 C3

Kamiros
p. 265 B3
2246 040037
Fermé lun.

qui alimentait en eau quelque quatre cents familles et le temple d'Athéna. Kamiros fut détruite par un tremblement de terre en 142 av. J.-C. et ne fut redécouverte qu'en 1859.

Monolithos est la principale agglomération du sud-ouest de l'île, et l'on comprend sans peine pourquoi elle se nomme ainsi : la plaine est surplombée par un énorme monolithe, qui se dresse à 236 mètres au-dessus des forêts environnantes et plonge presque directement dans la mer. Son sommet est dominé par un château du XVe siècle, construit par le grand maître Pierre d'Aubusson ; à l'intérieur des remparts se trouvent deux chapelles du XVe siècle qui ont conservé leurs fresques d'origine. La montée à pied est pénible, mais cela n'empêche pas les visiteurs de se presser au sommet pour admirer le coucher de soleil sur la mer. ■

À la terrasse d'un café de Lindos.

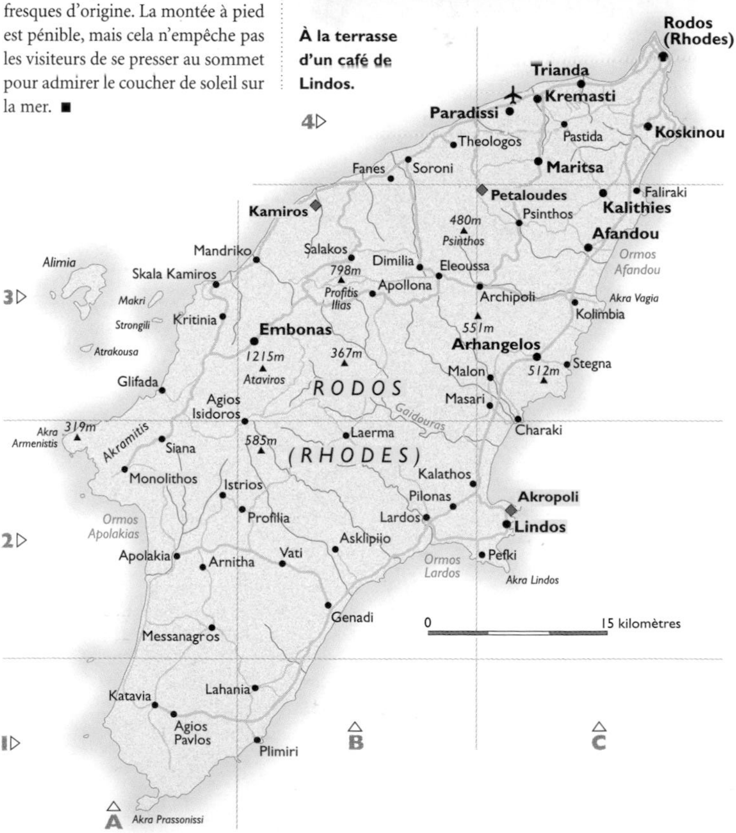

Une promenade dans la vieille ville de Rhodes

Si la vieille ville de Rhodes est inscrite au patrimoine mondial de l'humanité, beaucoup de visiteurs n'en voient pourtant guère que les artères principales, bordées de boutiques de souvenirs. Pourtant, on y trouve aussi de beaux monuments et des ruelles tranquilles, sans parler des impressionnantes fortifications. C'est là que nous allons nous promener.

Partez de l'un ou de l'autre côté de l'entrée du port de Mandraki ❶ : c'est là, dit-on, que se dressait dans l'Antiquité l'une des Sept Merveilles du monde : le colosse de Rhodes, une gigantesque statue de bronze enjambant le chenal, un pied sur chaque môle. Sur le front de mer, laissant la ville à droite, vous vous dirigerez vers les remparts de la vieille ville. Traversez l'avenue à la hauteur des premiers feux et poursuivez dans la même direction, sous les arbres, jusqu'à atteindre la **porte Eleftherias** ❷, ou porte de la Liberté : elle rappelle la fin de la domination turque et l'indépendance de la Grèce. Franchissez les remparts, qui datent de 1330 et mesurent jusqu'à 12 mètres d'épaisseur.

Les touristes se pressent autour de la mosquée de Soliman (1523).

Dans la rue Apellou, vous verrez, à gauche, les vestiges du temple d'Aphrodite et, à droite, le **musée des Arts décoratifs**; en face se trouve le **musée d'Art byzantin** (voir p. 263). Après le musée des Arts décoratifs, prenez à droite dans Ippoton, ou **rue des Chevaliers** ❸. Construite au XIVe siècle, cette rue pavée est bordée des deux côtés par les auberges des chevaliers de Saint-Jean, établissements qui servaient autrefois de restaurants et de résidences temporaires aux dignitaires en visite; chaque façade est ornée de détails architecturaux qui évoquent les différents pays. À droite se trouvent les auberges d'Italie et de France; à gauche, celle d'Espagne. Aujourd'hui, elles abritent des bureaux et des ambassades.

Au bout de la rue, à droite, s'ouvre le **palais des Grands Maîtres** ❹, d'où les dix-neuf grands maîtres de l'ordre de Saint-Jean dirigeaient les activités de l'ordre. Le palais d'origine, construit au XIVe siècle, fut détruit par une explosion accidentelle en 1856. Ce que l'on en voit aujourd'hui est une reconstitution fidèle

Voir aussi p. 265
➤ Port de Mandraki
2 kilomètres
1 heure
➤ Plateia Ippokratous (place Hippocrate)

À NE PAS MANQUER

- La porte Eleftherias
- La rue des Chevaliers
- Le palais des Grands Maîtres
- Les remparts

réalisée par les Italiens – qui occupaient alors Rhodes – dans les années 1930 pour servir de résidence estivale au dictateur Benito Mussolini (1883-1945), qui n'y a en fait jamais séjourné. Ce palais mérite une visite, ne serait-ce que pour la merveilleuse cour centrale et les beaux sols de mosaïque.

Après le palais, allez jusqu'au bout d'Ippoton et prenez à gauche dans Orfeos ; après les boutiques de souvenirs, les cafés et les restaurants, la rue tourne à la hauteur de la mosquée de Soliman (Souleiman), face à la Bibliothèque turque. Prenez à droite et descendez Ippodamou jusqu'au bout, tournez à gauche puis, à la première intersection, à droite vers les remparts, que vous franchirez par la porte Saint-Athanase (Agiou Athanassiou) ❺. Prenez à gauche sur le boulevard, puis de nouveau à gauche pour revenir dans la vieille ville par le Koskinou, ou **porte Saint-Jean** ❻. Au premier embranchement, tournez à gauche et suivez Pithagora, qui mène à la **plateia Ippokratous**, où se trouvent plusieurs excellents cafés. ■

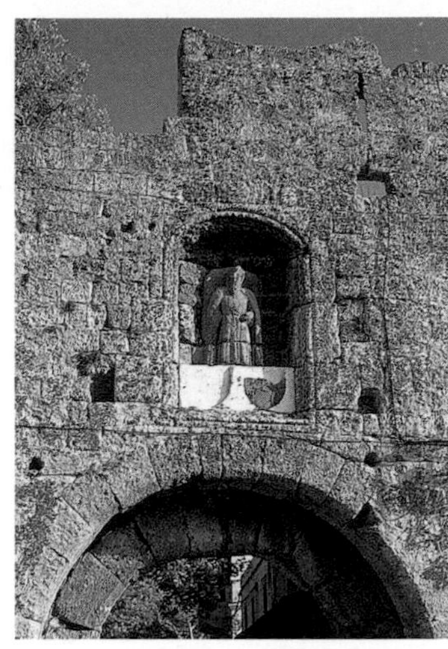

La porte Amboise permet de franchir les remparts à l'ouest de la ville.

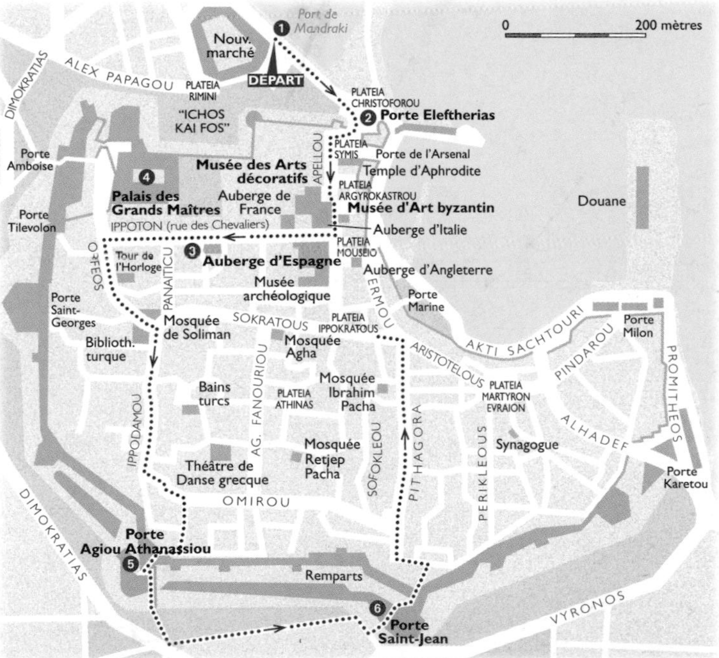

Patmos
p. 260 A6

Informations
Dimou, Skala, Patmos
2247 031666

Patmos

Selon les Écritures, Jean l'évangéliste arriva à Patmos en l'an 95 et c'est là qu'il eut la vision décrite dans le Livre de l'Apocalypse, qu'il dicta à un disciple. Cette vision eut lieu dans la grotte de l'Apocalypse, que l'on peut visiter et qui est située dans l'église Agia Anna (Sainte-Anne), érigée en 1090, deux ans après la fondation du monastère de l'Apocalypse. Cette grotte et ce monastère font de l'île de Patmos un lieu spirituel important, en particulier pour l'Église orthodoxe grecque. Aussi, bien qu'elle accueille volontiers les visiteurs, cette île a-t-elle conservé dans une large mesure son charme d'origine et sa paix spirituelle.

Un chat – hôte typique du monde égéen – prend la pose à Patmos.

Patmos est une très belle île ; on y trouve de magnifiques plages, de nombreux villages dispersés dans les collines et de splendides paysages de montagne qui attirent les randonneurs. Son point culminant est le mont Prasino, tout au sud, qui s'élève à 775 mètres et plonge directement dans la mer Égée. La plage de **Psili Ammos**, un peu plus à l'ouest, est la plus belle de Patmos : c'est une longue bande de sable bordée de dunes, que surplombent les montagnes.

La **ville de Patmos** est en deux parties : en bas, le port de **Skala** a un front de mer beaucoup plus chic que bien d'autres. La montée vers la haute ville, ou **Chora**, est à la fois ardue et spectaculaire ; on y rencontre de superbes demeures anciennes ainsi qu'une quarantaine d'églises, de chapelles et de monastères.

Le plus célèbre est le **monastère Saint-Jean** (*2247 031234*). Édifié en 1088, il fut doté de fortifications afin de pouvoir résister aux attaques des pirates ; des moines y vivent encore, et seules certaines parties sont accessibles aux visiteurs.

Dans le **monastère de l'Apocalypse** (*2247 031234*), situé entre Skala et Chora, on peut admirer des fresques et des icônes, et, dans la grotte, voir la fissure dans le rocher d'où la voix de Dieu aurait parlé à saint Jean. ■

Pêcheurs d'éponges

Les vases grecs anciens prouvent que les Hellènes pratiquaient la pêche aux éponges il y a déjà plusieurs milliers d'années. Les îles de Kalimnos et de Simi en sont les principaux centres ; on y voit parfois des hommes aux jambes torses : ce sont des pêcheurs qui sont remontés du fond trop rapidement.

Les champs d'éponges, touchés par des maladies, ne sont plus aussi riches qu'autrefois. Le déclin de cette activité a été aggravé par l'invention des éponges synthétiques, moins chères mais d'une qualité inférieure. Lorsque l'on achète une éponge, il faut savoir que plus elle présente de trous, meilleure est sa qualité. ■

La taille des éponges.

Kalimnos

KALIMNOS EST PAR EXCELLENCE L'ÎLE DES PÊCHEURS D'ÉPONGES, qui doivent lutter durement pour sauver leur gagne-pain. En effet, leur activité traverse des temps difficiles : la maladie a ravagé les meilleurs champs d'éponges, d'autres ont été victimes d'une pêche excessive et certains (tels ceux de la Libye) ne sont plus accessibles pour raisons politiques. Si l'activité de Kalimnos s'est diversifiée, avec les transports maritimes et le tourisme, quelques flottes de pêcheurs d'éponges demeurent, dont les campagnes durent plusieurs mois.

Kalimnos
p. 261 B5
Informations
Plateia Charalampous, Pothia
2243 029301

À **Pothia**, grand centre de pêche, on trouve des éponges par centaines dans les boutiques, et les commerçants vous expliquent comment choisir les meilleures. À l'**Astor Sponge Workshop**, vous assisterez à une démonstration du processus de transformation de blocs noirs et puants en éponges moelleuses et dorées si agréables pour le bain.

Les ruelles de l'arrière-port de Pothia ont gardé leur caractère typique, et la vie s'y déroule à l'identique depuis des siècles. La cathédrale **Agios Christos**, du XIXe siècle, arbore un dôme argenté caractéristique. On visitera aussi le **Musée archéologique**, qui est en fait le musée général de l'île.

Les principales stations de vacances dotées de belles plages sont **Mirties** et **Massouri**, sur la côte nord-ouest. De là, on peut aller en bateau à l'île de **Telendos**, où les plages sont plus calmes, avec aussi quelques restaurants et hôtels. Au nord-est de Pothia, **Vathis** est une sorte de fjord : la mer Égée avance en profondeur dans les terres et se prolonge par une luxuriante vallée, avec de beaux villages traditionnels ; c'est l'un des plus beaux sites de l'île. ■

Astor Sponge Workshop
Près de plateia Eleftherias

Musée archéologique
Près de plateia Kyprou, Pothia
2243 061500
Fermé lun.
€

Cos

Sanctuaire en forme de chapelle au bord de la route.

Après Rhodes, Cos (Kos) est la deuxième île en importance de l'archipel du Dodécanèse, tant par ses dimensions que par son activité touristique. En effet, avec une longueur de 45 kilomètres, elle est assez grande pour que l'on puisse échapper aux foules, bien que, en plein été, ce ne soit pas toujours facile. Aussi devez-vous vous informer à l'avance et réserver votre logement.

Kos
p. 261 B5

Informations
Akti Miaouli, 2, Kos
2242 029200

Château des Chevaliers
Plateia Platanou, Kos
2242 028326
Fermé lun.
€

Cette île est l'une des plus fertiles du Dodécanèse, avec des vergers, des oliveraies et des vignobles très productifs. Elle n'est pas très accidentée, quoique son point culminant, le mont Dikeos, au sud-est, s'élève à 847 mètres. On trouve sur Cos quelques très belles plages, ce qui explique pourquoi elle est si fréquentée. La **ville de Cos** est un charmant mélange de culture ancienne et d'hédonisme moderne.

C'est à Cos que naquit Hippocrate (460-357 av. J.-C.), le père de la médecine moderne. Sur la plateia Platanou se dresse le platane éponyme dont on raconte qu'Hippocrate le planta et qu'il s'y abritait pour enseigner – en fait, il s'en faut de deux mille ans pour que ce soit plausible ! Non loin de là se dresse la principale attraction de la ville : le **château des Chevaliers**, qui date de l'époque où les chevaliers de Saint-Jean régnaient sur la ville. Sa construction dura, en gros, du XIVe au XVIe siècle ; le marbre que l'on y trouve vient du principal site archéologique de l'île : l'Asclépéion (voir ci-après).

Cos est riche en vestiges tant grecs que romains, et son **Musée archéologique** en possède une belle collection, en particulier une statue en marbre d'Hippocrate qui daterait du IVe siècle av. J.-C. et qui aurait pu être réalisée de son vivant. Il y a aussi les splendides vestiges de la **Casa Romana** *(avenue Grigoriou)*, grandiose villa romaine restaurée dans les années 1930, où l'on voit de superbes mosaïques et des murs peints, ainsi qu'un tronçon de voie romaine. Située non loin de là, l'**Agora romaine** fait partie du site de l'ancienne agora, où coexistent plusieurs périodes historiques, avec en particulier le temple d'Héraclès (IIIe siècle av. J.-C.).

À 4 kilomètres au nord de la ville de Cos, sur un joli flanc de colline, se trouve l'**Asclépéion** (Asclipio), construit au IVe siècle av. J.-C. : consacré à Asclépios, le dieu de la Médecine, c'était l'équivalent, pour la Grèce antique, d'une clinique. On trouvait des établissements de ce genre dans toute la Grèce et, ici, on voit encore les vestiges de bains et de plusieurs temples.

La principale plage de Cos est à **Kardamena**, sur la côte sud. Autrefois village de pêcheurs, c'est devenu un rendez-vous cosmopolite pour

Panorama depuis une taverne à flanc de colline.

les jeunes qu'attirent des bars, des discothèques et de longues et belles plages de sable. Pourtant, les plus belles plages sont plus à l'ouest, avec en particulier Paradise Beach et son sable blanc. Ces plages sont relativement éloignées des stations balnéaires proprement dites, mais beaucoup de touristes y arrivent directement par bateau. Pour trouver un peu de calme, mieux vaut aller dans les **villages d'Asfendiou**, sur les pentes du mont Dikeos.

Pourtant, même là, le calme est parfois troublé par l'arrivée d'autocars d'agences de tourisme qui y font régulièrement halte ; pour apprécier ces villages dans toute leur authenticité, mieux vaut aller se promener dans les bois en attendant leur départ. ■

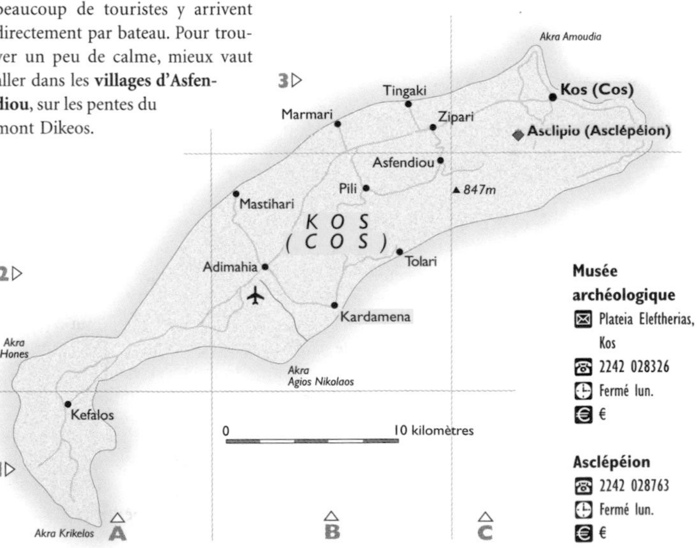

Musée archéologique

Plateia Eleftherias, Kos

2242 028326

Fermé lun.

€

Asclépéion

2242 028763

Fermé lun.

€

Le soleil couchant illumine la forteresse vénitienne, laissant dans l'ombre les moulins à vent.

Astipalea

À L'OUEST, LE DODÉCANÈSE SE TERMINE PAR LA TRÈS BELLE ÎLE d'Astipalea, en forme de papillon. Avec ses maisons blanchies à la chaux dispersées sur le flanc de la colline et que surplombe le château vénitien, elle évoque le monde cycladique. Très accidentée, elle possède néanmoins nombre de belles plages, d'autant que sa forme particulière lui donne une côte beaucoup plus longue que d'autres îles de superficie égale. La ville d'Astipalea est très animée l'été, mais l'île ne manque pas de lieux où trouver le calme.

Astipalea
p. 260 A4

À l'origine, la cité d'Astipalea se trouvait au sommet de la colline. Édifié au XIIIe siècle sur le site de l'acropole, le château a été remarquablement conservé. Deux églises du XIVe siècle et des maisons d'habitation sont incorporées dans les remparts. Le château abrite une belle collection d'objets d'arts.

On trouve les ruines d'un château byzantin à **Agios Ioanis**, sur la côte occidentale, site doté d'une plage remarquable ainsi que d'une chute d'eau, chose rare dans ces îles.

C'est aussi sur l'« aile » ouest que se trouve la principale station touristique : **Livadi**, qui est cependant moins fréquentée que des stations identiques situées sur d'autres îles. On y parvient facilement à pied depuis Chora. Les adeptes du nudisme iront un peu plus loin, à Tzanaki, où une plage leur est officieusement réservée.

Vers l'est, la route d'Astipalea franchit l'isthme qui relie les deux moitiés de l'île et mène à la principale station touristique : **Analipsi** (ou Maltezana). Encore relativement calme, elle est en plein développement. Tout au nord de l'« aile » est, on trouve les grottes de **Drakospilia**, auxquelles on n'accède que par bateau; elles ne sont pas encore incluses dans les itinéraires touristiques. ■

Simi

Quand on arrive à Simi par ferry depuis Rhodes – ce que font la plupart des touristes –, on a du mal à croire que, autrefois, la population de cette île minuscule, qui ne compte qu'une ville et quelques rares villages, était plus importante que celle de Rhodes. Au temps de sa splendeur, du XVIIe au XIXe siècle, lorsque la construction navale et la pêche aux éponges faisaient sa fortune, l'île a compté jusqu'à 30 000 habitants, dont beaucoup vivaient dans un luxe relatif. Aujourd'hui, elle a à peine 3 000 résidants.

Simi

p. 261 D4

Si la pêche aux éponges a quasi cessé, on vend encore beaucoup d'éponges dans les boutiques du port de **Simi.** Quant à la construction navale, le peu qu'il en reste se trouve sur la route qui relie le port à sa minuscule plage rocheuse.

Pour se faire une idée de la richesse passée de la ville, on gravira les 375 marches de la ruelle en escalier qui mène du port à **Chora**, la ville haute, d'où la vue est superbe ; en montant, on verra quelques-unes des demeures néoclassiques qui faisaient autrefois l'orgueil de la ville. Elles sont souvent en fort mauvais état, mais on remarque que certaines d'entre elles sont en cours de restauration.

Les villages et les plages sont dispersés sur le pourtour de l'île. Le **Moni Taxiarchis Michaïl Panormitis** (*ouvert à l'arrivée des ferries et pour des visites organisées)* se trouve dans la baie de Panormitis, tout au sud. La plupart des bateaux d'excursion partant de Rhodes amènent les touristes d'abord au monastère, et certains services de ferries font halte à proximité du bourg.

Le monastère lui-même ne date que du XVIIIe siècle et il a été agrandi par la suite. On y trouve un petit musée et une église, avec surtout une icône de l'archange saint Michel, patron de l'île et des marins : nombreux furent ceux qui y firent pèlerinage pour le remercier d'être rentrés au port sains et saufs. ■

Vue plongeante sur le port de Ghialos, depuis la ville haute.

Karpathos

Karpathos
p. 261 C1

TROISIÈME ÎLE DU DODÉCANÈSE PAR LA SUPERFICIE, KARPATHOS est celle qui a le plus conservé son allure traditionnelle, malgré la récente ouverture d'un aéroport (pour les lignes intérieures). Auparavant, on y accédait depuis Rhodes en ferry : on était alors accueilli par le splendide spectacle d'une île accidentée, longue et étroite, parcourue de bout en bout par une chaîne montagneuse dont le point culminant, le mont Kali Limni (1 215 mètres), se dresse presque exactement au centre.

Une fillette revêtue d'un costume traditionnel pour la fête de Pâques à Olimbos.

Page ci-contre : Longtemps isolé, le village d'Olimbos est resté très traditionnel.

Le chef-lieu, **Karpathos** (également appelé Pigadia), se trouve au sud, au fond d'une longue baie bien abritée et dotée d'une plage de sable de 3 kilomètres de longueur. On voit encore les pêcheurs réparer leurs filets dans le pittoresque petit port de pêche, qui n'est pas encore envahi par les yachts luxueux. C'est l'endroit idéal pour acheter du poisson tout frais pêché.

On ne manquera pas d'aller voir l'un des villages typiques perchés sur les flancs de la montagne, dont le plus beau est **Olimbos**, tout au nord-ouest de l'île. Il fut fondé en 1420 et, jusqu'à récemment encore, il était presque complètement coupé du reste de l'île. Le seul moyen de l'atteindre était d'aller par bateau jusqu'au village de Diafani, puis de grimper jusqu'au village, situé à 600 mètres d'altitude, où les maisons s'agglutinent autour d'un éperon rocheux. Cet isolement a permis à Olimbos d'échapper presque complètement à la modernisation. Aujourd'hui encore, de nombreuses femmes – et quelques hommes – portent des costumes traditionnels. Depuis la ville de Karpathos, on peut faire cette excursion dans la journée.

Plus proches de la ville se trouvent d'autres villages de montagne, qui ont chacun leur originalité. S'il est moins haut perché qu'Olimbos, **Menetes** se trouve quand même à 350 mètres d'altitude. Plusieurs de ses rues sont ombragées par des vignes : c'est un lieu de promenade des plus agréables à la fin de l'été, lorsque les lourdes grappes sont prêtes à être cueillies.

Aperi, situé dans les collines au nord de la ville de Karpathos, mérite également une visite. Ce fut la capitale de l'île jusqu'en 1896, et ce serait, dit-on, le plus riche village de Grèce par tête d'habitant. En effet, nombreux sont ceux qui s'y sont installés après avoir fait fortune aux États-Unis : c'est en particulier le cas de Teddy Savalas (1924-1994), un célèbre acteur de cinéma et de télévision *(Kojak)*. ■

Autres îles à visiter

HALKI

Proche de Rhodes, la petite île de Halki connaît depuis quelque temps une certaine renaissance grâce à un développement touristique bien pensé. Elle en avait terriblement besoin : jusqu'au début du XXe siècle, elle vivait essentiellement de la pêche d'éponges, mais la maladie qui a ravagé les champs d'éponges a pratiquement mis fin à cette activité. La population a alors beaucoup diminué, mais elle recommence à augmenter, et certaines de ses élégantes maisons sont en cours de restauration. Les touristes y viennent maintenant plus nombreux et les restaurants locaux les accueillent volontiers. L'été, mieux vaut réserver si l'on veut être sûr de trouver une chambre dans l'un des nombreux hôtels.

p. 261 C3

KASTELLORIZO

Kastellorizo est en quelque sorte une anomalie linguistique. En effet, cette île a pour nom officiel Megisti, ce qui signifie « la plus grande ». Or, si c'est bien le plus vaste des quelques îlots que l'on trouve dans cette partie de la mer Égée, c'est la plus petite des îles du Dodécanèse ! On notera en outre que Kastellorizo se trouve à 118 kilomètres de sa voisine grecque la plus proche, Rhodes, mais à 2,5 kilomètres seulement de la côte turque.

Cette île est restée pratiquement ignorée aussi bien des Grecs que des touristes jusqu'en 1987, lorsque y fut construit un aéroport qui l'ouvrit au reste du monde. Cela dit, elle ne compte plus que 300 habitants, alors qu'il y en avait environ 15 000 il y a un siècle. À l'époque, les villes les plus proches étaient encore grecques (elles sont turques à présent), et l'île jouait un rôle important dans les transports maritimes, grâce en particulier au remarquable port de la ville de Kastellorizo, considéré comme le plus beau port naturel de la Méditerranée orientale.

Aujourd'hui, l'île demeure un refuge au calme bienvenu et, même en plein été, les touristes ne sont pas très nombreux.

Il n'y a pas de plage, le logement est rudimentaire, et les restaurants sont plus chers qu'on pourrait le penser.

Près de Cos, au large de la Turquie

NISSIROS

Si l'on cherche vraiment la solitude, c'est sur cette île volcanique qu'on la trouvera. Bien qu'il y ait quelques hôtels où envisager un séjour, c'est une belle excursion réalisable en une journée depuis Cos. La principale attraction est le cratère, d'où sortent des vapeurs sulfureuses et dont la chaleur est intensifiée par le soleil estival. On trouvera des loisirs plus traditionnels dans le port de **Mandraki**, où, dans un lacis de ruelles bordées de maisons chaulées, quelques chambres sont à louer.

p. 261 C4

PSERIMOS

Minuscule point perdu sur la carte entre Cos et Kalimnos, Pserimos, qui ne possède qu'une seule agglomération et où les résidents permanents sont moins d'une centaine, est envahie, l'été, par les touristes qui viennent des îles voisines pour la journée. Après leur départ, le village et sa jolie plage reviennent à leur tranquillité coutumière ; les rares visiteurs qui y passent la nuit peuvent ainsi profiter de son charme paisible, de ses logements simples et de l'accueil amical de ses tavernes.

p. 261 B5

TILOS

C'est la destination idéale pour ceux qui se contentent de plaisirs simples et veulent découvrir une île grecque où le développement touristique est réduit au minimum. Elle a été préservée d'un développement excessif par son éloignement : la traversée en hydroglisseur depuis Rhodes, le port le plus proche, prend deux heures. Mais l'accueil y est chaleureux, et les habitants n'hésitent pas à vous saluer dans la rue.

Livadi en est le port et la principale agglomération ; on n'y trouvera guère que quelques logements et bons restaurants, ainsi qu'une plage de galets. Des chemins mènent à des petites criques dispersées le long de la côte. Un bus relie Livadia à l'autre agglomération de l'île : **Megalo Horio** (« la grande ville » !), située au pied des ruines d'un ancien château vénitien et qui, malgré son nom, est encore plus léthargique que Livadi.

p. 261 C4 ■

La Crète est plus un pays qu'une île, et ses habitants s'affirment crétois avant que d'être grecs. Avec ses hautes chaînes de montagnes, c'est un lieu à la beauté impressionnante, empreint d'une atmosphère farouchement indépendante.

La Crète

Les *komboloï*, sortes de chapelets passe-temps traditionnels, sont massivement proposés aux touristes.

La Crète

La Crète (Kriti) est la plus grande île grecque et, par ses dimensions, la cinquième de la Méditerranée (après la Sicile, la Sardaigne, Chypre et la Corse). Longue et étroite, elle mesure 250 kilomètres de bout en bout, mais 12 kilomètres seulement dans sa partie la plus étroite. On y trouve des hautes chaînes montagneuses mais aussi la plus longue gorge d'Europe, des centaines d'excellentes plages et l'un des plus importants sites de la Grèce antique : Cnossos.

Certes, Cnossos n'est que l'un des innombrables sites historiques de l'île ; pourtant, celle-ci ne satisfera pas uniquement l'amoureux de l'histoire mais aussi l'adepte du bronzage, l'archéologue, le botaniste amateur et le photographe. Si, sur la côte nord, le développement touristique fait ressembler de vastes secteurs à n'importe quelle station balnéaire du monde, en revanche, l'accès – et donc le développement – est plus limité sur la côte sud. À l'intérieur de l'île, les villages de montagne n'ont guère changé depuis des siècles, et c'est là que l'hospitalité est la plus généreuse. Après tout, la Crète est le pays de Zorba le Grec et de son créateur, Nikos Kazantzakis. Le personnage de Zorba est une brillante synthèse du caractère fier, ardent mais aussi hédoniste du Crétois.

Le climat de la Crète est tout aussi ardent que ses habitants. La petite île de Gavdos est le point le plus méridional de l'Europe et la Crète elle-même est à une latitude inférieure à celles d'Alger ou de Tunis, par exemple. En plein été, la température peut frôler les 40 °C ; aussi, si l'on supporte mal la chaleur, mieux vaut y aller au printemps ou à l'automne. Cependant, même en été, on peut trouver de la fraîcheur dans les montagnes, et l'on adoptera la coutume grecque de faire la sieste en attendant que la canicule s'atténue. Les précipitations sont rares entre la fin mai et la mi-septembre ; les hivers sont plus humides, quoique la température reste agréable.

Quelle que soit l'époque de l'année où on la visite, la Crète laisse une impression inou-

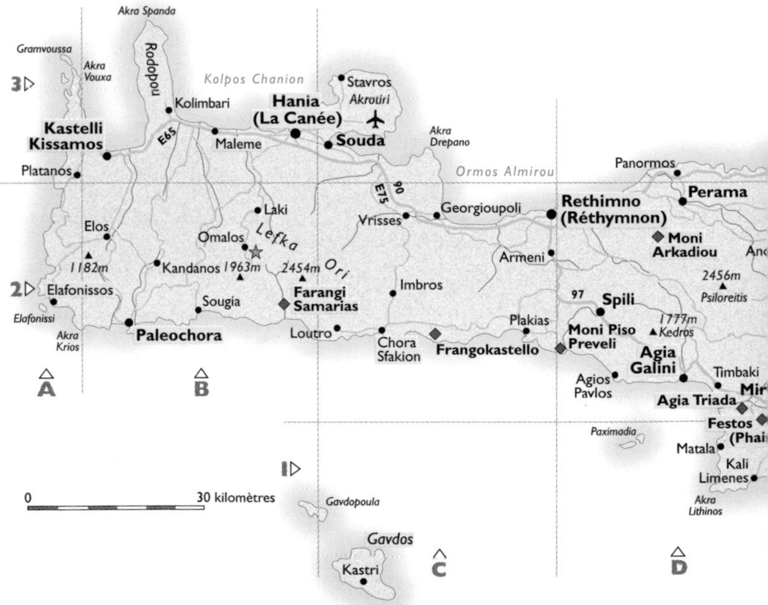

Spectaculaire toile de fond des ruines du monastère d'Aptera : les montagnes Blanches (Lefka Ori) saupoudrées de neige.

bliable. Dans certaines stations balnéaires, par exemple à Agios Nikolaos, le mercantilisme rampant s'associe à une grande beauté. La Canée est l'une des plus charmantes villes de la mer Égée. S'il est rare que la première impression que l'on reçoit de la capitale, Iraklion, soit bonne – comparée aux villes des autres îles grecques, elle est particulièrement bruyante –, on y découvre parfois, avec un peu de patience, le charme crétois. Où qu'aille le visiteur, la Crète ne manque pas de séduction. ■

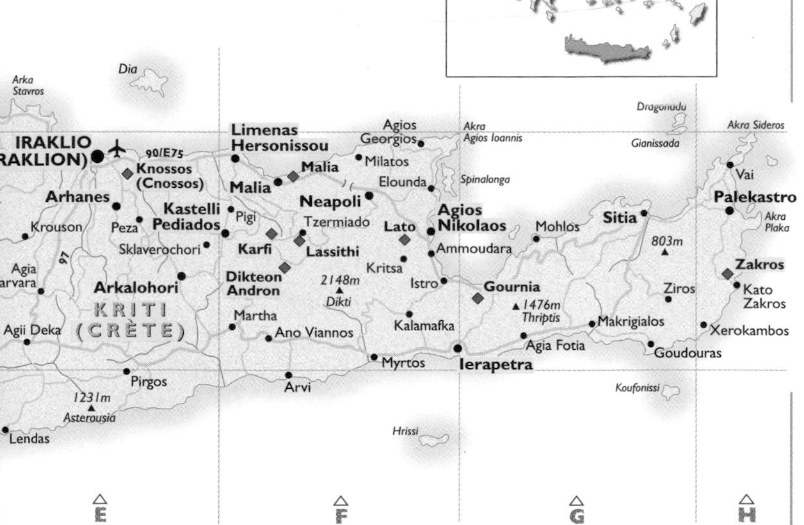

Iraklion

Iraklio
279 E2
Informations
Chef-lieu de Crète
281 0228225

Zanthoudidou, 1
281 0228203

Cinquième ville de Grèce, Iraklion (Iraklio), l'ancienne Candie, présente beaucoup d'intérêt mais, comme pour Athènes, il faut prendre le temps de la découvrir. Pendant la Seconde Guerre mondiale, elle a énormément souffert des bombardements, aussi y voit-on nombre de hideux bâtiments en béton. Mais elle n'en a pas moins du caractère, et son Musée archéologique possède quelques-unes des plus célèbres pièces antiques du monde.

Le site d'Iraklion fut occupé dès l'époque néolithique et, à l'époque minoenne, il connut une grande prospérité comme débouché sur la mer de la cité royale de Cnossos (voir p. 284-287), située à 5 kilomètres plus au sud. Au XIIIe siècle, les Vénitiens s'emparèrent de la ville et en firent la capitale de la mer Égée. Le premier **fort** fut détruit par un tremblement de terre et celui que l'on voit aujourd'hui, du XVIe siècle, joua un rôle important dans l'histoire de la ville. C'est là que se concentra la résistance contre les Turcs qui assiégèrent la ville; ce siège, qui dura de 1648 à 1669, coûta la vie à 30 000 Crétois et Vénitiens, et à 118 000 Turcs, ce qui donne une idée de la férocité des combats; puis les Vénitiens abandonnèrent l'île aux Turcs.

À l'extrémité méridionale du port se dresse une autre construction vénitienne, l'**arsenal**, du XVIe siècle; c'est là qu'étaient construits et réparés les navires qui sillonnaient la mer Égée. Les magnifiques **remparts** sont de la même époque; ils entourent la vieille ville sur 3 kilomètres, et on peut les suivre de bout en bout en

Page ci-contre : La forteresse trapue de Rocco al Mare, également appelée le Koulès.

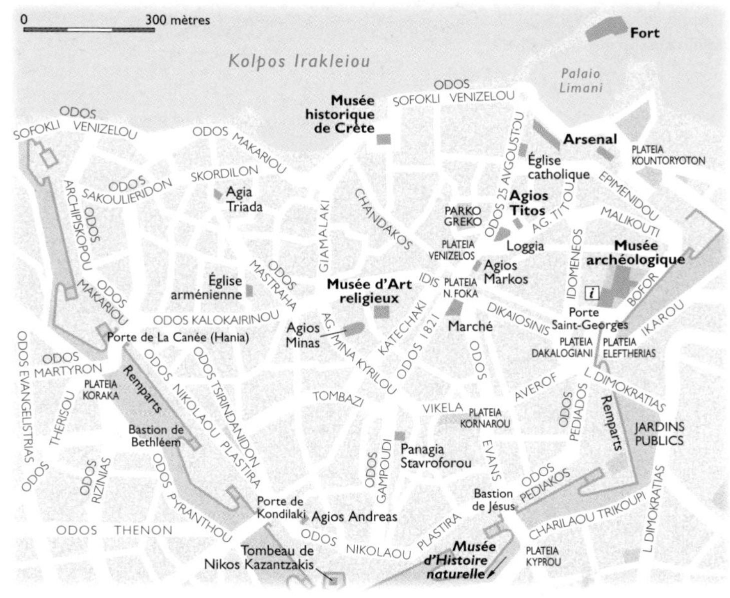

Musée archéologique
Plateia Eleftherias
281 0226092
Fermé lun. matin
€€

Musée historique
Lysimachou Kalokairinou, 7
281 0283219
Fermé dim.
€
www.historical-museum.gr

passant par plusieurs portes et bastions impressionnants, telle la porte Kornarou, où la muraille atteint 18 mètres de haut et 40 mètres d'épaisseur. C'est près du bastion Martinengo que se trouve la tombe de Nikos Kazantzakis (voir encadré).

LE MUSÉE ARCHÉOLOGIQUE

Ce musée est certainement l'un des endroits les plus intéressants d'Iraklion. De riches découvertes ont été faites sur cette grande île au passé prestigieux, et la plupart d'entre elles sont exposées ici. On y voit donc une abondante collection d'objets remarquables qui méritent même deux brèves visites plutôt qu'une longue. La foule est parfois dense, certaines agences combinant la visite du musée avec une excursion à Cnossos. Ceux qui le peuvent y viendront de préférence en milieu de journée, à l'heure du déjeuner.

À l'entrée, on peut acheter de bons guides et plans du musée. Les salles sont disposées plus ou moins par ordre chronologique. Les visiteurs dont le temps est limité doivent absolument voir la *Mosaïque de la ville,* dans la salle II, qui remonte à l'époque de l'Ancien Palais (2000-1700 av. J.-C.), ainsi que la surprenante Halle des fresques, à l'étage, dans les salles XIV-XVI. La plupart de ces ouvrages minoens, sérieusement restaurés, proviennent de Cnossos et ont été réalisés entre 1600 et 1400 avant notre ère.

On prendra aussi le temps d'admirer l'élégant prêtre-roi, ou *Prince aux lis,* ainsi que les gracieux dauphins des appartements de la reine.

Les clous de cette collection sont sans doute la fresque de *La Parisienne* – prêtresse ou déesse ? –, ainsi nommée à cause de ses lèvres rouges et de son élégant vêtement, et les statuettes des *Déesses aux serpents,* dont la robe ajustée laisse les seins dénudés. Autres temps, autres mœurs…

Non loin du musée, la **plateia Eleftherias** (place de la Liberté) constitue le cœur d'Iraklion. C'est un carrefour où la circulation ne s'interrompt jamais, mais dont le centre, planté d'arbres, est réservé aux piétons. L'ambiance de la place s'humanise en fin de journée, lorsque ouvrent les bars et les restaurants, et que la moitié de la ville semble s'y retrouver pour la *volta* (promenade) vespérale.

Autre grande place de la ville, la **plateia Venizelou** (dite aussi place de la Fontaine), n'est qu'à quelques minutes de marche. La fontaine fut construite au XVIIe siècle par le gouverneur vénitien, Francesco Morosini, et une restauration récente lui a rendu toute sa splendeur.

Non loin de là, sur la plateia Kallergon, on voit une fontaine turque ainsi que la **Loggia**, du XVIIe siècle. C'était autrefois le lieu de rendez-vous de la noblesse crétoise, et ce bâtiment, joliment restauré, abrite maintenant l'hôtel de ville. Tout à côté, le verdoyant **Parko Greko** permet d'échapper un temps au bruit et à la chaleur.

Derrière la Loggia se dresse l'église **Agios Titos**. Bâtie au Xe siècle et reconstruite en 1878, elle est dédiée au patron de l'île, saint Tite, qui apporta le christianisme en Crète et où ses reliques sont conservées. C'est donc un lieu sacré pour les Crétois, aussi faut-il le visiter avec tout le respect nécessaire.

LE MUSÉE HISTORIQUE

Depuis la plateia Venizelou, la rue Chandakos mène au front de mer ; à droite se trouve le Musée historique de Crète. Plus petit que le Musée archéologique, il n'en donne pas moins une bonne idée de la vie crétoise au cours des siècles. On y trouve des œuvres artistiques de la période vénitienne ainsi qu'une intéressante collection d'art byzantin. Le chef-d'œuvre en est la seule peinture du

Greco (1541-1614) que possède l'île où est né l'artiste : le tableau *Vue du mont Sinaï et du monastère Sainte-Catherine* (vers 1570) mérite bien d'occuper une pièce à lui tout seul.

Aucun musée consacré à l'histoire de la Crète ne saurait ignorer la Seconde Guerre mondiale, et en particulier la sanglante bataille de Crète (voir p. 305). Le Musée historique évoque longuement les souffrances de l'île, avec des détails parfois cruels, illustrés de photos de l'époque. On aura un autre aperçu de la vie crétoise dans la reconstitution du bureau de Nikos Kazantzakis, qui montre à quel point il est apprécié sur son île natale.

Le **musée d'Art religieux** est situé, comme il se doit, à proximité de la cathédrale Agios Minas (XIXe siècle) et possède une vaste collection de fresques et d'icônes byzantines ainsi que de beaux spécimens de manuscrits. Le bâtiment lui-même est une église du XVIe siècle construite par les Vénitiens en l'honneur de sainte Catherine ; à l'origine, c'était un monastère qui était en même temps un centre artistique et culturel. Le Greco y a étudié.

Le **musée d'Histoire naturelle** présente des expositions sur la flore et la faune non seulement de l'île – incroyablement riche –, mais aussi de toute la mer Égée. ■

Musée d'Art religieux
Plateia Agias Aikaterinis
Fermé dim.
 €

Musée d'Histoire naturelle
Neoria
281 0324366
€

Nikos Kazantzakis (1883-1957)

S'il est un personnage qui, plus que tout autre, résume bien l'idée que la plupart des gens se font du caractère exubérant et sensible des Grecs, c'est bien Zorba. Ce personnage est tiré d'une œuvre de Nikos Kazantzakis, le plus grand romancier grec moderne. Né à Iraklion, il voyagea beaucoup en Europe, en Afrique et en Asie avant de commencer à écrire. Connu en particulier par des ouvrages tel *Le Christ recrucifié* (1948), il a également écrit des essais, de la poésie et des pièces de théâtre. Son roman *La Dernière Tentation du Christ*, porté à l'écran en 1988 par Martin Scorsese et dans lequel il essaie de présenter la nature humaine de Jésus-Christ, a provoqué de sérieuses controverses. ■

Le film *Zorba le Grec*, de Michael Cacoyannis (1964), avec Antony Quinn dans le rôle-titre, a fait connaître Kazantzakis dans le monde entier.

Cnossos

Knossos
p. 279 E2
5 km au sud d'Iraklion
281 0231940
€€
Bus 2 d'Iraklion

Le bain lustral, remarquablement reconstruit, servait aux bains collectifs ; de nombreuses baignoires individuelles en terre cuite ont été découvertes sur ce site.

Le site le plus fréquenté de la Crète est celui du palais royal minoen de Cnossos (Knossos), au sud d'Iraklion. Pour se faire une bonne idée du palais et de la ville qui l'entourait, il faut prévoir une visite d'au moins deux heures. L'été, mieux vaut emporter une bouteille d'eau, car il peut faire très chaud et sec ; les visiteurs sont très nombreux, aussi faut-il plutôt arriver en tout début de matinée ou en fin d'après-midi (le site est ouvert en été jusqu'au coucher du soleil). Il est conseillé d'acheter un guide du site et, si l'on veut participer à une visite guidée, le prix sera fonction du nombre de personnes et de la durée de la visite.

Les vestiges que l'on voit aujourd'hui ne sont pas – et de loin – les plus anciens du site : celui-ci fut occupé dès l'ère néolithique, vers 6000 av. J.-C. Le premier palais y fut construit vers 2000 av. J.-C., mais détruit par un tremblement de terre vers 1700 av. J.-C. Reconstruit, il fut à nouveau détruit par un incendie en 1380 av. J.-C. Le dernier palais en

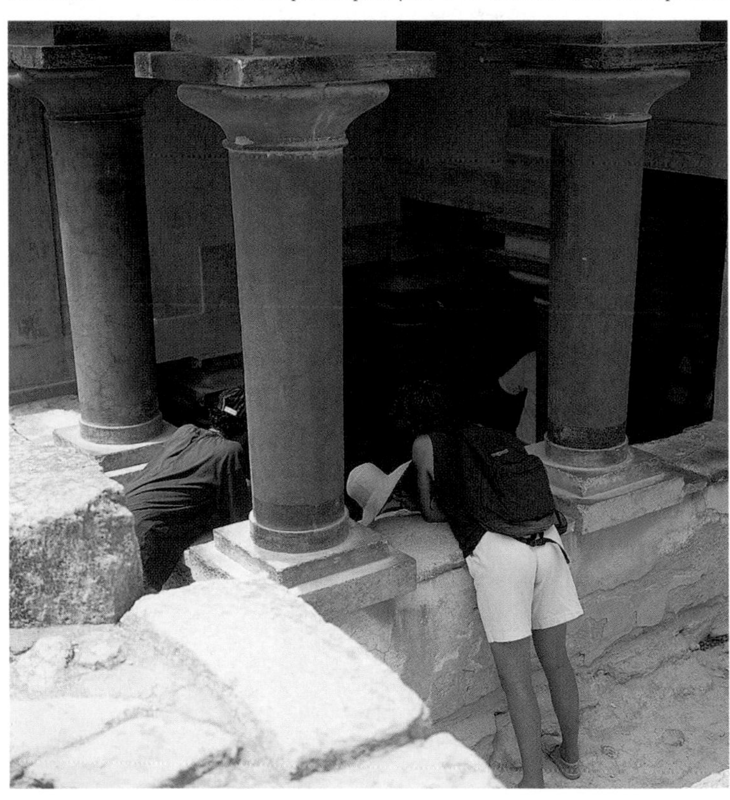

date était très vaste : à l'apogée de la civilisation minoenne, il comptait jusqu'à 1 300 pièces. On estime que 12 000 personnes y vivaient, et quatre fois plus dans les environs immédiats. Si le site est très vaste (il couvre 75 hectares), seule une partie en est ouverte au public.

C'est ici qu'est née l'une des plus célèbres légendes de la Grèce antique : celle du Labyrinthe et de son monstrueux gardien, le Minotaure. Pasiphaé – femme de Minos, roi de Cnossos – avait donné naissance à un enfant dont le corps était surmonté d'une tête de taureau. Ce Minotaure (mot qui signifie *taureau de Minos*) fut emprisonné par le roi dans un labyrinthe construit sous son palais. Pour le nourrir, on lui offrait des victimes humaines, qui devaient être fournies par Athènes, vaincue par Minos. Thésée, le héros de l'Attique, aidé d'Ariane, la fille de Minos, affronta le formidable Minotaure et le tua, libérant ainsi Athènes de son terrible tribut.

On a longtemps cru que Minos était un roi mythique, jusqu'à ce que l'archéologue britannique sir Arthur Evans (voir p. 288-289) découvre son palais, à Cnossos. De plus, le mot *labyrinthe* est proche de *labrys*, hache à deux tranchants et éminent symbole minoen, qui se retrouve d'ailleurs dans tout le palais, aux côtés de taureaux et de symboles tauriques.

Les bâtiments que l'on visite sur le site de Cnossos sont des reconstitutions dues à Arthur Evans. Si les travaux de reconstruction et de restauration de l'archéologue, à l'aide de matériaux modernes, font encore l'objet de controverses, il n'en est pas moins fascinant de voir revivre certaines pièces du palais.

À l'entrée du site, après un buste d'Evans lui-même, se trouvent trois grandes fosses qui servaient probablement à stocker des céréales. Plus loin, à droite, on voit l'un des célèbres symboles de Cnossos : les **Cornes sacrées.** Cette représentation, bien restaurée, évoque le taureau sacré qui se dressait au sommet du palais. À gauche, presque en face des cornes, des marches mènent au **premier étage** – dit aussi étage noble –, où sont présentées quelques belles pièces et d'où l'on jouit d'une belle vue sur tout le site.

Des fresques stylisées – ici une procession de jeunes gens portant des vases rituels – ont été copiées sur le site et restaurées ; on remarquera la hardiesse du trait et la vivacité des couleurs.

Non loin de là se trouve la **salle du trône.** Lorsque Evans la découvrit, elle était dans un état chaotique, aussi pensa-t-il qu'elle avait été détruite par une catastrophe, peut-être un tremblement de terre, qui aurait ravagé le palais tout entier. On y voit une copie du trône peut-être le plus ancien du monde ; tout autour, une fresque remarquablement restaurée montre des griffons, symboles sacrés de Minos.

Bien d'autres fresques ornent les murs du palais, mais ce sont toutes des copies. Les originaux sont en effet conservés au Musée archéologique d'Iraklion (voir p. 282). La plus belle est celle du roi-prêtre, non loin des Cornes sacrées. Également appelée *Le Prince aux lis,* c'est une représentation délicate d'un personnage couronné de lis et de plumes.

Au centre du site s'ouvre une vaste cour centrale où se déroulaient

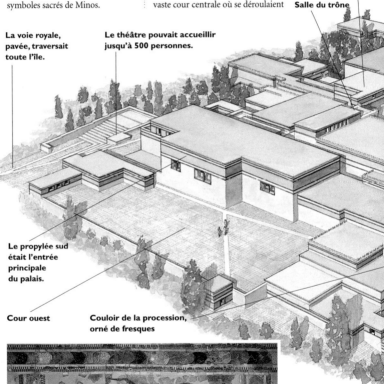

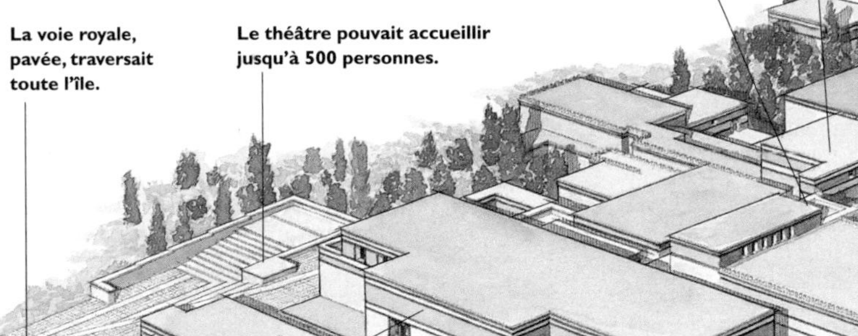
Fresque des acrobates sur taureaux
Salle du trône
La voie royale, pavée, traversait toute l'île.
Le théâtre pouvait accueillir jusqu'à 500 personnes.
Le propylée sud était l'entrée principale du palais.
Cour ouest
Couloir de la procession, orné de fresques

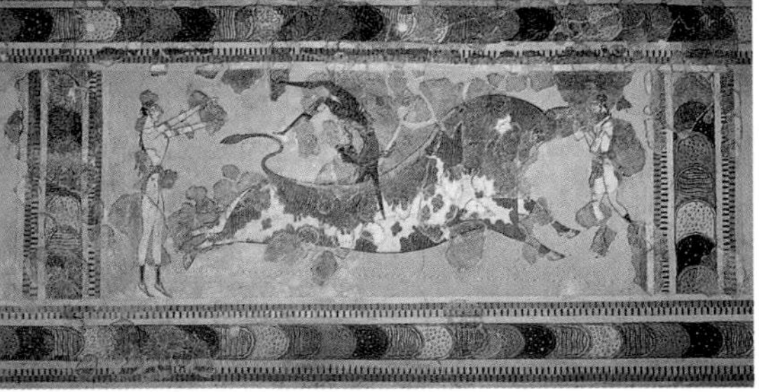

La merveilleuse fresque des acrobates sur taureaux suggère un usage de la grande cour centrale du palais.

notamment des jeux tauromachiques : des « acrobates sur taureaux » affrontaient des bêtes fauves et, leur agrippant les cornes, sautaient par-dessus. En arrière de cette place se trouve la partie principale du palais, avec en particulier les appartements royaux. Le mégaron de la reine s'orne d'une copie de la célèbre fresque aux dauphins. ■

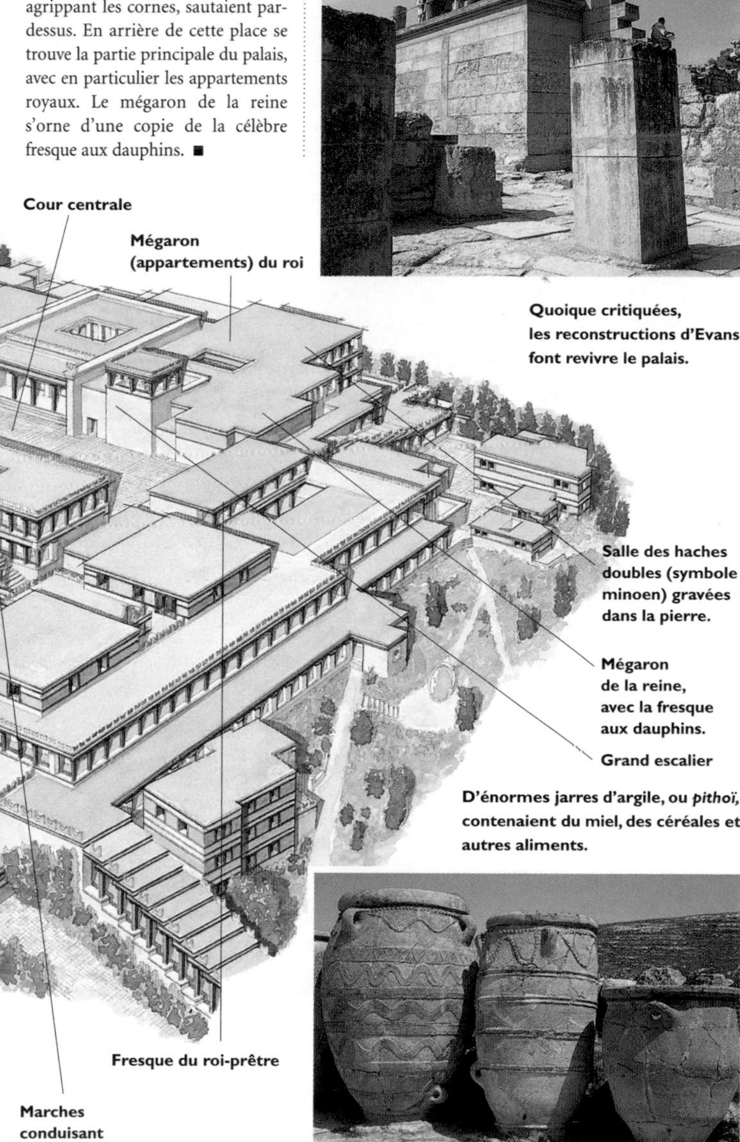

Quoique critiquées, les reconstructions d'Evans font revivre le palais.

D'énormes jarres d'argile, ou *pithoï*, contenaient du miel, des céréales et autres aliments.

Sir Arthur Evans

C'est l'archéologue britannique sir Arthur John Evans (1851-1941) qui a fait connaître Cnossos au monde. Né dans le Hertfordshire (Angleterre), il fut formé à la célèbre école Harrow avant de faire ses études supérieures à Oxford. Puis il étudia à l'université de Göttingen (Allemagne) et devint enfin conservateur de l'Ashmolean Museum d'Oxford, poste qu'il obtint à l'âge de trente-trois ans et qu'il occupa pendant vingt-quatre ans.

C'est alors qu'il commença à s'intéresser aux monnaies et aux sceaux de la Grèce antique, et en particulier aux inscriptions étranges et indéchiffrables que portaient ceux de la Crète. Il fit une première visite sur cette île en 1894 pour approfondir ses connaissances et consacra presque le reste de sa vie à déterrer ses secrets.

En 1899, Evans entreprit ses premières fouilles à Cnossos, où il découvrit bientôt une cité de l'âge du bronze ainsi qu'un palais royal, qu'il estima être celui de Minos, le légendaire roi crétois, fils de Zeus : le plan de ce palais lui apparaissait comme une sorte de labyrinthe; et il donna le qualificatif de « minoen » à cette civilisation. S'il termina l'essentiel des fouilles dans les premières années du XXe siècle, Evans continua à y travailler jusqu'en 1935; il avait alors quatre-vingt-quatre ans.

L'aspect le plus controversé de son œuvre est la reconstruction du palais royal et les peintures qu'il y fit réaliser afin de donner une idée de l'allure que présentait le palais il y a quelque trois mille six cents ans. Selon certains spécialistes de l'Antiquité, ce fut un sacrilège; pour d'autres, une audacieuse tentative de ressusciter le passé et d'en faire profiter le plus large public. On ne peut s'empêcher de partager cette idée après avoir vu, par exemple, le portique d'Attale, dans l'ancienne Agora d'Athènes, remarquablement reconstitué, selon la même démarche, par l'École américaine d'archéologie (voir p. 59-60).

En outre, Evans découvrit sur le site de Cnossos quelque 3 000 tablettes couvertes de signes indéchiffrables appartenant à deux écritures syllabiques distinctes. L'une, désormais appelée « linéaire A », est considérée comme la langue des Minoens et n'a pas encore été déchiffrée. L'autre, le « linéaire B », est demeurée un mystère jusqu'en 1952 : on démontra alors que c'était une forme primitive du grec, remontant à la période 1500-1400 avant notre ère environ. Il apparut ainsi que les Hellènes avaient connu l'écriture beaucoup plus tôt qu'on ne le pensait, ce qui permit de mieux comprendre l'histoire de la Grèce antique.

L'une des raisons pour lesquelles Arthur Evans a pu faire tant de trouvailles archéologiques sur un site demeuré intact est peut-être due au fait que celui-ci était considéré comme tellement sacré que les pilleurs se refusaient à y pénétrer (alors qu'il en est allé autrement pour les tombes égyptiennes...). Selon une théorie, les scènes de tauromachie n'étaient pas une démonstration de virilité, mais un prélude à des rites sanglants au cours desquels étaient sacrifiés des enfants et des adolescents des deux sexes. Selon cette théorie, le palais aurait été détruit non par une catastrophe naturelle (tel un raz-de-marée), mais par ses propres gardiens, horrifiés par la débauche de leurs dirigeants. Par la suite, l'atmosphère sinistre du lieu aurait tenu les gens à distance.

Evans n'approuvait pas les théories de ce genre. Dans un sens, la Crète lui appartenait et il rejetait les théories qui ne coïncidaient pas avec les siennes. Il rédigea lui-même des ouvrages dans lesquels il essayait de déchiffrer les deux écritures, mais son plus grand mérite demeure d'avoir découvert le palais minoen de Cnossos.

On sait moins que, dans sa jeunesse, il fut correspondant de guerre dans les Balkans et que, dans les années 1880, il écrivit un ouvrage qui n'a malheureusement pas perdu de son actualité plus d'un siècle plus tard : il traitait de la dramatique situation des Slaves et des Albanais en Bosnie et en Herzégovine qui, à l'époque, luttaient pour se libérer de l'occupation turque.

Arthur Evans fut nommé chevalier de l'Empire britannique en 1911 et mourut en 1941, à l'âge de quatre-vingt-onze ans. ■

Portrait d'Evans à Cnossos, par sir William Blake Richmond (1842-1921), avec, à l'arrière-plan, une fresque du palais.

Dans la Pediada, la distillation du *raki* – alcool typique de la Crète – reste une industrie familiale.

Kastelli Pediados

KASTELLI PEDIADOS EST LA PRINCIPALE AGGLOMÉRATION DE LA Pediada, région située au sud-est d'Iraklion. On y trouve des logements simples et un accueil chaleureux. Mais la plupart des touristes ne font qu'y passer en allant visiter les deux principaux sites de la région : le plateau de Lassithi et la grotte du mont Dikti (voir p. 291).

Kastelli Pediados
p. 279 F2

On trouve dans cette région maints villages typiques où les gens vivent de la terre comme depuis des milliers d'années. Le paysage est parsemé d'églises anciennes; on citera en particulier celle consacrée à Isodia Theotokon, près de Sclaverochori, qui date du XVe siècle et où l'on voit de belles peintures murales. **Agios Pandeleimon** (Saint-Pantaléon), près du village de Pigi, est, pour l'essentiel, du XIIIe siècle, mais sa structure inclut des éléments d'une basilique du Xe siècle.

À l'est de Kastelli, la route grimpe vers le **mont Dikti**, haut de 2 148 mètres, en passant par le **plateau de Lassithi**. Dans cette région fertile se seraient trouvées jadis, dit-on, quelque 10 000 éoliennes. Ces structures simples et élégantes aux ailes blanches servaient à pomper l'eau pour arroser les champs, mais la plupart sont maintenant électrifiées ou purement décoratives.

Sur ce plateau se trouvent d'autres sites intéressants, en particulier la **grotte de Trapeza**; c'est le site habité le plus ancien découvert en Crète, avec des tombes qui datent de 7000 av. J.-C.

Non loin de là, sur le site de **Karfi**, la religion et la culture minoennes ont survécu jusqu'en 1000 av. J.-C., alors que cette civilisation s'était éteinte ailleurs depuis des siècles. La plupart des touristes n'y font qu'une halte avant d'aller à la plus grande attraction de la région : la grotte du mont Dikti. ■

La grotte de Zeus dictéen

Selon la légende, l'histoire de la grotte de Zeus dictéen (Dikteon Andron) serait plus ancienne encore que les vestiges néolithiques découverts dans la grotte voisine de Trapeza. C'est là que la déesse Rhéa aurait donné naissance à Zeus. Un devin avait appris à son époux, Chronos, qu'il serait un jour supplanté sur le trône par l'un de ses fils; aussi dévorait-il ses enfants dès leur naissance. Excédée, Rhéa cacha son dernier-né, Zeus, dans cette grotte et fit avaler à Chronos une pierre à la place.

Dikteon Andron

p. 279 F2

Psychro

€

Cette grotte était un lieu sacré à l'époque minoenne, et l'on y a retrouvé beaucoup d'objets de cette époque.

Effectivement, Zeus finit par régner sur l'univers et devint le père de tous les autres dieux (voir p. 174-175). Selon certains, cependant, le Zeus qui naquit ici ne serait pas le même que celui qui, par la suite, résida sur le mont Olympe; ce serait un Zeus crétois, adoré comme un dieu de la Fertilité, qui mourait et renaissait chaque année.

Ceux qui n'ont jamais visité de grotte seront surpris par les dimensions de celle-ci et par les formes extraordinaires des stalactites et des stalagmites. Mieux vaut être équipé d'une lampe-torche et de chaussures à semelles de caoutchouc. On peut se faire accompagner d'un guide, mais ce n'est pas indispensable.

Pour atteindre cette grotte, il faut s'arrêter au village de Psychro et suivre la piste qui serpente entre les chênes; l'entrée de la caverne est à environ quinze minutes de marche. Ceux qui rechignent à cet effort ou trouvent cela plus divertissant peuvent aussi louer un âne. Il faut être prudent en entrant dans la grotte : les marches sont raides et parfois glissantes. La torche sera utile à ce stade de la visite pour éclairer les formations rocheuses.

La **salle principale**, de 70 mètres de hauteur, est très impressionnante; d'autres salles plus petites s'ouvrent autour et, au fond, se devine un petit lac. À gauche de celui-ci : la petite salle dans laquelle aurait été caché Zeus – ou du moins *un* Zeus.

Comme presque partout en Grèce, mieux vaut venir ici en début de matinée ou en fin d'après-midi si l'on veut éviter les foules de touristes; l'été, il faut même parfois faire la queue. ■

Les estivants se pressent sur la plage de Malia ; pour trouver une bonne place, il faut se lever tôt.

Malia

MALIA EST UNE STATION TRÈS ANIMÉE, QUI ATTIRE UNE CLIENTÈLE plutôt jeune. On y trouve l'un des sites minoens les plus évocateurs et les moins visités. C'est aussi l'un des meilleurs postes, en Crète, pour observer les oiseaux qui passent au large des côtes au printemps et à l'automne, au cours de leur migration.

Malia

p. 279 F2

Palais minoen

3 km à l'est de Malia

2897 031597

Fermé lun.

€

Mais c'est au centre-ville que l'on observera la foule estivale, grâce aux bars et aux discothèques qui restent ouverts jusqu'au petit matin. Dans la journée, les longues et superbes plages de sable sont idéales pour bronzer, bien qu'elles soient très encombrées.

Pour ceux qui ont du mal à trouver de la place sur la plage principale, il y en a une excellente à proximité du **site minoen**, à 3 kilomètres de la ville ; elle est parfois même presque déserte, car peu de gens prennent la peine d'aller jusque-là.

Des équipes d'archéologues français travaillent sur ce site, et les travaux avancent lentement, mais on peut en visiter une grande partie. Des panneaux d'information sont disposés un peu partout, ce qui permet de se faire une bonne idée des lieux, où figure également un cimetière, appelé Chryssolakos. Les objets découverts dans les tombes sont exposés au Musée archéologique d'Iraklion.

Le **palais**, très intéressant, fut construit en 1900 av. J.-C. et détruit vers 1450 av. J.-C., lorsque la civilisation minoenne fut complètement balayée par une catastrophe naturelle. Depuis la cour centrale, on peut essayer d'imaginer les somptueux bâtiments qui l'entouraient : ceux qui auront d'abord visité Cnossos comprendront mieux ce à quoi pouvait ressembler Malia. On y trouve des vestiges d'entrepôts ainsi que les ruines d'un vaste bâtiment administratif, ce qui permet de penser que le palais était aussi peuplé et bien approvisionné qu'une quelconque ville moderne. ■

À Elounda, les tavernes les plus fréquentées sont groupées autour du port.

Elounda

Comme Malia, Elounda est un mélange d'ancien et de moderne. Cette ville a une longue et riche histoire mais, aujourd'hui, elle est surtout connue pour sa plage. On y trouve plusieurs bons hôtels ainsi qu'un joli petit port de pêche. Elle réserve quelques surprises – mais il faut aller les chercher dans la mer.

La ville actuelle d'Elounda occupe le site d'une ancienne cité gréco-romaine, **Olonte.** Du haut du pont qui relie Elounda à l'île de Spinalonga, on en distingue les ruines sous la surface de l'eau. Le port d'Olonte était l'un des plus importants de la Crète orientale, et il en reste au moins deux temples. On pense que la cité fut détruite au IIe siècle avant notre ère : à la suite d'énormes glissements de terrain, plusieurs secteurs de la côte orientale ont disparu sous les eaux, alors que certaines parties de la côte occidentale s'élevaient.

Des deux côtés du pont, on voit les vestiges de salines vénitiennes. Ce furent en effet les colons de la cité des Doges qui créèrent un port à Elounda en 1579. Sur la péninsule qui le protège – et où l'on peut échapper aux foules – se dresse une église qui faisait partie de l'ancienne ville d'Olonte et qui a conservé certaines de ses fresques d'origine. De là, lorsque la lumière est bonne, on aperçoit les ruines de l'ancien port – sous les eaux.

L'**île de Spinalonga** contribue à protéger la baie, et les Vénitiens y construisirent une forteresse pour défendre le port. Elle était si puissante que ce fut l'ultime réduit des Vénitiens contre les Ottomans : ils ne l'abandonnèrent qu'en 1715, une quarantaine d'années après le reste de la Crète. De 1903 à 1957, cette île fut une colonie de lépreux, ce qui n'empêcha pas l'agglomération de se développer. Évoquant tous ceux qui y vécurent dans l'isolement forcé, ses ruines sont impressionnantes. ■

Elounda

N p. 279 F2

Le pittoresque port intérieur d'Agios Nikolaos a suscité de bien curieuses légendes : il serait sans fond ; il communiquerait avec Santorin (à 100 kilomètres de distance !) ; ici se baignait Athéna...

Agios Nikolaos

Le port d'Agios Nikolaos est sans doute l'un des sites les plus séduisants – et des plus visités en été – de toute la Crète. Remarquablement situé dans le golfe de Mirabello, il a conservé un certain nombre de belles demeures anciennes et possède en fait deux ports : un, très pittoresque, voué à la pêche et, en pleine ville, un port intérieur qui est en réalité un lac. Malgrè son succès touristique, la ville a su conserver son caractère et n'a pas été submergée par le développement incontrôlé qui a défiguré une bonne partie de la côte nord de l'île.

Agios Nikolaos

p. 279 F2

Informations

Marina

2841 082384

Dans l'Antiquité, Agios Nikolaos était le port prospère de la cité-État de Lato, située à l'intérieur des terres. Ce furent les Vénitiens qui l'appelèrent Agios Nikolaos (San Nicolo), du nom du saint patron d'une église construite aux XIe et XIIe siècles. En outre, ils donnèrent au golfe le nom de Mirabello (en italien : « belle vue »).

Sous la domination ottomane, la forteresse vénitienne fut détruite et la ville déclina mais, à la fin du XIXe siècle, elle reprit vie grâce aux voyageurs qui y faisaient volontiers escale. Agios Nikolaos est régulière-

ment desservi par des ferries en provenance de l'archipel du Dodécanèse, des Cyclades et du Pirée.

Le **port** est bordé de bars, de magasins, de cafés et de tavernes qui profitent de leur emplacement pour afficher des prix élevés, même pour la Grèce. Pour trouver une nourriture plus raffinée et une ambiance plus typiquement crétoise, mieux vaut tourner le dos à la « belle vue » et s'aventurer dans les ruelles du cœur de la ville.

Au sud d'Agios Nikolaos se trouvent une plage et une marina, ainsi que des restaurants – plutôt chers. Près de la gare routière, à l'extrémité occidentale de la marina, se dresse l'église de la **Panagia Vrefotrofou**, qui date du XIIe siècle : ici encore, l'ancien et le moderne se rencontrent… et se marient.

Le **lac Voulismeni**, qui sert de port intérieur, est surnommé le « lac sans fond » en raison de ses berges très escarpées, et il est effectivement très profond : il atteint 64 mètres. Il est relié au port extérieur par un chenal construit entre 1867 et 1871.

Surplombant le chenal, le **musée d'Art populaire** mérite une visite pour ses expositions de costumes crétois ainsi que d'objets d'artisanat et d'art populaire typiques.

Le **Musée archéologique** d'Agios Nikolaos, au nord-ouest du centre-ville, est remarquable. On peut y admirer une belle collection d'objets provenant de divers sites minoens. En particulier, dans la salle II, s'impose au regard le vase dit de la *Déesse de Myrtos*. Il a été découvert à Mohlos, non loin de Gournia (voir p. 296). C'est une poterie d'argile qui date du début de la période minoenne. Il servait probablement à un culte de la fertilité ; manifestement, le col et la tête sont phalliques alors que le corps du vase est orné de deux seins.

La pièce la plus curieuse, assez lugubre d'ailleurs, est un crâne humain dont on pense qu'il appartenait à un athlète. Découvert intact, il était accompagné de la couronne de lauriers en or attribuée aux vainqueurs de jeux ainsi que d'une pièce d'argent : selon les croyances grecques, celle-ci était destinée à payer le voyage dans l'au-delà à Charon, le nautonier qui faisait traverser le fleuve Styx aux défunts. Ce crâne fut découvert à proximité de la ville, et, d'après la date de la monnaie, on sait qu'il remonte au Ier siècle de notre ère.

Autour de la ville, les plages ne sont pas particulièrement séduisantes, ce qui ne les empêche pas d'être bondées une bonne partie de l'été. On en trouve de plus agréables à Elounda (voir p. 293) à **Ammoudara** et à **Almyros**, sur la route qui mène à Sitia. ■

Musée d'Art populaire

✉ Palaiologou, 2
☎ 2841 025093
🕒 Fermé sam. & oct.-avr.
€ €

Musée archéologique

✉ Palaiologou, 68
☎ 2841 024943
🕒 Fermé mar.
€ €

Gournia

Gournia
p. 279 G2
Fermé lun.
€

À MOINS DE 20 KILOMÈTRES AU SUD-EST DE LA BRUYANTE ET moderne Agios Nikolaos, la magique Gournia, l'une des cités minoennes les mieux préservées, nous rappelle ce que l'histoire peut réserver aux communautés les plus florissantes. Le site de cette antique cité était déjà occupé il y a cinq mille ans. Aujourd'hui, c'est une ville fantôme au sommet de la petite colline qui surplombe le superbe golfe de Mirabello. Rares sont les touristes qui, entre Agios Nikolaos et Sitia, prennent le temps de faire le détour, et pourtant, le site en vaut vraiment la peine.

Sur le site de la petite cité minoenne de Gournia, les premières fouilles furent réalisées en 1904.

Au centre de la ville de Gournia subsistent les ruines d'un palais, bien moins important que celui de Cnossos – il n'en représente que le dixième – et pourtant, c'est peut-être leurs modestes dimensions qui rendent ces vestiges, bien conservés, particulièrement intéressants. On y découvre un lacis de ruelles bordées de fondations de petites maisons, ruelles qui rappellent beaucoup celles des vieux quartiers actuels des villes crétoises. Leur pavage est resté en place, et on marche donc sur des pierres que foulaient déjà des habitants de l'île entre 1550 et 1450 av. J.-C. La plupart des ruines que l'on peut voir datent en effet de cette époque.

Comme d'autres sites minoens, Gournia fut détruite par un incendie causé par le cataclysme – probablement un tremblement de terre – qui anéantit la civilisation minoenne vers 1450 av. J.-C. On voit encore les marches qui mènent à l'entrée du palais, ainsi qu'une massive dalle de pierre, percée d'un seul trou, où étaient probablement attachés des animaux avant d'être sacrifiés. Ou peut-être était-ce simplement un étal de boucher ?...

On sait que Gournia était un centre commercial important : on y a trouvé des traces d'activités – menuiserie, poterie, ferronnerie, pêche et tissage – que pratiquent aujourd'hui encore les Crétois. ■

À Sitia, la vie tourne autour du port ; le quai est encombré de tables de tavernes.

Sitia & Ierapetra

Bien qu'elle soit la capitale de la province orientale de la Crète, Sitia n'est pas incluse dans les itinéraires touristiques ; aussi est-ce une bonne base à partir de laquelle on peut découvrir la vraie Crète. Tout est meilleur ici, en particulier la nourriture, nettement plus authentique que celle que l'on trouve dans les stations touristiques. Ierapetra, principale agglomération de la côte sud-ouest, se vante d'être la ville la plus méridionale d'Europe, même si, avec moins de 8 000 habitants, c'est plutôt un gros bourg.

SITIA

Ici, la principale source de recettes, ce ne sont pas les touristes, mais les raisins secs : chaque année, en août, la ville abrite le festival des Raisins secs, avec de la musique, des danses traditionnelles et tout le vin que l'on peut boire – mais attention, il est plutôt fort !

Il y a cependant bien d'autres choses à voir à Sitia, en particulier la **forteresse vénitienne**, dont une partie fait office de théâtre en plein air. Un petit **Musée folklorique** présente des spécimens de l'artisanat régional. Au **Musée archéologique**, très intéressant, vous ne manquerez pas d'admirer la statue minoenne d'un kouros en ivoire ; elle porte les traces de l'incendie qui ravagea les cités minoennes en 1450 av. J.-C.

IERAPETRA

Ierapetra était à l'origine une colonie dorienne, et sa situation en faisait une escale idéale pour le commerce avec l'Afrique du Nord et le Proche-Orient. Aujourd'hui, elle vit du tourisme : ses belles plages sont bordées de bout en bout d'hôtels, de restaurants et de villas.

On y visitera le petit **Musée archéologique** *(Adrianou Koustoula ☎ 2842 028721 ⏲ fermé lun. € €)*, ainsi que les ruines d'une **forteresse** du XIIIe siècle. ■

Sitia
p. 279 G2
Informations
✉ Police touristique
☎ 2843 024200

Musée folklorique
✉ Kapetan Sifi, 33
☎ 2843 022861
€ €

Musée archéologique
✉ Piskokefalou, 3
☎ 2843 023917
⏲ Fermé lun.
€ €

Ierapetra
p. 279 G2

Festos
p. 278 D2
2892 091315
€€

Agia Triada
p. 278 D2
2892 091360
€

Phaistos

Le palais de Phaistos (Festos), qui se trouve dans la région centre-sud de la Crète, ne le cède en dimensions et en importance qu'à celui de Cnossos, mais il occupe un site beaucoup plus spectaculaire sur un plateau qui surplombe la vaste et fertile plaine de Messara. Au nord, on aperçoit les pentes du mont Psiloreitis – mieux connu sous le nom de mont Ida –, le point culminant de la Crète (2 456 mètres). Le cadre est incomparable.

L'histoire de Phaistos est identique à celle de bien d'autres sites minoens. Le premier palais y fut construit vers 1900 av. J.-C. mais fut détruit par le même tremblement de terre qui ravagea l'île et ses cités vers 1700 av. J.-C. Un second palais fut rapidement construit, à son tour emporté par la catastrophe qui anéantit les Minoens en 1450 av. J.-C. Pourtant, on trouve encore à Phaistos des vestiges du premier palais ; ils furent découverts par l'archéologue italien Frederico Halbherr, qui entama ici les premières fouilles sérieuses en 1900.

Sur ce site, à la différence de Cnossos, les ruines ont simplement été dégagées et nettoyées, et les reconstructions sont rares ; on s'est

Les marches sont légèrement bombées pour permettre à l'eau de pluie de s'écouler – c'est un exemple du système très élaboré d'évacuation des eaux du palais de Phaistos.

surtout contenté de redresser des murs écroulés.

Le **Grand Escalier** du palais suit la pente sur laquelle Phaistos fut construit : large de 13 mètres, il se compose de douze marches, en partie creusées directement dans le sol. Comme souvent en Grèce, elles sont légèrement incurvées pour faciliter l'évacuation des eaux mais, ici, elles sont bombées, ce qui rehausse leur grandiose beauté.

Au sommet du Grand Escalier se trouve l'entrée occidentale du second palais et, à droite, s'ouvre la **cour centrale**, tout aussi imposante – c'est un élément caractéristique de tous les palais minoens. Les colonnades qui en bordaient deux côtés ont disparu, mais, sur son côté nord, la vue sur le mont Ida est aujourd'hui tout aussi magnifique qu'il y a quatre mille ans. Pour les habitants du palais, ce panorama était particulièrement important parce que, de cet endroit comme depuis certaines pièces du palais, on pouvait apercevoir, sur le flanc de la montagne, la grotte de Kamares, lieu sacré des Minoens.

Au nord de la cour centrale se trouve l'entrée des appartements royaux et, de chaque côté, subsistent des vestiges de guérites dans lesquelles s'abritaient les sentinelles. Dans le couloir, on notera la rigole qui court au milieu et qui servait à évacuer les eaux de pluie, car ce couloir était à ciel ouvert. Au bout se trouvaient les **appartement royaux**, entourés d'une barrière car c'est l'un des endroits le plus importants du site. On y voit des chambres séparées pour le roi et la reine, les vestiges d'un bain lustral et même d'un cabinet de toilette. Un peu plus loin, sur la droite, il y avait la **salle des Archives**, où fut découvert le disque de Phaistos (voir ci-contre).

À l'occasion de la visite de ce site, on ne manquera pas de faire un léger détour (3 kilomètres) vers l'est pour visiter les ruines d'**Agia Triada**, villa ou palais construit vers 1600 av. J.-C. ; c'était peut-être une résidence d'été de la famille royale ou d'un notable de Phaistos. On y voit encore de superbes fresques, et de nombreux objets intéressants y ont été découverts, qui sont maintenant exposés au Musée archéologique d'Iraklion (voir p. 282). Selon les historiens, cette construction se trouvait, à l'origine, beaucoup plus proche de la mer, mais celle-ci, au cours des siècles, a progressivement reculé. Il se peut que la rampe qui descend depuis la villa ait mené à un petit port privé. ■

Le disque de Phaistos

C'est en 1903 que fut découvert le disque de Phaistos, en terre cuite, de 16 centimètres de diamètre, exposé au Musée archéologique d'Iraklion. Réalisé entre 1700 et 1600 avant notre ère, il porte, sur ses deux faces, des signes qui n'ont pas encore été déchiffrés. Ce sont des pictogrammes qui rappellent les hiéroglyphes égyptiens et qui représentent, entre autres, des personnages, des animaux, des navires et des fleurs, disposés en spirale autour du centre. Il se peut que ce disque ait joué un rôle culturel et que les mots inscrits aient été une prière. ■

Une promenade dans les gorges de Samaria

Une excursion dans les gorges de Samaria (Farangi Samarias), les plus longues d'Europe, est certainement à faire. C'est d'ailleurs, après Cnossos, le lieu le plus visité de l'île : chaque année, un demi-million de visiteurs les parcourent de bout en bout.

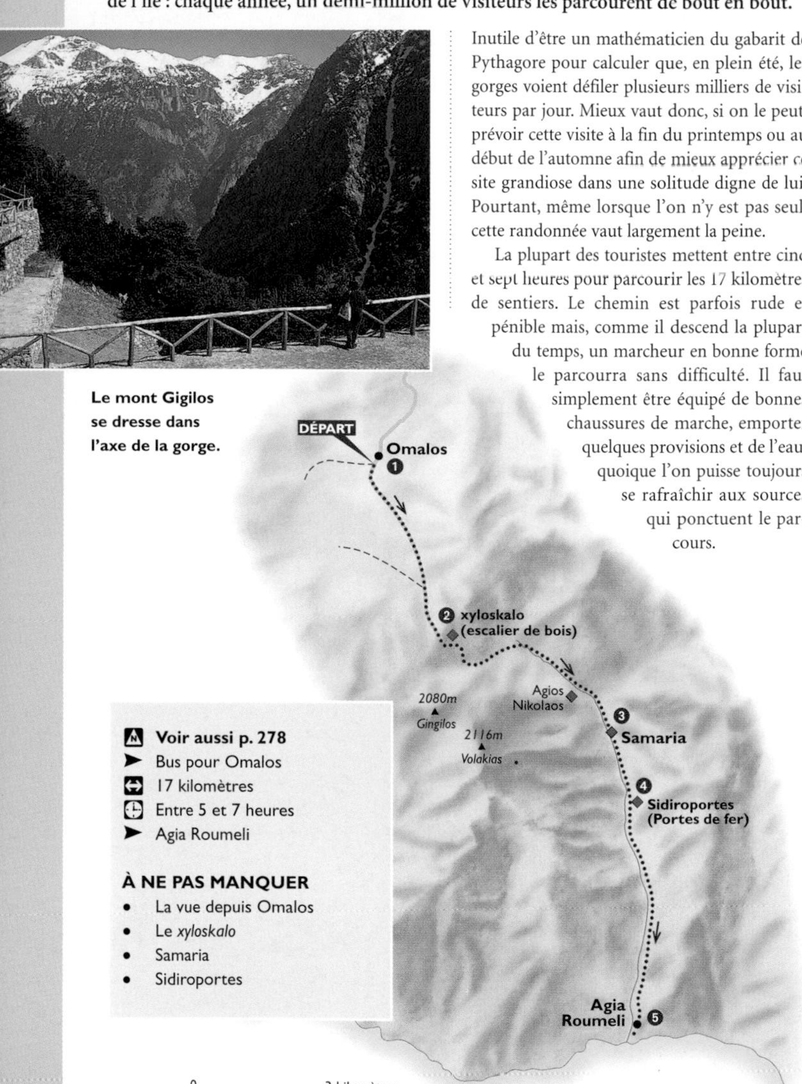

Le mont Gigilos se dresse dans l'axe de la gorge.

Inutile d'être un mathématicien du gabarit de Pythagore pour calculer que, en plein été, les gorges voient défiler plusieurs milliers de visiteurs par jour. Mieux vaut donc, si on le peut, prévoir cette visite à la fin du printemps ou au début de l'automne afin de mieux apprécier ce site grandiose dans une solitude digne de lui. Pourtant, même lorsque l'on n'y est pas seul, cette randonnée vaut largement la peine.

La plupart des touristes mettent entre cinq et sept heures pour parcourir les 17 kilomètres de sentiers. Le chemin est parfois rude et pénible mais, comme il descend la plupart du temps, un marcheur en bonne forme le parcourra sans difficulté. Il faut simplement être équipé de bonnes chaussures de marche, emporter quelques provisions et de l'eau, quoique l'on puisse toujours se rafraîchir aux sources qui ponctuent le parcours.

Voir aussi p. 278
- Bus pour Omalos
- 17 kilomètres
- Entre 5 et 7 heures
- Agia Roumeli

À NE PAS MANQUER
- La vue depuis Omalos
- Le *xyloskalo*
- Samaria
- Sidiroportes

La randonnée commence sur un parc de stationnement bien indiqué, au sud du village d'**Omalos** ❶, où l'on peut d'ailleurs loger si l'on a réservé. Cela permet de partir tôt, avant l'arrivée de la foule : la gorge ouvre dès 6 heures du matin. Gardez votre ticket, il vous sera demandé plus tard.

Depuis le parc de stationnement, descendre tout droit jusqu'au ***xyloskalo*** ❷, ou « escalier de bois ». En fait, c'est un sentier abrupt creusé dans le rocher, mais bordé d'une rambarde de bois. C'est l'un des passages les plus spectaculaires : sur 3 kilomètres, on descend de près de 700 mètres. Au bas se trouve la minuscule chapelle d'**Agios Nikolaos**. Et il a été heureusement prévu des bancs, pour ceux qui éprouvent le besoin de se reposer.

À partir de là, le sentier s'élargit et devient plus plat, franchissant à plusieurs reprises le torrent. Au printemps, la fonte des neiges fait gonfler le cours d'eau, aussi la gorge est-elle fermée jusqu'en mai. L'été, ce n'est plus qu'un ruisselet agréable et rafraîchissant.

Au bout de 6,5 kilomètres environ, on laisse, sur la gauche, l'ancien village de **Samaria** ❸, qui a été abandonné par ses habitants en 1962, lorsque les gorges sont devenues un parc national.

Ensuite commence la partie la plus spectaculaire de la gorge : sa largeur se réduit à 3 mètres à **Sidiroportes** ❹, nom qui signifie « Portes de fer » ; ici, la falaise est haute de 300 mètres. Puis les parois s'écartent à nouveau, et l'on pénètre dans une autre vallée, où se trouve un autre village abandonné, Agia Roumeli. C'est là que vous rendrez votre ticket – pour des raisons de sécurité : il faut s'assurer que vous avez bien quitté les gorges.

Vingt minutes de marche plus loin, c'est l'arrivée ❺ au village moderne d'**Agia Roumeli** et à la mer, fraîche et accueillante aux pieds échauffés. On peut y loger ou prendre un bateau pour d'autres villages de la côte (en particulier Sfakia, voir p. 303), d'où l'on peut rentrer à Réthymnon ou à La Canée par bus. L'été, des correspondances sont assurées tout l'après-midi, mais les bus sont parfois bondés. ■

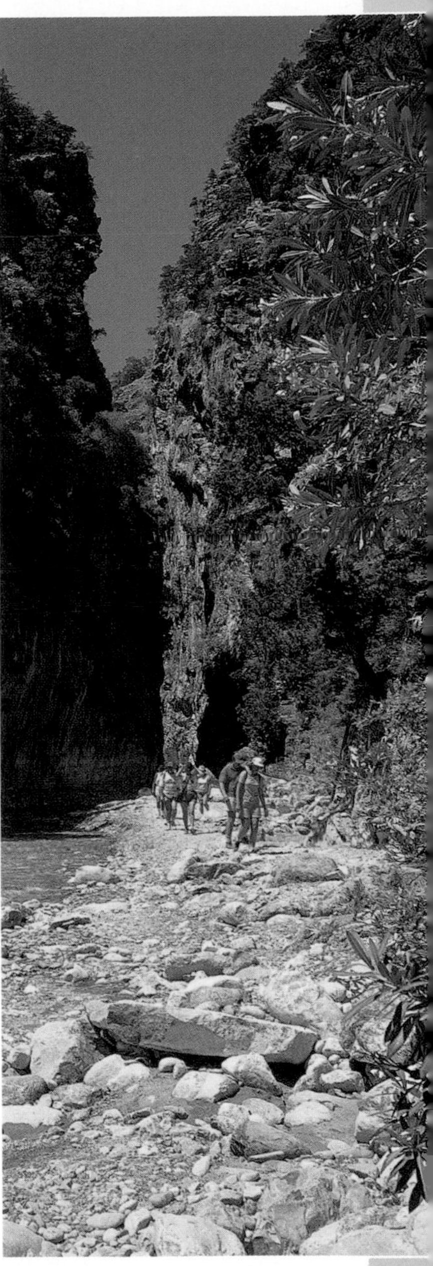

En début de saison, la gorge est comme illuminée de fleurs. Mais le torrent est imprévisible, et le chemin parfois fermé – mieux vaut s'informer.

Agia Galini
p. 278 D2

Vallée d'Amari
p. 278 D2

Paleochora & la côte sud

La côte méridionale de la Crète présente une succession spectaculaire d'échancrures où les montagnes et les gorges plongent directement dans la mer. Il faudrait des travaux gigantesques pour relier entre elles toutes les stations côtières, aussi cette région est-elle beaucoup moins développée que la côte nord. Mais, en été, les foules se pressent dans les agglomérations.

Agia Galini, à l'ouest de Phaistos, en est un bon exemple : cet ancien village de pêcheurs est devenu une ville touristique grecque typique. Ce qui reste de la vieille ville est charmant, et les tavernes sont nombreuses autour du port.

Depuis Agia Galini, on pourra rejoindre la belle **vallée d'Amari**, à l'ombre du mont Ida. Nous sommes ici au cœur de la Crète, où certains hommes portent encore le costume traditionnel, avec de larges pantalons noirs et de hautes bottes de montagne. Cette région abonde en villages pittoresques, vallées fertiles et gorges spectaculaires.

Un peu plus à l'ouest, traversant un cadre splendide, la gorge de Kourtaliotiko mène au monastère de **Preveli**, construit et réaménagé du XVIIe siècle jusqu'au XIXe siècle. On peut le visiter et, comme des moines y vivent, on s'habillera correctement et on respectera le silence.

À **Plakias**, située à l'extrémité de la gorge de Kotsifou, tout aussi spectaculaire, une plage de sable de 2 kilomètres de long attire en masse les bronzeurs ; mais bien d'autres plages sont accessibles le long de la côte. Plus à l'ouest encore, la principale ville, Sfakia, est proche de la **gorge d'Impros**, presque aussi belle que celle de Samaria mais moins fréquentée.

Sur l'une des rares plaines côtières, entre Plakias et Sfakia, se dressent les vestiges d'une forteresse vénitienne : **Frangokastello**, édifiée en 1371, dont les remparts sont remarquablement préservés. Il ne reste pas grand-chose de l'intérieur mais son cadre remarquable et la vue superbe dont on jouit depuis l'extérieur valent la visite. La forteresse fut construite à la fois pour protéger

cette partie de la côte des incursions des pirates et pour maintenir l'ordre dans la population : les habitants de la ville voisine de Sfakia étaient bien connus pour leurs manifestations d'indépendance.

C'est à Sfakia (**Chora Sfakion**) que viennent le plus souvent ceux qui veulent voir de beaux paysages et découvrir le mode de vie traditionnel des Crétois. Du fait que la ville est bordée, à l'ouest, par une chaîne montagneuse abrupte, on ne pouvait guère y accéder, jadis, que par la mer. Aujourd'hui, la route est obligée de faire une série d'épingles à cheveux spectaculaires. Sfakia a été bien moins touchée que d'autres cités par la vie moderne. Certes, les touristes sont nombreux, mais les habitants s'accrochent plus qu'ailleurs à leur histoire et à leurs traditions. Si la vendetta existe encore, l'hospitalité est chaleureuse. Ici aussi, les hommes d'un certain âge portent encore des costumes traditionnels.

Il y a quelques années déjà que le tourisme a atteint **Paleochora**, tout à l'ouest, devenue une station balnéaire très développée. On y trouve deux belles plages, une de chaque côté d'un promontoire au sommet duquel se dresse une forteresse vénitienne; c'est un site idéal pour pratiquer la planche à voile et autres sports nautiques. C'est aussi une bonne base pour ceux qui veulent allier la détente à la découverte. ■

Chora Sfakion
278 C2

Paleochora (ou Paleohora)
p. 278 B2

La Preveli, qui traverse la gorge de Kourtaliotiko, est alimentée par les précipitations et la fonte des neiges.

Depuis les cafés d'Elafonissos, on a une vue imprenable sur une lagune digne des Antilles.

La côte ouest

La côte occidentale de la Crète a ceci de remarquable qu'elle n'a pas encore été modernisée. Bien sûr, on y trouve quelques stations balnéaires fréquentées, mais plus nombreux sont les villages traditionnels où les hommes passent leur temps au café comme ils le font depuis des siècles. Les plages sont superbes et relativement isolées.

Elafonissos
p. 278 A2

Kastelli Kissamos
p. 278 B3

La magnifique plage d'**Elafonissos** est située à une douzaine de kilomètres de Paleochora; avec son sable blanc-rose et le bleu profond de ses eaux, ce site évoque les paysages des Antilles. Les températures estivales nous rappellent que cette partie de la Crète n'est guère qu'à 300 kilomètres de l'Afrique du Nord. La mer est peu profonde, et l'on peut marcher jusqu'aux îlots qui bordent la côte, dont les plages sont idylliques. Si la foule est nombreuse sur la plage principale, le développement est pour l'instant limité : il faut emprunter une route très cahoteuse qui décourage les automobilistes.

La principale ville de la région, **Elos**, se trouve un peu à l'intérieur des terres, au pied du mont Agios Dikeos (1 182 mètres). Toute cette région s'appelle Kastanochoria – « les villages des châtaignes », en raison de la culture principale. La récolte s'effectue naturellement à l'automne et se termine, fin octobre, par la fête des Châtaignes.

Entre les collines et la mer Égée, la route côtière, parfois vertigineuse, traverse de vastes champs d'oliviers et d'agrumes. **Kastelli Kissamos** se trouve à l'extrémité nord de cette côte; c'est le lieu idéal pour ceux qui se contentent de quelques hôtels et restaurants. Kastelli a la réputation de ne pas faire d'embarras : on y accueille volontiers les visiteurs, dont on ne se préoccupe pas trop. C'est là qu'il faut s'asseoir, le soir, sur la grand-place, et s'attarder pour boire un café ou un ouzo, et regarder les gens passer. ■

Malgré les douloureux souvenirs laissés par l'occupation, les tombes du cimetière militaire allemand sont soigneusement entretenues.

Maleme

La bataille de Crète, qui fit rage pendant dix longues journées, en mai 1941, a laissé de profondes traces dans l'histoire de l'île. Si l'on veut se faire une idée de ce que fut, dans la réalité, cet épisode sanglant, il est indispensable de visiter le lieu où s'est déroulé l'essentiel de cette bataille : Maleme, sur la côte, à l'ouest de La Canée, où se trouve le cimetière militaire allemand.

En 1941, pendant l'offensive allemande pour prendre pied en Crète, les parachutistes attaquèrent l'aérodrome de Maleme, tenu par les Alliés. Ceux-ci, pour qui la Crète constituait une base essentielle en Méditerranée, firent retraite au travers de l'île, et la plupart furent évacués par mer depuis la côte sud. Beaucoup de Crétois participèrent, au risque de leur vie, à cette opération extraordinaire. La résistance crétoise se poursuivit ensuite avec acharnement jusqu'en 1945.

Le **cimetière de guerre allemand** se trouve au sommet de ce qui était la colline 107. Au centre d'information, une carte présente le déroulement des combats. Cette colline est couverte de rangées de tombes : les Allemands perdirent 6580 hommes. Aujourd'hui, au printemps, le bas des pentes est parsemé de fleurs sauvages qui donnent une certaine sérénité à ces lieux.

Depuis le sommet de la colline, on voit la piste de l'aérodrome de Maleme, sur laquelle portait l'assaut et dont il fallait s'emparer à tout prix. C'est aujourd'hui encore une base militaire.

Pour plus de détails, on visitera le **cimetière de guerre du Commonwealth**, à l'extrémité de la péninsule d'Akrotiri, au nord de La Canée, où sont enterrés 1522 des 2000 soldats alliés qui périrent pendant la bataille de Crète : des Britanniques, des Australiens et des Néo-Zélandais qui, avec le soutien actif des Crétois – hommes, femmes et enfants –, défendirent l'île jusqu'à la mort. ■

Maleme
p. 278 B3

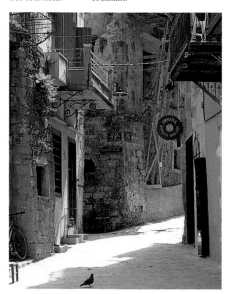

Hania
p. 278 B3
Informations
Kriari, 40,
Megaro Pantheon
2821 092943

Musée archéologique
Chalidon, 21
2821 090334
Fermé lun. nov.-avr.
€

La Canée

AVEC SON CADRE DE RÊVE, SON PORT ACTIF, SES VESTIGES HISTORIQUES, SON MARCHÉ ANIMÉ, SES MUSÉES INTÉRESSANTS ET SES BELLES PLAGES, LA CANÉE (HANIA, PARFOIS KHANIA OU CHANIA), PRINCIPALE AGGLOMÉRATION DE LA CRÈTE OCCIDENTALE, EST L'UNE DES VILLES LES PLUS SÉDUISANTES DE L'ÎLE. SI DENSE QUE SOIT LA FOULE DES TOURISTES, LA CITÉ CONSERVE SON CHARME ET SON ORIGINALITÉ. SUFFISAMMENT GRANDE POUR ÊTRE UNE VÉRITABLE VILLE, LA CANÉE A NÉANMOINS CONSERVÉ UNE DIMENSION HUMAINE, ET L'ON S'Y SENT VITE CHEZ SOI.

Il est vrai que le cadre y contribue : au nord scintillent les eaux bleues de la mer de Crète; au sud se dressent, dans le lointain, les Lefka Ori, les montagnes Blanches, épine dorsale de cette partie de l'île. Depuis certains cafés du front de mer, on peut voir à la fois les sommets couverts de neige et la mer azurée. C'est l'endroit idéal pour prendre un petit déjeuner fait de yogourt agrémenté de miel et de fruits frais – mais on peut aussi bien y déjeuner ou peut-être même y faire un dîner romantique au soleil couchant.

Les ruelles de la vieille ville de La Canée permettent d'échapper à la foule des touristes.

Les hautes maisons qui bordent le **front de mer** lui donnent une atmosphère un peu vénitienne. Mais les Vénitiens ne sont pas les seuls à avoir laissé leur empreinte sur ce lieu enchanteur. C'était à l'origine une importante cité minoenne, Kydonia, qui est relativement peu connue dans la mesure où la ville moderne s'est bâtie, strate après strate, sur ses ruines. Des fouilles ont été entreprises au cœur même de la cité, mais le site n'est pas encore ouvert au public.

Au **Musée archéologique** sont exposés les plus beaux objets trouvés à Kydonia ainsi que sur d'autres sites de la Crète occidentale. On y voit en particulier une belle collection de poteries et plusieurs magnifiques sculptures et mosaïques. Le bâtiment lui-même n'est pas sans intérêt, plus à l'intérieur qu'à l'extérieur d'ailleurs : c'était à l'origine une église vénitienne dédiée à saint François, qui fut transformée en mosquée par les Ottomans. On y voit encore les restes d'un minaret ainsi que, dans une jolie cour, la fontaine servant aux ablutions rituelles.

L'influence turque se retrouve en particulier dans la **mosquée des Janissaires** qui se dresse sur le port. Construite en 1645, elle est le plus ancien monument ottoman subsistant en Crète. Elle fut gravement endommagée pendant la Seconde Guerre mondiale, puis, restaurée,

elle a longtemps abrité l'office du tourisme.

Pour l'essentiel, le port est un reflet de l'ère vénitienne, avec en particulier la forteresse de **Firkas**, très restaurée, d'où l'on a une vue magnifique sur le port. L'une des tours du fort abrite le **Musée naval**, qui présente une collection de modèles réduits et de maquettes des batailles navales qui se déroulèrent au large de la côte. Même ceux qui ne sont pas particulièrement portés sur les choses de la mer ne pourront s'empêcher d'être fascinés par la reconstitution très détaillée de la ville et du port de La Canée au XVIIe siècle, avec en particulier l'arsenal vénitien, qui existe encore. C'est aussi au Musée naval que l'on trouve la présentation la plus intéressante de la bataille de Crète (1941).

Le Musée historique, niché dans le quartier sud-est de La Canée, vaut également la visite. Sur le chemin, on ne manquera pas de s'arrêter dans les **halles centrales** : outre du poisson frais, de la viande, des légumes et de délicieux fromages, on peut aussi y acheter maints petits souvenirs.

Manifestement, le bâtiment qui abrite le **Musée historique** était jadis une élégante demeure familiale, à l'époque où ce quartier était à la mode, à la fin du XIXe siècle et au début du XXe. Outre des objets ayant appartenu à des notabilités locales, ce musée présente des informations très intéressantes sur le mouvement crétois de résistance pendant la Seconde Guerre mondiale ainsi que pendant la lutte d'indépendance contre les Turcs. ■

La mosquée des Janissaires, qui évoque curieusement l'ère spatiale, se dresse sur le front de mer, où affluent les touristes.

Musée naval

✉ Akti Kountourioti

☎ 2821 026437

€ €

Musée historique

✉ Sfakianaki, 20

☎ 2821 042606

🕒 Fermé sam.-dim.

Rethimno
p. 278 C2
Informations
E. Venizelou, Paralia
2831 029148

Fortetsa
Katechaki
2831 028101
Fermé oct.-mai
€

Réthymnon

AVEC QUELQUE 25 000 HABITANTS, RÉTHYMNON (RETHIMNO) EST la troisième ville de Crète. Par son port pittoresque, son architecture soumise aux influences vénitienne et turque et sa solide culture traditionnelle, elle rappelle La Canée, mais en plus petit et plus touristique.

La ville actuelle s'est bâtie autour de l'ancienne cité gréco-romaine de Rithymna, et l'on sait que ce site était habité dès l'époque minoenne. Si l'on n'y voit pas trace de palais de ce temps-là, il reste en revanche de nombreux vestiges de l'époque gréco-romaine : Réthymnon était alors un centre commercial et un port très actifs.

Au XVIe siècle, la ville, occupée par les Vénitiens, se développa et acquit, dans les domaines des arts et de la culture, une réputation qu'elle a su préserver.

La principale curiosité est la **Fortetza** qui, selon les spécialistes, serait la plus grande forteresse construite par les Vénitiens. Elle fut bâtie dans les années 1570 pour défendre la

Musée archéologique
✉ Cheimaras
☏ 2831 054668
🕒 Fermé lun.
€ €

Moni Arkadiou
p. 278 D2
☏ 2831 071216
€ €

À gauche :
Le port intérieur est encombré de cafés et de restaurants.

ville contre les incursions des pirates ainsi que pour faire pièce à la puissance croissante des Ottomans. Mais elle ne tint pas longtemps : en 1645, l'armée de la Sublime Porte l'emporta au bout d'un siège de vingt-trois jours.

À l'intérieur de la forteresse, on voit les vestiges de certains bâtiments administratifs, une caserne, des citernes, l'église Sainte-Catherine et la mosquée du sultan Ibrahim, ainsi qu'un petit théâtre où des spectacles sont donnés au cours de l'été. À elle seule, la vue que l'on a sur la côte et la ville depuis les puissants remparts vaut la visite.

En face de l'entrée de la forteresse, le **Musée archéologique** est installé dans l'ancienne prison. La conversion a été soigneusement réalisée, et les salles sont disposées autour d'un atrium central. Bien que les vestiges minoens soient rares dans la ville elle-même, ils abondent dans les environs, et on en trouve une belle collection dans ce musée, en particulier une superbe sélection de *larnakès,* qui sont des sarcophages peints. On peut y admirer aussi de belles statues, en particulier de la période gréco-romaine.

Dans la vieille ville au sud du Musée archéologique, on peut, en déambulant parmi beaucoup d'anciens bâtiments intéressants, oublier un temps la foule des touristes qui se pressent dans les tavernes du port et sur les plages de la ville. La vie tourne ici autour de la **fontaine Rimondi**, qui se dresse à l'extrémité d'une grande artère bordée de cafés et de magasins. Cette fontaine fut érigée en 1629 par le gouverneur vénitien (à ce que l'on raconte, il était jaloux de la fontaine Morosini d'Iraklion) ; l'eau jaillit de la gueule de lions, fauves emblématiques de Venise.

À une cinquantaine de mètres plus au sud se dresse un bâtiment encore plus ancien, la **Loggia**, du XVIe siècle, qui servait de marché aux

Devant une église de Réthymnon, une dentellière se repose.

Vénitiens. Elle abritait autrefois le Musée archéologique mais va devenir une bibliothèque.

Au sud-est de la Loggia se trouve le **port vénitien**, qui ne peut accueillir que des navires de petite taille ainsi que des caïques (bateaux de pêche locaux). Les grands ferries qui font la liaison avec les autres îles et avec Le Pirée doivent mouiller au large. On y voit des pêcheurs réparer leurs filets et, le matin, vendre ce qu'ils ont pris la nuit. Le phare, du XVIe siècle, fut également construit par les Vénitiens. À la nuit tombée, la scène se transforme : tout le monde vient au port pour voir et être vu, et pour manger et boire toute la nuit.

À 23 kilomètres au sud-est de Réthymnon, on ne manquera pas de visiter **Moni Arkadiou**, monastère édifié au XVIe siècle dans un cadre spectaculaire, à l'entrée d'une gorge, et entouré de vergers. Son plus bel ornement est l'église à nef double, dotée d'une façade de style « Renaissance crétoise ». ■

Autres sites à visiter

ARHANES

Ce site minoen se partage entre les villages de Kato et d'Arhanes, au sud de Cnossos ; c'est une région fertile où abondent les oliveraies ainsi que les vignobles, d'où provient une bonne partie du vin de Crète. En 1979, on découvrit quatre squelettes sur le site du temple d'Anemospilia, dans ce qui devait être une grande cité. De leur position, on a déduit que les Minoens pratiquaient un sacrifice humain lorsque le temple fut détruit par un tremblement de terre. Aujourd'hui, le lieu est beaucoup plus paisible.

p. 279 E2

GAVDOS

La petite île de Gavdos, à laquelle on peut accéder par bateau depuis Paleochora ou Sfakia, a pour principale caractéristique d'être le point le plus méridional de l'Europe. Ses habitants affirment que c'est l'île sur laquelle vivait la nymphe Calypso, dont Homère relate la passion pour Ulyssse dans *L'Odyssée.*

Kastri fait fonction de capitale, et l'on trouve quelques chambres à louer à **Korfos**. La côte offre quelques belles plages. Ceux qui veulent la visiter devront vérifier s'il y a des chambres libres et se faire confirmer l'horaire des ferries : hors saison, les deux ferries hebdomadaires sont parfois annulés.

p. 278 C1

LIMENAS HERSONISSOU

À Limenas Hersonissou, l'une des principales stations balnéaires de la Crète, il ne subsiste presque rien du village de pêcheurs d'antan ni de l'Antiquité, excepté une fontaine romaine ornée d'une mosaïque du IIe ou IIIe siècle. Les rues abondent en bars et discothèques mais, en fait, l'essentiel de l'activité tourne autour de l'**Aqua Splash Water Park** (*ouvert tous les jours 10 h-16 h €€€*), l'une des attractions les plus fréquentées de Crète ; aussi cette station est-elle idéale pour des vacances en famille.

p. 279 F2 **Police touristique** 2897 021000

LA GORGE DE THERISSOS

Ceux qui ne se sentent pas suffisamment en forme pour faire la randonnée des gorges de Samaria (voir p. 300-301) pourront admirer le site spectaculaire de cette gorge – au sud de La Canée – depuis la voiture. Sur la route en lacets, les véhicules semblent bien petits au pied des falaises.

ZAKROS

À l'extrémité orientale de l'île, le palais minoen de Zakros, le quatrième par ses dimensions, n'est guère fréquenté. Son port jouait un rôle important dans le commerce de la Méditerranée orientale et du Proche-Orient, mais le palais a moins bien résisté au temps que les maisons alentour. p. 279 H2 ■

Escarpements de la côte méridionale, près de Sfakia.

Géographiquement et culturellement, les vertes îles Ioniennes sont les plus proches de l'Italie et du reste de l'Europe occidentale, dont elles ont fortement subi l'influence.

Corfou & les îles Ioniennes

Les grottes de Melissani, dans l'île de Céphalonie.

Un îlot couvert d'arbres en face de Gaios, sur l'île de Paxi.

Corfou & les îles Ioniennes

Par la mer Ionienne, il n'y a pas loin de l'Italie à Corfou (Kerkira) et aux autres îles Ioniennes où, dès l'époque romaine, on venait en villégiature. De nos jours, les visiteurs sont plus nombreux, en particulier dans des stations balnéaires telles Kavos et Benitses, qui attirent une clientèle plutôt jeune. Mais l'aspect touristique des îles se limite en général à quelques stations spécifiques, et le reste de la région reste relativement paisible.

Les attraits de cet archipel sont nombreux. Ceux qui connaissent les îles chaudes et sèches de la mer Égée seront surpris de voir à quel point les îles Ioniennes sont verdoyantes. Extrêmement fertiles, elles sont couvertes de vastes oliveraies, de champs d'agrumes et de vignes. Cela s'explique par le fait qu'elles reçoivent plus de précipitations que les Cyclades, les Sporades ou le Dodécanèse. Même en été, il y a parfois des averses, et les tempêtes d'automne y sont plus fréquentes qu'en mer Égée. Mais, une fois l'hiver terminé, le printemps est superbe et ne peut qu'attirer ceux qui aiment se promener parmi les champs de fleurs sauvages et rechercher les multiples espèces d'orchidées qui poussent ici.

On ne manquera pas de goûter la nourriture locale, en particulier le *sofrito,* un plat parfumé à base de veau, et le *bourdetto,* un mets de poisson épicé. Le miel doré de Céphalonie est excellent, de même que sa pâte de coing et ses pralines aux amandes. On peut aussi recommander les vins de Theotaki et de Liapadikito.

Les îles Ioniennes sont extrêmement variées, et la plus grande de leurs villes, Corfou, est plus cosmopolite que bien d'autres capitales insulaires. Les Français, les Vénitiens et les Britanniques qui l'ont occupée depuis le XIe siècle en ont fait une cité qui ressemble beaucoup à d'autres villes européennes de la Méditerranée.

Située à une heure de la pointe sud de Corfou, la minuscule île de Paxi ne compte que trois bourgades et une poignée de communautés insulaires. C'est la plus petite des principales îles de la mer Ionienne, et, à en croire certains, c'est là que l'on produit la meilleure huile d'olive de Grèce. Plus au sud, sur Andipaxi, plus petite encore, ne vivent que peu d'habitants; les chambres et villas à louer sont rares, et la tranquillité est garantie. Si Ithaque est également petite, elle est connue pour être la patrie d'Ulysse. Quant aux autres grandes îles Ioniennes, elles offrent un mélange de paysages montagneux et de plages.

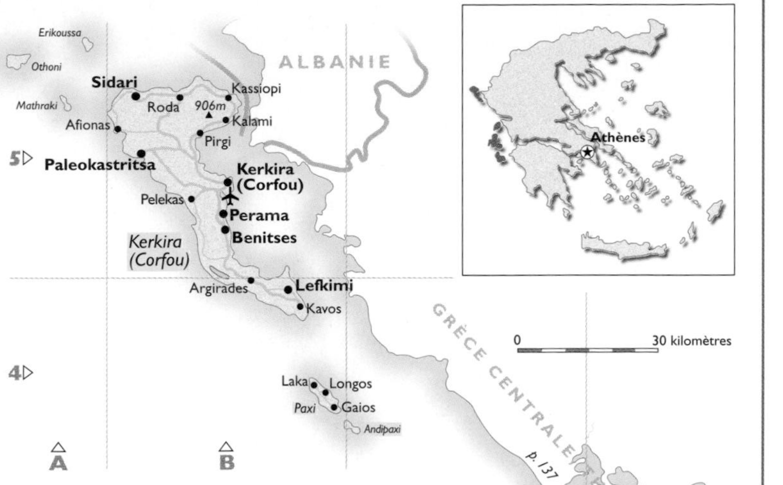

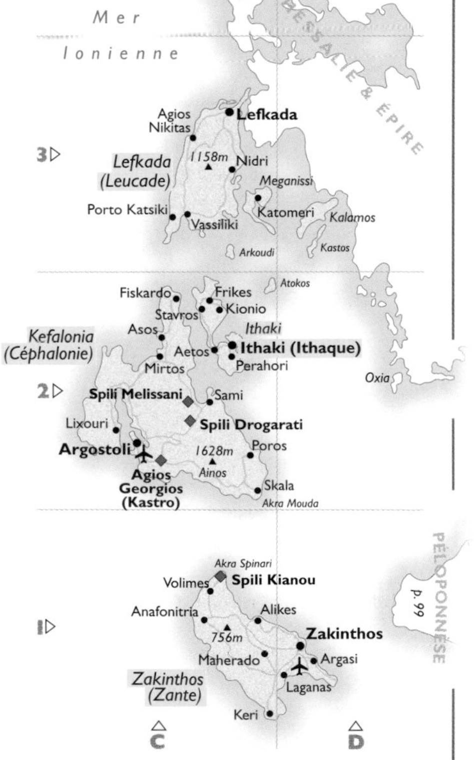

Cet archipel s'étire en longueur, aussi est-il parfois malaisé de passer d'une île à l'autre. Par exemple, s'il est facile d'aller de Corfou à Paxi, il faut passer par le continent pour atteindre l'île voisine de Leucade. Il existe un service hebdomadaire de ferry entre Corfou et Céphalonie, d'où l'on peut repartir sur Leucade ou continuer jusqu'à Zante. Les trajets entre les îles méridionales sont plus faciles, mais mieux vaut bien vérifier les horaires : chaque île possède plusieurs ports, et le ferry ne vous conduira pas toujours au port principal. ■

L'architecture de Corfou est marquée par les influences byzantine, vénitienne, française et britannique.

Corfou

CORFOU, LA PLUS SEPTENTRIONALE DES ÎLES IONIENNES, EST LA plus proche à la fois de l'Italie, à l'ouest, et de l'Albanie, à l'est. Au cours des siècles, l'influence de plusieurs autres cultures européennes lui a donné un charme certain. C'est le seul endroit en Grèce où l'on joue au cricket, introduit du temps du protectorat britannique (1814-1908).

Kerkira
p. 313 B5
Informations
Voulefton, Corfou
2661 037520 ou 037639

Le nom grec de cette île est Kerkira – et mieux vaut s'en souvenir pour ne pas s'égarer, lorsque l'on s'y rend en ferry ou en autocar. (Des lignes d'autocars relient Corfou à Athènes et même à Thessalonique, en Macédoine. Ce n'est pas un bras de mer qui va arrêter les autocars grecs : ils embarquent sur le ferry et poursuivent leur route de l'autre côté.)

Ce nom de Kerkira (l'antique Corcyre) vient de Korkura, la fille d'Asôpos, dieu d'un fleuve de Béotie. Poséidon, dieu de la Mer, tomba amoureux d'elle et l'amena sur cette île, à qui il donna son nom. Leur fils Phéakas fonda le peuple des Phéaciens, qui accueillirent Ulysse après la victoire des Grecs à Troie (voir p. 330-331). Le nom de Corfou est une adaptation italienne de l'ancien mot grec *koryphaï,* qui signifie « collines » ; ce terme évoque non pas le relief du nord de l'île, mais les deux élévations qui se dressent à Corfou et où furent bâties l'Ancienne et la Nouvelle Forteresse.

Dans la Corfou moderne, on a trouvé des traces d'une occupation humaine remontant à quarante mille ans ; à cette époque, l'île était encore reliée au continent. La fertilité de l'île, ses dimensions et sa beauté naturelle contribuèrent à son développement et, à l'époque des guerres médiques (520-448 av. J.-C.), elle était si puissante que seule Athènes put envoyer une flotte plus importante que la sienne pour soutenir les

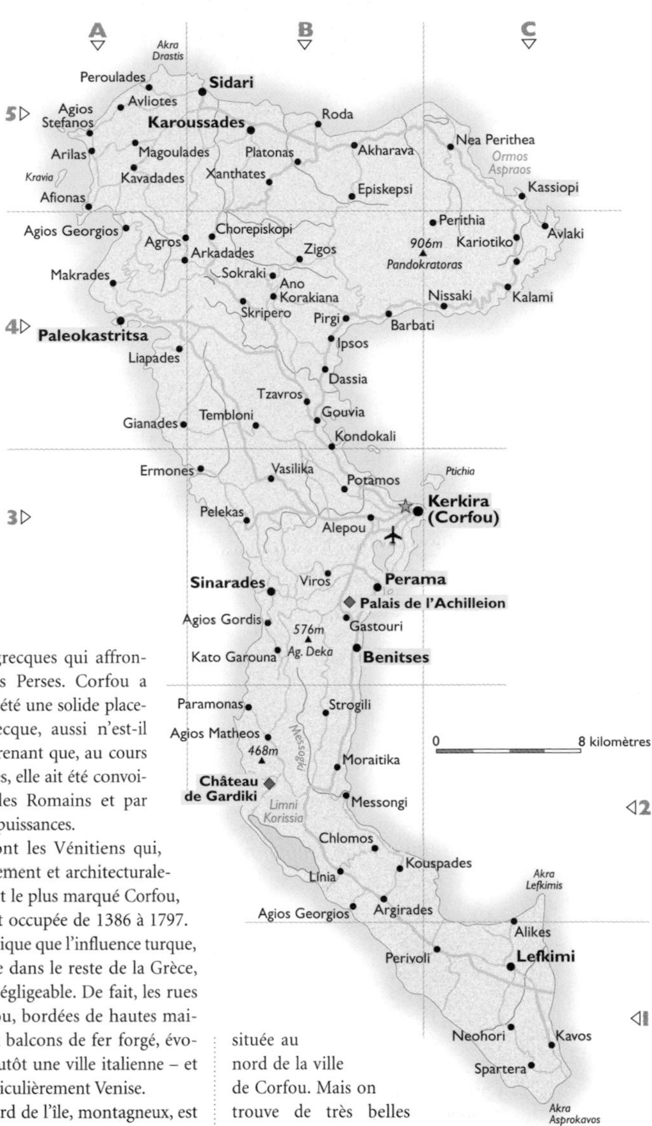

armées grecques qui affrontaient les Perses. Corfou a toujours été une solide place-forte grecque, aussi n'est-il pas surprenant que, au cours des siècles, elle ait été convoitée par les Romains et par d'autres puissances.

Ce sont les Vénitiens qui, culturellement et architecturalement, ont le plus marqué Corfou, qu'ils ont occupée de 1386 à 1797. Cela explique que l'influence turque, très forte dans le reste de la Grèce, soit ici négligeable. De fait, les rues de Corfou, bordées de hautes maisons aux balcons de fer forgé, évoquent plutôt une ville italienne – et plus particulièrement Venise.

Le nord de l'île, montagneux, est séparé du sud, de moindre élévation, par une plaine fertile où l'herbe pousse si bien que l'on y trouve le seul terrain de golf de l'île. Le développement touristique a plutôt touché le nord-est de l'île et la région située au nord de la ville de Corfou. Mais on trouve de très belles plages tout au long de la côte.

L'île est suffisamment grande pour que l'on puisse échapper à la foule, en particulier dans les villages de montagne (pour la parcourir en voiture, voir p. 320-321).

LA VILLE DE CORFOU

Corfou est un carrefour d'influences européennes : si l'on trouve des tavernes dans la vieille ville et si l'on célèbre Pâques avec plus d'exubérance que dans le reste de la Grèce, on y perçoit fortement, en particulier dans son architecture, l'empreinte de la Grande-Bretagne, de la France et de l'Italie. Les Corfiotes se jugent plus distingués que les résidents des autres capitales insulaires.

Ce cosmopolitisme apparaît à l'évidence dans le centre-ville, autour de l'**Esplanade**, mélange de grand-place et de parc, dont le centre est occupé par un terrain de cricket très britannique – au temps des Vénitiens, c'était un champ de tir. Tout au bout, sur un promontoire qui avance dans la mer Ionienne, se dresse le **Palaio Frourio (Vieille Citadelle)**, construit en 1559 par les Vénitiens sur un site qui était fortifié dès le VIIe siècle.

À l'extrémité nord du terrain de cricket se dresse le **palais Saint-Michel-et-Saint-Georges**, construit entre 1819 et 1824 pour servir de résidence au haut-commissaire britannique. Rénové dans les années 1950, il abrite un centre administratif, une bibliothèque, l'office de tourisme, ainsi que, dans une aile, le **musée d'Art asiatique** (☎ *2661 030443* 🕒 *fermé lun.)*, qui abrite une collection exceptionnelle d'environ 10 000 objets rassemblés par Grigorios Manos (1850-1929), un diplomate grec originaire de Corfou qui avait beaucoup voyagé en Orient.

À l'extrémité ouest se trouve le **Liston**, enfilade de cafés et de magasins qui ne pouvaient être que français. Il fut construit en 1807 à la demande de Napoléon, qui voulait que ses arcades rappellent la rue de Rivoli, à Paris. Ces cafés sont fré-

Avec leurs balcons et leurs arches, les ruelles de la vieille ville rappellent un peu Venise.

quentés par tous ceux qui veulent voir et être vus. Si la tasse de café vaut plus cher que partout ailleurs à Corfou, c'est quand même *là* qu'il faut aller.

Sur le côté sud s'étend un parc, avec une magnifique fontaine et, à proximité, le **Monument de l'Union (Enosis)**, qui commémore la fin du protectorat britannique, en 1864, et la réunification des îles Ioniennes avec le reste de la Grèce.

AUTOUR DE LA VILLE

Il y a bien des sites et des musées à visiter dans la ville et ses environs. Le plus intéressant est sans aucun doute le **Musée archéologique** *(✉ odos Vraïla, 5 ☎ 2661 030680 🕒 fermé lun. € €€)*. Son fronton orné de redoutables gorgones du VIe siècle avant notre ère provient d'un temple d'Artémis.

Le très intéressant **musée du Papier-monnaie** *(Ionian Bank ✉ plateia Iroon Kypriakou ☎ 2661 041552)* explique de façon remarquable la manière dont sont fabriqués les billets de banque ainsi que l'évolution de la monnaie de Corfou en fonction des changements politiques. On y observera en particulier des billets de banque italiens et allemands émis pendant la Seconde Guerre mondiale.

Le **Musée d'art byzantin**, dans l'église de la Panagia Antivouniotissa *(☎ 2661 038313 🕒 fermé lun.)*, possède une belle collection d'icônes, dont certaines datent du XVe siècle. On remarquera en particulier les œuvres de l'« école crétoise », du temps où les artistes originaires de Crète passaient par Corfou avant d'aller étudier chez les maîtres vénitiens.

On ne manquera pas de visiter l'**église Agios Spyridon**, consacrée au saint patron de l'île. Le corps momifié du saint repose dans une châsse d'argent. Quatre fois par an – le dimanche des Rameaux, le samedi de Pâques, le 11 août et le premier dimanche de novembre –, celle-ci est solennellement transportée en procession dans les rues de la ville pour rappeler les quatre occasions où saint Spyridon est venu au secours des habitants, pendant des batailles et des épidémies de peste. Alors, la ferveur religieuse s'allie à la fête, et c'est un spectacle à ne pas manquer.

Les Britanniques ont importé ici, entre autres, la limonade au gingembre et le cricket.

Palaio Frourio
✉ Esplanade
€ €

AU NORD DE CORFOU

Le paysage de la partie septentrionale de Corfou est très varié. Néanmoins, lorsque l'on emprunte la route côtière vers le nord, rien n'indique les richesses historiques et géographiques de cette région.

On trouve de très belles plages et de nombreuses installations de sports nautiques à Gouvia, à Dassia, à Ipsos et à Pirgi, qui attirent une clientèle familiale mais ont perdu leur originalité. Il faut aller jusqu'au pied du mont Pantocrator (Pandokratoras) pour trouver des villages authentiquement grecs tels Nissaki et Kalami.

Kalami
p. 315 C4

Mont Pantocrator
p. 315 C4

Kassiopi
p. 315 C5

Kalami, en particulier, a réussi à conserver son cachet, malgré le nombre de touristes qui y viennent passer la journée. En arrière de la plage, on verra la *White House* (sans président) où vécut le romancier Lawrence Durrell (1912-1990) lorsqu'il écrivit son livre sur Corfou, *L'Île de Prospero,* et où son ami, l'écrivain américain Henry Miller (1891-1980), lui rendit visite. Dans *Le Colosse de Maroussi,* l'un des meilleurs ouvrages jamais écrits sur la Grèce, Henry Miller raconte d'ailleurs son séjour à Corfou.

Le cadre de Nissaki et de Kalami est merveilleusement rehaussé, à l'arrière-plan, par le **mont Pantocrator**, le point culminant de l'île, qui s'élève si abruptement que son sommet, à 906 mètres, n'est qu'à 3 kilomètres de la côte. Les proportions de ce massif illustrent parfaitement son nom, qui signifie « Tout-Puissant ». Il est visible de presque partout et domine tout le nord de l'île. On peut monter en voiture jusqu'au sommet, quoique la route soit assez défoncée sur la fin ; aussi vaut-il mieux, si on le peut, y grimper à pied depuis le village de Perithia. De multiples sentiers sillonnent les flancs de la montagne, et la flore est spectaculaire, en particulier au printemps. Du sommet où se dressent un petit monastère et un relais de télévision, on jouit d'une vue imprenable sur l'île et, au-delà de la mer, sur l'Albanie.

Dans l'intérieur de la partie nord de l'île, on trouve nombre de pittoresques villages de montagne, et le parcours proposé p. 320-321 permet d'en visiter plusieurs. Même si, de temps en temps, un car emprunte les routes qui les relient, ces villages et hameaux vivent dans un monde que n'affectent guère les milliers de touristes qui se pressent sur les plages proches.

Ces plages septentrionales dégagent un charme particulier et, même dans l'une des stations les plus fréquentées, **Cassiopée (Kassiopi)**, avec son petit port niché dans un cadre pittoresque, on trouve un mélange attachant d'animation

moderne et d'amabilité ancestrale. Ces lieux sont fréquentés tant par les pêcheurs que par les adeptes des sports nautiques. On raconte que l'empereur romain Néron aurait visité le temple de Jupiter qui se dressait ici mais a disparu.

LA CÔTE OUEST

Le site de **Sidari**, la principale agglomération sur la côte occidentale, fut l'un des premiers de l'île à avoir été occupé, dès l'époque néolithique, vers 7000 av. J.-C. Aujourd'hui, outre ses plages, on admirera ses curieuses formations rocheuses : la pluie et le vent ont érodé et façonné le calcaire jusqu'à engendrer des formes biscornues et surréalistes, en particulier dans un chenal creusé entre deux rochers qui porte le nom si romantique de *canal d'Amour* : selon la légende, les couples qui le traversent à la nage ne seront jamais désunis.

Paleokastritsa est la deuxième station balnéaire de la côte ouest. Au XIXe siècle, sir Frederick Adams, haut-commissaire britannique, s'y plaisait tellement qu'il fit construire une route afin de pouvoir s'y rendre plus facilement depuis Corfou. On comprend bien pourquoi : des promontoires verdoyants surplombent une mer d'un bleu profond, et la route sinueuse permet d'atteindre une série de criques et de plages de sable d'où l'on peut, en bateau, aller visiter des grottes. Avec, à proximité, Moni Theotokou, monastère du XVIIe siècle, et les ruines d'une forteresse byzantine du XIIIe siècle, on a du mal à imaginer cadre plus idyllique pour des vacances.

Bateaux au mouillage dans une crique de rêve, près de Paleokastritsa.

Sidari
p. 315 B5

Paleokastritsa
p. 315 A4

Une promenade : les deux visages de Corfou

Le mariage entre la Grèce traditionnelle et le tourisme moderne se retrouve, à un degré plus ou moins intense, sur chaque île grecque. Les touristes qui ne s'éloignent jamais des plages et des bars n'ont aucune idée de la manière dont vit le Grec moyen. Une promenade en voiture dans le nord de Corfou permet de voir ces deux aspects : stations balnéaires encombrées et paisibles villages de montagne, tout en admirant les plus beaux paysages de l'île

Sortir de la **ville de Corfou** ❶ (voir p. 316-317) par la route côtière n° 24 vers le nord, en suivant les panneaux qui indiquent Kondokali et Gouvia (à Corfou, sur les panneaux routiers, les indications sont données en caractères à la fois grecs et latins).

À Gouvia, prendre à gauche vers Paleokastritsa : par une merveilleuse vallée boisée, la route mène au pied du mont Pandokratoras (Pantocrator). Traverser **Sgombou** et, environ 2 kilomètres plus loin, prendre à droite vers Sidari.

La route monte alors vers le **col de Troumbetas** ❷, l'un des plus beaux sites de l'île, avec une vue spectaculaire : en contrebas, sur la gauche, la fertile plaine de Ropa occupe le centre de l'île. Au col, prendre à droite vers Roda et Sidari. La route sinueuse traverse les villages bâtis sur le flanc ouest du mont Pantocrator, où la vie se poursuit telle qu'elle fut pendant des siècles : Chorepiskopi, Valanio, Kiprianades, Xanthates, Platonas et Sfakera. Pour se faire une petite idée de la vie rurale à Corfou, il suffit de prendre le temps de flâner dans l'un de ces villages.

Après Sfakera, redescendre vers la mer et la route côtière. Là, prendre à gauche vers Karoussades et **Sidari** ❸ (voir p. 319), la plus impor-

Voir aussi p. 315
➤ Ville de Corfou
100 kilomètres
Entre 6 et 7 heures
➤ Ville de Corfou

À NE PAS MANQUER
- Col de Troumbetas
- Sidari
- Avliotes
- Kavadades

Rochers calcaires érodés par les vagues à Sidari.

tante station balnéaire de cette partie de la côte. Le front de mer est toujours très animé et on pourra y prendre un déjeuner rapide ou admirer les curieuses formations rocheuses. Continuer ensuite sur la route côtière. Un arrêt à **Avliotes** ❹, à l'extrémité nord-ouest de l'île, permettra d'admirer le point de vue. On aperçoit trois îlots (Erikoussa, Othoni et Mathraki), peu peuplés, où peuvent se réfugier ceux qui veulent fuir la foule et le bruit. On y va en bateau depuis Sidari et d'autres villes côtières.

Ensuite, 2 kilomètres après Asilas, prendre à gauche la direction de Sidari, pour boucler la boucle et revenir au col de Troumbetas. À **Kavadades** ❺, on ne manquera pas d'aller à pied jusqu'au point de vue : le spectacle des montagnes couvertes de forêts est superbe.

À Kavadades, prendre à droite vers Armenades, puis à droite encore vers le col de Troumbetas en passant par Dafni et Agros. De là, il suffit de suivre les panneaux indicateurs pour se retrouver dans la ville de Corfou. ■

Le mont Pantocrator.

À Corfou, le beffroi de Saint-Spyridon avec sa double coupole rouge.

Palais de l'Achilleon
p. 315 B3
2661 056210
€

Benitses
p. 315 B3

LE SUD DE CORFOU

Au sud de la ville de Corfou, quoique le relief soit beaucoup moins tourmenté que dans la partie septentrionale de l'île, les paysages sont nettement plus variés.

Ceux qui s'intéressent à l'architecture ne manqueront pas de visiter le **palais de l'Achilleion**. L'écrivain britannique Lawrence Durrell, qui passa une partie de son enfance à Corfou avec sa famille, et en particulier avec son frère, le naturaliste Gerald Durrell, l'a qualifié de « monstrueux ». Il est certain que, si le bâtiment est très original, ce mélange de styles ne plaît pas à tout le monde.

L'Achilleion fut construit en 1890-1891 pour Élisabeth d'Autriche (1837-1898), femme de l'empereur François-Joseph (1830-1916). Après le suicide à Mayerling de son second fils, l'archiduc Rodolphe, l'impératrice s'y retira pour fuir à la fois l'ambiance pesante de la cour des Habsbourg et l'infidélité de son mari.

Elle demanda à un architecte italien de lui construire un bâtiment qui exprimerait son admiration pour Achille, héros de la guerre de Troie – d'où le nom de ce palais. Dans les salles et les jardins, de multiples statues et peintures évoquent ce personnage mythique.

Les jardins sont absolument magnifiques : le climat permet d'y obtenir un remarquable chatoiement de couleurs, avec des terrasses qui mènent à de superbes points de vue sur la côte.

Le palais a conservé une partie de son mobilier d'origine, quoique, après l'assassinat de l'impératrice Élisabeth, en 1898, il soit resté inoccupé pendant neuf ans avant d'être racheté par l'empereur Guillaume II (1859-1941). Aujourd'hui, le palais et ses jardins attirent beaucoup de touristes, d'autant plus qu'y a été installé un casino, ouvert l'été.

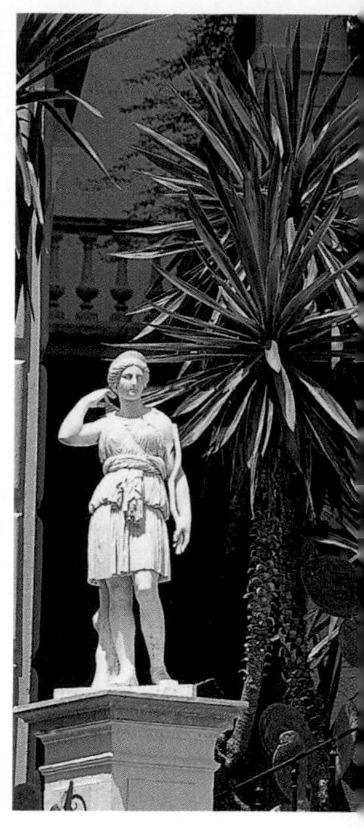

La station touristique de **Benitses**, à quelques kilomètres plus au sud, tranche radicalement avec l'atmosphère élitiste de l'Achilleion. Le visiteur y trouve son content d'animation : l'été, il ne reste plus grand-chose du village de pêcheurs que Benitses fut jadis. Pourtant, au printemps et à l'automne, on peut encore s'en faire une petite idée. Si on en a le temps, on pourra visiter les quelques ruines romaines qui s'y trouvent, en particulier des vestiges de thermes.

Une fois passé Benitses, les stations balnéaires deviennent plus rares, et l'on peut ainsi mieux profiter du spectacle qu'offre la route côtière avec, à gauche, les flots azuréens de la mer Ionienne et, à droite, les collines verdoyantes parsemées de villas. Mais l'affluence recom-

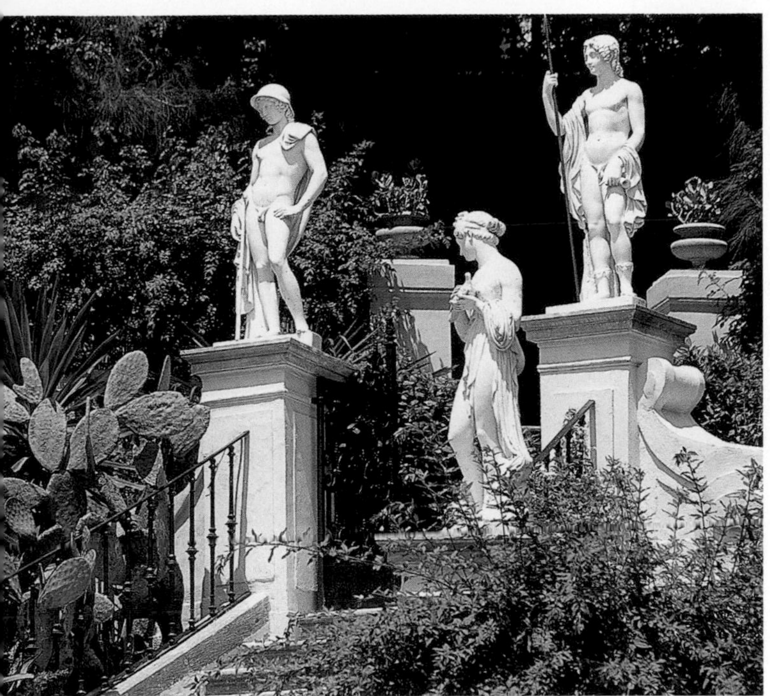

mence à l'approche des agglomérations jumelles de Moraitika et de Messongi, qui n'en forment quasi plus qu'une seule.

Un peu plus au sud, cette fois sur la côte occidentale, on arrive à l'un des sites les plus intéressants de cette région : la **lagune de Korissia (Limni Korissia)**. Longue de 5 kilomètres, cette étendue d'eau est séparée de la mer Ionienne par un cordon littoral sablonneux.

Les plages et les dunes de Limni Korissia sont loin d'être désertes mais, par rapport au nombre de personnes qui s'aventurent jusque-là, elles sont si vastes que l'on trouvera toujours un endroit où s'installer en toute tranquillité – il suffit de marcher.

Cette paix relative attire la faune, qui apprécie en particulier l'eau douce (rare à Corfou) de la lagune : on y voit des ibis et des aigrettes ainsi que des échassiers tels que des bécasseaux et des avocettes. Des orchidées rares y fleurissent au printemps. Dans les dunes vivent des serpents et des lézards et, dans les fossés, les ruisseaux et les flaques, des grenouilles et des tortues.

Au nord de la lagune se dresse le **château de Gardiki**, construit au XIIIe siècle par Michel-Ange Comnène II, le despote byzantin d'Épire ; c'est aussi lui qui fit construire l'Angelokastro, une forteresse aujourd'hui en ruine proche de Paleokastritsa, sur la côte nord-ouest. Une partie des remparts et des tours de Gardiki est encore debout. C'est près de là que furent découverts les plus anciens restes humains de l'île, vieux de quarante mille ans. ■

Des statues de marbre donnent une gracieuse touche féminine aux jardins de l'Achilleion.

Limni Korissia
p. 315 B2

Château de Gardiki
p. 315 B2

Paxi
p. 313 B4

Andipaxi
p. 313 C4

Paxi & Andipaxi

L'île de Paxi (également appelée Paxos ou Paxoï) contraste fortement avec sa grande et industrieuse voisine du Nord, Corfou, située à 11 kilomètres à peine. Elle ne mesure que 8 kilomètres de long sur 3 kilomètres de large et ne compte que trois agglomérations importantes. Aussi peut-on la visiter en une journée en empruntant les multiples chemins qui serpentent entre les oliveraies. Quant à Andipaxi (ou Antipaxi), toute proche au sud, elle est encore plus petite.

PAXI

Ceux qui prennent la peine de venir à Paxi y trouveront une vie plus calme et plus traditionnelle qu'à Corfou. Le symbole de l'île est le trident, qui évoque une légende concernant son origine : Poséidon, le dieu de la Mer, qui cherchait un lieu sûr pour cacher sa jeune maîtresse Amphitrite, créa l'île en frappant les flots d'un coup de trident.

Après les dieux, on pense que les premiers colons, venus du continent, s'installèrent à Paxi environ au VIe siècle avant notre ère. Aujourd'hui, l'île ne compte guère que 3 000 habitants, qui résident dans les trois bourgs côtiers et dans quelques

Les Vénitiens les premiers ont cultivé les oliviers à Paxi.

hameaux dispersés dans la campagne. Les logements y sont rares et réservés, en été, par des agences de tourisme britanniques et allemandes : ces deux nationalités se sont installées en force sur l'île. Mais les Paxiotes s'y sont attachés et se félicitent de la prospérité que leur rapporte un tourisme limité.

Si la vie à Paxi est simple, elle n'est pas bon marché : la plupart des produits alimentaires doivent être importés de Corfou, et les nombreux yachts qui viennent y mouiller ont créé une demande de denrées rares. De ce fait, dans chacun des trois ports, tous ravissants, on trouve de la nourriture d'excellente qualité.

La principale agglomération est **Gaios**, ravissant village niché autour d'un petit port et d'une place centrale à la vénitienne. Son charme est rehaussé par les deux petits îlots de la baie : Agios Nikolaos, couvert de pins, avec les ruines d'une forteresse vénitienne, et Panagia, avec une église du même nom. Pour les visiter, on peut louer un bateau dans le port. Il n'y a qu'un hôtel à Gaios, mais on trouve de nombreux appartements et villas à louer, aussi n'est-il pas difficile de se loger – sauf en haute saison.

Au nord de Gaios, la seule route digne de ce nom traverse quelques paisibles villages, où il fait bon flâner si on en a le temps, avant de redescendre vers l'autre agglomération, **Longos** (ou Logos), tout aussi charmante avec son petit port qu'on croirait fait exprès pour figurer sur une carte postale. On y trouve aussi une petite plage, de belles possibilités de randonnées (des brochures sont en vente dans les magasins) ainsi que certains des meilleurs restaurants de l'île. On peut aussi, le long de la côte, atteindre à pied des criques paisibles ou encore, depuis le port, grimper jusqu'au village de Dendiatika, aux maisons blanchies à la chaux.

L'huile d'olive

Les Grecs ont la plus forte consommation d'huile d'olive au monde : environ 23 litres par personne et par an. Cela fait beaucoup d'olives – mais la Grèce en produit énormément : avec une production d'environ 225 000 tonnes par an, elle en est le troisième producteur mondial après l'Espagne et l'Italie.

À Corfou, la culture de l'olivier se pratique depuis au moins cinq mille ans ; on compte presque 4 millions d'arbres, qui occupent 30 % du sol. Les Corfiotes ont une manière très particulière de récolter les olives : au lieu de secouer les branches, comme cela se fait ailleurs, ils attendent que les fruits mûrs tombent d'eux-mêmes.

Avec Kalamata, dans le Péloponnèse, Paxi a la réputation de produire la meilleure huile d'olive de Grèce. ■

Tout au nord de l'île, le ravissant port de **Laka** est entouré de collines couvertes d'arbres ; on y trouve plusieurs magasins et quelques bons restaurants, deux plages à proximité immédiate et bien d'autres en suivant la côte, où l'on peut se baigner, bronzer ou pratiquer des sports nautiques.

ANDIPAXI

L'île compte peu d'habitants et l'on n'y trouve aucun magasin, simplement quelques tavernes à proximité des plages. L'été, des foules de touristes viennent de Corfou et de Paxi, quoique les plages ne soient pas particulièrement agréables. On peut facilement échapper à la cohue en allant se promener parmi les nombreuses oliveraies. ■

Lefkada
p. 313 C3

Musée archéologique
Pfanerominis, 20, Lefkada
2645 023678
Fermé lun.

Musée ethnographique
Stefanitsi, 2
2645 022473
Fermé sam.-dim.
€

Leucade

LEUCADE (LEFKADA) N'EST UNE ÎLE QUE PAR ACCIDENT : ELLE était autrefois reliée au continent, mais, au VIe siècle av. J.-C., les Corinthiens creusèrent un chenal de 20 mètres de large pour faciliter le passage des navires le long de la côte. Il existe toujours, et on le franchit par un pont mobile qu'on lève toutes les heures pour laisser passer les navires.

Leucade constitue une bonne base pour explorer le continent en voiture ou visiter d'autres îles. Des ferries la relient régulièrement à Ithaque et à Céphalonie, d'où l'on peut continuer sur Zante. Ils partent de plusieurs ports, mais le principal point d'entrée sur l'île est la capitale, **Lefkada**, située sur le point de la côte le plus proche du continent.

Le cadre est agréable, avec une lagune à proximité et des collines en arrière de la ville. Celle-ci a été presque complètement rasée en 1953 par un tremblement de terre, et une reconstruction hâtive l'a plutôt défigurée. Mais le front de mer est joli.

La grand-rue, **odos Dörpfeld**, porte le nom de l'archéologue allemand Wilhelm Dörpfeld (1853-1940). Ce sont ses fouilles qui ont permis de mieux connaître l'histoire de Leucade, et les habitants le tiennent en haute estime. Le site était habité dès 8000 av. J.-C., et quelques ruines mycéniennes ont été découvertes. Dörpfeld avait travaillé à Mycènes avec Schliemann (voir p. 112-113), où ce dernier était persuadé qu'Agamemnon avait vécu et était enterré; Dörpfeld, lui, était sûr qu'Ulysse était originaire non pas d'Ithaque, mais de Leucade – mais il ne réussit jamais à le prouver.

Certains des objets découverts par Dörpfeld sont exposés au **Musée archéologique** de Lefkada. Plus intéressante est la collection d'objets divers rassemblés au **Musée ethnographique**, avec des modèles réduits exhumés sur certains des sites fouillés par Dörpfeld, ainsi que des photos de la ville avant le tremblement de terre.

Dörpfeld est enterré à l'extérieur d'une église, sur un paisible promontoire; de l'autre côté de la baie se trouve la station touristique de **Nidri**. C'est de là que partent les ferries pour Meganissi, Ithaque et Céphalonie, mais mieux vaut éviter cette ville si l'on n'aime pas les plages encombrées et la bruyante vie nocturne. Il suffit d'une journée pour visiter **Meganissi**, une petite île tranquille qui dispose néanmoins de quelques chambres à louer et d'un hôtel agréable.

Plus petite que Nidri, **Vassiliki** est très commerciale. Les conditions y sont excellentes pour faire de la planche à voile, aussi est-elle très fréquentée par les jeunes.

Les plus belles plages se trouvent sur la côte ouest. **Porto Katsiki** est tout à fait remarquable, avec des eaux d'un bleu incroyable et un sable merveilleusement doux. Évidemment, c'est aussi là que, en été, se rue la plus grande foule. Au nord de Katsiki, en revenant vers Lefkada, on découvrira l'un des lieux les plus beaux et les mieux conservés de l'île : **Agios Nikitas**. Sa plage n'a rien d'exceptionnel mais on y voit quelques belles vieilles maisons et, plus qu'une station touristique, c'est d'abord un authentique village. ■

Page ci-contre : Une image du paisible village d'Agios Nikitas.

ΔΑΠΑΝΗ

Ithaki
p. 313 C2

Musée archéologique
Kallinikou, Ithaki
2674 032200
Fermé lun.

Musée folklorique
Ithaki
Fermé sam.-dim.
€

Ithaque

QUAND ON PREND *L'ODYSSÉE* POUR GUIDE, ON RECONNAÎT Ithaque (Ithaki) à la description qu'Homère en donne : étroite et rocheuse, avec une côte très découpée. Dans le port, un panneau évoque l'Ithaque symbolique – la patrie où chacun aspire à retourner : « Tout voyageur est citoyen d'Ithaque. » Et, effectivement, cette île est vraiment unique en son genre. Son nom seul déjà fait rêver.

De loin, avec ses collines dénudées, parfois enveloppées de brume, Ithaque paraît plutôt inhospitalière. Les ferries desservent différents ports : ceux qui relient Leucade à Céphalonie font escale à Frikes, au nord, alors que ceux qui viennent de Céphalonie ou d'Astakos, sur le continent, mouillent soit dans la baie de Piso Etos, à l'ombre du mont Etos, soit dans la profonde baie de la capitale, Ithaque.

L'arrivée au port d'Ithaque est inoubliable : en pénétrant dans la baie flanquée de montagnes qui fait penser à un fjord, le ferry passe au large des ruines de deux forteresses françaises construites en 1805 pour en garder l'entrée, au large de la petite île de **Lazaretto**, couverte d'arbres. Les Vénitiens en firent un poste de quarantaine en 1668 ; à partir de 1864, elle servit de prison et, aujourd'hui, on n'y trouve plus qu'une modeste chapelle. Tout au fond de la baie en forme de fer à cheval, on aperçoit la minuscule capitale.

Bien que celle-ci soit desservie par des ferries quotidiens, chaque arrivée constitue un événement : il y a toujours des gens pour accueillir des parents ou des amis, ou pour proposer des logements à louer. En effet, l'île abrite quelques hôtels et des pensions de famille, ainsi que de nombreux restaurants, en particulier autour du port.

Si l'histoire d'Ithaque abonde en légendes, on n'a pas découvert grand-chose pour confirmer que le rusé Ulysse y possédait un palais, quoique les habitants l'affirment – et ils ont peut-être bien raison. Il est certain que l'île exploite bien les récits d'Homère, et plusieurs sites sont associés à des événements racontés dans *L'Odyssée*. On trouve des cartes qui les indiquent et, qu'ils se réfèrent ou non à la légende, les lieux à visiter ne manquent pas.

À 3 kilomètres de la ville se trouve la **grotte des Nymphes**, où Ulysse aurait caché un trésor. Quant à la **source d'Aréthuse**, elle n'est qu'à une douzaine de kilomètres.

Du fer forgé et une statue relèvent la beauté d'une maison par ailleurs toute simple.

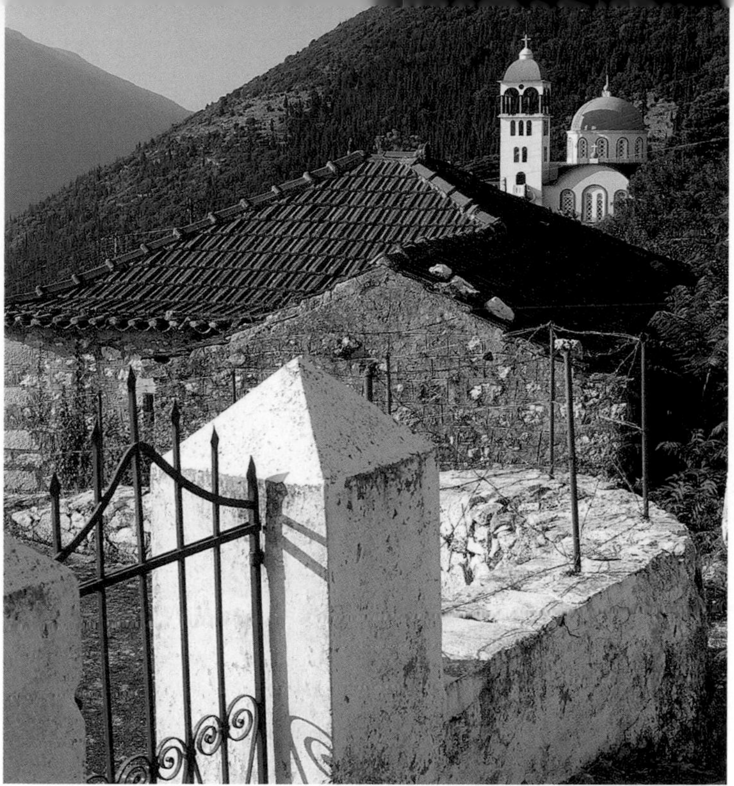

Dans la ville d'Ithaque (ou Vathi), on trouve quelques vestiges mycéniens dans le petit **Musée archéologique.** À côté, la **bibliothèque** abrite une collection d'éditions d'Homère, en particulier un ouvrage japonais datant de 1600. Le charmant **Musée folklorique** est consacré, lui, à la vie locale. L'**église des Taxiarques** se targue de posséder une icône de la Crucifixion peinte, dit-on, par le Greco dans sa jeunesse.

À l'extrémité sud de l'île, la seule agglomération de quelque importance est **Perahori**, bâtie à environ 300 mètres au-dessus de la mer dans une plaine fertile où s'étalent la plupart des vignobles de l'île. De là, un chemin cahoteux mène, sur le flanc du mont Nerovouno (552 mètres), au **monastère des Taxiarques**, du XVIIe siècle, bâti dans un joli site. Détruite par le tremblement de terre de 1953, son église a été récemment reconstruite.

La seconde ville en importance de l'île, **Stavros**, se trouve dans les collines de la partie nord de l'île. C'est un bourg plein de vie, avec une statue d'Ulysse et, à la sortie de la ville, un petit **Musée archéologique** où sont exposés des objets découverts dans les environs, et en particulier un masque incomplet en terre cuite sur lequel on déchiffre le mot *Odyssée.* Il fut découvert sur la colline de Pelikata, où se trouvent les ruines d'un bâtiment : si Ulysse a bien eu un palais, c'est très probablement là qu'il se trouvait. En redescendant depuis Stavros, on arrive à **Frikes**, port d'escale pour les ferries et petite station balnéaire idéale pour la planche à voile. ■

Les dômes bleus d'une église tranchent sur les collines arides d'Ithaque.

Stavros
p. 313 C2

Musée archéologique
2674 031309
Fermé lun.

Homère & *L'Odyssée*

On ne sait pas grand-chose d'Homère, poète de la Grèce antique, sinon qu'il était peut-être aveugle. On ignore même où il est né : Ithaque n'est que l'un des lieux qui le revendiquent pour fils ; l'autre est l'île de Chios, dont les légendes évoquent un poète aveugle et mendiant. Nul n'a non plus de certitude sur l'époque à laquelle il vécut – probablement autour du VIIe siècle av. J.-C.

Certains se demandent même si Homère est l'auteur des deux ouvrages qui lui sont attribués, *L'Iliade* et *L'Odyssée*. Comme pour Shakespeare, on a du mal à imaginer qu'un seul cerveau ait pu produire une œuvre littéraire aussi importante et originale. Les spécialistes ont un temps pensé que deux auteurs avaient collaboré à la rédaction de ces deux ouvrages fondamentaux de la culture occidentale, mais des analyses linguistiques ont démontré qu'ils furent créés par un seul et même auteur.

Dans ces poèmes s'entremêlent l'histoire et le mythe, associés avec art par un conteur hors pair. À l'époque d'Homère, le poète était, littéralement, un raconteur d'histoires : les grandes épopées n'étaient pas écrites mais simplement racontées. Le poète devait donc aussi être un acteur – et posséder une mémoire phénoménale. Les textes des poètes antiques, dont *L'Iliade* et *L'Odyssée*, ont été ultérieurement fixés sous forme écrite.

Le récit de *L'Iliade* se situe à la fin de la guerre de Troie qui, si elle a bien eu lieu, s'est déroulée trois siècles avant la naissance présumée d'Homère. On n'a pas de preuve absolue de l'existence de Troie : il est cependant possible qu'elle corresponde au site de l'actuelle Truva, en Turquie, où l'archéologue allemand Heinrich Schliemann fit ses premières fouilles en 1870. Lui, en tout cas, était convaincu d'avoir trouvé Troie, mais les fouilles se poursuivent.

Quant à *L'Odyssée*, c'est un curieux mélange de légende, d'histoire et d'épopée – aux spécialistes de deviner ce qui est vérité et ce qui ne l'est pas. Elle raconte l'histoire d'Ulysse, roi d'Ithaque, qui, après avoir participé à la guerre de Troie, entreprit de rentrer chez lui avec son équipage. Mais son voyage fut jalonné de péripéties à faire pâlir un scénariste de Hollywood.

Au début, Ulysse et ses compagnons rencontrent le cyclope Polyphème, géant à un seul œil, qui les emprisonne. Pour s'enfuir, Ulysse enivre le cyclope et lui crève l'œil – malheureusement, Polyphème est un fils de Poséidon, dieu de la

À droite : Relief à la gloire d'Homère.
Ci-dessous : À Athènes, réplique grandeur nature d'une trirème, navire de guerre à trois rangs de rameurs.

Mer, que cet acte rend évidemment furieux. Aussi faudra-t-il dix ans à Ulysse pour revenir de la côte turque aux îles Ioniennes.

Mais, lorsque le héros finit par arriver chez lui après une série d'aventures – rencontre avec des sirènes, des nymphes et des mangeurs de lotus, tourbillons et naufrages –, il lui faut encore (notamment grâce à son vieux chien) prouver son identité à sa fidèle épouse, Pénélope, se faire reconnaître de son jeune fils Télémaque et reprendre le pouvoir à ceux qui s'en étaient emparés en son absence. La bataille « homérique » se termine par une réconciliation dans la meilleure tradition des contes. ■

À Fiskardo, reflets au soleil levant.

Céphalonie

Quoique Corfou soit la plus connue des îles Ioniennes, leur centre administratif, Céphalonie (Kefalonia), en est la plus grande (781 kilomètres carrés). On y trouve une grande variété de paysages et de sites : plages si belles qu'elles illustrent souvent les campagnes de publicité, superbes montagnes, châteaux et monastères pittoresques… C'est dans ce cadre enchanteur que se déroule le roman de Louis de Bernières, *La Mandoline du capitaine Corelli* (1994), adapté au cinéma en 2001, et c'est de là aussi que sont originaires les Valeureux et Solal, les extraordinaires et immortels héros de l'écrivain Albert Cohen.

Kefalonia
p. 313 C2
Informations
Front de mer, près du bureau du port, 281 00 Argostoli
2671 022248

Musée historique et folklorique
Ilia Zervou, 12, Argostoli
2671 028835
Fermé dim. & nov.-avr.
€

L'île et sa capitale, Argostoli, ont beaucoup souffert du tremblement de terre de 1953. La seule ville a avoir bien résisté, **Fiskardo**, se trouve tout au nord de l'île. Avec ses belles demeures colorées datant du XVIIIe siècle et groupées autour du port, elle permet d'imaginer combien toute cette île était belle autrefois. C'est devenu une station touristique à la mode, où la vie est chère, mais son ambiance chaleureuse et ses bons restaurants en font un lieu de séjour inoubliable.

Pour savoir comment on vivait avant le tremblement de terre et quels furent ses ravages, on visitera le **Musée historique et folklorique** d'Argostoli, qui abrite une belle collection de meubles, de costumes, de documents historiques et de peintures. La capitale possède également un **Musée archéologique** *(Rokku Vergoti ☎ 2671 028300 ⏲ fermé lun. € €€)* où sont exposés des objets de l'époque mycénienne trouvés sur l'île.

Argostoli est une ville agréable, avec un port animé où les pêcheurs vendent leurs prises sur le pont de leur bateau. Depuis le front de mer, avec ses multiples tavernes, on a une belle vue sur les collines boisées de l'autre côté de la baie. Pour traverser celle-ci, on empruntera le pont Drapanos qui, malgré sa fragilité apparente, a résisté au tremblement de terre. Il fut construit en 1813 pour faciliter l'accès à la deuxième ville de l'île : Sami.

La route qui, sur la côte ouest, mène à Sami passe devant la **grotte Drogorati**, où un escalier conduit à une salle si grande et à l'acoustique si parfaite que des concerts y sont donnés l'été. C'est certainement l'une des plus belles grottes grecques ouvertes aux touristes.

Grotte Drogarati
⏲ Fermé l'hiver
€ €€

Au nord de Sami, la **grotte Melissani**, très différente, abrite un lac souterrain d'eau salée, merveilleusement illuminé par des ouvertures dues à l'effondrement de la voûte et par lesquelles pénètre la lumière naturelle. Son nom signifie « grotte pourpre », mais la couleur y est le plus souvent d'un bleu profond. On peut, par bateau, voir de plus près ce lieu enchanteur, qui fut autrefois un sanctuaire consacré au dieu Pan.

Grotte Melissani
⏲ Fermé l'hiver
€ €€

Forteresse d'Agios Georgios
✉ Kastro
⏲ Fermé lun.
€ €

Un autre sanctuaire, dédié à Zeus Aénios, couronnait autrefois le **mont Enos** (1 628 mètres), qui est le point culminant de l'île et d'où la vue est superbe. On peut l'atteindre en voiture, mais beaucoup de visiteurs laissent leur véhicule à mi-pente et terminent le trajet à pied. Toute cette zone, qui est maintenant un parc naturel national, est couverte d'une variété locale de pin, *Abies cephalonensis,* et l'on y trouve aussi des chevaux sauvages.

À droite : Chambres à louer dans une ruelle tranquille.

Au nord-ouest du sommet se trouve **Kastro**, l'ancienne capitale de Céphalonie. En principe, Kastro signifie « château » mais, ici, c'est le nom du village qui s'est développé autour de la forteresse (essentiellement vénitienne) d'**Agios Georgios**, du XVIe siècle. Du haut de ses remparts, très belle vue sur les environs. Quoique envahi par la végétation, l'intérieur mérite une visite.

La plage de **Mirtos**, sur la côte ouest, est l'une des plus belles de la mer Ionienne, sinon même de toute la Méditerranée. Mais l'île compte bien d'autres belles plages. Si le tourisme est surtout concentré autour de **Lassi** et de quelques autres stations balnéaires de la côte méridionale, les esthètes attirés par la beauté pure gagneront beaucoup à explorer le reste de l'île. ■

Zakinthos
p. 313 C1
Informations
Tzoulati, 1,
Zakinthos
2695 022518

Zante

AU SUD DE CÉPHALONIE, À LAQUELLE ELLE EST RELIÉE PAR FERRY, l'île de Zante (Zakinthos) est très fréquentée. Outre ses superbes plages et une capitale intéressante, elle a pour particularité d'être le principal site de la Méditerranée où vient nicher la tortue *Caretta caretta,* également appelée caouanne.

Les célèbres tortues marines qui hantent les eaux de Zante peuvent atteindre 1 mètre de long, ont une grosse tête et des mâchoires puissantes, aptes à broyer homards et crabes. Elles viennent la nuit pondre dans la **baie de Lagana** depuis des millénaires, mais, à partir des années 1960, les touristes leur ont de plus en plus disputé le sable des plages. Pendant la journée, les œufs étaient dérangés et brisés. La nuit, les lumières et le bruit des bars et des discothèques perturbaient ces reptiles qui, en outre, avaient le malheur de pondre sur d'excellents terrains constructibles.

Heureusement, grâce à l'action des écologistes, les autorités ont pris certaines mesures pour protéger les

Avec ses falaises abruptes et ses eaux d'un bleu profond, la plage du Bateau échoué est célèbre.

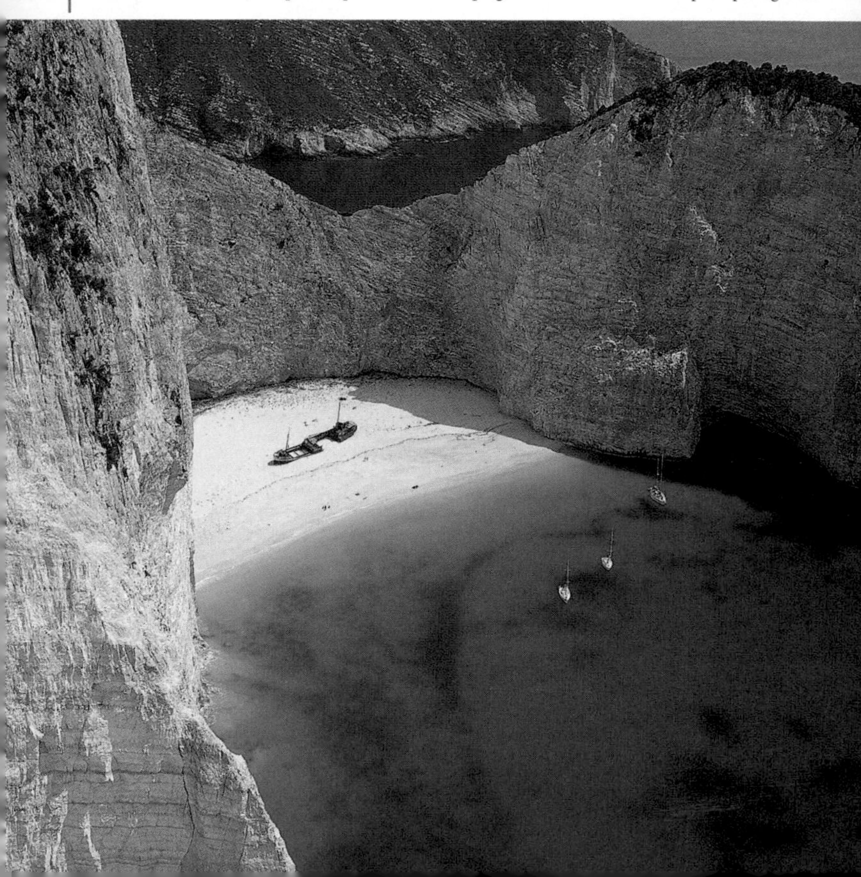

tortues : plusieurs secteurs de la plage de 14 kilomètres de long sont désormais interdits d'accès. Les habitants eux-mêmes se sont rendu compte que les tortues constituaient une attraction touristique, même si on les voit rarement; la plupart des touristes se contentent d'acheter un tee-shirt à leur emblème. Si la plage de Lagana est vraiment magnifique, en revanche la ville, bruyante et encombrée, n'a vraiment pas grand-chose à proposer.

La capitale de l'île, **Zakinthos**, a été quasi rasée par le tremblement de terre de 1953 mais, en la reconstruisant, on s'est efforcé de recréer le style d'origine. Le front de mer est très joli, et les nombreuses barques de pêche voisinent avec les gros ferries. En arrière du port, dans quelques rues commerciales intéressantes, des arcades protègent les passants de l'ardeur du soleil en été et de la pluie en hiver. On y sent l'influence des Vénitiens, qui gouvernèrent l'île de 1484 à 1797 et qui avaient surnommé la cité *Fiore di Levante* (Fleur du Levant). De fait, Zakinthos, avant sa destruction, était plus belle encore que la ville de Corfou.

L'un des rares bâtiments à avoir résisté au tremblement de terre (les habitants y voient une intervention divine) est la **cathédrale**, construite en 1925 et dédiée à Agios Dionysios (saint Denis, 1547-1622), patron de l'île et des pêcheurs. Curieusement, l'église et la chapelle du monastère **Panagias tis Anafonitrias** (XVIe siècle), dont saint Denis fut l'abbé dans les dernières années de sa vie, sont également restées debout. Le monastère, qui se trouve à l'extrémité nord-ouest de l'île, est fréquemment inclus dans les visites organisées sur l'île de Zante.

Les reliques du saint sont enfermées dans une châsse d'argent qui se trouve dans la cathédrale, et ses vêtements sacerdotaux sont conservés dans la chapelle **Agios Nikolaos sto Molo**, sur la plateia Solomou, au bout du port. Cette chapelle de pêcheurs fut détruite par le tremblement de terre mais reconstruite avec amour, pierre à pierre, et l'intérieur a été refait à neuf.

La place porte le nom de l'autre célébrité de l'île, le poète Dionysios Solomos (1798-1857) qui, comme bien d'autres garçons nés ici, reçut pour prénom celui du saint local (voir encadré). Un **musée** lui est consacré à côté de son mausolée. On y trouve un certain nombre de ses effets personnels; des expositions évoquent d'autres notabilités locales et des photos montrent la ville telle qu'elle était avant le tremblement de terre. Le **Musée d'art byzantin** est plus intéressant que bien d'autres : aux XVIIe et XVIIIe siècles, Zante fut en effet l'un des centres de l'école ionienne de peinture. La façon réaliste dont les peintres de cette école représentaient les saints paraît révolutionnaire aujourd'hui encore. ■

L'hymne national

Le poète Dionysios Solomos est né à Zante et, dans le musée qui lui est consacré, on voit un morceau de bois provenant d'un arbre du parc de Strani sous lequel, en mai 1823, le poète composa son *Hymne à la liberté*, dont une partie, mise en musique par N. Mantzaros, est devenue en 1864 l'hymne national grec.

Le comte Solomos fut le premier poète à écrire en grec moderne : il était convaincu que la poésie devait être accessible à tous, et non pas réservée à une élite. De nos jours, dans le monde entier, tous les Grecs connaissent au moins l'une de ses œuvres. ■

Statue de Solomos à Zakinthos.

Musée Solomos
Plateia Agiou Markou, Zakinthos
2695 028982
Fermé lun.
€

Musée d'Art byzantin
Plateia Solomou, Zakinthos
2695 042714
Fermé lun.
€

Autres îles à visiter

Dans les parages des grandes îles de la mer Ionienne, on trouve un certain nombre de petites îles peu fréquentées par les touristes. Certaines proposent des logements, d'autres ne sont accessibles que dans la journée. Ceux qui en ont le temps devraient les visiter.

AUTOUR DE CORFOU

Au large de la côte nord-ouest de Corfou se trouvent cinq petites îles : les îles Diapontia. Trois seulement sont habitées; ceux qui veulent échapper quelques jours à la foule y trouveront un logement rudimentaire, mais on peut aussi, depuis Sidari ou Agios Stefanos, par exemple, en faire une visite organisée en groupe.

Ereikoussa est la plus fréquentée; on y trouve un bon hôtel et quelques très belles plages. Au départ de Corfou, de nombreux bateaux y font escale et y laissent des touristes passer quelques heures sur la plage, agrémentées d'un délicieux barbecue.

Othoni offre quelques très beaux paysages où il fait bon se promener à pied. Quelques chambres simples sont à louer, et plusieurs tavernes sympathiques vous attendent.

Mathraki, qui ne compte que quelques dizaines d'habitants et peu de chambres à louer, est la plus intéressante des trois, avec des plages magnifiques et de bonnes possibilités de randonnée. La plage, longue de 3 kilomètres, est parfois encombrée de visiteurs venus de Corfou, mais, lorsqu'on se promène dans l'intérieur boisé de l'île, on ne rencontre personne, pas même des autochtones.

p. 313 A5

AUTOUR DE LEUCADE

S'il y a plusieurs îles au large des côtes de Leucade, toutes ne se visitent pas. La plus célèbre est Skorpios, qui appartient à la famille Onassis, et c'est là qu'est enterré Aristote Onassis (1906-1975). Des gardes armés y patrouillent en permanence, et son accès est formellement interdit. Cela vaut aussi pour Madhouri, qui est également privée.

On peut en revanche visiter la plus grande de ces îles, **Meganissi**, reliée à Nidri par un ferry qui accoste dans le très joli petit port de **Vathi** – les rares touristes à y demeurer quelques jours viennent de Leucade. Ce n'est plus qu'un gros bourg, remarquablement peu développé. À quelques minutes de marche par une route sinueuse et ombragée, **Katomeri**, l'agglomération principale, propose le seul hôtel de l'île, loin de la foule et du bruit. On peut sans difficulté visiter toute l'île à pied. Les criques désertes sont à découvrir absolument.

p. 313 C3 ■

Moyen de transport typique à Meganissi.

Informations pratiques

Se déplacer... avec style.

INFORMATIONS PRATIQUES

PRÉPARER VOTRE VOYAGE

QUAND PARTIR ?

Le climat grec est agréable toute l'année. Mieux vaut toutefois éviter le mois d'août : plages et hôtels sont bondés et le thermomètre dépassant allègrement 38 °C. La chaleur est souvent accablante à Athènes.

Les hivers peuvent être pluvieux, avec des températures parfois inférieures à 10 °C, mais ils offrent également de magnifiques ciels bleus et de douces journées (20 °C).

Le printemps et l'automne sont les saisons les plus favorables : il fait chaud sans excès et il pleut rarement. Le printemps, avec son explosion de fleurs sauvages, offre des paysages étonnamment verdoyants. Dans les régions de montagne, il faut attendre la fin mai pour que la fonte des neiges rende à nouveau les sentiers praticables.

La semaine pascale est un moment privilégié : le pays célèbre avec ferveur Pâques, la fête la plus importante du calendrier orthodoxe (différent du nôtre : vérifiez les dates).

QU'EMPORTER?

L'été, n'emportez que des vêtements légers : tee-shirts et shorts pour la journée, et une tenue décente pour visiter les monastères et lieux de culte : robe couvrant les genoux et les épaules pour les femmes, pantalons longs pour les hommes. Les nuits d'été sont assez chaudes pour dîner dehors bras nus. Au printemps et à l'automne, un sweater ou un lainage permettra de prolonger la soirée.

L'été, le vêtement de pluie n'est pas vraiment impératif, sauf dans les îles Ioniennes et dans les montagnes du Nord, où les pluies sont plus fréquentes. Ailleurs, les rares et soudaines averses sont vite oubliées. Prévoyez un manteau ou un lainage chaud si vous séjournez en hiver.

Les moustiques font partie de l'environnement, quels que soient le lieu et le moment. Inutile de bourrer vos bagages de crèmes et autres produits répulsifs : vous les achèterez sur place.

Hormis dans les zones les plus reculées, peu touristiques, vous trouverez tous les médicaments dont vous pourriez avoir besoin. Le personnel des pharmacies parle souvent bien l'anglais. Il est toutefois plus prudent d'emporter vos médicaments si vous suivez un traitement. Emportez votre crème solaire préférée : la fraîcheur des brises marines – les *meltems* – est trompeuse et le soleil assez méchant.

Les amateurs de photographie apporteront leurs pellicules. On en trouve certes partout, mais à des prix assez élevés, et elles peuvent très bien avoir été entreposées plusieurs semaines au soleil…

FORMALITÉS

Les ressortissants de l'Union européenne peuvent se rendre en Grèce avec une carte d'identité ou un passeport, même périmé (depuis moins de cinq ans). Suisses et Canadiens présenteront un passeport valide ; aucun visa n'est nécessaire pour un séjour de moins de trois mois.

Si vous entrez avec l'équivalent de plus de 1 000 € en devises étrangères, vous devrez en faire la déclaration. Elle vous sera utile au retour pour justifier que vous ne repartez pas avec davantage d'argent qu'à votre arrivée, ce qui est interdit.

ASSURANCE

Les ressortissants de l'Union européenne bénéficient de la gratuité des soins d'urgence dans les centres de soins publics. Les Français se procureront avant de partir le formulaire E 111 auprès de leur caisse d'assurance-maladie.

Le réseau de santé public, assez étendu, ne jouit pas toujours de la meilleure réputation. Les soins dans le secteur privé sont très onéreux. Mieux vaut donc avoir une assurance couvrant les dépenses médicales. Assurez-vous aussi que vous êtes couvert pour un éventuel rapatriement, comme pour la perte et le vol de vos bagages, papiers et moyens de paiement.

AMBASSADES/CONSULATS

Belgique

Ambassade de Grèce
2, av. Franklin-Roosevelt,
Bruxelles 1050,
Tél. : 2-64 81 730
Fax : 2-6474525
ambagre@skynet.be

Consulat général
430, av. Louise,
Bruxelles 1050
Tél. : 2-64 65 535
Fax : 2-6442810
grgencon.bru@mfa.gr

Canada

Ambassade de Grèce
80, rue MacLaren, Ottawa Ontario, Canada K2 POK6
Tél. : 613-238 6271 ou 6272
Fax : 613-238 5676
greekembott@travel-net.com

Consulat général à Montréal
1170, place du Frère-André,
Montréal, Québec H30 3C6
Tél. : 514-875 2119
Fax : 514-875 8781
info@grconsulatemtl.net

Deux consuls généraux sont établis à Toronto et à Vancouver, renseignements auprès de l'ambassade.

France

Ambassade de Grèce
17, rue Auguste-Vacquerie
75116 Paris
Tél. : 01 47 23 72 28
Fax : 01 47 23 73 85
ambgrpar@wanadoo.fr

Consulat général à Paris
23, rue Galilée – 75116 Paris
Tél. : 01 47 23 72 23
Fax : 01 47 20 70 28
congre1@worldnet.fr

Consulat général à Marseille
538, rue Paradis – 13008 Marseille
Tél. : 04 91 77 54 01
Fax : 04 91 71 55 54
cons.g.gr.mars@wanadoo.fr

Suisse

Ambassade de Grèce
Laubeggstrasse, 30 006 Berne
Tél. : 31-3561 414 ou 410-11
Fax : 31-3681 272
thisseas@iprolink.ch

Consulat général à Genève
rue Pedro-Meylan – 1208 Genève
Tél. : 22-7353 747
Fax : 22-7869 844
consulate.greece@t.ies.itu.int

OFFICE NATIONAL DU TOURISME

L'Office national du tourisme fournit informations, cartes, brochures et adresses. Il est présent dans de nombreux pays.

Belgique
Office national
hellénique de tourisme
172, av. Louise – Bruxelles 1050
Tél. : 2-64 75 770
Fax : 02-65 75 142
gnto@skynet.be

Canada
Greek National Tourism
Organisation
1170, place du Frère-André,
Montréal, Québec H30 3C6
Tél. : 514- 8711 535
Fax : 514-8711 498.

France
Office national hellénique
de tourisme
3, av. de l'Opéra – 75 001 Paris
Tél. : 01 42 60 65 75
Fax : 01 42 60 10 28
eot@club-internet.fr

Suisse
Griechische zentrale
fur Fremdenverkehr
Loewenstrasse 25
CH-80 001 Zurich
Tél. : 1-2210105
Fax : 1-2120 516
eot@bluewin.ch

SUR INTERNET

Pour affiner vos recherches et mieux préparer votre voyage, voici une sélection de sites :

www.amb-grece.fr/presse Site de l'ambassade de Grèce en France.
www. grece. infotourisme.com
www.gnto.gr Le premier est le site de l'Office national hellénique de tourisme à Paris, en français ; le second, le site général (en anglais) de l'organisation mère.
www. mfa. gr En grec et en anglais, le site du ministère des Affaires étrangères grec.
www.culture.gr Site du ministère de la Culture grec, également en grec ou en anglais.
www.info-grece.com Le portail francophone de la Grèce : actualités, culture, voyage, météo… et recettes de cuisine.
www.gogreece.com Un annuaire des sites dédiés à la Grèce et aux îles, avec le calendrier des fêtes et des événements.
www.athensguide.com/athensmetro.html Pour des informations à jour et se repérer dans le métro athénien, en constant développement.
www.athensnews.gr Toute l'actualité, politique, sportive ou culturelle, sur le site du quotidien grec en anglais *Athens News*.
www.greekhotel.com home.htm Un annuaire des hôtels et voyagistes en Grèce.

COMMENT ALLER EN GRÈCE ?

EN AVION

La Grèce est très bien desservie. La compagnie nationale Olympic Airways assure un vol quotidien vers Athènes au départ de Paris (en trois heures et demie), Bruxelles et Genève. Elle dessert aussi Montréal et Toronto.

Olympic Airways
3, rue Auber – 75 009 Paris
Tél. : 01 44 94 58 58
Fax : 01 44 94 58 69
www.olympic-airways.gr

Air France, comme Swiss International ou Aegean Airlines, ont également des vols réguliers à destination d'Athènes. Tél. : 0 802 802 802. Sur Internet : www.airfrance.fr

Pour les vols charters, consultez une agence de voyages ou recherchez les meilleures offres sur :
www. travelprice.com
www.kelkoo.com

EN BATEAU

Des ferries assurent la liaison entre l'Italie et la Grèce depuis Venise, Trieste, Ancône et, plus au sud, Bari et Brindisi. Arrivée à Corfou, Igoumenitsa, Céphalonie ou Patras. On peut aussi prendre le ferry depuis l'un des ports de Croatie, dont le plus beau est Dubrovnik.

Chaque compagnie a son représentant exclusif. Voici leurs adresses en France :

Navifrance
20, rue de la Michodière
75 002 Paris
Tél. : 01 42 66 65 40

Viamare
6-8, rue de Milan – 75 009 Paris
Tél : 01 42 80 94 87

Euro Mer
5, quai de Sauvages
34 000 Montpellier
Tél : 04 67 65 67 30

EN TRAIN

Le train n'est pas le moyen le plus rapide de se rendre en Grèce : Athènes est à 3025 km de Paris. Depuis la France, l'itinéraire passe par Bologne et Brindisi, où il faut ensuite prendre le ferry, avant de reprendre un train, soit un voyage de trois jours environ.

COMMENT SE DÉPLACER À ATHÈNES ?

DE L'AÉROPORT À ATHÈNES

Depuis les jeux d'Athènes, en 2004, la Grèce possède un nouvel aéroport international, Eleftherios Venezelos : il est plus grand, plus moderne, mais aussi plus loin du centre de la capitale, distante de 33 km.

Transports en commun
Six lignes de bus relient l'aéroport à Athènes : E 96, du Terminal Charters jusqu'au port du Pirée, E 95, du Terminal Est à la place Syntagma, 24 heures sur 24, avec un départ toutes les vingt ou vingt-cinq minutes dans la journée. Le trajet dure environ une heure jusqu'à Syntagma, une heure quarante jusqu'au Pirée. Le tarif est identique pour toutes les lignes.

Taxis
La file d'attente commence au niveau de la porte 4 du hall d'arrivée. Le trajet jusqu'au centre d'Athènes dure environ quarante minutes, pour un coût de quelque 25€. Vérifiez en montant dans la voiture que le compteur fonctionne. Un supplément est exigible pour les bagages. Si vous avez l'impression (pas toujours injustifiée) d'avoir été surfacturé, consultez le personnel de l'hôtel où vous descendez : il

connaît le prix normal. Le cas échéant, contactez la Police touristique, en composant le 171.

EN MÉTRO

Athènes compte trois lignes de métro (voir plan à l'intérieur de la couverture de cet ouvrage). Malgré les investissements réalisés, y compris pour la rénovation des stations de la ligne M1, le prix du billet reste relativement bon marché; il varie selon la zone de tarification dans laquelle s'effectue le trajet. Le billet, qui s'achète dans la station, doit être composté avant d'accéder au quai.

EN BUS

Athènes possède un réseau de bus interurbain très étendu et bon marché. Aussi les bus sont-ils bondés, surchauffés l'été, et les fréquences de passage ne sont pas toujours respectées.

Si vous voulez utiliser ce moyen de transport, il vous sera nécessaire de bien maîtriser la géographie athénienne. Savoir décoder l'alphabet grec sera utile pour connaître la destination, affichée à l'avant du bus. Au centre-ville, marcher reste souvent la meilleure option.

Les tickets de bus s'achètent dans les kiosques situés près des principaux arrêts et dans certains magasins. Ils doivent être compostés avant de monter dans le bus.

Pour tout renseignement sur les bus urbains (OASA), composer le 185.

EN TAXI

Le taxi est un moyen pratique et plutôt bon marché de circuler dans Athènes... si toutefois vous avez une bonne notion de la tarification normale de telle ou telle course.

Sachez que les taxis athéniens sont collectifs : le chauffeur est en droit de prendre d'autres passagers pour remplir son véhicule. Chacun paie selon la distance parcourue. Cela compense la pénurie de taxis dans la capitale et tire vers le haut les revenus de la profession. Ne vous étonnez donc pas de voir des Athéniens plantés au bord de la rue crier à la cantonnade leur destination : les taxis ne se dirigeant pas dans cette direction ne prennent pas la peine de s'arrêter.

COMMENT SE DÉPLACER EN GRÈCE ?

EN AVION

La Grèce a un bon réseau aérien intérieur, quoique un peu trop centralisé : si certaines connexions se font à Thessalonique, il est souvent plus commode de passer par Athènes, quel que soit le point de départ ou d'arrivée. Le quasi-monopole que détenait Olympic Airways sur les liaisons intérieures est aujourd'hui battu en brèche par des compagnies comme Cronos, Air Greece et Kriti Air. Les tarifs sont tout à fait raisonnables. Réservez pendant les mois d'été.

EN BATEAU

La desserte par ferry est à la hauteur de ce que l'on peut attendre d'une grande nation maritime : excellente. Le nombre de compagnies concurrentes devient même un inconvénient : les horaires ont tendance à être constamment modifiés. L'Office national hellénique de tourisme fournit toutefois sur demande les horaires mis à jour. Les conditions météo entraînent parfois une annulation ou un retard : si vous avez un vol à prendre, prévoyez un jour de marge. Vous trouverez aussi toutes les liaisons maritimes intérieures sur Internet : www.gtpnet.gr.

L'hydroglisseur vous mènera plus rapidement à destination que le ferry, mais à un prix plus élevé. Si vous êtes sujet au mal de mer, cette dépense supplémentaire mérite considération. Les billets s'achètent auprès des agents de voyages – chacun représentant une compagnie –, parfois tout simplement à une table installée sur le quai d'embarquement.

De nombreux bateaux, plus modestes, effectuent les liaisons entre îles ou, en été, proposent des excursions. Cela peut s'avérer une alternative pratique au ferry, les horaires étant négociables tout comme le prix du voyage avec le propriétaire de l'embarcation.

EN TRAIN

Pays à la fois montagneux et maritime, la Grèce ne possède pas un réseau de voies ferrées très développé. Les îles, évidemment, l'ouest de la Grèce continentale et le sud-est du Péloponnèse ne sont pas desservis. Athènes compte deux gares. De la gare de Larissa part la ligne la plus directe vers Thessalonique, qui traverse ensuite la Macédoine et la Thrace pour se poursuivre vers la Bulgarie et la Turquie. La gare du Péloponnèse, comme son nom l'indique, dessert Patras et sa région. Ajoutons que les trains sont très lents et pas franchement confortables.

EN CAR

C'est le mode de transport le plus populaire en Grèce. Sauf exception, toutes les villes ont une gare routière active, et le car est souvent la façon la plus simple d'atteindre certaines îles : des lignes régulières relient par exemple les îles Ioniennes à Athènes, le prix du ferry étant inclus dans le billet.

Le car permet aussi de se déplacer dans les zones rurales les plus isolées. Sur les plus petites îles, un car assure la navette entre la ville principale et le port. Si des arrêts fixes jalonnent l'itinéraire, la plupart des conducteurs déposent ou embarquent leurs passagers à l'endroit qui leur convient : n'hésitez pas à en profiter.

Pour les lignes interurbaines, où circulent des cars à air conditionné, les billets doivent être achetés à l'avance à la gare routière. Il y en a deux à Athènes : l'une, située au 100, rue Kifissou, dessert le nord et le sud de la Grèce; l'autre, au 260, rue Liossou, la Grèce centrale. Sur les lignes secondaires, les billets s'achètent généralement dans la boutique la plus proche de l'arrêt principal, ou dans le bus même. Les horaires sont affichés en devanture de magasin, sur un poteau ou sur un mur, et ne sont pas forcément à jour : mieux vaut vérifier. Tous les horaires, pour l'ensemble du territoire, sont disponibles sur le site internet de la KTEL :

www.KTEL.org.

EN VOITURE

Si la voiture permet de prendre les chemins de traverse, ce n'est pas le moyen le plus sûr de voyager en Grèce, où le Code de la route semble largement ignoré. La plus grande prudence s'impose.

Location de voiture

Rien de plus simple que de louer une voiture en Grèce, mais la location est chère. Toutes les grandes compagnies ont des bureaux dans les aéroports et les grandes villes, sur le continent et dans les îles les plus importantes. Leur flotte est généralement mieux entretenue que celle des petites sociétés. En dehors des périodes les plus touristiques, vous aurez néanmoins plus de chance de négocier un tarif avantageux avec celles-ci qu'avec Avis ou Hertz.

Un permis de conduire national suffit pour les ressortissants de l'Union européenne, et *de facto*, pour les autres, même si, légalement, il leur faudrait se munir d'un permis international. Le contrat inclut une assurance au tiers, mais il est plus prudent de prendre une garantie supplémentaire pour les dommages à la personne, car le taux d'accident est l'un des plus élevés en Europe. Le conducteur doit être âgé de plus de vingt et un ans, voire vingt-cinq pour les voitures les plus puissantes.

Routes et signalisation

Grâce aux subventions de l'Union européenne, l'état des routes s'améliore constamment. Les autoroutes sont néanmoins rarissimes et, même à péage, elles peuvent se transformer abruptement en deux voies. On peut tout aussi bien y rencontrer des engins agricoles roulant au pas, de même que, dans les campagnes, une route bitumée peut sans avertissement se muer en chemin poussiéreux.

La signalisation est franchement mauvaise : il est vital de se procurer une bonne carte. Et mieux vaut maîtriser l'alphabet grec (voir p. 387), car si les panneaux indicateurs des voies principales sont écrits en caractères à la fois grecs et latins (avec une transcription parfois aléatoire), ce n'est pas toujours le cas sur le réseau secondaire.

Code de la route

Beaucoup d'autochtones négligent la règle de conduite à droite pour occuper le centre de la route, en particulier dans les virages. Sachez aussi que lorsqu'un automobiliste vous fait des appels de phare, c'est pour vous avertir qu'il n'a pas l'intention de vous céder le passage.

La vitesse est limitée à 50 km/h dans les zones habitées, à 80 km/h en dehors de celles-ci et à 100 km/h sur les voies rapides.

La loi grecque ne plaisante pas avec l'alcool au volant. Un verre de vin ou de bière suffit à créer l'infraction, et un peu plus entraîne une peine d'emprisonnement pour délit. Mieux vaut donc être absolument sobre avant de prendre le volant.

Carburant

Toutes les pompes ne distribuent pas encore d'essence sans plomb. Vérifiez toujours le niveau du réservoir avant de vous aventurer dans les zones les plus reculées : les stations-service peuvent être très éloignées les unes des autres. Ce sont souvent des entreprises familiales, donc susceptibles de fermer le dimanche, ou alors, vous serez servi par un enfant ne parlant que sa langue maternelle. Les petites stations n'acceptent généralement pas les cartes bancaires.

Stationnement

Le stationnement n'est guère payant que dans les grandes villes : un panneau indique alors, en grec et en anglais, où acheter votre «permis de stationnement», le plus souvent une boutique proche.

Pannes et accidents

En cas d'accident ou de panne, appelez le 104 pour joindre le principal service de dépannage, l'ELPA, ou le numéro que vous aura indiqué, le cas échéant, le loueur.

Pour les autres numéros d'urgence, voir p. 344. Si vous êtes l'auteur ou la victime d'un accident, ne signez aucun document qui soit rédigé seulement en grec.

EN DEUX-ROUES

On peut facilement louer un scooter ou une moto dans les endroits les plus touristiques. C'est un mode de transport pratique et économique. Vérifiez toujours l'état de l'engin, et procurez-vous un casque, même si le port n'en est pas obligatoire.

EN STOP

Les Grecs sont habitués à prendre des autostoppeurs. C'est donc le parfait moyen de déplacement pour qui veut faire plus ample connaissance avec les habitants du pays et pratiquer un peu leur langue. Cela ne vaut cependant que pour des itinéraires assez courts. L'autostop peut s'avérer difficile pour de longs parcours, en particulier vers les montagnes du Nord.

CONSEILS PRATIQUES

ANIMAUX

Votre animal de compagnie doit avoir été vacciné contre la rage, certificat à l'appui, dans une période de dix jours à douze mois – de six jours à six mois pour un chat.

ARGENT

L'euro a remplacé la drachme depuis le 1er janvier 2002.

Ceux qui doivent changer des devises ou des chèques de voyage peuvent le faire dans la plupart des banques, des hôtels et des bureaux de poste (sur présentation du passeport), ainsi que, dans les régions les plus touristiques, dans certains commerces, mais les taux de change sont alors beaucoup moins avantageux. Les bureaux de poste prennent généralement une commision plus faible que les banques ou bureaux de change.

Si les cartes bancaires sont largement acceptées dans les zones les plus fréquentées, la monnaie en plastique n'est pas toujours entrée dans les mœurs. Il est normal de régler en espèces même de fortes sommes. Vous verrez souvent la mention «pas de chèque» en devanture des hôtels, fussent-ils de catégorie intermédiaire à Athènes.

COMMUNICATIONS

Poste

Vous trouverez toujours un bureau de poste, même dans la plus petite île, mais celui-ci, faisant également office de banque, ne sera généralement ouvert que dans des plages horaires très limitées. Les bureaux plus importants (*tachydromeia*) ouvrent du lundi au vendredi de 7 h 30 à 14 h, et pour certains un après-midi dans la semaine et/ou le samedi matin jusqu'à midi. Dans les plus grands bureaux, chaque guichet assure un type de service : vérifiez que vous êtes dans la bonne file. Pour acheter des timbres, cherchez l'indication *grammatosima*. Les colis doivent être fermés devant l'employé.

De nombreux bureaux assurent les opérations de change (ce qu'indique la mention «Exchange») : le taux est souvent plus avantageux que celui pratiqué dans les agences de voyages ou les petits bureaux de change (voir rubrique Argent).

Malgré leur belle couleur jaune (rouge pour le courrier express), les boîtes à lettres, petites, ne sont pas toujours faciles à repérer. Si vous séjournez dans un lieu isolé, vos cartes postales arriveront très probablement après votre retour. De toute façon, les délais d'acheminement du courrier sont assez longs : il faut compter une semaine pour les pays européens, de une à deux semaines pour l'Amérique du Nord, et souvent plus pour les simples cartes postales.

Téléphone

Si les appels locaux sont bon marché, les appels nationaux et internationaux sont très coûteux. Ce qui incite à éviter la surtaxe prélevée par les hôtels.

On trouve partout des cabines téléphoniques, qui fonctionnent de plus en plus souvent avec une carte de téléphone, en vente dans les boutiques, les gares et les kiosques au coin des rues.

Téléphoner depuis un bureau de l'OTE (la compagnie nationale de téléphone) a l'avantage de la simplicité : les communications, facturées à la minute, peuvent être réglées en espèces ou par carte bancaire. Ces bureaux, implantés dans tout le pays, sont généralement ouverts du lundi au samedi, toute la journée. On peut aussi utiliser, comme beaucoup de Grecs, le poste de téléphone d'un kiosque : la communication, facturée à la minute, est payable en espèces.

Numérotation

La numérotation téléphonique a changé le 3 novembre 2002. Depuis, les numéros de téléphone comportent 10 chiffres, le chiffre 2 précédant l'indicatif de la ville, devenu obligatoire. Donc : 210 pour Athènes, 2810 pour Iraklion et 2310 pour Thessalonique... Le 19 janvier 2003, le premier 0 des numéros de GSM a été remplacé par le 6.

Depuis l'étranger, l'indicatif de la Grèce est le 30.

En Grèce, pour un appel international, composez le 00, suivi de l'indicatif du pays (32 pour la Belgique, 1 pour le Canada, 33 pour la France et 41 pour la Suisse), puis du code local, et enfin du numéro de votre correspondant.

DÉCALAGE HORAIRE

La Grèce se situe deux fuseaux horaires à l'est du méridien de Greenwich. Le décalage horaire est de une heure avec Paris, Bruxelles ou Genève, et de sept heures avec Montréal. Le pays avance ses pendules d'une heure l'été (le dernier dimanche de mars à 4 h) et les recule d'une heure l'hiver (le dernier dimanche de septembre). Le reste de l'Europe s'adonnant à ce rituel avec quelques semaines de retard, le décalage s'en trouve temporairement accru.

DROGUES & MÉDICAMENTS

Quiconque est pris avec des drogues illicites dans ses bagages encourt une peine sévère. Si vous apportez des médicaments à base de codéine, et si vous ne pouvez montrer une prescription médicale, vous risquez la confiscation; en effet, ce dérivé de la morphine, universellement utilisé comme antalgique, est prohibé en Grèce.

HORAIRES

Les banques ouvrent généralement de 8 h ou 8 h 30 à 14 h, du lundi au vendredi, et les bureaux de poste, de 7 h 30 à 14 h. Des agences et bureaux ouvrent également le samedi matin, dans les localités de quelque importance.

Les magasins ouvrent pour la plupart de 8 h à 13 h, et de 17 h à 20 h. Les supermarchés et les commerces travaillant avec les touristes ferment beaucoup plus tard. Dans tous les cas, la pause de l'après-midi est sacrée. Hormis dans les zones touristiques, les magasins sont fermés le dimanche.

Il est difficile de préciser les horaires d'ouverture des musées et sites archéologiques, car ceux-ci varient selon la saison – et parfois l'humeur du personnel. La plupart, en tout cas, accueillent le public toute l'année, mais ferment le lundi et les jours fériés, ce qui n'est pas le cas des grands sites comme l'Acropole, Olympie ou Delphes, qui se visitent tous les jours.

JOURS FÉRIÉS

1er janvier Nouvel An
6 janvier Épiphanie
25 mars Fête de l'Indépendance (et Annonciation)
Février/mars Lundi des cendres (41 jours avant Pâques)
Mars/Avril Vendredi saint, dimanche des Rameaux, dimanche et lundi de Pâques
Mai/Juin Lundi de Pentecôte (50 jours après Pâques)
1er mai Fête du Travail
15 août Assomption
28 octobre jour du *Ohi* (commémoration du rejet de l'ultimatum italien en 1940)
25 et 26 décembre Noël

MÉDIAS

Presse

Les principaux journaux français et européens sont disponibles à Athènes, dans les kiosques de la place Syntagma, dans les vingt-quatre heures suivant leur parution, le soir même pour les quotidiens du matin. Il faut attendre un jour de plus pour la presse nord-américaine. En dehors d'Athènes, vous trouverez la presse étrangère dans les grandes villes, telles Thessalonique ou Rhodes, et, l'été, dans la plupart des lieux touristiques.

Dans la capitale, plusieurs journaux sont publiés en anglais. Le plus ancien est *Athens News*, quotidien d'information générale et locale (ne paraît pas le lundi). L'hebdomadaire *Greek News* est dédié à l'actualité locale, surtout culturelle. Il publie aussi tous les numéros de téléphone pratiques. *Athenscope*, également hebdomadaire, recense tous les spectacles à voir en ville.

Radio

Les ondes sont encombrées par les programmes des stations locales, nationales (ERT1 et ERT2 étant les deux stations publiques) ou internationales. La musique grecque est omniprésente. Les inconditionnels de l'information peuvent écouter le bulletin quotidien en anglais diffusé par ERT2 (98 kHz) ou les journaux en français, anglais, allemand et arabe d'ERT1 (728 kHz). On capte le BBC World Service en ondes courtes (9.41, 12.09 ou 15,07 MHz, à Athènes).

Télévision

ET1 et ET2 sont les deux chaînes nationales publiques. La première diffuse des résumés de l'actualité en anglais. La plupart des films étrangers sont doublés. De nombreuses autres chaînes, souvent régionales, sont diffusées par le cable ou par satellite. Les grands hôtels sont abonnés à CNN et autres chaînes internationales.

PHOTOGRAPHIE

La luminosité est forte, aussi préférera-t-on des pellicules peu sensibles (100 ASA plutôt que 400). C'est toujours le matin très tôt que la lumière est la meilleure. Photographier les autochtones ne pose aucun problème, mais on leur en demandera la permission, comme il se doit. Il faut impérativement avoir une autorisation dans les musées et les églises. Les prises de vue sont interdites près des bases militaires.

POUR EN SAVOIR PLUS

La Grèce ancienne et moderne a inspiré de nombreux essais et romans. Pour une perspective historique sur les sites archéologiques, on trouvera, dans la collection « Points Histoire », au Seuil, une série d'ouvrages écrits par les meilleurs spécialistes. Pour une relecture critique de l'histoire : *Les Grecs, les Historiens, la Démocratie. Le grand écart*, de Pierre Vidal-Naquet, La Découverte.

Sur l'histoire, le théâtre, la philosophie et la mythologie, sans négliger bien sûr Hérodote (*Histoires*), Homère (*L'Iliade, L'Odyssée*), Aristophane ni Platon, on consultera avec profit *L'ABCédaire de la mythologie*, de Françoise Frontisi-Ducroux (Flammarion, 1999) ; *Un flot d'images. Une esthétique du banquet grec*, de François Lissarrague (Adam Biro, 1987) ; *Mythe et Pensée chez les Grecs*, de Jean-Pierre Vernant (La Découverte, 1996) et *L'Univers, les Dieux, les Hommes*, un savoureux ouvrage du même Vernant racontant les mythes (Éditions du Seuil, 1999). Citons enfin le *Dictionnaire amoureux de la Grèce* (Plon) et autres œuvres du voyageur-écrivain Jacques Lacarrière. On pourra aussi piocher chez Lawrence Durrell (*L'Île de Prospero*, Buchet-Chastel, et *Vénus ou la Mer*, Le Livre de Poche) ou Henry Miller (*Le Colosse de Maroussi*, Stock).

L'ouvrage consacré à *La Grèce* par les éditions Autrement, dans la collection « Monde » (1989), retrace l'histoire de la Grèce moderne.

Pourquoi ne pas profiter d'un séjour en Grèce pour lire N. Kazantzakis, auteur du célèbre *Alexis Zorba* (Presses-Pocket), mais aussi la poésie, les romans et les nouvelles de Georges Séféris (prix Nobel de littérature 1963), dont *Six Nuits sur l'Acropole* (Le Livre de Poche) ou *Poèmes. Trois Poèmes secrets* (Gallimard). Autres auteurs à (re)découvrir (voir www.ekemel.gr/frextra.html) :

Eugenia Fakinou, *La Septième Dépouille* (Climats).
Maria Iordanidou, *Loxandra* (Actes Sud-Ifa).
M. Karagatsis, *Le Colonel Liapkine* (Hatier/Grèce).
Alexandre Papadiamentis, *La Fille de Bohême* (Actes Sud-IFA).
Emmanuel Roïdis, *La Papesse Jeanne* (Actes Sud).
Kostas Taktsis, *Le Troisième Anneau* (Gallimard).
Stratis Tsirkas, *Cités à la dérive*, (Éditions du Seuil, coll. « Points Roman »).
Thanassis Valtinos, *La Marche des neuf* (Actes-Sud).

RELIGION

97 % des Grecs sont orthodoxes ; les adeptes des autres confessions ne trouveront guère de lieux de prière que dans les plus grandes villes, à Athènes ou Thessalonique. L'office de tourisme local vous indiquera leur localisation ainsi que les horaires des services religieux. Chacun peut aussi assister librement à un office orthodoxe.

SANTÉ

Aucun vaccin n'est exigé, mais il est conseillé de se mettre à jour des rappels pour les vaccinations contre le tétanos et la polio.

L'eau du robinet est normalement saine, mais l'été, il peut être prudent de boire de l'eau en bouteille, peu onéreuse.

Les pharmacies *(farmakio)* sont signalées par une croix rouge. Vous y recevrez d'excellents conseils, souvent en anglais, pour tout ce qui est bobo et petits maux. Les médecins de campagne, présents dans tous les gros bourgs, sont tout aussi bien formés que les pharmaciens et tout à fait compétents pour les maladies les plus courantes.

Chaque ville a au moins son dispensaire, signalé en grec et en anglais, et l'on peut y consulter de 8 h à midi. Si vous avez besoin de soins importants ou devez être hospitalisé, tournez-vous de préférence vers un hôpital privé. La qualité des soins y est bien supérieure à celle du secteur public, mais il est essentiel d'avoir une assurance couvrant les frais médicaux – et dentaires – que vous devrez avancer. Le personnel de l'hôtel ou la police touristique vous indiquera dans tous les cas l'adresse du praticien ou du centre de soins le plus proche.

Risques

Les coups de soleil sont le principal risque pour votre santé. Utilisez un écran solaire avec un indice de protection élevé. Protégez particulièrement la peau des enfants. Un chapeau est impératif. Buvez beaucoup (sans alcool) pour éviter la déshydratation et mangez un peu salé.

Oursins et méduses sont une autre menace pour les baigneurs. Des sandales vous protégeront contre les oursins, communs dans les zones rocheuses. Si vous vous plantez un piquant dans la peau, faites-le immédiatement enlever par un pharmacien ou un habitant du cru; consultez de même le pharmacien en cas de rencontre avec une méduse : toutes ne sont pas venimeuses, mais elles sont toujours urticantes. L'ammoniaque contenue dans l'urine est un bon remède d'urgence dans l'un ou l'autre cas.

TOILETTES

Les toilettes publiques sont rares, et à éviter. Mieux vaut recourir aux tavernes et aux bars. Les canalisations grecques, sauf dans les établissements les plus récents, n'obéissent pas aux standards usuels, et les w.-c. se bouchent facilement : une poubelle reçoit protections périodiques et papier-toilette.

USAGES

L'hospitalité et la courtoisie font partie de la culture grecque. En retour, vos interlocuteurs apprécieront beaucoup que vous fassiez quelques efforts pour parler leur langue. Maîtriser les formules de politesse (voir Glossaire) vous permettra d'exprimer votre gratitude pour un accueil souvent extraordinairement chaleureux.

Lorsque deux Grec(que)s se rencontrent, chacun(e) s'enquiert de la santé et de la situation de la famille de l'autre. Ces formalités peuvent prendre du temps, mais il serait discourtois de les abréger. S'impatienter de la lenteur du service dans un restaurant ou un magasin est également une faute de goût : la patience, en Grèce, n'est pas une vertu, c'est un mode de vie. Il est également normal de saluer toute personne d'un *kali mera* (bonjour) avant de s'adresser à elle. Comme dans de nombreuses langues, *efharisto* (merci) appelle en réponse *parakalo* (je vous en prie).

La société grecque, méditerranéenne, demeure, par ailleurs, plutôt machiste. Les femmes s'aventurent rarement dans les bars et cafés, domaines masculins par excellence. Les étrangères ne sont pas tenues de respecter ces règles : elles ne percevront aucun malaise si elles sont habillées sans provocation. La tolérance est plus grande dans les zones touristiques. Une tenue sobre est toutefois considérée comme un signe de respect envers ceux qui vous accueillent. Veillez particulièrement à couvrir bras et jambes pour pénétrer dans une église ou un monastère : sinon, l'entrée pourrait vous être refusée.

Sur les plages, le monokini est largement pratiqué, du moins par les non-Grecques; il n'est pas très bien vu toutefois sur les grandes plages familiales très fréquentées. Des plages dûment signalées sont réservées aux naturistes.

VOYAGEURS HANDICAPÉS

La Grèce n'est pas la destination la plus favorable pour les handicapés. Les équipements sont globalement archaïques à l'aune des besoins des personnes à mobilité réduite. Les Grecs se montrent la plupart du temps très secourables, mais il est nécessaire de vérifier à l'avance. Les choses s'améliorent certes un peu : les nouvelles stations du métro athénien sont dotées d'accès pour les fauteuils roulants. En revanche, la visite des musées et des sites archéologiques implique presque toujours de grimper des escaliers, un défi souvent insurmontable, même avec de l'aide.

URGENCES

La Grèce est l'un des pays les plus sûrs du monde, et vous n'y courez guère de risques, excepté celui de voir votre argent s'envoler. Le vol à la tire semble en effet en recrudescence, aussi faut-il prendre quelques précautions élémentaires. Athènes est aussi sûre que le reste du pays : il est dans la culture locale de sortir tardivement et les rues y sont animées jusqu'au petit matin.

Les femmes seules sont exposées à la drague insistante des jeunes Grecs, les *kamaki*. La plupart cesseront de vous importuner si vous vous montrez ferme. Sinon, demandez l'aide d'un passant ou d'un commerçant. Les Grecs n'aiment généralement pas ce genre d'attitude. Si, vraiment, vous avez besoin d'aide, appelez depuis n'importe quel poste public la police touristique à Athènes (le 171). Hors de la capitale, renseignez-vous sur le numéro local dès votre arrivée. Les appels d'urgence sont gratuits depuis n'importe quelle cabine téléphonique.

Numéros d'urgence

Secours médicaux : 166.

Vous pouvez aussi composer le 171, numéro de la police touristique à Athènes, ou le 100 partout ailleurs, pour obtenir Police-secours *(Ekato)*.

Pompiers *(fotyá)* : 199

Assistance routière : 104 (centre d'appel de l'ELPA, principale société de dépannage, voir p. 341). Des bornes d'appel sont installées à intervalles réguliers sur les voies rapides.

Ambassades et consulats

En cas de perte ou de vol de vos papiers, si vous avez un accident, ou si vous devez être rapatrié, vous trouverez assistance auprès de l'ambassade ou du consulat de votre pays, à Athènes.

Ambassade de Belgique :
Sekeri, 3 – Tél. : 210 361 7886.

Ambassade du Canada :
I Genadiou, 4 –Tél. : 210 725 4011

Ambassade de France :
Vass. Sofias, 7 – Tél. : 210 3391 000

Consulat de France :
Vass. Kostantinou, 5-7
Tél. : 210 7290 151

Ambassade de Suisse :
Iassiou, 2 – Tél. : 210 7230 362

Le ministère français des Affaires étrangères met à la disposition des touristes francophones en Grèce une ligne d'assistance : 210 8662 186 ou 210 8663 324 ou 210 8660 374.

HÔTELS & RESTAURANTS

En Grèce, vous trouverez facilement à vous loger à des prix abordables, si vous évitez les plus grands hôtels. Les normes varient énormément d'un établissement à l'autre, et les critères de classification nationaux (voir plus loin) ne sont pas forcément à suivre au pied de la lettre. Ne négligez pas forcément les hôtels des catégories les plus modestes : s'ils ne possèdent ni télévision par satellite ni minibar, beaucoup s'avèrent impeccablement tenus et très bien situés. Si vous voyagez l'été dans les régions les plus fréquentées, il est indispensable de réserver. En dehors de la haute saison (juillet-août) ou dans les zones moins touristiques, se loger est rarement un problème.

Le climat permet de manger en plein air une bonne partie de l'année et c'est sans aucun doute l'un des grands plaisirs d'un voyage en Grèce. Déguster une grillade de viande ou un poisson fraîchement pêché, attablé au bord de l'eau, est une façon bien agréable de passer une soirée… Les Grecs sont des hôtes très cordiaux, et la plupart des restaurants et des tavernes offrent une atmosphère sympathique. Pour ce qui est des restaurants des hôtels, les apparences sont souvent trompeuses. La nourriture sera sans doute bien meilleure dans une petite taverne familiale – où la femme est aux fourneaux tandis que le mari officie en salle – que dans un endroit de meilleure allure, destiné avant tout aux touristes, où la gastronomie n'est vraiment pas la première préoccupation.

HÔTELS

Selon le système de classification officiel établi par le gouvernement, les hôtels et autres types d'hébergement sont répartis entre les classes A et E, c'est-à-dire approximativement, de 5 à 1 étoiles ; il existe aussi une catégorie Luxe. Le prix est fixé selon la catégorie à laquelle appartient l'établissement ; tous sont inspectés chaque année, et leur classification peut être revue à cette occasion.

La loi rend obligatoire dans chaque chambre une affichette indiquant la catégorie de l'hôtel, le prix de la chambre selon la période de l'année et précise si le petit déjeuner est compris. Attention, en début de saison, il n'est pas rare de trouver encore dans les chambres les panonceaux de l'année précédente.

Arrivée

Si vous n'avez pas réservé, il est d'usage de demander à voir la chambre avant de la retenir. Si vous restez, vous devrez laisser votre passeport à la réception afin d'être enregistré ; il vous sera normalement rendu sous 24 heures.

Le petit déjeuner n'est pas toujours inclus dans le prix de la chambre. Dans les hôtels de catégorie supérieure, il s'agit généralement d'un buffet varié avec jus de fruits, fruits frais, yaourts et miel, céréales, œufs, fromages, viandes froides et différentes sortes de pain. Dans les endroits plus simples, on vous proposera plus probablement quelques toasts et une boisson chaude. Vous trouverez sans doute plus de choix dans les cafés du voisinage.

Départ

Beaucoup d'hôtels acceptent la plupart des cartes bancaires. En revanche, dans les établissements de petite taille et les pensions, on n'accepte parfois qu'un seul type de carte, voire seulement des travellers chèques ou plus vraisemblablement de l'argent liquide.

RESTAURANTS

Il n'y a pas de système de classification pour les restaurants. Des endroits en apparence très simples peuvent se révéler délicieux, d'autres, plus élégants, épouvantables. Mieux vaut *a priori* éviter les établissements devant lesquels quelqu'un est posté pour vous inciter à entrer ; cette « ruse » est destinée à attirer les étrangers qui ne reviendront probablement jamais, pas les autochtones.

Dans les régions touristiques, beaucoup de restaurants ne prennent pas de réservation et, dans certains cas, vous ne trouverez même pas leur numéro de téléphone dans ce guide. La place n'est généralement pas un problème : on sortira facilement une autre table pour vous installer. Si ce n'est vraiment pas possible, on vous dira combien de temps attendre avant qu'une table ne se libère.

Il existe différents types d'établissements. Les restaurants *(estiatorio)* sont élégants, les tavernes, plus décontractées. Dans une taverne, la table sera recouverte d'une nappe en papier que le serveur pourra éventuellement utiliser pour faire l'addition à la fin du repas… Certaines *(psarotavernas)* servent des spécialités de poisson, d'autres *(psistaries)*, des mets grillés ou rôtis à la broche.

Horaires

Comme dans tout le bassin méditerranéen, on a tendance à prendre ses repas à des heures tardives. Le déjeuner n'est généralement pas servi avant 14 heures, et le dîner, 21 ou 22 heures. Cependant, la plupart des restaurants fréquentés par les touristes ouvrent plus tôt.

Parking

Il est rarissime qu'un restaurant possède un parking privé. À Athènes et dans les autres grandes villes, mieux vaut prendre un taxi ou marcher. Dans les petites cités et dans les îles, vous trouverez généralement des parkings non loin du centre.

Cartes bancaires

Tous les restaurants n'acceptent pas les cartes. Les Grecs préfèrent régler en espèces ; l'addition n'est généralement pas très élevée, et payer en liquide ne devrait pas être un problème. Abréviations utilisées : AE (American Express), DC (Diners Club), MC (Mastercard) et V (Visa).

Handicapés

Souvent installés dans des bâtiments anciens, les restaurants sont rarement équipés pour accueillir les clients en fauteuil roulant. Cependant, le personnel se fera toujours un plaisir de vous aider.

Périodes d'ouverture
Un certain nombre de restaurants, notamment à Athènes, ferment en août et parfois plus longtemps pendant l'été, échappant ainsi à la fournaise estivale tandis que beaucoup de leurs clients habituels en font de même et quittent alors la capitale. Certains restaurateurs possèdent des établissements dans les îles, et ils profitent de cette période touristique pour s'en occuper, avant de revenir passer l'hiver à Athènes. Ce qui explique que, dans les îles, de nombreux restaurants soient fermés hors saison. Il est donc difficile de donner ici des informations précises, puisque les périodes d'ouverture sont décidées chaque année par les restaurateurs.

ATHÈNES

C'est dans la capitale que vous trouverez le plus grand choix de restaurants du pays, tant en matière de cuisine internationale que de gastronomie locale. Le quartier de Plaka compte de nombreux établissements ; certains servent une cuisine grecque traditionnelle et savoureuse, d'autres s'avèrent malheureusement être des «pièges à touristes». Non loin, le quartier à la mode de Psirri (au nord de la place Monastiraki) abrite un grand nombre de restaurants typiques dans lesquels votre glossaire (voir p. 386) vous sera sans doute fort utile !

RECOMMANDÉ

GRANDE-BRETAGNE
€€€€€
PLATEIA SYNTAGMATOS
TÉL. : 210 333 0000
Construit en 1864, le grand hôtel d'Athènes est situé place Syntagma (voir p. 68). Avec sa piscine, sa décoration en marbre, ses équipements modernes et son restaurant panoramique, il a su garder son charme authentique. Parmi les hôtes de marque : les invités du roi Othon, premier roi de Grèce, à l'époque où le Parlement voisin était encore le palais royal, et sir Winston Churchill, qui y séjourna en 1944. Les chambres en façade du dernier étage sont les plus demandées, car elles donnent sur l'Acropole.
341 Syntagma

HILTON
€€€€€
VASILISSIS SOFIAS, 46
TÉL. : 210 728 1000
Tous les services d'un Hilton avec une «touche» grecque. L'hôtel compte plusieurs restaurants réputés et des salons, lieux de rendez-vous agréables pour un café. Pratique pour le quartier de Syntagma, le musée Benaki et le Musée national, mais éloigné de Plaka.
453 Evangelismos

ST. GEORGE LYKAVITTOS
€€€€€
KLEOMENOUS, 2
TÉL. : 210 729 0711
Un établissement luxueux, confortable et bien situé dans l'élégant quartier de Kolonaki. Son excellent restaurant panoramique offre une vue merveilleuse sur la ville.
167 Syntagma

ANDROMEDA ATHENS
€€€€
TIMOLEONDOS VASSOU, 22
TÉL. : 210 641 5000
Dans une artère calme, un hôtel de luxe apprécié des hommes d'affaires pour ses services (fax, ordinateurs...). Son restaurant, **L'Éléphant blanc**, est l'un des meilleurs de la ville (voir p. 349).
42 Evangelismos

ATHENAEUM INTERCONTINENTAL
€€€€
LEOFOROS SYNGROU ANDREA, 89-93
TÉL. : 210 920 6000
Très bel hôtel de la chaîne Intercontinental décoré d'œuvres d'artistes grecs contemporains. Boutiques, bars et restaurants. Non loin du centre à pied.
520 Taxi

PRIX

HÔTELS
Prix indicatifs pour une chambre double sans petit déjeuner.

€€€€€	plus de 300 €
€€€€	de 220 à 300 €
€€€	de 160 à 220 €
€€	de 80 à 160 €
€	moins de 80 €

RESTAURANTS
Prix indicatifs pour un repas sans boisson

€€€€€	plus de 80 €
€€€€	de 50 à 80 €
€€€	de 35 à 50 €
€€	de 20 à 35 €
€	moins de 20 €

DIVANI CARAVEL
€€€€
LEOFOROS VASILEOS ALEXANDROU, 2
TÉL. : 210 720 7000
Un établissement très élégant et moderne, comprenant plusieurs restaurants et souvent choisi par les hommes d'affaires pour ses équipements. Non loin du centre à pied.
470 Evangelismos, ou taxi

DIVANI PALACE ACROPOLIS
€€€€
PARTHENONAS, 19-23
TÉL. : 210 922 2945
Un des hôtels modernes les plus raffinés de la ville, du vaste hall de réception en marbre aux superbes chambres. Bien situé par rapport au centre et à l'Acropole ; bons restaurants à proximité.
253 Taxi

DORIAN INN
€€€
PIREAS, 15-17
TÉL. : 210 523 9782

Un établissement plein d'élégance, à deux pas de la place Omonia. Central et pratique pour visiter le Musée archéologique national. Le jardin sur le toit jouit d'une vue magnifique sur l'Acropole.

146 Omonoia

ELEKTRA PALACE

€€€

NIKODIMOU, 18

TÉL. : 210 337 0000

Un excellent choix à Plaka. L'hôtel, très confortable, offre une piscine panoramique avec vue sur l'Acropole, des chambres avec téléviseur, téléphone et minibar. On peut rejoindre à pied la place Syntagma et les principaux sites touristiques.

106 Syntagma

HERODION

€€€

ROVERTOU GKALLI, 4

TÉL. : 210 923 6832

Cet hôtel élégant se trouve au sud de l'Acropole, à proximité de plusieurs excellents restaurants mais pas tout près de Plaka. Toutes les chambres sont équipées de téléviseur et téléphone. Splendide vue sur le Parthénon depuis la terrasse panoramique.

90 Taxi

HOLIDAY INN

€€€

MICHALAKOPOULOU, 50

TÉL. : 210 727 8000

Situé un peu en dehors du centre-ville, dans le quartier d'Ilissia, cet hôtel confortable possède tous les équipements que vous pouvez attendre d'un Holiday Inn, notamment une piscine (sur le toit) et plusieurs restaurants.

188 Taxi

LEDRA MARRIOT

€€€

SINGROU, 115

TÉL. : 210 930 0000

Proche du centre, ce bel hôtel de la chaîne Marriot offre des chambres claires et spacieuses, et tous les services habituels. Ne manquez pas de goûter à la cuisine de l'excellent restaurant **Kona Kai** (voir p. 349).

258 Taxi

ROYAL OLYMPIC

€€€

ATHANASIOU DIAKOU, 28-34

TÉL. : 210 922 6411

Fort bien situé à deux pas de l'Acropole, cet hôtel qui surplombe l'Olympéion et l'arche d'Hadrien peut sembler quelconque, mais il présente toute une gamme d'équipements et des chambres spacieuses.

304 Syntagma

TITANIA

€€€

PANEPISTIMIOU, 52

TÉL. : 210 330 0111

Un immense hôtel, proche de la place Omonia, avec des chambres bien équipées et un bar panoramique avec vue sur l'Acropole. Non loin à pied de Plaka et du Musée archéologique national.

396 Omonoia

ACHILLEAS

€€

LEKKA 21

TÉL. : 210 323 3197

Tout proche de la place Syntagma, cet hôtel à prix raisonnable a été rénové depuis peu. Toutes les chambres sont spacieuses, impeccables, dotées d'une salle de bains, du téléphone et d'un balcon. Ne vous fiez pas à son apparence banale. Agréable salle de restaurant au rez-de-chaussée.

37 Syntagma

ACROPOLIS VIEW

€€

10, RUE GKALLI/WEBSTER

TÉL. : 210 921 7303

Situé dans une rue calme, non loin de la colline de Philopappos, au sud de l'Acropole, ce bon hôtel offre une belle vue sur le site. Téléphone dans toutes les chambres.

32 Taxi

AE, MC, V

ATHENIAN INN

€€

HARITOS, 22

TÉL. : 210 723 8097

Situé dans une artère calme, au cœur de l'élégant quartier de Kolonaki, cet établissement est fréquenté de longue date par des artistes et des écrivains. Meublées avec goût, les chambres donnent pour certaines sur le Lycabette.

28 Syntagma

ATHEAS ACROPOLE

€€

PIREAS, 1

TÉL. : 210 523 1111

À deux pas de la place Omonia, cet hôtel rénové de catégorie moyenne offre de belles chambres, toutes avec téléphone. Bar, restaurant et salons.

167 Omonoia

LA MIRAGE

€€

KOTOPOULI, 3

TÉL. : 210 523 4755

Sur la place Omonia mais à l'abri du bruit, cet hôtel de catégorie C compte un restaurant, un bar et des salons, des chambres toutes équipées de téléphone et minibar. Pour être au cœur de l'action à un tarif raisonnable.

208 Omonoia

NEFELI

€€

YPERIDOU, 16

TÉL. : 210 322 8044

Idéalement situé à deux pas de Plaka et du centre-ville, ce petit hôtel familial bon marché et confortable offre des chambres (parfois petites) d'une propreté impeccable et un service amical. Fréquenté par de nombreux habitués.

18 Syntagma

AE, V

PHILLIPOS
€€
MITSEON, 3
TÉL. : 210 922 3611
Bon établissement de catégorie intermédiaire, dans le quartier de Makrianni, au sud de l'Acropole, à proximité de plusieurs très bons restaurants. Téléphone et téléviseur dans toutes les chambres.
48 Taxi

PLAKA
€€
KARNIKAREAS, 7
TÉL. : 210 322 2096
Tout proche de la place Mitropoleos, un hôtel élégant, moderne et bien tenu, dans une gamme de prix un peu supérieure à ce qui se pratique à Plaka. Certaines chambres jouissent d'une vue sur l'Acropole, à l'instar du jardin panoramique.
67 Monastiraki

ACROPOLIS HOUSE
€
KODROU, 6-8
TÉL. : 210 322 2344
Installé au cœur de Plaka, dans une belle maison du XIXe siècle joliment restaurée, cet hôtel familial plaira à ceux qui privilégient le charme et le caractère à certaines facilités (baignoires) du confort moderne.
19 Syntagma
V

ADONIS
€
KODROU, 3
TÉL. : 210 324 9737
Hôtel de catégorie moyenne dans une rue piétonne, à l'extrémité de Plaka, non loin de la place Syntagma. Personnel serviable ; salle pour petit déjeuner et bar avec vue sur l'Acropole.
20 Syntagma

ATTALOS
€
ATHINAS, 29
TÉL. : 210 321 2801
Hôtel de catégorie C, simple, propre et bien équipé. Personnel sympathique. Excellente situation proche de Plaka, du marché aux puces et du métro Monastiraki, pratique pour rejoindre le Pirée.
80 Monastiraki

CAROLINA
€
KOLOKOTRONI, 55
TÉL. : 210 324 3551
L'endroit a connu des jours meilleurs mais reste tout à fait acceptable pour ceux dont le budget est limité. Il compte quelques suites. La plupart des chambres sont petites mais propres. La situation centrale est appréciable.
31 Monastiraki
AE, MC, V

EXARCHION
€
THEMISTOKLEOUS, 55
TÉL. : 210 380 0731
Bon marché, à proximité du Musée archéologique national, dans le quartier estudiantin animé d'Exarchia. Beaucoup de chambres avec balcon. Agréable bar/salle à manger panoramique.
49 Omonoia

IDEAL
€
NOTARA, 142, LE PIRÉE
TÉL. : 210 429 4050
Contrairement à beaucoup d'hôtels du Pirée, chers ou miteux, cet établissement offre des chambres très propres à des prix raisonnables. Réservez ici si vous devez passer une nuit au Pirée.
31 Pireas (puis longue marche)/ bus pour l'aéroport AE

KOUROS
€
KODROU, 11
TÉL. : 210 322 7431
Situé dans une rue qui compte plusieurs établissements du même genre, cet hôtel pour petits budgets occupe une ancienne demeure bourgeoise. Il est idéalement situé dans une artère calme mais à deux pas de l'animation de Plaka. Les chambres sont de bonne taille, propres et sans fioritures.
10 Syntagma
N'accepte pas les cartes bancaires

PRIX

HÔTELS
Prix indicatifs pour une chambre double sans petit déjeuner.

€€€€€	plus de 300 €
€€€€	de 220 à 300 €
€€€	de 160 à 220 €
€€	de 80 à 160 €
€	moins de 80 €

RESTAURANTS
Prix indicatifs pour un repas sans boisson

€€€€€	plus de 80 €
€€€€	de 50 à 80 €
€€€	de 35 à 50 €
€€	de 20 à 35 €
€	moins de 20 €

LILIA
€
ZEAS, 131, LE PIRÉE
TÉL. : 210 417 9108
Une situation agréable, à l'écart de l'agitation du front de mer. Les chambres sont propres et confortables. Le port de Marina Zea, depuis lequel hydroglisseurs et catamarans desservent de nombreuses destinations, n'est pas très loin.
17 Pireas (puis taxi conseillé)/ bus pour l'aéroport AE, V

MARBLE HOUSE PENSION
€
ZINNI, 35A
TÉL. : 210 923 4058
Non loin au sud de l'Acropole, un petit hôtel sympathique et bon marché tenu par une équipe très serviable. La moitié des chambres sont des suites, certaines dotées d'un balcon ombragé de vigne vierge.
16 Taxi
N'accepte pas les cartes bancaires

MUSEUM
€
BOUBOULINAS, 16
TÉL. : 210 360 5611
Hôtel tranquille, propre et abordable donnant sur les jardins du Musée archéologique national. Téléphone dans toutes les chambres.
58 Omonoia AE, DC, V

ORION
€
EMMANUEL BENAKI, 105
TÉL. : 210 382 7362
Au cœur du quartier animé d'Exarchia, un hôtel très bon marché, tout à fait acceptable si vous n'êtes pas effrayé par la distance qui le sépare de la station de métro la plus proche.
23 Omonoia
N'accepte pas les cartes bancaires

L'ABREUVOIR
€€€
XENOKRATOUS 51
TÉL. : 210 722 9106
Un restaurant français haut de gamme à Kolonaki où Pavarotti et autres célébrités ont dîné. Un décor élégant, des mets raffinés (spécialités de steaks) et une impressionnante carte des vins.
Syntagma

BOSCHETTO
€€€
PARC EVANGELISMOS
TÉL. : 210 721 0893
Ce charmant restaurant italien situé dans le parc Evangelismos, à la limite de Kolonaki, propose une cuisine inventive à base de produits utilisés en Grèce et en Italie (calmars, épinards, courgettes, fromage) et des spécialités de pâtes fraîches.
Fermé dim., déj. en hiver, & 2 sem. en août

DOURAMBEIS
€€€
ATHENA DILAVERI, 29, LE PIRÉE
TÉL. : 210 412 2092
Ouvert en 1932, ce restaurant tout simple est l'un des plus réputés du Pirée. Vous y dégusterez des plats de poisson frais élaborés à partir de recettes des îles de la mer Égée, dont la délicieuse soupe aux langoustines. Exceptionnel et très cher.
Pireas

ÉLÉPHANT BLANC
€€€
TIMOLEONTOS VASSOU, 22
TÉL. : 210 643 7302
Si vous avez envie de cuisine orientale, c'est au restaurant de l'hôtel **Andromeda** (voir p. 346) qu'il faut venir déguster un plat chinois, indien, thaï, voire polynésien. Très cher.
Fermé tous déj., dim., & juill.-août

ERMOU & ASOMATON
€€€
ERMOU, 137
TÉL. : 210 324 6337
Grand choix de mets internationaux et de recettes locales originales, dont des plats végétariens et des inédits, tels l'anguille fumée et le poulet sauce yaourt, menthe, moutarde et citron. Cadre élégant.
Theseion Fermé déj. lun.-ven.

FAR EAST
€€€
STADIOU, 7
TÉL. : 210 323 4996
Très bon restaurant chinois qui propose aussi, parmi les grands classiques que sont la soupe pimentée, le porc à l'aigre-douce et le canard laqué, des plats japonais et coréens.
Syntagma

GB CORNER
€€€
HÔTEL GRANDE-BRETAGNE, PLATEIA SYNTAGMATOS
TÉL. : 210 333 0000
Ce restaurant dans le grand hôtel **Grande-Bretagne** (voir p. 346), offre toute une gamme de bons plats grecs et internationaux. Piano-bar.
Syntagma

GEROFINIKAS
€€€
PINDAROU, 10
TÉL. : 210 362 2719
Endroit raffiné et secret pour déguster une excellente cuisine aux accents du Moyen-Orient.
Syntagma Fermé les jours fériés

IDEAL
€€
PANEPESTIMIOU, 46
TÉL. : 210 330 3000
Endroit élégant, service attentionné, grand choix de plats, dont le porc à la sauce tomate avec olives, oignons, champignons et fromage, et les crevettes à la feta.
Omonoia Fermé dim.

KIKU
€€€
DIMOKRITOU, 12
TÉL. : 210 364 7033
L'un des meilleurs japonais de la capitale, mais aussi des plus chers, réputé pour ses sushis et ses sashimis préparés par des chefs nippons. Situé dans le quartier de Kolonaki, il est surtout fréquenté par une clientèle de diplomates et d'hommes d'affaires.
Syntagma Fermé dim., & déj.

KONA KAI
€€€
SYNGROU, 115
TÉL. : 210 930 0000
Le restaurant de l'hôtel **Ledra Marriot** (voir p. 347) s'est fait une spécialité de la gastronomie polynésienne, et un décor à l'unisson. Il propose aussi un menu japonais. L'endroit est très fréquenté ; mieux vaut réserver.
Fermé déj. dim. & mi-août.

PIL POUL
€€€
APOSTOLOU PAVLOU/ POULOPOULOU
TÉL. : 210 342 3665
Les quartiers du Theseion et de Psirri regorgent de restaurants offrant une bonne cuisine. Celui-ci jouit en plus d'une vue sur l'Acropole.
Theseion Ouvert tous les soirs, sauf dim.

SYMPOSIO
€€€
ERECHTHIOU, 46
TÉL. : 210 922 5321
Excellente cuisine, atmosphère décontractée, bar nocturne très couru, plats grecs (telles les pâtes au fromage de Metsovo) et internationaux.
Ouvert tous les soirs, sauf dim.

TA NISSIA
€€€
HÔTEL HILTON,
VASILISSIS SOFIAS, 46
TÉL. : 210 725 0201
Situé dans l'hôtel **Hilton** (voir p. 346), ce restaurant excelle dans le poisson frais. Pour commencer, laissez-vous tenter par une « Mezedakia Experience ». Un régal coûteux.
Syntagma

VARDIS
€€€
DELIGIANNI, 66
TÉL. : 210 623 0650
Élégant restaurant de l'hôtel Pentelikon, dans Kifissia, spécialisé dans la cuisine française : homard, filet mignon et divers plats de viande, salades. Animation musicale (piano) le soir. Cher mais vraiment bon.
Kifissia

VAROULKO
€€€
DELIYIORYI, 14, LE PIRÉE
TÉL. : 210 411 2043
Cuisine grecque et internationale originale, plats inattendus telles les feuilles de vigne farcies au poisson. La lotte est la spécialité du chef. Réserver pour éviter d'attendre.
Pireas Fermé tous déj., dim., & août

ALLI SKALA
€€
SERIFOU, 57, LE PIRÉE
TÉL. : 210 482 7722
Restaurant élégant et abordable, patio très agréable où déguster un poisson frais, une viande ou un délicieux plat grec.
Pireas Fermé tous déj.

TO CAFENEIO
€€
LOUKIANOU, 26
TÉL. : 210 722 9056
Restaurant élégant et décontracté à Kolonaki pour se régaler de succulentes spécialités : feuilleté aux épinards, aubergines au four, poulet au citron… Clientèle internationale
Syntagma Fermé dim. & août

AL CONVENTO
€€
ANAPIRON POLIMOU, 4-6
TÉL. : 210 723 9163
L'un des restaurants italiens les plus abordables. Une atmosphère sympathique, des pizzas et des plats de pâtes, dont la spécialité maison : les pâtes aux coquilles Saint-Jacques.
Syntagma Fermé tous déj. et dim.

BOKARIS
€€
SOKRATOUS, 17
TÉL. : 210 801 2589
Dans le quartier à la mode de Kifissia, au nord du centre-ville, ce restaurant réputé propose, sur son agréable terrasse, d'excellentes viandes grillées et du poisson. Bonne carte des vins.
Kifissia Fermé lun.-sam. déj. & août

COSTOYANNIS
€€
ZAIMI, 37
TÉL. : 210 821 2496
Non loin du Musée archéologique, une taverne de caractère qui plaît à tous, hommes d'affaires, étudiants et touristes. Entrées et poissons sont réputés. Le vin de la maison est supérieur à la moyenne.
Omonoia Fermé tous déj. & dim.

FAMAGUSTA
€€
ZAGORAS, 8
TÉL. : 210 778 5229
Beaucoup de restaurants grecs à l'étranger proposent une cuisine chypriote. Celui-ci, à deux pas de l'hôtel Hilton, permet de redécouvrir ces spécialités qui mêlent subtilement saveurs orientales et grecques. Dîner aux chandelles, ambiance musicale.
Syntagma Fermé déj.

KOLLIAS
€€
STRATIGOU PLASTIRA, 3,
LE PIRÉE
TÉL. : 210 462 9620
Établissement réputé du Pirée, spécialisé dans les poissons, des préparations les plus classiques (maquereaux, moules, homard) aux plus inattendues (soupe aux crevettes et à la tomate, poisson-scorpion). Service amical, cuisine inventive.
Pireas Fermé dim., août, & déj. en été

PALIA TAVERNA
€€
MARKOU MOUSOUROU, 35
TÉL. : 210 701 7135
Datant de la fin du XIXe siècle, cette taverne traditionnelle permet de déguster en terrasse une bonne cuisine typique servie avec gentillesse, et souvent dans une ambiance musicale.
Fermé déj. & dim.

PANORAMA
€€
IRAKLIOU 18-20, LE PIRÉE
TÉL. : 210 413 3953
Non loin de l'acropole du Pirée, à l'écart de l'agitation du port, un endroit idéal pour se régaler de poissons frais (rougets, espadon…). Prix raisonnables et vue panoramique.
Pireas

PICCOLINO
€€
SOTIROS, 26/KYDATHINAION
TÉL. : 210 324 6692
Un restaurant qui ressemble assez à ses voisins de Plaka, mais ici le service est particulièrement efficace et la nourriture délicieuse : généreuses portions de tarama, de tzatsiki, d'hoummous, de salades d'aubergines et de pommes de terre.
Syntagma

Hôtel Restaurant Nombre de chambres Métro Parking Horaires Ascenseur

PRUNIER
€€
IPSILANTOU, 63
TÉL. : 210 722 7379
Près de l'hôtel Hilton, un restaurant français pour goûter des spécialités « brasserie », tels le coq au vin et les escargots, et des plats inattendus, comme les cailles à l'origan sauce citron.
Syntagma Fermé déj., dim., & août

XINOS
€€
ANGELOU GERONTA, 4
TÉL. : 210 322 1065
Dans une ruelle de Plaka peu connue des touristes, cette taverne très prisée des Athéniens permet de se régaler dans un charmant jardin, sur fond musical, jusque tard le soir.
Syntagma Fermé tous déj., sam., dim., & hiver

BAKALARAKIA
€
KYDATHINAION, 41
TÉL. : 210 322 5084
Ouverte depuis 1865, la plus ancienne taverne de la ville promet une nourriture simple et authentique. Sa spécialité : la morue à l'ail, un plat qui lui a donné son nom.
Monastiraki Fermé déj. en été N'accepte pas les cartes bancaires

BARBA YANNIS
€
EMMANUEL BENAKI, 94
TÉL. : 210 330 0185
Le service est expéditif, la carte limitée, mais il n'est pas rare de devoir faire la queue pour obtenir une table dans ce restaurant traditionnel où l'on dîne souvent sur fond de musique *live*.
Omonoia Fermé dim. soir & août N'accepte pas les cartes bancaires

RECOMMANDÉ

EDEN
€
PLAKA, 12
TÉL. : 210 324 8858
Le premier restaurant végétarien de la capitale a su s'attirer les faveurs des carnivores grâce à une cuisine si savoureuse qu'ils en oublient l'absence de viande ! Le pain frais est un régal, et le café, servi à volonté.
Monastiraki Fermé mar.

FIVE BROTHERS
€
EOLOU, 3
TÉL. : 210 325 0088
Près de l'Agora romaine, un restaurant où l'on peut dîner en terrasse. Au choix, plusieurs menus fixes avec des portions généreuses et de bonnes grillades. Le vin de la maison se laisse boire, et les serveurs sont particulièrement sympathiques.
Monastiraki

HERMION
€€
PANDROSSOU, 7-15
TÉL. : 210 324 6725
Un restaurant à la réputation bien établie, près du marché aux puces, pour goûter à prix raisonnables les grands classiques de la gastronomie locale. Agréable patio, service soigné.
Monastiraki

KOUKLIS
€
TRIPODON, 14
TÉL. : 210 324 7605
Également connue sous le nom de To Yerani, cette ouzerie réputée propose un grand choix de hors-d'œuvre, dont un délicieux *saganaki* (fromage frit), du tarama, du poisson frit et des saucisses cuisinées à l'ouzo. Agréable terrasse.
Monastiraki

NEON
€
MITROPOLEOS, 3
TÉL. : 210 322 8155
Cet établissement style cafétéria, propre et bon marché, appartient à une chaîne que vous apprécierez sans doute si vous êtes pressé ou si des enfants vous accompagnent et que vous recherchez un endroit pas trop formel. Au menu : des pâtes, des steaks, du poulet et quelques plats grecs.
Syntagma N'accepte pas les cartes bancaires

O PLATANOS
€
DIOGENOUS, 4
TÉL. : 210 322 0666
Un grand classique de la capitale qui a fait quelques concessions au tourisme. Idéalement situé dans Plaka, il offre des tables à l'abri d'un grand platane (auquel il doit son nom).
Monastiraki Fermé dim. N'accepte pas les cartes bancaires

I SAITA
€
KYDATHINAION, 21
Une taverne en sous-sol sans prétention pour une carte classique qui offre parfois de délicieuses surprises, tel le porc dans une sauce crémeuse au céleri. Peintures murales et vin au tonneau.
Syntagma Fermé déj. N'accepte pas les cartes bancaires

RECOMMANDÉ

SIGALAS
€
PLATEIA MONASTIRAKI, 2
TÉL. : 210 321 3036
Inégalable pour goûter un dîner athénien authentique. Sigalas est sur la place Monastiraki, bruissante d'animation. L'ambiance est tout aussi affairée à l'intérieur, aux murs couverts de photos anciennes. Les serveurs, dont certains semblent être là depuis l'ouverture, à la fin du XIXe siècle, s'affairent au milieu des rires et des discussions animées des clients, qui apprécient l'atmosphère détendue. Au menu, de grands classiques de la cuisine grecque à prix doux. Arrivez tôt les soirs de week-end.
Monastiraki Fermé déj. N'accepte pas les cartes bancaires

Non fumeurs Air conditionné Pisc. int. Pisc. ext. Fitness Cartes bancaires acceptées

SOCRATES PRISON
€
MITSEON, 20
TÉL. : 210 922 3434
Restaurant animé, apprécié pour ses plats inventifs tel le porc farci aux légumes, son vin de la maison et ses desserts dont le gâteau aux noix. Possibilité de dîner à l'extérieur.
Syntagma Fermé déj. & août

STROFI
€
ROBERTO GKALLI, 25
TÉL. : 210 921 4130
Du toit, vue sur l'Acropole, et dans les assiettes, les incontournables de la cuisine grecque, dont l'agneau rôti, et un grand choix de hors-d'œuvre. Endroit à juste titre populaire.
Syntagma Fermé déj. & dim.

TAVERNA TOU PSYRRI
€
AISCHYLOU, 12
TÉL. : 210 321 4923
L'un des établissements qui ont contribué à transformer le quartier de Psirri. Le patron est originaire de Naxos, ce que reflètent sa carte à base de délicieux plats de poisson et de viande, et sa cuisine à base de produits frais tout droit venus de son île.
Monastiraki Fermé le soir

VASILAINAS
€
ETOLIKOU, 72, LE PIRÉE
TÉL. : 210 461 2457
Vous trouverez des endroits bon marché au Pirée si vous renoncez au poisson frais, toujours cher en Grèce. Cette taverne, qui a ouvert dans les années 1930, est connue pour son menu de 16 plats, véritable festival de saveurs grecques.
Pireas Fermé déj. & dim.

TO YPOGEIO TIS PLAKAS
€
KYDATHINAION, 10
TÉL. : 210 322 4304
Au cœur de Plaka, ce restaurant en sous-sol, aux murs décorés par le peintre Savakis, offre un choix de plats grecs authentiques (souvlakis, calmars…), arrosés de retsina.
Syntagma Fermé déj.
N'accepte pas les cartes bancaires

ZONAR'S
€
PANEPISTIMIOU, 9
TÉL. : 210 322 6990
Ouvert depuis les années 1930, ce café qui a su conserver une atmosphère authentique propose des repas légers, des en-cas et de délicieuses pâtisseries.
Syntagma

ENVIRONS D'ATHÈNES

AKRA SOUNION

EGEON
€€
AKRA SOUNION
TÉL. : 2292 039200
Un hôtel très agréable à prix modérés, situé juste sur la plage et doté d'un bon restaurant. Idéal pour profiter de la vue sur la baie et sur le fameux temple.
45

ILIAS
€€
AKRA SOUNION
TÉL. : 2292 039114
Pour éviter les restaurants à proximité du temple de Poséidon, poussez jusqu'à cette taverne située sur la plage en contrebas. La vue est certes moins impressionnante mais les prix sont plus doux. Au menu : pas de véritables surprises mais un grand choix de poissons frais.
N'accepte pas les cartes bancaires

MARATHON

GOLDEN COAST
€€€
PLAGE DE MARATHON
TÉL. : 2294 057100
Sur la plage mais proche de Marathon, ce très grand hôtel (quatre piscines, un night-club, des restaurants, des boutiques et des équipements de sports nautiques) est un bon choix pour séjourner près d'Athènes.
543

VOULIAGMENI

ASTIR PALACE
€€€
VOULIAGMENI
TÉL. : 210 890 2000
Un luxueux complexe de trois hôtels, idéalement situé sur la plage… et sur la route de l'aéroport. Nombreux services, dont une liaison quotidienne avec le centre d'Athènes.
571

ARMONIA
€€
ARMONIAS, 1
TÉL. : 210 896 3304
Cet hôtel de classe A avec une vue exceptionnelle sur le golfe Saronique est souvent choisi par les hommes d'affaires pour ses équipements (plusieurs salles de conférence). Dans toutes les chambres : téléviseur, téléphone, air conditionné et ambiance musicale.
116

PRIX

HÔTELS
Prix indicatifs pour une chambre double sans petit déjeuner.

€€€€€	plus de 300 €
€€€€	de 220 à 300 €
€€€	de 160 à 220 €
€€	de 80 à 160 €
€	moins de 80 €

RESTAURANTS
Prix indicatifs pour un repas sans boisson

€€€€€	plus de 80 €
€€€€	de 50 à 80 €
€€€	de 35 à 50 €
€€	de 20 à 35 €
€	moins de 20 €

PÉLOPONNÈSE

ANDRITSENA

THEOXENIA
€
ANDRITSENA
TÉL. : 2626 022219
Seul véritable hôtel que vous trouverez dans ce village de montagne. Les prestations sont simples, les prix modiques. Les chambres, très propres, sont équipées du téléphone et jouissent pour la plupart d'une belle vue sur les montagnes.
28 N'accepte pas les cartes bancaires

O YIORGIS
€
GRAND-PLACE
TÉL. : 2626 022004
Une taverne toute simple où déguster une cuisine traditionnelle à base de délicieux produits frais locaux. Très bons souvlakis, plats de bœuf et préparations au four, tel le savoureux *youvetsi*.
N'accepte pas les cartes bancaires

SIGOURI
€
SOPHOKLEOS
Pour un bon repas roboratif et sans surprise, arrosé de vin de la maison. Parmi les plats du jour : moussaka et tomates farcies.
N'accepte pas les cartes bancaires

KORINTHOS (CORINTHE)

EFYRA
€
ETHNIKIS ANTISTASSEOS, 52
TÉL. : 2741 022434
Corinthe ne fait pas exception à la règle : comme dans plusieurs sites touristiques du Péloponnèse (Olympie, Delphes, Épidaure), les logements convenables sont insuffisants. Cet hôtel-restaurant propre et simple constitue toutefois un choix très correct.
45 N'accepte pas les cartes bancaires

KORONI

AUBERGE DE LA PLAGE
€
PLAGE DE ZANGA
TÉL. : 2725 022401
Toutes les chambres avec balcon offrent une superbe vue sur la baie, la plage et le château, et sont étonnamment bon marché.
48
N'accepte pas les cartes bancaires

OUZERIE KANGELARIOS
€€
FRONT DE MER
TÉL. : 2725 022648
Parfait pour prendre, en début ou en fin de soirée, un ouzo accompagné d'un en-cas original : poissons grillés, crevettes, moules, calmars, poulpes et – plus rares – oursins.
N'accepte pas les cartes bancaires

KITHERA (CYTHÈRE)

YDRAGOGEIO
€€
KAPSALI
TÉL. : 2735 031065
Ce très bon restaurant à la limite de Kapsali a plus d'un atout pour séduire : une vue magnifique, une ambiance musicale, un service agréable et, surtout, une excellente cuisine. Au menu : des plats végétariens (poivrons farcis), des viandes et des poissons grillés, de succulents feuilletés aux épinards et au fromage…
N'accepte pas les cartes bancaires

SOTIRIS
€€
AVLEMONAS
TÉL. : 2735 033922
Sur la place principale du village, cette taverne est idéale pour goûter du poisson fraîchement pêché par les pêcheurs du coin : thon, rougets et autres…
Fermé lun.-ven. & hiver
N'accepte pas les cartes bancaires

MANI (MAGNE)

EOT TRADITIONAL GUESTHOUSES
€€
EOT GUESTHOUSES, VATHIA
TÉL. : 2733 055244
Cette chaîne d'hôtels gérés par l'État propose ici des chambres tout confort dans plusieurs maisons traditionnelles du Magne, datant des XVIIIe et XIXe siècles. Toutes sont pourvues d'un petit balcon.
15 N'accepte pas les cartes bancaires

KARDAMILI BEACH HOTEL
€€
PLAGE DE KARDAMILI, KARDAMILI
TÉL. : 2721 073180
Ouvert toute l'année, cet hôtel est situé dans une station balnéaire populaire, juste sur la plage. La plupart des chambres donnent soit sur la mer, soit sur les montagnes du Magne.
29

LONDAS
€€
AREOPOLI
TÉL. : 2733 051360
Ce confortable hôtel de catégorie A est installé dans une maison traditionnelle restaurée avec goût par les propriétaires, un peintre et un architecte. Réservez, car il y a seulement quatre chambres ! C'est un bon « camp de base » pour visiter la région.
4 N'accepte pas les cartes bancaires

PORTO VITILO HOTEL
€€
KAROVOSTASSI, PRÈS DE NEO ITYLO
TÉL. : 2733 059270
Un hôtel de catégorie B qui prouve parfaitement qu'en Grèce il n'est nul besoin d'être un établissement de luxe pour offrir des chambres confortables et de caractère. Toutes sont dotées de l'air conditionné, de lits à baldaquin, et de balcons donnant soit sur la mer,

Non fumeurs · Air conditionné · Pisc. int. · Pisc. ext. · Fitness · Cartes bancaires acceptées

soit sur la montagne. Un peu à l'écart du village, l'hôtel compte aussi une taverne qui s'avère bien pratique.

24 Chauffage central N'accepte pas les cartes bancaires

AKTAION

€

VASILEOS PAVLOU, 39, GITHIO

TÉL. : 2733 023500

Situé juste sur le front de mer, cet hôtel agréable est installé dans une bâtisse ancienne. Les chambres à l'avant ont une belle vue sur le port et la mer.

24 N'accepte pas les cartes bancaires

KOZIA

€€

VASILEOS PAVLOU, 13, GITHIO

TÉL. : 2733 024086

Une excellente taverne qui offre un grand choix de poissons frais, des viandes, et, moins cher, des plats végétariens et des salades.

LELA'S

€

FRONT DE MER, KARDAMILI

TÉL. : 2721 073541

Une cuisine authentique pour cette taverne familiale dans laquelle la mère est aux fourneaux. Service amical et vue sur la mer.

N'accepte pas les cartes bancaires

NISSI

€€

MARATHONISSI

TÉL. : 2733 022830

Prenez un bateau pour l'île de Marathon et dînez dans cette taverne, à quelques encablures du rivage. Si la cuisine est sans surprise, la moussaka et les calmars sont délicieux.

N'accepte pas les cartes bancaires

KLIMATERIA

€€

PLATEIA POLYTECHNIOU

TÉL. : 2723 031544

L'un des meilleurs restaurants du Péloponnèse, parfait pour se régaler d'une cuisine traditionnelle ou plus inventive. Grand choix de plats végétariens et de vins, poisson frais et homard. Pour tous les goûts et à tous les prix.

Fermé en hiver

METHONI

ACHILLEAS HOTEL

€

METHONI

TÉL. : 2723 031819

Si vous êtes prêt à renoncer à la télévision et au téléphone dans la chambre, ce petit hôtel situé dans une station balnéaire populaire est une aubaine. Chambres propres, ambiance sympathique et décontractée. Sur place, vous trouverez seulement un bar et une salle pour le petit déjeuner, mais la ville n'est pas loin.

13 N'accepte pas les cartes bancaires

MONEMVASSIA

MALVASIA

€€

KASTRO, MONEMVASSIA

TÉL. : 2732 061323

Au cœur de la forteresse de Monemvassia, cet hôtel vous fait faire un voyage dans le temps. Les chambres et les quelques suites sont décorées avec goût.

16

KANONI

€€

RUE PRINCIPALE, VIEILLE VILLE

TÉL. : 2732 061387

Un hôtel aménagé dans une bâtisse du XVIIe siècle, dans la vieille ville. La vue est impressionnante, et la cuisine, délicieuse.

MATOULA

€

KASTRO

TÉL. : 2732 061660

Dans la vieille ville, un restaurant dont la terrasse surplombe la mer et la côte du Péloponnèse. La nourriture – agneau au four, grillades de viande et de poisson – est à la hauteur du décor.

N'accepte pas les cartes bancaires

MIKINES (MYCÈNES)

BYZANTION

€

MISTRAS

TÉL. : 2731 083309

Récemment rénové, cet hôtel modeste, propre et confortable, est idéal pour une visite matinale du site, visible depuis certaines chambres. Vous trouverez dans le voisinage immédiat plusieurs restaurants.

22 MC, V

OREA ELENI

€

15, HR. TSOUNTA

TÉL. : 2751 076225

Un hôtel ouvert de longue date, puisque Heinrich Schliemann y a logé lorsqu'il fouillait le site de Mycènes ! Huit chambres très simples, mais propres. **La Belle Hélène** (voir ci-dessous) est le meilleur restaurant de la ville.

5 Fermé nov.-avril

LA BELLE HÉLÈNE

€€

TÉL. : 2751 076225

Dans l'hôtel **Orea Eleni** (ci-dessus), un bon restaurant avec une carte sans surprise. Légèrement plus cher et nettement meilleur que les tavernes à touristes du coin.

NAFPLIO (NAUPLIE)

XENIA PALACE

€€€

KASTRO ACRONAFPLIAS

TÉL. : 2752 028981

Cet hôtel de la chaîne Xenia, gérée par l'État, surplombe le port, la mer et, au-delà, le Péloponnèse. La balade pour descendre en ville est facile mais, pour remonter, mieux vaut être motorisé. Les chambres sont agréables, quoique anonymes.

96

VYREON
€€
PLATONOS, 2
TÉL. : 2752 022351
Petit hôtel de couleur vive, dans une ruelle tranquille en face de l'église Agios Spiridon. Du charme et du caractère.
17

KING OTHON
€
OTHEAN, 4
TÉL. : 2752 027585
Les chambres de ce modeste hôtel, à l'atmosphère authentique, donnent sur le jardin où est servi le petit déjeuner.
12 Fermé en hiver
AE, MC, V

KAKANARAKIS
€
VASILISIS OLGAS, 18
TÉL. : 2752 025371
À deux rues du front de mer, cette taverne se distingue par ses délicieuses spécialités tels le lapin à la feta et les calmars sauce au vin.

KANARI
€
BOUBOULINAS, 1
TÉL. : 2752 027668
Une taverne authentique, sur le front de mer mais à l'écart du flot des touristes. La nourriture est simple, bonne et pas chère.
Fermé déj.

TA PHANARIA
€
STAIKOPOULOU, 13
TÉL. : 2752 027141
Quel bonheur que la terrasse ombragée de cette taverne ! Au menu : les classiques grecs et des plats végétariens.
N'accepte pas les cartes bancaires

STATHMOS CAFÉ
€
VIEILLE GARE FERROVIAIRE
Quelques snacks, des salades et des hors-d'œuvre. Parfait pour prendre un repas rapide, une bière ou un café.
N'accepte pas les cartes bancaires

ZORBA'S
€
STAIKOPOULOU, 30
TÉL. : 2752 025319
Taverne familiale sympathique (madame est aux fourneaux, son mari dans la salle) et cuisine maison authentique. La moussaka est très réussie.
N'accepte pas les cartes bancaires

OLYMPIA (OLYMPIE)

EUROPA BEST WESTERN
€€
OLYMPIA
TÉL. : 2624 022650
Cet hôtel de catégorie A combine le confort d'une chaîne bien établie et, grâce à une gestion familiale, une vraie personnalité. Tennis, possibilité de randonnées à cheval.
42

PRAXITELES
€
SPILIOPOULOU, 7
TÉL. : 2624 022592
Un petit hôtel bon marché, simple et propre, comme il en existe peu dans cette ville si touristique. Le restaurant (voir ci-dessous) est très bon.
10 AE, V

KLADEOS
€
DERRIÈRE LA GARE
TÉL. : 2624 023322
Dans un environnement charmant, près d'une rivière, ce restaurant régale de longue date une clientèle d'habitués. Beaucoup de choix, dont de succulents et copieux hors-d'œuvre.
Fermé déj.

PRAXITELES
€
SPILIOPOULOU, 7
TÉL. : 2624 023570
Populaire à juste titre auprès des Grecs comme des touristes, le restaurant affiche complet en saison. Salades, stifado, souvlakis, plats du jour et grand choix de hors-d'œuvre.

PATRA (PATRAS)

RANNIA
€
RIGA FEREOU, 53
TÉL. : 261 022 0114
Situé sur une petite place à l'écart de l'animation du port, cet hôtel calme et bien tenu propose des chambres simples.
30

PHAROS
€€
AMALIAS, 48
TÉL. : 261 033 6500
Dans tous les ports, vous trouverez un restaurant dénommé « Le Phare ». Celui-ci, particulièrement bon, offre un choix de plats traditionnels, mais il serait dommage de ne pas goûter au poisson, apporté chaque jour par les pêcheurs.

EVANGELATOS
€
AGIOU NIKOLAOU, 40
TÉL. : 261 027 7772
Dans la rue principale qui va du front de mer au château, ce restaurant traditionnel ouvert de longue date donne à goûter les grands classiques de la cuisine grecque. Service soigné.
Fermé déj.

PILOS (PYLOS)

DIETHNES
€€
PARALIA
Sur le port, une taverne parfaite où déguster du poisson frais – peut-être des rougets ou de l'espadon ? – ou un plat cuisiné.

O GRIGORIS
€
PLACE PRINCIPALE
TÉL. : 2723 022621
Ce beau restaurant, construit avec des matériaux traditionnels, possède une agréable cour ombragée. Il est réputé pour ses grillades (porc, poulet) et pour ses ragoûts (*stifado*).
N'accepte pas les cartes bancaires

SPARTI (SPARTE)

MANIATIS
€
PALEOLOGOU, 72
TÉL. : 2731 022665
Cet hôtel confortable mais sans grand charme est l'un des rares dans le centre de Sparte. Un bon choix plutôt pour visiter Mystra que pour passer ses vacances.
80

DIETHNES
€
PALEOLOGOU, 105
TÉL. : 2731 028636
Les habitués et les rares touristes qui se sont aventurés jusque-là prennent place dans le jardin ombragé pour apprécier une cuisine traditionnelle et sans surprise.
N'accepte pas les cartes bancaires

GRÈCE CENTRALE, THESSALIE & ÉPIRE

ARAHOVA

APOLLON
€
DELFON, 20
TÉL. : 2267 031427
Géré par une équipe sympathique, ce petit hôtel qui pratique des prix raisonnables propose des chambres propres et agréables. Parfait pour visiter Delphes et la région du Parnasse.
10

KARATHANASSI
€
DELFON, 56
TÉL. : 0267 31360
Également connue sous le nom de **Barba Yannis**, cette taverne familiale offre une bonne sélection de boissons et de mets (délicieux agneau) locaux. Vous dînerez bien mieux ici qu'à Delphes.
Fermé déj. en été
N'accepte pas les cartes bancaires

O SAKIS
€
DELFON, 51
TÉL. : 2267 031511
Située dans la rue principale, cette vieille taverne propose de roboratives spécialités montagnardes : solides ragoûts, grillades (chèvre et agneau). Bonnes salades et vin de la maison.
Fermé une partie de l'été

DELFI (DELPHES)

OLYMPIC
€€
FREDERIKIS, 57
TÉL. : 2265 082780
Situé non loin du site archéologique et de plusieurs bons restaurants, cet hôtel désuet et plein de charme offre une vue magnifique. Parfait pour une visite matinale du sanctuaire.
20

VARANOS
€
FREDERIKIS, 27
TÉL. : 2265 082345
Géré par une famille sympathique, ce petit hôtel bon marché offre des chambres simples et propres, avec une très belle vue. Le site archéologique est facilement accessible à pied.
10

INIOCHOS
€€
FREDERIKIS, 19
TÉL. : 2265 082710
Une vue exceptionnelle sur la vallée et une carte variée (moules, poisson frais, agneau, desserts…) : cet établissement sort vraiment du lot !
N'accepte pas les cartes bancaires

TAVERNA ARAHOVA
€
FREDERIKIS, 50
TÉL. : 2265 082452
Une taverne minuscule et typique pour déguster à prix raisonnables quelques plats simples et savoureux – essentiellement des grillades et des salades préparés à partir de produits frais, tout droit sortis du jardin du propriétaire.
Fermé déj.
N'accepte pas les cartes bancaires

PRIX

HÔTELS
Prix indicatifs pour une chambre double sans petit déjeuner.

€€€€€	plus de 300 €
€€€€	de 220 à 300 €
€€€	de 160 à 220 €
€€	de 80 à 160 €
€	moins de 80 €

RESTAURANTS
Prix indicatifs pour un repas sans boisson

€€€€€	plus de 80 €
€€€€	de 50 à 80 €
€€€	de 35 à 50 €
€€	de 20 à 35 €
€	moins de 20 €

IOANINA

OLYMPIC
€€
MELANIDI, 2
TÉL. : 2651 025147
Un bon établissement ouvert de longue date, très bien situé pour découvrir les principaux centres d'intérêt de la ville. Les chambres sont propres et claires, toutes équipées de téléviseur, téléphone et minibar.
51
N'accepte pas les cartes bancaires

GASTRA
€€
À 1,5 KM DE L'AÉROPORT
TÉL. : 2651 061530
Situé sur la route de l'aéroport, juste avant l'embranchement pour Igoumenitsa, ce restaurant propose des spécialités régionales, parmi lesquelles la viande cuite dans une marmite en fer *(gastra)* couverte de charbons ardents ou de bois. La cuisson est longue, mais le résultat, absolument divin.
Fermé lun.

TO KOURMANIO

€

PLATEIA GIORGIOU, 16

TÉL. : 2651 038044

Un charmant petit restaurant très fréquenté par les autochtones. Le choix des plats est limité, mais tous sont savoureux, et les portions, généreuses ; essayez les souvlakis et les poivrons Florina.

N'accepte pas les cartes bancaires

TO MANTEIO

€

PLATEIA GIORGIOU, 15

TÉL. : 2651 025452

Une taverne absolument pas touristique qui propose des spécialités locales : poivrons mijotés, aubergines, fromages (dont du roquefort frit) et *tsoutsoukakia* (saucisses épicées et un peu sucrées).

RECOMMANDÉ

PAMVOTIS

€

NISSI

TÉL. : 2651 081081

Cette petite île sur le lac est l'un des endroits les plus agréables pour dîner à Ioanina. On y trouve plusieurs bons restaurants de poisson, mais Pamvotis est le plus ancien et sans doute le meilleur. Dans un cadre à la fois simple et romantique, vous pourrez déguster un poisson grillé que vous aurez au préalable choisi dans l'aquarium. Si c'est une truite, elle proviendra de l'une des fermes d'élevage des environs, car, dans le lac, elles se font de plus en plus rares.

METEORA (MÉTÉORES)

EDELWEISS

€€

VENIZELOU, 3, KALAMBAKA

TÉL. : 2432 023966

Un agréable hôtel avec piscine, dans une localité proche des monastères des Météores, que l'on peut même apercevoir depuis certaines chambres.

56

MC, V

METEORA

€

PLATIA DIMARCHIOU, KALAMBAKA

TÉL. : 2432 022316

Une taverne familiale toute simple où déguster une bonne cuisine classique. Excellente moussaka, grand choix de viandes grillées.

Fermé en hiver

N'accepte pas les cartes bancaires

METSOVO

EGNATIA

€

TOSITSA, 19

TÉL. : 2656 041900

Situé dans la rue principale, ce petit hôtel construit dans des matériaux traditionnels (bois, pierre) abrite aussi un très bon restaurant. Certaines chambres ont vue sur la montagne.

36

GALAXY

€

PLACE PRINCIPALE

TÉL. : 2656 041123

Cet agréable hôtel familial, situé au cœur de la ville, est décoré dans le style régional. Il abrite un restaurant tout à fait recommandé (voir ci-dessous).

10

MC, V

GALAXY

€

PLACE PRINCIPALE

TÉL. : 2656 041123

Le restaurant de l'hôtel qui donne sur la place principale (voir ci-dessus) propose une cuisine montagnarde traditionnelle préparée avec des produits locaux (fromages, vins). Roboratif et généreux !

METSOVITIKO SALONI

€

TOSITSA

TÉL. : 2656 042142

Un agréable restaurant dont la véranda surplombe la rue principale. Décor et cuisine de montagne traditionnels, avec notamment du gibier.

NAFPAKTOS (NAUPACTE)

NAFPAKTOS

€€

KORYDALIOU, 4

TÉL. : 2634 029551

Hôtel impeccable et bien situé sur le port. Toutes les chambres possèdent un balcon et certaines ont vue sur la mer.

50

PARGA

PARADISSOS

€

PLATEIA AGIO NIKOLAOS

TÉL. : 2684 031229

Installé dans une vieille bâtisse restaurée, sur l'une des places les plus agréables de la ville, cet hôtel sympathique se situe à quelques minutes à pied du port, des bons restaurants et de la meilleure plage de Parga.

19

FLISVOS

€

MAVROYENOUS, 10

TÉL. : 2684 031624

Derrière la forteresse, à l'écart de l'agitation du front de mer, cette taverne a plus d'un atout pour séduire : du bon poisson, un service efficace, des prix raisonnables et une vue imprenable.

Fermé en hiver

PILION (PÉLION)

ARCHONTIKO MOUSLI

€-€€

MAKRINITSA

TÉL. : 2428 099250

(bureau central)

Il est indispensable de réserver pour passer ne serait-ce qu'une

nuit dans ces maisons traditionnelles du Pélion, pleines de charme, décorées de meubles et objets anciens. Une expérience inoubliable.
7 N'accepte pas les cartes bancaires

EFTIHIA
€€
AGIOS IOANIS
TÉL.: 2426 031150
Situé sur la route menant à la station balnéaire d'Agios Ioanis, cet hôtel construit dans un style traditionnel abrite aussi un restaurant. Vue sur les flots bleus et davantage de calme que sur le front de mer.
15 Fermé de fin sept. à mai

OSTRIA TAVERNA
€
AGIOS IOANIS
TÉL.: 2426 031331
Incontestablement le meilleur restaurant de spécialités gastronomiques du Pélion. Goûtez au fameux ragoût de lapin.
Fermé mar.-jeu. déj. & hiver

VOLOS

PHILIPPOS
€€
SOLONOS, 9
TÉL.: 2421 037607
Un hôtel moderne et bien équipé, sur la place principale, au centre de Volos. Pratique pour prendre le bateau et pour visiter la région. Certaines chambres ont vue sur la mer.
39 N'accepte pas les cartes bancaires

ZAGORIA

DIAS
€€€
PAPINGO
TÉL.: 2653 041257
Un minuscule hôtel, propre et très simple, construit en matériaux traditionnels dans un petit village à l'écart des sentiers battus. Idéal pour ceux qui veulent effectuer des randonnées dans les gorges de Vikos et dans les montagnes de la Zagoria.
5 V

SAXONIS HOUSES
€€
DASKA, 11, MEGALO PAPINGO
TÉL.: 2653 041615
Un ensemble de maisons traditionnelles reconverties en un hôtel raffiné. Luxueuses prestations (décoration, cheminées) et prix élevés.
10
N'accepte pas les cartes bancaires

KATERINA'S ART
€
GORGE DE NEA VIKOS
TÉL.: 2653 061233
Installé dans une vieille bâtisse, cet étonnant restaurant propose des spécialités gastronomiques locales, au nombre desquelles un riche gibier.
N'accepte pas les cartes bancaires

MONODENDRI PENSION & RESTAURANT
€
MONODENDRI
TÉL.: 2653 061233
Fréquenté par les randonneurs qui explorent la région, cet endroit est agréable et sans grande surprise. Au menu : grillades, moussaka, salades.
N'accepte pas les cartes bancaires

MACÉDOINE & THRACE

ALEXANDROUPOLI

ALKYON
€
MOUDANION, 1
TÉL.: 2551 023593
Un petit hôtel sympathique, simple et bon marché avec vue sur la mer. De conception moderne, il dégage néanmoins une atmosphère traditionnelle grâce à son mobilier ancien.
32

KLIMATARIA
€
POLYTECHNIOU, 18
TÉL.: 2551 026288
Cette taverne qui se trouve sur une place animée occupée par plusieurs restaurants est l'une des meilleures pour déguster du poisson. La carte affiche aussi tous les plats traditionnels et des spécialités moins communes, telle la chèvre au four. Bonne sélection de vins locaux.

CHALKIDIKI (CHALCIDIQUE)

EAGLES PALACE
€€€
OURANOPOLI
TÉL.: 2377 031047
Situé sur un terrain planté d'arbres, ce très beau quatre-étoiles propose une piscine, des courts de tennis, des bars, des restaurants et même un superbe yacht. La plupart des chambres donnent sur la mer et/ou sur la péninsule du mont Athos. L'un des meilleurs établissements de la région.
167

SKITES
€€€
OURANOPOLI
TÉL.: 2377 071140
Idéal pour qui recherche un environnement calme, ce bel hôtel, à la fois luxueux et décontracté, consiste en une série de maisonnettes dotées de balcons, disséminées dans un parc boisé. Excellent restaurant.
21

KOSTIS
€€
NEA FOKEA
TÉL.: 2374 081379
Une carte inventive (délicieuse salade d'aubergine) et, en permanence, du poisson frais. La spécialité maison? Les beignets de cabillaud sauce à l'ail. Un régal.

TA PEFKA
€
NEOS MARMARAS
FRONT DE MER
TÉL. : 2375 071763
Juché sur une colline plantée de pins, ce restaurant offre une nourriture délicieuse à des prix très raisonnables. Beaucoup de produits de la mer (sardines, salade de poulpes, poissons du jour) et des plats plus inhabituels : moules en sauce, fromage frit *(saganaki)*.
Fermé une partie de l'hiver

TORONEOS
€
PEFKOHORI
TÉL. : 2374 061495
Essayez le pain préparé selon une recette spéciale ainsi que des plats originaux, tels les calmars farcis à la feta et à la coriandre, les poivrons sautés, la citrouille… Service amical.
Fermé en hiver

KASTORIA

ORESTION
€
PLATEIA DAVAKI, 1
TÉL. : 2467 022257
À deux pas de la vieille ville, un petit hôtel bon marché géré par une équipe sympathique. Chambres propres et confortables, bar et salle pour le petit déjeuner.
20

TSAMIS
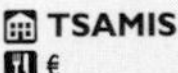
€
KOROMILA, 3
TÉL. : 2467 085334
Moderne et néanmoins désuet, cet hôtel est un peu à l'écart du centre, dans un environnement agréable. Téléphone dans toutes les chambres. Bar, restaurant, activités sportives. Vue sur le lac et sur la ville.
80

OMONOIA
€
PLATEIA OMONOIA
TÉL. : 2467 023964
En bordure d'une petite place animée, ce restaurant est parfait pour observer le spectacle de la rue et déguster de bonnes spécialités. Goûtez à la soupe préparée avec les poissons pêchés dans le lac.
N'accepte pas les cartes bancaires

KAVALA

GALAXY
€€€
VENIZELOU, 27
TÉL. : 251 022 4521
Juste sur le port, un très bon hôtel moderne doté de chambres spacieuses. Situation pratique pour accéder aux ferries et aux principaux centres d'intérêt de la ville, notamment les restaurants du front de mer.
149

LUCY
€€
PLAGE DE KALAMITSA
TÉL. : 251 024 2830
Le lieu de séjour rêvé pour qui veut profiter du bord de mer : on est ici sur la plus belle plage de Kavala. Moderne et confortable, l'hôtel affiche des prix inférieurs à ceux du centre-ville.
217

PANOS ZAFIRA
€€
KARAOLI DIMITRIOU, 20
TÉL. : 251 022 7978
Proche du port, ce restaurant de poisson jouit d'une excellente réputation. Au menu : les prises du jour (rouget, poulpe, etc.) et des plats plus rares.

KOMOTINI

RODOPI
€€
ETHN MAKARIOU, 3
TÉL. : 2531 035988
Un hôtel plein de caractère qui doit son nom au massif du Rhodope voisin. Installé dans une maison traditionnelle de Thrace, il offre néanmoins de vastes chambres avec balcon.
18
N'accepte pas les cartes bancaires

LITOHORO

MYRTO
€
AGIOS NIKOLAOS, 5
TÉL. : 2352 081398
Non loin du centre-ville, cet hôtel, moderne et relativement bon marché, a des chambres de bonne taille et un agréable restaurant. Il constitue un bon point de départ pour visiter la région de l'Olympe. Personnel serviable.
31

DAMASKINIA
€
KONSTANTINOU, 4
TÉL. : 2352 081247
Cette taverne familiale animée est souvent bondée le week-end. Simple et roborative cuisine traditionnelle ; barbecues de viande et de poisson en été.
N'accepte pas les cartes bancaires

PRESPA, LACS DE

PARADOSI
€
PSARADES
Cette taverne de poisson dans le petit village de pêcheurs de Psarades offre tout à la fois un cadre ravissant et une excellente nourriture.
N'accepte pas les cartes bancaires

THESSALONIKI (THESSALONIQUE)

MAKEDONIA PALACE
€€€€
MEGALOU ALEXANDROU, 2
TÉL. : 231 089 7197
Situé dans une rue tranquille à deux pas du centre, le meilleur hôtel de la ville offre des chambres avec balcon – et vue sur la mer pour la plupart.
287

AMALIA
€
ERMOU, 33
TÉL. : 231 026 8321
Un hôtel moderne, central, à

prix raisonnables, pourvu de grandes chambres, toutes avec téléphone, certaines avec balcon. Parfois bruyant.
66

PARK
€
DRAGOUMI, 81
TÉL. : 231 052 4121
Tout prêt du centre mais dans un environnement assez calme, ce petit hôtel de catégorie moyenne offre tout le confort nécessaire. Personnel serviable.
56

KAVOS
€€€
NIKIFOROS PLASTIRAS, 81
TÉL. : 231 043 0475
Ce restaurant de poisson passe pour le meilleur de la ville parmi la population locale. C'est aussi le plus cher. Le décor est sans fioriture, et le poisson, d'une fraîcheur irréprochable, impeccablement préparé.

ARISTOTELEOUS OUZERIE
€€
ARISTOTELEOUS, 8
TÉL. : 231 023 0762
Cachée dans un passage, cette ouzerie branchée offre de succulents plats grecs, avec un petit quelque chose en plus. Au menu : seiche farcie à la feta ou délicieuse purée épicée à base de feta, poivrons et tomates.
Fermé dim. soir

TA NISSIA
€€
PROXENOU KOROMILAN, 13
TÉL. : 231 028 5991
Impossible de manquer cette maison bleu et blanc, située dans une rue en retrait du front de mer. Originale et inventive, la carte propose des crevettes au bacon, du lièvre aux oignons, de la tarte aux coings et aux noix…

TA KOUBARAKIA
€
EGNATIA, 140
TÉL. : 231 027 1905
À l'abri de l'animation de la rue, derrière une église byzantine, un endroit tout simple où le choix des mets est restreint. Mais les portions sont généreuses et les serveurs sympathiques.
N'accepte pas les cartes bancaires

TO MAKEDONIKO
€
GIORGIOU PAPADOPOULOU, 32
TÉL. : 231 062 7438
Située dans la ville haute (quartier d'Eptapyrgiou), cette taverne populaire offre une carte limitée et de bons plats du jour.
Fermé mar. N'accepte pas les cartes bancaires

STRATIS
€
NIKIS, 19
TÉL. : 231 027 9353
Sur le front de mer, ce restaurant moderne est particulièrement fréquenté le dimanche au déjeuner. Nourriture traditionnelle et portions généreuses, grande carte des vins et bières importées. Service soigné.

THANASIS
€
MODIANO KOMNENOU, 32
TÉL. : 231 027 4170
Difficile de faire plus authentique que cette vieille taverne près du marché, fréquentée par des habitués en quête d'une bonne cuisine maison. Y prendre un repas constitue une véritable expérience !
N'accepte pas les cartes bancaires

XANTHI

SISSY
€
LEFKIPOU, 14
TÉL. : 2541 023242
Un hôtel très central qui pratique des prix raisonnables. Chambres spacieuses, confortables, avec, pour certaines, une belle vue sur la ville.
27
N'accepte pas les cartes bancaires

PRIX

HÔTELS
Prix indicatifs pour une chambre double sans petit déjeuner.

€€€€€	plus de 300 €
€€€€	de 220 à 300 €
€€€	de 160 à 220 €
€€	de 80 à 160 €
€	moins de 80 €

RESTAURANTS
Prix indicatifs pour un repas sans boisson

€€€€€	plus de 80 €
€€€€	de 50 à 80 €
€€€	de 35 à 50 €
€€	de 20 à 35 €
€	moins de 20 €

EUBÉE

APOLLON SUITES
€€€
KARISTOS
TÉL. : 2224 022045
Un hôtel de petite taille, moderne et élégant, qui consiste en une série de plusieurs suites disséminées sur un vaste terrain surplombant la mer. Équipements pour les sports nautiques. Un endroit calme et vraiment agréable.
36

O GOUVERIS
€€
BOUDOURI, 22, HALKIDA
TÉL. : 2221 025769
À Chalcis, une taverne sur le front de mer qui propose une bonne sélection de poissons et de fruits de mer : brèmes, soles, homard, langoustines, coquillages… et bien sûr, le produit de la pêche du jour. Grand choix de plats aussi bien végétariens qu'à base de viande.
N'accepte pas les cartes bancaires

KAVO D'ORO
€€
PARAODOS SACHTOURI, KARISTOS
TÉL. : 2224 022326

Cette taverne sur la place principale jouit de longue date d'une excellente réputation. Plats typiques de l'Eubée, souvent cuisinés à l'huile d'olive *(ladera)*, et notamment des ragoûts de viandes et de légumes arrosés de vins locaux.
Fermé en hiver N'accepte pas les cartes bancaires

PYROFANI
€
LIMNI
TÉL. : 2227 031640
Cette ouzerie à proximité de la place principale est réputée pour ses spécialités de fruits de mer, telles les crevettes au four. Vous pourrez y déguster du homard à un prix raisonnable.
N'accepte pas les cartes bancaires

ÎLES DU SARONIQUE

EGINA (ÉGINE)

EGINITIKO ARCHONTIKO
€
EGINA
TÉL. : 2297 04968
Installée dans une bâtisse traditionnelle datant de 1820, cette pension vaut plus pour son atmosphère que pour la qualité des chambres, au demeurant tout à fait acceptables, étant donné la situation très centrale du lieu, qui compte aussi deux cours et un agréable jardin aménagé sur le toit.
12

KOSTAS
€
AGIA MARINA
TÉL. : 2297 032424
Si vous allez à Agia Marina pour visiter le temple d'Athéna voisin, ne manquez pas de vous arrêter dans cette taverne dotée d'un agréable jardin et proche de la plage. Carte classique, service sympathique.
Fermé en hiver N'accepte pas les cartes bancaires

IDRA (HYDRA)

BRATSERA
€€€
TOMBAZI, IDRA
TÉL. : 2298 053971
Très bel hôtel installé dans une ancienne fabrique d'éponges, non loin du port. Le bâtiment, datant de 1860, a été transformé avec goût et décoré dans le style traditionnel. Jardin, piscine, restaurant.
14

KONDYLENIA'S
€€
ROUTE CÔTIÈRE
ENV. 1 KM À L'OUEST D'IDRA
TÉL. : 2298 053520
Cette taverne offre une vue splendide sur de merveilleux couchers de soleil. La carte est tout aussi impressionnante, et les gourmets de l'île s'y retrouvent pour déguster par exemple des calmars, des crevettes ou du poisson grillé.
Fermé une partie de l'hiver N'accepte pas les cartes bancaires

O KIPOS
€€
PRÈS DU STADE, IDRA
TÉL. : 2298 052329
À l'écart des établissements du port, généralement plus chers, ce restaurant populaire, installé dans un jardin ombragé, propose des spécialités de viandes, dont de l'agneau en croûte ou de la chèvre. Vous trouverez aussi à la carte du poisson et des plats végétariens.
Fermé déj. & hiver

TO STEKI
€€
MIAOULI, IDRA
TÉL. : 2298 053517
Une taverne ouverte toute l'année, fréquentée par les insulaires l'hiver, les touristes l'été. L'endroit est charmant, avec ses murs ornés de peintures. Au menu : du poisson frais et quelques plats du jour.
N'accepte pas les cartes bancaires

XERI ELIA
€
DERRIÈRE LA PLACE PRINCIPALE, IDRA
TÉL. : 2298 052886
Dissimulée dans une rue étroite non loin du restaurant O Kipos (voir plus haut), cette taverne traditionnelle propose une carte toute simple. La cuisine est délicieuse, le service amical, et les tables sont installées dans un agréable jardin.
N'accepte pas les cartes bancaires

POROS

CARAVELLA
€
PARALIA
TÉL. : 2298 023666
Sur le front de mer, sympathique taverne très fréquentée. La carte est des plus classiques mais tout est préparé avec soin : moussaka, souvlakis, poissons, poulpes, *stifado*…

MARIDAKI AEGINA
€
DIMOKRATIAS
TÉL. : 2297 025869
Situé sur le front de mer, ce café-restaurant animé satisfera tous les appétits et toutes les bourses : salades, omelettes, poulpe grillé ou moussaka à prix modérés, et poisson frais, bien plus cher.
N'accepte pas les cartes bancaires

SPETSES (SPETSAI)

NISIA
€€€
DAPIA
TÉL. : 2298 075000
Seul hôtel de luxe dans l'île, le Nisia offre vingt chambres et dix suites réparties dans une ancienne usine datant du XIXe siècle. Superbement réaménagé, le lieu abrite aujourd'hui de très beaux jardins, une magnifique piscine, une aire de jeu pour les enfants et un excellent restaurant.
30

POSSIDONION
€€€
FRONT DE MER, SPETSES
TÉL. : 2298 072308
Hôtel désuet et plein de charme, avec une superbe vue sur le port et le continent.
52

EXEDRA
€€
PALEO LIMANI, SPETSES
TÉL. : 2298 073497
Ce restaurant du vieux port affiche des prix élevés mais propose une cuisine originale de grande qualité, avec des spécialités de fruits de mer, tel l'*argo*, un ragoût de crevettes et de homard à la feta.

PANA'S
€
LIGONERI
TÉL. : 2298 073030
Ce restaurant est situé dans un village à quelques kilomètres à l'ouest de la ville principale. Certains soirs, lorsque le patron joue du bouzouki, l'ambiance est très animée. Les autres jours, vous êtes aussi assuré de passer une bonne soirée, car la cuisine est savoureuse, et la vue sur la mer, magnifique.
N'accepte pas les cartes bancaires

LIRAKIS
€
PORT PRINCIPAL, SPETSES
TÉL. : 2298 072188
Installé au-dessus du supermarché du même nom, ce restaurant propose une carte variée : omelettes, *briam* (sorte de ratatouille) ainsi que des plats de viande et du poisson frais.
Fermé en hiver

SPORADES

ALONISSOS

ASTROFENGIA
€
VIEILLE VILLE, ALONISSOS
TÉL. : 2424 065182
Une vue magnifique et une atmosphère animée : voilà ce que vous réserve le meilleur restaurant de la vieille ville. Au menu, des plats simples, comme des tomates farcies et du poisson grillé, ou des préparations plus sophistiquées, par exemple les cœurs d'artichaut à la crème et à l'aneth.
Fermé déj.

TO KAMAKI
€€
IKION DOLOPON, PATITIRI
TÉL. : 2424 065245
À quelques rues du port, cette ouzerie est le meilleur endroit pour manger à Patitiri. La carte, très complète, propose de nombreux plats de fruits de mer, dont des moules au four et des calmars farcis. Vous pouvez choisir de commencer ici la soirée en grignotant quelques hors-d'œuvre accompagnés d'un ouzo, ou mieux, de faire un repas complet.
Fermé lun. midi
N'accepte pas les cartes bancaires

SKIATHOS

ATRIUM
€€€€
PLATANIAS
TÉL. : 2427 049345
Un nouvel établissement élégant, admirablement situé sur une colline boisée. Les vastes chambres avec balcon donnent sur la mer Égée, tout comme la piscine olympique. Restaurant, bar et sports nautiques.
75

ASPROLITHOS
€€
MAVROYIALI, SKIATHOS
TÉL. : 2427 023110
Une taverne traditionnelle de bon standing pour goûter d'excellents grands classiques (dont une moussaka des plus légères). Les spécialités telles les crevettes aux artichauts sont plus chères.
Fermé déj.
N'accepte pas les cartes bancaires

PRIX

HÔTELS
Prix indicatifs pour une chambre double sans petit déjeuner.

€€€€€	plus de 300 €
€€€€	de 220 à 300 €
€€€	de 160 à 220 €
€€	de 80 à 160 €
€	moins de 80 €

RESTAURANTS
Prix indicatifs pour un repas sans boisson

€€€€€	plus de 80 €
€€€€	de 50 à 80 €
€€€	de 35 à 50 €
€€	de 20 à 35 €
€	moins de 20 €

KAMPOURELI OUZERIE
€€
PARALIA, SKIATHOS
TÉL. : 2427 021112
Un lieu animé où grignoter des mézès (amuse-gueule, équivalent grec des *tapas* espagnoles, composés de calmars, d'olives, etc.) en sirotant un ouzo. Il est aussi possible de prendre un repas plus copieux.
N'accepte pas les cartes bancaires

WINDMILL
€€
SKIATHOS
TÉL. : 2427 024550
Au sommet de la colline orientale de la ville, cet établissement élégant offre une cuisine à la hauteur de son cadre, des préparations originales, tels le poulet épicé au bourbon ou les poires pochées.
N'accepte pas les cartes bancaires

SKIROS

NEFELI
€€
SKIROS
TÉL. : 2222 091964
Situé à la limite de la ville, cet établissement à l'architecture traditionnelle propose certes

des chambres d'hôtel, mais aussi des appartements à louer, dont certains avec vue sur la mer. Réservation indispensable.
14

KRISTINA'S RESTAURANT
€€
SKIROS
TÉL. : 2222 091897
Dans son restaurant, Kristina l'Autrichienne apporte une touche de modernité aux plats grecs classiques. Beaucoup de plats végétariens, plusieurs sortes de pains et une spécialité : la fricassée de poulet.
Fermé déj.

SKOPELOS

ANATOLI OUZERIE
€
SKOPELOS
Ni téléphone ni adresse. Grimpez sur la colline et demandez : les autochtones sauront vous indiquer l'endroit. Cette petite ouzerie, qui offre d'excellents mézès, est essentiellement fréquentée par la population locale. Musique *live* jusque tard dans la nuit.
Fermé déj. & hiver

MOLOS
€
SUR LE PORT DE SKOPELOS
TÉL. : 2424 022551
Comme d'autres restaurants du front de mer, celui-ci propose une bonne nourriture grecque à prix modérés. Il a aussi à sa carte du poisson frais, des viandes grillées et de délicieux plats mijotés.
Fermé une partie de l'hiver **N'accepte pas les cartes bancaires**

TAVERNA T'AGNANTI
€
GLOSSA, SKOPELOS
TÉL. : 2424 033606
Une petite taverne familiale sans prétention, comme on en trouve si souvent dans les îles. Les sympathiques hôtes créent une atmosphère très agréable et vous régalent de plats bien préparés et bon marché : calmars, grillades, moussaka…
N'accepte pas les cartes bancaires

ÎLES DU NORD-EST DE LA MER ÉGÉE

HIOS (CHIOS)

HÔTEL KYMA
€
EVGENIOU CHANDRI, 1, HIOS
TÉL. : 2271 044500
Installé dans une bâtisse datant de 1917 et restaurée avec goût, ce charmant petit hôtel familial, confortable et bon marché, surplombe la mer. Essayez d'obtenir une chambre avec vue sur les flots.
59

APOLAISI
€€
AGIA ERMIONI
TÉL. : 2271 031359
Située dans un village de pêcheurs, à une dizaine de kilomètres de la ville de Hios, cette excellente taverne qui domine la mer vaut le déplacement. Vous y dégusterez un poisson frais en admirant la vue.
Fermé déj.

TAVERNA HOTZAS
€
STEFANOU TSOURI, 74, HIOS
TÉL. : 2271 042787
Véritable institution, la plus ancienne taverne de la ville est un *must*. Elle n'est pas facile à trouver, mais tout le monde pourra vous l'indiquer. Les tables sont installées dans un charmant jardin, royaume des poules et des chats des propriétaires. Un choix de plats simples et rustiques – poissons grillés, aubergines frites… –, arrosés de retsina de la maison.
N'accepte pas les cartes bancaires

O MORIAS STA MESTA
€
PLACE CENTRALE, MESTA
TÉL. : 2271 076400
Ce village médiéval, où l'on produit encore du mastic, mérite vraiment une visite. Ce sera l'occasion de goûter, dans cette petite taverne située sur la place, à des spécialités locales comme les cristes-marines au vinaigre *(kritamo)* ou le vin de raisins secs, doux et épais.

THEODOSIOU OUZERIE
€
PARALIA, HIOS
Une ouzerie parfaite pour un dîner décontracté sur le front de mer. Grand choix de hors-d'œuvre, mais aussi de crèmes glacées et de pâtisseries.
Fermé déj.
N'accepte pas les cartes bancaires

LESVOS (LESBOS)

OLIVE PRESS
€€
MITILINI
TÉL. : 2253 071646
Mytilène (Mitilini) est une étape incontournable dans la visite de Lesbos, et il serait vraiment dommage de manquer cette adresse lors de votre passage. L'hôtel est installé au milieu de beaux jardins face à la mer, dans un ancien pressoir à olives. Demandez une chambre avec vue sur la mer.
53

VAFIOS
€€
VAFIOS,
PRÈS DE MITILINI
TÉL. : 2253 071752
Perchée dans les collines, dans un village à 5 kilomètres au sud-est de Mitilini, cette taverne est particulièrement fréquentée en soirée. Les fidèles viennent pour les petits prix, le vin de la maison, et bien sûr les plats, servis en portions généreuses.
Fermé en hiver
N'accepte pas les cartes bancaires

AVEROF 1841 GRILL
€
KOUNDOURIOTOU, MITILINI
À Mytilène, un petit restaurant tout simple, pour une cuisine sans surprise : bons souvlakis et autres grands classiques.
N'accepte pas les cartes bancaires

CAPTAIN'S TABLE
€
SUR LE PORT, MITILINI
TÉL. : 2253 071241
Sur le port de Mytilène, un vaste choix de mets, des grillades aux plats végétariens en passant par des spécialités italiennes ou autres… Les amateurs de poisson choisiront « L'assiette du capitaine », un copieux assortiment de poissons grillés.
Fermé en hiver

ERMIS
€
KORNAROU, 2, MITILINI
TÉL. : 2251 026232
Cette ouzerie pleine d'atmosphère, qui ressemble à une boutique d'antiquités, réunit de nombreux habitués. Vous pourrez y faire un repas complet ou juste prendre un verre. Les mézès, dont le fromage frit et les calmars, sont très réussis.
N'accepte pas les cartes bancaires

I SYKAMINIA
€
SKALA SYKAMINIAS
TÉL. : 2253 055319
Située sur le port d'un charmant village de pêcheurs, à l'ombre d'un mûrier, cette taverne est tout indiquée pour déguster un plat de poisson, simple et succulent. À la fin de l'été, goûtez la spécialité locale : les feuilles de courge farcies.
N'accepte pas les cartes bancaires

LIMNOS (LEMNOS)

AKTI MIRINA
€€
MIRINA
TÉL. : 2254 022310
À environ 1 kilomètre à l'ouest de la ville principale de l'île, ce complexe hôtelier se compose de maisonnettes en pierre bien équipées, situées dans un environnement particulièrement agréable. Sports nautiques, tennis, trois restaurants et même une plage privée.
125

O PLATANOS
€
KYDHA, MIRINA
TÉL. : 2254 022070
Admirablement situé sur une petite place, non loin de la rue principale, ce restaurant doit son nom aux deux énormes platanes qui l'abritent. La nourriture, simple et délicieuse, a l'accent du terroir : ragoûts de viande, agneau au four…
N'accepte pas les cartes bancaires

SAMOS

HÔTEL FITO BUNGALOWS
€€
PITHAGORIO
TÉL. : 2273 061314
Simple et tranquille. Des bungalows aux murs blancs et aux meubles en pin se nichent au cœur de jardins sillonnés par des sentiers ombragés.
87

VARKA (« Bateau »)
€€
PARALIA, PITHAGORIO
TÉL. : 2273 061636
Le cadre de cette ouzerie, installée dans un ancien bateau de pêche, est aussi inhabituel que la nourriture est bonne : poissons frais, steaks, mais aussi et surtout délicieux mézès.
Fermé en hiver
N'accepte pas les cartes bancaires

STELIOS
€
KEPHALOPOULOU, SAMOS
TÉL. : 2273 023639
Une taverne réputée où goûter les spécialités de l'île et les grands classiques de la cuisine grecque, comme le ragoût de bœuf au vin (*stifado*).

TAVERNA AVGO TOU KOKORA
€
KOKKARI
TÉL. : 2273 092113
À une dizaine de kilomètres de la ville de Samos, ce restaurant élégant est superbement situé sur le front de mer. Ses hors-d'œuvre variés sont particulièrement recommandés.

THASSOS

MAKRIAMOS BUNGALOWS
€€€
MAKRIAMOS
TÉL. : 2593 022101
Situé sur l'un des meilleurs emplacements de l'île, ce complexe hôtelier comprend une série de suites et de maisonnettes disséminées dans un vaste jardin luxuriant. Restaurant, tennis et plage de sable blanc privée.
206
AE, MC, V

O GLAROS
€
ALIKI
TÉL. : 2593 053047
Sur la colline au nord d'Aliki, ce restaurant jouit d'une vue magnifique sur la baie et sert le meilleur poisson frais de la région. Au menu : un succulent poisson grillé, une grillade de viande ou du poulet rôti.
Fermé en hiver
N'accepte pas les cartes bancaires

CYCLADES

MIKONOS (MYKONOS)

CAVO TANGOO VILLAGE
€€€
AU NORD DE LA VILLE DE MIKONOS
TÉL. : 2289 023692

Cet élégant hôtel bleu et blanc, conçu dans le style authentique des Cyclades, a été primé pour son architecture. En plus des chambres, il compte également cinq maisonnettes qui offrent une très belle vue sur le port.

68

RECOMMANDÉ

CHEZ KAT'RINE

€€€

NIKI AGIOS GERASIMOS, CHORA

TÉL. : 2289 022169

Dans les îles, vous trouverez peu de restaurants combinant une atmosphère unique et une cuisine de grande qualité ; aussi, ne manquez pas de vous arrêter ici si vous en avez l'occasion. À la carte aux influences françaises, des plats dignes d'un véritable restaurant parisien, comme le coq au vin. Pensez à réserver pour être sûr d'obtenir une table dans la petite salle, et attendez-vous à payer plus cher que la moyenne.

Fermé déj.

NIKO'S

€

CHORA

Si vous êtes las des endroits chics et chers qui abondent sur l'île de Mykonos, essayez cette taverne simple et toujours très fréquentée. Poissons, grillades et autres plats traditionnels, prix doux et bonne ambiance.

N'accepte pas les cartes bancaires

SESAME KITCHEN

€

PLATEIA TRIA PIGADIA, CHORA

TÉL. : 2289 024710

Cet établissement s'inscrit dans la lignée des restaurants bio et végétariens de plus en plus nombreux en Grèce. Il offre quelques plats à base de viande (dont une délicieuse tourte au poulet), mais surtout des mets uniquement à base de légumes, comme un succulent feuilleté aux épinards et une moussaka cent pour cent végétarienne.

Fermé déj.

N'accepte pas les cartes bancaires

NAXOS

ONEIRO

€€€

PLATEIA BRADOUNA, NAXOS

TÉL. : 2285 023846

Une terrasse qui donne sur le port et une atmosphère reposante pour un dîner aux chandelles : voilà ce que vous réserve le meilleur restaurant de la ville de Naxos. La carte fait la part belle à une cuisine internationale, sans exclure des spécialités grecques, tel l'agneau à l'ail et au bacon cuit au four à petit feu.

Fermé déj. & hiver

N'accepte pas les cartes bancaires

FAROS

€€

PARALIA, CHORA

TÉL. : 2285 023325

Un exemple de restaurant qui mêle avec succès traditions locales et influences étrangères (en l'occurrence allemandes) avec, par exemple, les boulettes de viande revisitées façon goulash.

MANOLIS GARDEN TAVERNA

€

KASTRO, NAXOS

TÉL. : 2285 025168

Située dans la vieille ville, non loin du château, cette taverne continue de servir une cuisine authentique et savoureuse – moussaka, aubergines frites, poivrons farcis… –, supérieure à celle des restaurants à touristes qui l'entourent.

Fermé en hiver

N'accepte pas les cartes bancaires

NIKOS

€

PARALIA, CHORA

TÉL. : 2285 023153

Dans cette taverne, le propriétaire et pêcheur Nikos Katsayannis vous propose chaque jour un grand choix de poissons frais. Bonne sélection de vins de Naxos et des Cyclades.

N'accepte pas les cartes bancaires

PAROS

ASTIR OF PAROS

€€€€

PLAGE DE KOLIMBITHRES, PRÈS DE NAOUSSA

TÉL. : 2284 051976

Le grand hôtel de l'île constitue presque un village à lui tout seul, avec sa plage, son petit parcours de golf et sa galerie d'art. Cher, mais justifié.

57

LALULA

€€

NAOUSSA

TÉL. : 2284 051547

Un restaurant dont les propriétaires allemands ont revisité la carte, offrant plus de spécialités végétariennes et cuisinant avec plus de légèreté les plats traditionnels à base de viande et de poisson.

Fermé déj.

ALIGARIA

€

PLATEIA ALIGARI, PARIKIA

TÉL. : 2284 022026

Élisabeth Nikolousou, un chef doué, est aux commandes de ce charmant petit restaurant. Sa moussaka ou ses tomates farcies sont un véritable régal !

N'accepte pas les cartes bancaires

TO KYMA

€

PLAGE D'AYI ANARGIRI

TÉL. : 2284 052025

Tenu par deux Françaises, « La Vague » propose une cuisine extrêmement variée. Au menu, des plats thaïs, chinois, français et même écossais, ainsi que des spécialités grecques (calmars, légumes farcis, homard).

LEVANTIS
€
PARIKIA
TÉL. : 2284 023613
Un nom comme un clin d'œil aux tendances orientales de la cuisine proposée dans cette sympathique petite taverne, dont les tables sont installées sous la treille. Les plats, souvent préparés à base de yaourt, de noix, d'abricots, ont un indéniable parfum levantin.
Fermé déj. & mar.

SIFNOS

TO LIOTRIVI
€€
ARTEMONAS
TÉL. : 2284 032051
Sifnos est renommée pour ses cuisiniers, et Yiannis Yiorgoulis, qui officie ici aux fourneaux, compte parmi les meilleurs. Goûtez un plat tout simple comme la salade de câpres (*kaparosalata*) et vous comprendrez pourquoi l'endroit connaît un tel succès.

CAPTAIN ANDREAS
€
PRÈS DE LA PLAGE, KAMARES
TÉL. : 2284 032356
Envie de poisson grillé? Le capitaine Andreas les pêche pour la plupart lui-même, en achète une partie à ses collègues et prépare le tout : simple et délicieux!
N'accepte pas les cartes bancaires

SIROS (SYROS)

OMIROS
€€
OMIROU, 43, ERMOUPOLI
TÉL. : 2281 084910
Situé dans une rue piétonne et calme, cet hôtel raffiné propose de grandes chambres décorées avec goût de meubles traditionnels. Du jardin panoramique, magnifique vue sur le port.
13 N'accepte pas les cartes bancaires

THIRA (SANTORIN)

EREVOS
€€€
IMEROVIGLI
TÉL. : 2286 024250
Creusé à même la falaise surplombant le cratère de Santorin, l'unique hôtel de l'île, fondé au XVIIIe siècle, est meublé dans le style traditionnel.
8

1800
€€
NIKOLAOS NOMIKOS, IA
TÉL. : 2286 071485
L'un des meilleurs restaurants de ce village, qui s'inscrit dans un cadre spectaculaire. Régalez-vous – sur fond de coucher de soleil – d'un poulet sauce aux noix ou d'un poisson pêché le jour même.
Fermé déj.

KATINA
€
PORT D'IA
TÉL. : 2286 071280
Situé juste au bord de l'eau, ce restaurant est parfait pour déguster du poisson, à condition que vous soyez prêt à effectuer la descente jusqu'au port… et la montée au retour (il y a heureusement des taxis) !
N'accepte pas les cartes bancaires

TINOS

PERISTERIONAS
€
PAKSIMADI FRAISKOU, 12, TINOS
TÉL. : 2283 023425
Ce restaurant au décor original se trouve dans une rue tranquille et permet de dîner à l'extérieur. Au menu : des spécialités – courgettes et aubergines frites, par exemple – et des plats de viande et de poisson plus traditionnels.

PRIX

HÔTELS
Prix indicatifs pour une chambre double sans petit déjeuner.

€€€€€	plus de 300 €
€€€€	de 220 à 300 €
€€€	de 160 à 220 €
€€	de 80 à 160 €
€	moins de 80 €

RESTAURANTS
Prix indicatifs pour un repas sans boisson

€€€€€	plus de 80 €
€€€€	de 50 à 80 €
€€€	de 35 à 50 €
€€	de 20 à 35 €
€	moins de 20 €

DODÉCANÈSE

KALIMNOS

PANORAMA
€
AMMOUDARA
TÉL. : 2243 023138
Tout en haut d'une côte assez raide, en retrait de l'animation du front de mer, cet hôtel moderne est géré par une équipe très accueillante. Toutes les chambres ont une belle vue sur la mer, et certaines sont même dotées d'une terrasse.
13 N'accepte pas les cartes bancaires

BARBA PETROS
€
PLATEIA DIAMANTIS, POTHIA
TÉL. : 2243 029678
À l'extrémité nord du port, cet endroit plein de caractère propose du poisson grillé au feu de bois d'olivier et de délicieuses spécialités locales tels les calmars farcis d'épinards, de fromage et d'herbes.
N'accepte pas les cartes bancaires

DOMUS ROOF GARDEN
€
KANTOUNI
TÉL. : 2243 047959

Sur la côte ouest de l'île, ce restaurant qui surplombe la mer Égée s'inscrit dans un cadre merveilleux. Les plats les plus simples, comme la moussaka ou les feuilles de vigne farcies, sont très réussis ; la carte réserve d'autres excellentes surprises tel l'agneau à l'arménienne, cuisiné avec du yaourt. Accueil très agréable.

TAVERNA KSEFTERIS
€
CHRISTOS, POTHIA
TÉL. : 2243 028642
Tenue par la même famille depuis plusieurs générations, cette taverne est une véritable institution à Kalimnos. Côté cuisine : de bons plats traditionnels, dont d'excellentes feuilles de vigne farcies et de généreux ragoûts. Côté salle : un accueil à la hauteur du lieu.
N'accepte pas les cartes bancaires

KOS (COS)

AFFENTOULIS
€
EVRIPILOU 1, KOS
TÉL. : 2242 025321
Un hôtel familial et sympathique, dans une rue calme du centre, non loin de la plage. Chambres simples, impeccables, avec balcon donnant sur le port.
23 N'accepte pas les cartes bancaires

OLYMPIADA
€
KLEOPATRAS, 2, KOS
TÉL. : 2242 023031
Alors que pullulent les tavernes à touristes, ce petit restaurant authentique est une aubaine. Bonne cuisine à prix doux : souvlakis, plats végétariens…
N'accepte pas les cartes bancaires

PLATANOS
€
PLATEIA PLATANOS, KOS
TÉL. : 2242 028991
Situé à l'un des endroits les plus agréables de la ville, ce restaurant propose des plats originaux, comme le ragoût de poulpe, et des plats venus d'ailleurs, tel le steak à l'indonésienne. En été, musique *live* presque tous les soirs.

TAVERNA MAVROMATIS
€
PLAGE DE PSALIDI, KOS
TÉL. : 2242 022433
Les frères Mavromatis se sont donné pour mission de régaler tous les gourmets. Le pari est réussi, avec leurs délicieuses spécialités : fromage frit, tendres viandes grillées et poissons frais.
Fermé en hiver

PATMOS

AUSTRALIS
€
SKALA
TÉL. : 2247 031576
Dirigé par un couple qui a vécu en Australie, cet hôtel est situé au calme, dans un jardin magnifique. Le petit déjeuner est servi sur une terrasse surplombant le port.
18 N'accepte pas les cartes bancaires

PATMIAN HOUSE
€€
CHORA, PATMOS
TÉL. : 2247 031180
Installé dans une bâtisse du XVIIe siècle admirablement restaurée, le meilleur restaurant de l'île est, comme il se doit, l'occasion d'un dîner succulent. Les hors-d'œuvre traditionnels – tels le tarama et le feuilleté aux épinards – sont irrésistibles, tout comme les plats, dont le savoureux ragoût de lapin au genièvre.
Fermé déj.

OLYMPIA
€
PLATEIA THEOFAKOSTA, CHORA
TÉL. : 2247 031543
Ouvert en toute saison, ce restaurant est plus fréquenté par les autochtones que par les touristes. Vous pourrez y goûter des plats inhabituels, tel le poulpe cuit au four, et un excellent gâteau aux noix.
Fermé dim.
N'accepte pas les cartes bancaires

TO PYROFANI
€
PARALIA, SKALA
TÉL. : 2247 031539
Le poisson, servi simplement grillé, est d'une exquise fraîcheur, car acheté chaque jour aux pêcheurs. Le choix est donc lié aux prises : homard, espadon, thon, rougets…

RODOS (RHODES)

LINDOS MARE
€€€
BAIE DE LINDOS, LINDOS
TÉL. : 2244 031130
Un hôtel de luxe situé à 2 kilomètres de Lindos et étagé sur plusieurs niveaux jusqu'à une merveilleuse plage. Cher, mais les prix comprennent la demi-pension. Nombreux équipements de loisirs.
123

RODOS IMPERIAL
€€€
LEOFOROS IALLYSOU, IXIA, RODOS
TÉL. : 2241 075000
Situé à quelques kilomètres de l'animation de la ville, ce cinq-étoiles est installé au milieu de magnifiques jardins et dispose d'une plage privée. Toutes les chambres, spacieuses, sont équipées d'une salle de bains en marbre. En outre : restaurant, bar, sauna, tennis et Jacuzzi.
402

ST. NIKOLIS
€€
IPPODAMOU, 61, VIEILLE VILLE, RODOS
TÉL. : 2241 034561
Un hôtel véritablement chargé d'histoire, puisque certains pans de mur datent de plus de

Non fumeurs · Air conditionné · Pisc. int. · Pisc. ext. · Fitness · Cartes bancaires acceptées

huit siècles ! Si certaines chambres sont petites, toutes sont bien équipées et disposent d'un téléphone. Les propriétaires proposent aussi des chambres à louer à proximité.
10

ALEXIS
€€€
SOKRATOUS, 18, RODOS
TÉL. : 2241 029347
Considéré comme l'un des meilleurs restaurants de poissons et fruits de mer du Dodécanèse, cet établissement propose de goûter des produits rarement inscrits sur les cartes, comme les oursins. Les légumes, récoltés par les propriétaires, sont garantis bio.
Fermé dim.

KIOUPIA
€€
TREIS VILLAGE, RODOS
TÉL. : 2241 091824
Faites en sorte d'être affamé lorsque vous viendrez dîner ici. Aux soupes succèdent un vaste choix de hors-d'œuvre plus appétissants les uns que les autres et des plats fort copieux. N'oubliez pas que la carte des desserts est également pleine de tentations !
Fermé déj. & dim.

MAVRIKOS
€€
LINDOS
TÉL. : 2244 031232
L'un des premiers chefs de ce restaurant a longtemps travaillé en France, et il en reste quelque chose dans la façon dont on prépare ici les hors-d'œuvre et les plats traditionnels, notamment à base d'agneau. Accueil familial chaleureux.

PALIA ISTORIA
€€
MITROPOLEOS 108,
AMMOS, VILLE NEUVE,
RODOS
TÉL. : 2241 032421
Ce restaurant, qui a été récompensé par un prix, est indiscutablement l'un des meilleurs de la ville. Les hors-d'œuvre sont particulièrement réussis et comptent des mets originaux comme la salade de betteraves aux noix. Les plats, très variés, vont du simple – et succulent – rôti de porc aux spaghettis au homard (plus cher).
déj.

CLEO'S
€
AGIOU FANOURIOU, 17
VIEILLE VILLE, RODOS
TÉL. : 2241 028415
La rue principale de la vieille ville compte beaucoup d'établissements médiocres. Quittez-la pour découvrir ce formidable restaurant italien, et goûtez un excellent plat de poisson ou de pâtes.
AE, DC, MC, V

YIANNIS
€
APPELOU, 41, RODOS
TÉL. : 2241 036535
Un vrai plaisir que cet endroit bon marché et chaleureusement accueillant. Si la carte est sans surprises (moussaka, tomates farcies, souvlakis), la cuisine est bonne et les portions sont généreuses.
N'accepte pas les cartes bancaires

SIMI

ALIKI
€€€
IALOS, SIMI
TÉL. : 2241 071655
L'hôtel a changé de propriétaires il y a quelques années, mais il n'a rien perdu de son charme. Installé dans une bâtisse néoclassique (1895) de deux étages, située à un endroit calme du front de mer, il est doté de tout le confort. Les meilleures chambres, à l'étage, en façade, disposent d'un petit balcon donnant sur la mer. Un endroit simple, élégant et chaleureux, qui attire de nombreux habitués.
15 N'accepte pas les cartes bancaires

RECOMMANDÉ

GEORGIO'S
€
HORIO, SIMI
Un restaurant unique en son genre. L'ambiance est des plus désordonnées, mais, soir après soir, des plats succulents sortent des cuisines. L'efficacité n'est pas le point fort du lieu, aussi n'hésitez pas à passer la tête en cuisine et à demander ce qu'il y a de bon. Choisissez une table et passez vite votre commande. Georgio, le patron, va et vient de ses fourneaux à la rue, attendant parfois les clients ou jouant du bouzouki, selon son humeur… Vous l'aurez compris : le spectacle est aussi dans la salle !
Fermé déj.
N'accepte pas les cartes bancaires

MERAKLIS
€
IALOS, SIMI
TÉL. : 2241 071003
Une taverne familiale typique. Le choix est limité : poissons frais et grands classiques, tels les poivrons farcis. Simple et bon.
N'accepte pas les cartes bancaires

NERAIDA
€
IALOS, SIMI
TÉL. : 2241 071841
En apparence, rien ne distingue cette taverne des autres établissements du port. Pourtant, ici, du poisson frais aux feuilletés aux épinards, la cuisine est vraiment excellente. Jetez un œil en cuisine pour voir ce qui mijote…
N'accepte pas les cartes bancaires

TILOS

IRINI
€
LIVADIA
TÉL. : 2241 044293

Un hôtel familial sympathique et bien tenu, dans un environnement calme, au cœur d'un joli jardin. Les chambres en façade ont une belle vue. Généreux petit déjeuner et propriétaires très serviables.
23

CRÈTE

AGIOS NIKOLAOS

CRETAN RESTAURANT
€€
AKTI KOUNDOUROU, 10
TÉL. : 2841 028773
Dans cet établissement ouvert de longue date, l'atmosphère est un peu plus formelle que dans les autres restaurants du port. La carte offre un choix varié – poissons frais, plats mijotés, grillades –, le tout très bien préparé.
Fermé en hiver

ELOUNDA

RECOMMANDÉ

ELOUNDA BEACH
€€€€€
ELOUNDA (À 2 KILOMÈTRES AU NORD DU CENTRE-VILLE)
TÉL. : 2841 041412
L'hôtel le plus luxueux de Crète est aussi l'un des meilleurs établissements d'Europe. Il pratique d'ailleurs des tarifs dignes du centre de New York ou de Paris. Parmi ses quelque trois cents chambres, certaines sont des maisonnettes dotées d'une piscine privée, qui conviennent à une clientèle extrêmement fortunée, soucieuse de préserver son intimité. Les autres clients pourront profiter de la grande piscine, de la plage privée, du golf miniature, d'une foule d'activités sportives (dont un club de voile et un centre de remise en forme) et des nombreux divertissements proposés.
301

ELOUNDA MARE
€€€€
ELOUNDA (À 2 KILOMÈTRES AU NORD DU CENTRE-VILLE)
TÉL. : 2841 041102
Installé au cœur d'un parc magnifique surplombant la mer Égée, cet hôtel comprend une série de maisonnettes immaculées et parfaitement équipées. Les parties communes sont décorées de meubles anciens.
108

VRITOMARTES
€
FRONT DE MER G. SFIRAKI
TÉL. : 2841 041325
Une taverne toute simple pour dîner en contemplant la mer. Le poisson a été pêché le jour même, vraisemblablement par le patron. La carte comporte aussi des plats de viande et de légumes, mais le poisson constitue ici le meilleur choix.
Fermé en hiver
MC, V

HANIA (LA CANÉE)

VILLA ANDROMEDA
€€€
VENIZELOU, 150
TÉL. : 2821 028303
Un petit hôtel confidentiel, installé dans une bâtisse néoclassique (1870). L'escalier en marbre et l'élégant mobilier lui confèrent un grand charme. Les chambres offrent une belle vue sur le port et la ville mais peuvent s'avérer bruyantes.
6

AMPHORA
€€
PARODOS THEOTOKOPOULOU, 20
TÉL. : 2821 093224
Fort bien restaurée, cette bâtisse du XIVe siècle combine avec brio élégance vénitienne, atmosphère ottomane et grand confort moderne. La terrasse panoramique offre une belle vue sur le port de La Canée. Les chambres sont vastes mais parfois bruyantes.
21

ANEMOS
€€
AKTI TOMBAZI
TÉL. : 2821 058330
L'un des meilleurs restaurants de La Canée, avec un décor raffiné et un service soigné. Au menu, des propositions inédites – comme la chèvre farcie –, les grands classiques grecs, du poisson ainsi que des fruits de mer.
Fermé déc.-jan.
MC, V

THE WELL OF THE TURK
€
KALINIKOU SARPAKI, 1-3
TÉL. : 2821 054547
Les relations entre Grecs et Turcs ne sont pas précisément au beau fixe, mais cet élégant restaurant oriental connaît un franc succès grâce à sa cuisine inventive. Parmi les spécialités maison, goûtez les boulettes de viande aux aubergines.
N'accepte pas les cartes bancaires

IRAKLIO (IRAKLION)

CANDIA MARIS
€€€
ANIODARA
TÉL. : 2813 014632
Cet hôtel de luxe a été construit en brique et marbre, dans le respect du style architectural de l'île. Les chambres, ou plutôt les maisonnettes, sont très bien équipées et ont vue sur la mer. L'immense piscine ronde est particulièrement agréable.
257

LATO
€-€€
EPIMENIDOU, 15
TÉL. : 2812 028103
Simple et moderne, cet hôtel agréable est l'un des meilleurs choix en ville, en raison de sa situation centrale, non loin du Musée archéologique national. Certaines chambres donnent sur le port vénitien.
50

KYRIAKOS
€€
LEOFOROS DIMOKRATIAS, 53
TÉL. : 2812 024649
Ce restaurant, qui compte parmi les meilleurs de la ville, propose une cuisine traditionnelle crétoise. Essayez par exemple le poulpe aux oignons ou aux escargots, spécialités maison. Une tenue élégante s'impose, même si l'endroit est très sympathique. Service attentionné et sens du détail.
Fermé mer. & parfois en été

LIMENAS HERSONISSOU

ROYAL MARE VILLAGE
€€€€
LIMENAS HERSONISSOU
TÉL. : 2897 025025
L'unique centre de thalassothérapie du pays est installé dans cet hôtel de luxe, à mi-chemin entre Iraklion et Malia. Certaines chambres sont d'ailleurs directement reliées au centre de soins. En outre, tout le confort possible, un parc magnifique et une plage privée.
435

RETHIMNO (RÉTHYMNON)

GRECOTEL CRETA PALACE
€€€€
PLAGE DE MISIRIA
TÉL. : 2831 055181
Fidèle à l'architecture traditionnelle crétoise, ce complexe hôtelier s'inscrit dans un parc à la végétation luxuriante. Le logement s'effectue dans des chambres classiques ou dans l'une des 204 maisonnettes. Trois restaurants, quatre bars, tennis et plongée sous-marine.
370

FORTEZZA
€€
MELISINOU, 16
TÉL. : 2831 055551
Très bien situé dans une rue calme, non loin de la forteresse vénitienne et du front de mer, cet hôtel moderne est construit dans le style traditionnel de l'île.
54

CAVA D'ORO
€€
NEARHOU, 42
TÉL. : 2831 024446
Voici l'un des meilleurs restaurants du port vénitien. Il y a toujours beaucoup de monde en saison, et mieux vaut réserver. La vue est aussi magnifique que la cuisine est délicieuse. Grand choix de poissons et de fruits de mer.
Fermé en hiver

I VARDIA
€
VIEUX PORT
TÉL. : 2812 023731
Un emplacement idéal sur le port pour cette taverne toute simple où se régaler, dans une ambiance sympathique, de spécialités crétoises délicieusement préparées.
Fermé en hiver
N'accepte pas les cartes bancaires

ÎLES IONIENNES

CORFOU voir Kerkira

ITHACA (ITHAQUE)

FATOURO
€
STAVROS
TÉL. : 2674 031385
De passage à Stavros, ne manquez pas de vous arrêter dans cette taverne familiale, située sur la place principale du village. La nourriture est sans surprise mais très bien préparée : moussaka, feuilles de vigne et tomates farcies sont particulièrement réussies.
Fermé déj.
N'accepte pas les cartes bancaires

PRIX

HÔTELS
Prix indicatifs pour une chambre double sans petit déjeuner.

€€€€€	plus de 300 €
€€€€	de 220 à 300 €
€€€	de 160 à 220 €
€€	de 80 à 160 €
€	moins de 80 €

RESTAURANTS
Prix indicatifs pour un repas sans boisson

€€€€€	plus de 80 €
€€€€	de 50 à 80 €
€€€	de 35 à 50 €
€€	de 20 à 35 €
€	moins de 20 €

GREGORY'S
€
PALEO KARABO, VATHI
TÉL. : 2674 032573
Pour atteindre cette taverne un peu à l'écart de la ville, vous pouvez prendre un bateau. On vous y attend avec du poisson pêché le jour même et un bon vin de la maison.

TREHADIRI TAVERNA
€
VATHI
TÉL. : 2674 033066
Madame est aux fourneaux et son mari sert en salle. Cette petite taverne n'offre rien de particulier, si ce n'est une carte basique et des plats très bien préparés.
Fermé déj.
N'accepte pas les cartes bancaires

KEFALONIA (CÉPHALONIE)

WHITE ROCKS
€€€€€
PLATIS IALOS, LASSI, ARGOSTOLI
TÉL. : 2671 028332
Considéré comme l'un des meilleurs de l'île, cet hôtel situé non loin d'Argostoli, à

proximité d'une plage publique, offre à ses clients une plage privée. Possibilité de loger dans une chambre ou dans l'une des 60 maisonnettes. Nombreux équipememts.

102 Fermé en hiver

(Anonyme)

€

LEOF. TRITSI, 47,
ARGOSTOLI
TÉL. : 2671 022403

Dans cette petite taverne familiale qui se trouve sur le port, Laskaris Kostandreas vous propose des grillades, du poisson frais et quelques plats du jour. Ambiance sympathique et service amical.

N'accepte pas les cartes bancaires

DASOS

€€

SUR LE PORT, FISKARDO
TÉL. : 2674 041276

Un bon rapport qualité-prix pour un repas délectable servi dans un cadre agréable. L'occasion de goûter à quelques spécialités locales, dont la tourte à la viande de bœuf, arrosées d'un bon vin du cru.

Fermé en hiver N'accepte pas les cartes bancaires

OLD PLAKA

€

METELAS, ARGOSTOLI
TÉL. : 2671 024849

Une taverne ouverte toute la journée qui reçoit le soir une clientèle élégante, venue savourer pour un prix modéré quelques plats simples et délicieux. Le porc à l'ail est une excellente spécialité de la maison.

PATSOURAS

€

IOANNOU METAXA, 32,
ARGOSTOLI
TÉL. : 2671 022779

S'attabler dans le jardin de ce charmant petit restaurant est un vrai plaisir. La carte offre différentes spécialités de l'île selon la saison, mais elle propose généralement toujours la fameuse tourte à la viande de Céphalonie.

N'accepte pas les cartes bancaires

KERKIRA (CORFOU)

HOLIDAY PALACE CORFOU

€€€€

NAUSICAA, KANONI
TÉL. : 2661 036540

Un luxueux complexe hôtelier, non loin – en taxi ou en bus – de l'aéroport et de la ville. Sur place, vous trouverez notamment deux restaurants, plusieurs bars, deux piscines et un casino.

256

RECOMMANDÉ

BELLA VENEZIA

€

ZAMPELI, 4, CORFOU VILLE
TÉL. : 2661 046500

Installé dans une bâtisse néoclassique du XIXe siècle, restaurée avec goût, cet hôtel très simple possède beaucoup de charme et de caractère. Situé dans une rue calme, à quelques minutes à pied du centre, il offre des chambres spacieuses et hautes de plafond. L'accueil est particulièrement sympathique.

32

CAVALIERI

€€€

KAPODISTRIOU, 4
CORFOU
TÉL. : 2661 039041

Cet hôtel, presque sur le front de mer, est installé dans une belle maison ancienne qui a conservé tout son cachet. Les chambres sont très simples mais tout à fait confortables. Celles qui donnent en façade aux étages supérieurs ont vue sur le fort et la mer.

48

DIMARXION

€€€

GUILDFORD, 71
CORFOU
TÉL. : 2661 039031

Situé non loin de la place de la Mairie, le meilleur restaurant de la ville de Corfou est aussi le plus cher. Il permet de goûter aux grands classiques de la cuisine grecque, comme la moussaka, ou aux spécialités insulaires, notamment le *bourdetto*, un poisson cuit dans une sauce à l'ail et à la tomate. Excellent.

AEGLI

€€

KAPODISTRIOU, 23
CORFOU
TÉL. : 2661 031949

Dans le quartier à la mode, ce restaurant a inscrit à sa carte des spécialités culinaires de l'île, dont le *sofrito*, veau dans une sauce à l'ail. Pas précisément bon marché, mais très bon.

SOSSI, TAVERNE DE POISSON

€€

MANDOUKI,
CORFOU

Une taverne où tous les amateurs de poisson sont sûrs de trouver leur bonheur. Et ils sont nombreux à se presser ici pour voir ce qu'on leur propose : des rougets aux sardines en passant par l'espadon, les poulpes et les calmars…

Fermé déj.

VENETIAN WELL

€€

PLATEIA KREMASTI,
CORFOU
TÉL. : 2661 044761

Situé sur une petite place tranquille (qu'il faut commencer par trouver!), ce restaurant propose une cuisine inventive et réussie où se mêlent traditions grecques et influences orientales. Bonne carte des vins.

Fermé dim.

GRILL ROOM CHRISSOMALIS

€

THEOTOKI, 6

CORFOU

TÉL. : 2661 030342

Un endroit tout simple, fréquenté par la population locale, pour déguster une grillade à un prix très raisonnable. Service sympathique.

N'accepte pas les cartes bancaires

NIKOLAS

€

GIMARI, PRÈS DE KALAMI

TÉL. : 2663 091136

Cette taverne traditionnelle se trouve sur la plage de Gimari, un petit village situé 2 kilomètres à l'ouest de Kalami. À l'heure du déjeuner, les gens venus se baigner et les familles de sortie s'y pressent ; le soir, l'ambiance est plus calme et permet d'apprécier pleinement l'excellent poisson frais inscrit au menu.

Fermé en hiver N'accepte pas les cartes bancaires

TRIA ADELFIA

€

FRONT DE MER, KASSIOPI

TÉL. : 2663 081211

Dans une ville où la plupart des restaurants proposent une nourriture quelconque à une clientèle essentiellement composée de touristes étrangers, « Les Trois Frères » font en sorte de maintenir les traditions. Ils proposent de bons plats de viande, mais mieux vaut choisir un poisson, pêché le jour même par l'un d'entre eux.

Fermé en hiver N'accepte pas les cartes bancaires

YIAYIA'S TAVERNA

€

GUILDFORD, 16

CORFOU

TÉL. : 2661 037147

Une taverne authentique, où les habitués viennent faire un brin de conversation ou manger un morceau dans une atmosphère très conviviale. La nourriture, essentiellement des grillades, est simple et bonne.

N'accepte pas les cartes bancaires

LEFKADA (LEUCADE)

LEFKAS

€€

PAPAGOU, 2

LEFKADA

TÉL. : 2645 023916

L'un des meilleurs hôtels pour loger dans le chef-lieu de l'île : il est bien placé, offre une bonne qualité de service, un accueil agréable et efficace ; les chambres sont spacieuses et confortables.

93

REGANTOS

€

DIMARHOU VERIOTI, 17

LEFKADA

TÉL. : 2645 022855

Ce restaurant, qui jouit d'une excellente réputation parmi la population locale, offre de nombreux plats de viande. Goûtez aux ragoûts, aux saucisses et aux kebabs, spécialités de l'île.

Fermé déj. N'accepte pas les cartes bancaires

PAXI

REX

€

GAIOS

TÉL. : 2662 031268

Idéal si vous avez envie d'une grillade de poisson frais ou de spécialités grecques traditionnelles, comme la moussaka et les feuilles de vigne farcies.

N'accepte pas les cartes bancaires

TAKA-TAKA

€

GAIOS

TÉL. : 2662 031323

Une taverne ouverte de longue date, où se régaler de viande grillée ou de poisson frais. La terrasse ombragée est particulièrement agréable, et les patrons se montrent très accueillants.

VASSILI'S

€

FRONT DE MER, LONGOS

TÉL. : 2662 031587

Sur le ravissant port de Longos, ce restaurant, que rien ne distingue spécialement des autres, est pourtant le meilleur de l'île. Bonne carte des vins. Réservation conseillée en saison.

Fermé parfois à midi (téléphoner pour réserver)

ZAKINTHOS (ZANTE)

STRADA MARINA

€€€

LOMVARDOU, 14, CHORA, ZAKINTHOS

TÉL. : 2695 042761

Idéalement situé sur le front de mer du chef-lieu de l'île, cet hôtel élégant et bien équipé possède une magnifique terrasse panoramique.

112

RECOMMANDÉ

MANTALENA

€

ALIKANAS

TÉL. : 2695 083487

Situé dans un petit village, juste au sud de la station balnéaire d'Alikanas, ce restaurant est sans nul doute le meilleur de l'île. Les propriétaires ont collecté au fil des années des recettes auprès de leurs proches et, aujourd'hui, Tassos, qui parle très bien anglais, accueille aimablement ses hôtes, tandis que sa mère, en cuisine, prépare des plats savoureux. L'eau provient d'un puits appartenant à la famille, et le vin, de son vignoble. Un verre d'ouzo est offert à chaque convive.

SHOPPING

Les boutiques de souvenirs proposent les habituels bibelots, avec une prédilection marquée pour la céramique. Pourquoi se contenter, toutefois, d'une production en série alors qu'il est relativement aisé de dénicher des objets artisanaux? De la petite maroquinerie aux vestes et manteaux, le cuir sera toujours une valeur sûre. On pourra lui préférer les traditionnelles couvertures de laine, ou les *flokati,* ces tapis en peau de mouton issus notamment des montagnes du Nord et de Thrace.

La Grèce est réputée pour ses bijoux en or et en argent, des souvenirs de voyage dont on ne se lasse pas. La même finesse d'exécution se retrouve dans les pièces brodées ou tissées à la main, les chemisiers et jupes de coton, qui sont une autre tradition nationale. De nombreuses villes possèdent leur propre musée des Arts populaires, où les vêtements traditionnels s'exposent aux côtés d'objets usuels et décoratifs. La plupart de ces musées ont une boutique. À défaut, les conservateurs pourront vous indiquer où dénicher les meilleurs artisans locaux.

Les amateurs de cadeaux typiques feront aussi emplettes de cassettes de musique grecque et de *komboloï,* sorte de chapelets passe-temps vendus dans toutes les boutiques pour touristes. Si les produits gastronomiques locaux voyagent mal pour la plupart, on peut sans hésitation garnir ses valises d'huile d'olive vierge et d'alcools de marque.

Où acheter quoi?

Chaque région a ses spécialités. On trouve certes d'honnêtes céramiques dans tout le pays, mais c'est à Rhodes, à Sifnos et à Skyros que sont produites les plus belles pièces. L'histoire a fait de Ioanina, en Épire, le grand centre du travail de l'argent. Athènes et Rhodes rivalisent pour la qualité de leurs bijoux en or, mais les prix y sont élevés. On pourra acheter partout des articles en cuir de qualité, la plus belle maroquinerie étant à chercher en Crète, et tout particulièrement à La Canée. Metsovo se distingue par ses sculptures sur bois et ses broderies. Les îles Ioniennes, notamment Céphalonie et Zante, s'enorgueillissent également d'une belle qualité de broderie.

Antiquités

Acheter, vendre ou exporter des antiquités est un délit en Grèce comme quasi partout. Il n'existe pas de définition très précise de ce qui est antique, sinon dans le but visé par la loi, à savoir protéger le patrimoine culturel du pays. Soyez donc sur vos gardes si l'on vous propose d'acquérir sous le manteau un objet manifestement assez vieux : soit il s'agit d'une pièce authentique, et vous tombez sous le coup de la loi, soit vous ne risquez rien, mais vous vous faites arnaquer! Il est plus sage de s'en tenir aux fac-similés en vente dans les boutiques des musées.

La loi n'interdit pas d'acquérir des objets moins anciens, tels que livres, peintures ou gravures. Ces «antiquités»-là s'échangent sur le marché aux puces de Monastiraki, au centre d'Athènes, et au Pirée le dimanche matin, ou dans les boutiques d'antiquaires. Elles ne sont toutefois pas si courantes, car les Grecs restent très attachés aux objets de famille, qu'ils ne vendent guère. Chiner n'est pas non plus un passe-temps aussi populaire qu'en France ou dans d'autres pays européns.

Marchandage

Le marchandage se pratique souvent dans les quartiers les plus touristiques, tel Plaka, à Athènes. D'ailleurs, les commerçants engagent d'eux-mêmes la négociation en annonçant un prix inférieur à celui qui est indiqué sur l'étiquette – tout en mentionnant que cette réduction est très exceptionnelle! Le touriste crédule acceptera ce rabais en croyant avoir eu de la chance, quand il aurait pu, le plus souvent, faire encore baisser le prix. Bijouteries et boutiques d'artisanat disposent d'une marge de manœuvre, qui n'est toutefois pas extensible à l'infini.

ATHÈNES

ANTIQUITÉS, OBJETS D'ART & ARTISANAT

Continuez votre chemin au-delà des magasins de souvenirs de Plaka : tout au bout d'Adrianou, plusieurs boutiques proposent des œuvres d'art ou de vieilles gravures, voire de l'art contemporain.

A.D. Gallery
Pallados, 3
Tél. : 210 360 2948
Un peu à l'écart, dans le nouveau quartier à la mode de Psirri, cette petite galerie organise des expositions d'art contemporain où se mêlent peinture, photographie et installations multimédias. Ouverte seulement à l'heure du déjeuner et le soir, fermée dimanche et lundi.

Aidini
Nikis, 32
Tél. : 210 323 4591/322 6088
Une surprenante galerie-atelier logée dans un sous-sol, entre la place Syntagma et le quartier de Plaka. L'occupant des lieux crée d'originales sculptures métalliques.

Spiro Aravantinos
Adrianou, 114
Tél. : 210 323 6363
Cette boutique de Plaka cache dans ses tréfonds des jouets, des poupées et des peluches faits main, de la plus belle facture.

L'Atelier
Adrianou, 116
Tél. : 210 323 3740
Vous trouverez à cette adresse de belles copies de vases, de fresques et de statues du style des Cyclades. Et vous aurez peut-être même la chance de voir ces «antiquités» naître sous vos yeux.

Galerie Athènes
Pandrossou, 14
Tél. : 210 324 6942/894 0217
Cette élégante galerie détonne parmi les magasins de souvenirs

environnants. Elle expose quelques artistes grecs contemporains, tels des sculpteurs, des peintres, des céramistes et des créateurs de bijoux. L'endroit mérite une visite même si les œuvres les plus chères sont définitivement hors de portée.

Galerie Areta
Pandrossou, 31
Tél. : 210 324 3397/894 0217
Une annexe plus modeste de la galerie Athènes proposant à la vente céramiques et peintures, dont quelques merveilleuses pièces d'art primitif.

Centre des traditions helléniques
Mitropoleos, 59/
Pandrossou, 36
Tél. : 210 321 3023/3842
Sous les arcades menant de la rue Pandrossou, principale artère de Plaka, à la rue Mitropoleos, des échoppes dédiées aux traditions et aux arts grecs : peinture, céramique, travail du bois, icônes et cartes peintes. Avec également un excellent café d'où contempler la marée humaine dans Plaka.

EOMMEX
Mitropoleos, 9
Tél. : 210 323 0408
Cette coopérative propose des tapis provenant de toute la Grèce, tissés sur des métiers traditionnels, selon des techniques ancestrales.

Institution pour les femmes grecques
Ypatias, 6
Tél. : 210 325 0524
La tradition de la broderie est ici célébrée, dans un point de vente qui permet aussi aux habitants des villages les plus isolés de tirer quelques bénéfices financiers de l'attrait touristique exercé par la Grèce. Une adresse pour la bonne cause, donc.

Antiquités Iakovos
Ifaistou, 6
Tél. : 210 321 0169
Céramiques, peintures, bibelots anciens et nouveaux, de Grèce et du monde entier.

Vassilios Kevorkian
Ifaistou, 6
Tél. : 210 321 0024
Dans ce minuscule atelier au cœur du bazar, on fabrique guitares, bouzoukis et toutes sortes d'instruments à cordes. L'accueil est chaleureux, même si l'on n'y entre que pour le plaisir des yeux.

Karamikos Mazarakis
Voulis, 31-33
Tél. : 210 322 4932
Dans ce vaste magasin entre la place Syntagma et Plaka, les traditionnels flokatis et kilims grecs, et des tapis en laine ou en soie du monde entier. Plus insolites : des tapis aux motifs inspirés des œuvres de Dalí, de Picasso ou de Magritte.

Takis Moraytis
Adrianou, 129
Tél. : 210 322 5208
L'atelier d'un artiste de Plaka. Quelques beaux paysages de Grèce. Cher mais de belle facture.

Motakis
Plateia Abyssinia, 3
Tél. : 210 321 9005
Cette boutique occupe depuis près d'un demi-siècle un vaste sous-sol, dont le moindre recoin est envahi par un bric-à-brac où se côtoient les objets anciens les plus attendus et les curiosités les plus extravagantes.

Musée de l'Art enfantin grec
Kodrou, 9
Tél. : 210 331 2621
On trouve ici exposées – et à vendre – de charmantes toiles peintes par des enfants et primées. Un achat original qui encourage l'activité du musée et accrochera sûrement un sourire sur le visage de l'artiste.

Nasiotis
Ifaistou, 24
Tél. : 210 321 2369
Une impressionnante accumulation de vieilles photos, de gravures, de magazines et aussi de cartes postales égrillardes. Au sous-sol, on pourra faire d'intéressantes trouvailles dans le fouillis de vieux livres, pas tous en grec.

Organisation pour le bien-être national
Ypatias, 6
Tél. : 210 325 0524
Cette formidable coopérative vend la production artisanale de multiples villages grecs. On y trouve des broderies, des tapis, des céramiques et des icônes, ainsi qu'un large choix d'ustensiles de cuisine : cafetières, planches à pain, casseroles et marmites. Du beau, du solide et du typique. En outre, en achetant ici, vous contribuez à maintenir vivant l'artisanat traditionnel.

L'Atelier du bois d'olivier
Mnisikleous, 8
Tél. : 210 321 6145
Cette modeste boutique familiale, située dans une petite rue de Plaka, propose de magnifiques objets en bois d'olivier : nombre des planches à pain, plateaux à fromage ou saladiers sont sculptés par le jeune et sympathique propriétaire, qui travaille sur place.

Panayiri
Kleomenous, 25
Tél. : 210 722 5369
La spécialité de la maison, ce sont les modèles réduits de bateaux, sculptés par le propriétaire dans du bois récupéré sur des embarcations grandeur nature.

Pyromania
Kodrou, 14
Tél. : 210 325 5288
Une vitrine tout en lumières, en bordure de Plaka. À l'intérieur, de beaux objets en verre, soufflé traditionnellement, en bois d'olivier ou en céramique. Le maître des lieux travaille dans l'atelier, à l'arrière de la boutique.

Riza
Voukourestiou, 35
Tél. : 210 361 1157
De délicates dentelles faites à la main ou à la machine.

Kostas Sokaras
Adrianou, 25
Tél. : 210 321 6826
Broderies, bijoux, costumes et marionnettes traditionnelles.

BIJOUX

Athènes a une longue tradition d'orfèvrerie, qu'atteste le nombre de bijouteries situées autour des rues Lekka et Praxitelous. Si certaines font étalage de bijoux tape-à-l'œil, quelques boutiques, d'un abord plus modeste, proposent des pièces plus sobres. On trouvera quelques-unes des bijouteries les plus huppées dans la très plaisante rue Voulourestiou, une artère commerçante et piétonne.

Borell's
Ypsilandou, 5. Tél. : 210 721 9772
Tout près de la place Kolonaki, des créations contemporaines et quelques bijoux anciens.

Musée de la Bijouterie Ilias Lalaounis
Karyatidon-Kallisperi, 12
Tél. : 210 922 1044
www.addgr.com/jewel/lalaouni
Cet élégant musée présente les collections du grand créateur grec. Les bijoux exposés sont des copies : on peut commander les originaux, à prix « haute couture ». La **bijouterie Lalaounis** est située 6, rue Panepistimiaou, Tél. : 210 361 2429.

Nisiotis
Lekka, 28
Tél. : 210 324 4183
Un spécialiste de l'argenterie de luxe.

Zolotas
Stadiou, 9
Tél. : 210 322 1222
Les créations d'un des plus grands bijoutiers grecs, pour le plaisir du beau. Également dans Plaka, au 8, rue Pandrossou.

BOUTIQUES DES MUSÉES

Les principaux musées d'Athènes vendent des copies de leurs œuvres les plus appréciées. On trouvera dans leurs boutiques des œuvres de dimensions modestes et bon marché aussi bien que des reproductions grandeur nature. Le tout est généralement de très belle qualité. Les principales boutiques sont celles du Musée archéologique national (voir p. 78-81), du musée Benaki (voir p. 70) et du musée d'Art cycladique Goulandris (voir p. 74-75).

GASTRONOMIE

Pour faire provision d'herbes aromatiques, d'épices, de noix, ainsi que de fromages et d'olives, une adresse s'impose : le **Marché central**, près d'Omonia.

Asimakopouli
Charilaou Trikoupi, 82
Tél. : 210 361 0092
Une pâtisserie renommée. Il faut évidemment aimer les desserts très sucrés, comme les apprécient les Grecs.

Bachar
Evripidou, 31
Tél. : 210 321 7225
Près du Marché central, une boutique spécialisée où épices et herbes sont à la fois destinées à parfumer les plats et à soigner les maux.

Brettos
Kydathinaion, 41
Tél. : 210 323 2110
Sur les étagères bien fournies de ce magasin de spiritueux, des alcools de marques réputées internationalement aussi bien que les productions nationales : l'ouzo, bien sûr, ou le cognac grec vendu sous la marque Metaxa.

Katsarou
Liossion, 89
Tél. : 210 821 1767
L'endroit, un peu excentré – près de la gare de Larissa –, vaut le détour si vous voulez vous approvisionner en apéritifs, eaux-de-vie et vins grecs à prix raisonnables.

LIVRES & JOURNAUX

Le Nid à livres
Panepistimiou, 25-29
Tél. : 210 323 1703
Un merveilleux capharnaüm de livres, reliés et brochés, anciens et récents, romans, essais et documentaires, en diverses langues.

Compendium
Nikis, 28
Tél. : 210 322 1248
Guides, cartes, magazines, essais et romans sur la Grèce... et en anglais. Un beau rayon de livres de poche d'occasion. La librairie invite parfois des auteurs locaux ou étrangers pour des lectures ; consultez le panneau d'affichage.

Kauffmann
Sina, 54
Face à l'École française d'archéologie, une annexe moderne de « la » **librairie française** d'Athènes, dont la maison mère est située au 28, rue Stadiou.

Eleftheroudakis
Panepistimiou, 17
Tél. : 210 33 14 180
Cette librairie occupant six étages abrite un rayon assez important d'ouvrages en français et autres langues étrangères.

Pantelides
Amerikis, 11
Tél. : 210 362 3673
Une autre librairie anglo-saxonne, la plus grande d'Athènes : on y trouve tout, des best-sellers aux ouvrages d'experts méconnus. Un bon rayon dédié à la Grèce, et des dictionnaires, des livres d'art, de cuisine ou d'histoire. Le propriétaire, qui parle anglais, est toujours ravi d'accueillir des touristes.

Raymondos
Voukourestiou, 18
Tél. : 210 364 8189
Un large éventail de magazines étrangers et grecs.

MODE

La rue Ermou, piétonne, abrite toutes les grandes marques mondiales – Benetton, Lacoste ou Marks & Spencer – et leurs équivalents grecs. Les créateurs sont plutôt établis dans le quartier branché de Kolonaki, au pied de la colline du Lycabette.

Artisti Italiani
Kanari, 5, Kolonaki
Tél. : 210 339 0254
La mode italienne pour femmes

comme pour hommes. Les prix sont élevés.

Stavros Melissinos
Pandrossou, 89
Tél. : 210 321 9247
Élevé au rang d'institution, Melissinos fabrique des sandales (et écrit de la poésie) depuis les années 1960. Il a fait des sandales pour John Lennon ; il les fera aussi pour vous.

MUSIQUE

Le marché aux puces de Monastiraki compte plusieurs magasins de disques, offrant un beau choix de vinyles ou de CD. Les années 1960 et 1970 sont particulièrement bien représentées.

Musée des Instruments de musique populaire
Diogenous, 1-3
Tél. : 210 325 0198/4119
La boutique du musée vend des enregistrements de toutes les musiques de Grèce. Le choix est vaste. Également des livres (pour la plupart en langue grecque).

PÉLOPONNÈSE

NAFLIO (NAUPLIE)

Le Grand Magasin
Amalias, 21
Tél. : 2752 025972
Cela vaut la peine de chercher un peu ce magasin, car on y trouve un beau choix de peintures, gravures, vieux livres et cartes postales anciennes.

Odyssey
Plateia Syntagmatos
Tél. : 2752 023430
Des livres, des journaux et des magazines dans diverses langues.

GRÈCE CENTRALE

IOANINA

Athanasias Daktylithos
Pirsinela, 14
Tél. : 2651 028005
Un bel éventail de la presse nationale et étrangère, les quotidiens étrangers étant généralement disponibles un jour après la publication.

Kasa Makis
Plateia Eleuthezotou, 2
Tél. : 2651 022502
Les vins du monde entier sont représentés chez ce caviste, qui a aussi sélectionné des vins grecs de la meilleure qualité, comme on en voit rarement à la carte des restaurants. On trouve ici également des gâteaux et des friandises du pays.

Nikos Xaritos
Anexartisias, 2
Tél. : 2651 029200
Les boutiques vendant argenterie et bijoux en argent ne manquent pas à Ioanina. Les ateliers sont plus rares. En voici un, proposant plats, coupes, bijoux et objets décoratifs, en argent mais aussi en bronze, travaillés par le (jeune) maître des lieux.

MACÉDOINE & THRACE

THESSALONIKI (THESSALONIQUE)

Marina
Mitropoleos, 62
Tél. : 231 023 8361
Marina a jadis travaillé pour le grand maître de la bijouterie grecque, Ilias Lalaounis, dont on retrouve l'influence dans les créations de l'élève. Pas donné… mais certainement moins cher que les bijoux signés Lalaounis.

Molho
Tsmiski, 10
Tél. : 231 027 5271
Inutile de chercher ailleurs le livre, le journal ou le magazine que vous voulez, en anglais ou en tout autre idiome étranger. Guides ou ouvrages d'archéologie, poésie ou fiction, tout est là.

Terra Cotta
Smirnis, 13
Tél. : 231 022 0191
L'art contemporain est bien vivant à Thessalonique, comme en témoigne cette galerie exposant des œuvres remarquables d'artistes locaux. Malheureusement, elle est fermée au cœur de l'été.

ÎLES DU SARONIQUE

EGINA (ÉGINE)

Elefteris Diakoyiannis
Vas. Georgiou, 39
Egina
Tél. : 2297 024593
Une belle gamme de céramiques provenant de tout le pays, ainsi que des bijoux et des copies de sculptures.

SPORADES

SKIATHOS & SKOPELOS

Archipel
Skiathos & Skopelos
Tél. : 2427 022163
2424 023127
Deux boutiques où se côtoient objets anciens, productions artisanales originales et vêtements. Une invitation à la flânerie.

Galerie Varsakis
Plateia Trion Ierarchon
Skiathos
Tél. : 2427 022255
Le propriétaire des lieux expose ses peintures surréalistes, parmi mille et un trésors : bijoux, broderies, sculptures et tapis.

SKIROS

Musée Faltaïts
Palaiopyrgos,
Skiros
Tél. : 2222 091232 (musée)
2222 092158 (Argo)
Ce petit musée d'art populaire possède son atelier et sa boutique, où vous pourrez acheter la production de ceux qui font vivre aujourd'hui les traditions de l'île. Le musée a une annexe, **Argo**, dans la rue principale.

Stamatis Ftoulis
Skiros
Tél. : 2222 091559
Le propriétaire de cette boutique fabrique dans son atelier de Magazia des céramiques dans la pure

tradition de Skyros. Les assiettes, les saladiers ou les vases sont bien sûr peints à la main.

ÎLES DU NORD-EST DE LA MER ÉGÉE

HIOS (CHIOS)

Coopérative des arts
Kallimassia
Tél. : 2271 051180
Cette merveilleuse petite boutique, à environ 7 kilomètres au sud de la ville de Hios, offre aux femmes des environs un débouché pour leur production artisanale, dont de superbes poupées habillées du costume traditionnel de l'île.

LESVOS (LESBOS)

École athénienne des Beaux-Arts
Krallis Mansion, Mitilini (Mytilène)
Cette école très réputée expose périodiquement les créations de ses étudiants : l'occasion d'un achat vraiment original, qui, en plus, aidera un jeune artiste. Renseignements auprès de l'office de tourisme.

CYCLADES

ANDROS

L'Or de Batsi
Batsi
Tél. : 2282 041575
Découvrez, dans cette station balnéaire de la côte sud, une belle collection de bijoux – broches, bracelets, colliers, bagues, boucles d'oreilles – inspirée de la mythologie.

Paraporti
Plateia Kairi, Andros
Tél. : 2282 023777
Artisanat de l'île : des céramiques ainsi que de la broderie, quelques bijoux et des modèles réduits de bateaux.

MIKONOS (MYKONOS)

Centre d'art contemporain
Kouzi Yorgouli, 43, Mikonos
Tél. : 2289 026868
Le risque, à Mykonos, est de courir les ateliers et les boutiques jusqu'à épuisement, car de très nombreux artistes se sont établis ici. À cette adresse, vous aurez un bon aperçu de l'art grec actuel.

Ilias Lalaounis
Polykandrioti, 14,
Mikonos
Tél. : 2289 022444
Le plus réputé des bijoutiers grecs, qui a son musée à Athènes, a ouvert ici boutique. Le prix de ses créations est à la hauteur de sa gloire.

NAXOS

Tirokomika Proionia Naxou
Papavasiliou, Naxos
Tél. : 2285 022230
Que vous vouliez rapporter quelques souvenirs gastronomiques de votre séjour en Grèce ou simplement pique-niquer d'olives et de fromage arrosés de vins grecs, une visite à cette formidable boutique s'impose.

PAROS

Studio Yria
Kostos
Tél. : 2284 029007
Cet atelier, situé à 6 kilomètres à l'est de Parikia, est celui d'un couple qui travaille le magnifique marbre blanc de Paros aussi bien que les métaux.

THIRA (SANTORIN)

Canava Roussos
Entre Thira et Kamari
Tél. : 2286 031278
On fait du très bon vin sur l'île de Santorin. Voici l'occasion de goûter la production locale dans son environnement et d'acheter quelques bouteilles à prix raisonnables.

SIFNOS

Antonis Kalogirou
Sur le port, à Kamares
Tél. : 2284 031651
Tout en respectant le style propre à Sifnos, ce potier sait donner à ses créations une touche originale. Il propose aussi des peintures mettant en scène la vie quotidienne sur l'île, bien plus belles que la plupart des reproductions tirées en série vendues partout ailleurs.

TINOS

Harris Prassas Ostria-Tinos
Evangelistrias, 20,
Tinos
Tél. : 2283 023893
Les créations de ce bijoutier mêlent l'ancien et le moderne, l'argent et l'or. Le thème religieux, tout à fait approprié à Tinos, lieu de pèlerinage, assure l'unité de ce qui aurait pu n'être qu'un amoncellement hétéroclite.

DODÉCANÈSE

Dans l'archipel du Dodécanèse, toutes les boutiques, ou presque, vendent des éponges. Mieux vaut, avant d'acheter quoi que ce soit, prendre conseil auprès d'un expert (voir les adresses ci-dessous), qui vous fera toucher et distinguer les différentes qualités. Comment reconnaître, autrement, une belle éponge ? Ayez toujours en tête ces quelques règles : une éponge de couleur brune, naturelle, est plus résistante qu'une teinte en jaune ; il faut préférer celles à petits trous ; enfin, les morceaux d'éponge durent moins longtemps qu'une pièce entière.

KALIMNOS

Fabrique d'éponges Astor
Pothia
Tél. : 2243 029815
Découvrez les étapes du traitement des éponges, avant d'acheter les meilleures de Kalimnos, une île précisément réputée… pour ses éponges.

PATMOS

Katoi
Chora
Tél. : 2247 031487
Un beau choix de bijoux, d'icônes et de céramiques typiques de l'île.

RODOS (RHODES)

La Boutique des musées
Ippitou, centre historique
de Rhodes
Cette boutique, gérée par le ministère de la Culture, propose des reproductions de très grande qualité d'œuvres exposées dans les musées grecs.

SIMI

Centre égéen de l'éponge
Sur le port, à Ialos
Faites votre choix parmi des milliers de pièces. On vous apprendra auparavant à reconnaître une éponge de qualité, et on vous racontera la vie d'un pêcheur d'éponges au temps où cette activité faisait la prospérité de l'île.

CRÈTE

En Crète, les arts du tissage et de la broderie remontent à l'époque minoenne. Les plus belles pièces produites aujourd'hui proviennent des villages du plateau de Lassithi. Les Crétois sont également réputés pour le travail du cuir ; leurs solides bottes, montant jusqu'au genou, sont très prisées.

Eleni Kastrinoyanni
Ikarou, 3,
Iraklio
Tél. : 281 022 6186
Une boutique élégante célébrant l'artisanat crétois – tissage, broderie, poterie et orfèvrerie – à travers ses productions actuelles.

Allée du cuir
Odos Skridlof,
Hania (La Canée)
Sandales, bottes, sacs à main et à dos, ceintures ou portefeuilles : les boutiques bordant cette ruelle proche du marché vendent le cuir sous toutes ses formes.

Maria Patsake
Sfakianakis, 2, Agios Nikolaos
Tél. : 2841 022001
Une bonne adresse où se procurer des produits artisanaux locaux de belle qualité et – ce qui ne gâte rien – à prix honnêtes.

Icônes Petrakis
Elounda 72053
Tél. : 2841 041669
C'est un jeune couple qui perpétue ici, avec beaucoup de talent, la tradition gréco-byzantine des icônes. Le propriétaire de l'atelier expose aussi des peintures plus classiques.

ÎLES IONIENNES

KERKIRA (CORFOU)

Bizarre
Arseniou, 25,
Kerkira
Tél. : 2661 026384
Corfou est la destination idéale pour ceux qui aiment les « fringues » mais préfèrent les tee-shirts bon marché aux grandes griffes. Bizarre propose des modèles plus insensés les uns que les autres, la plupart *made in Greece*, avec quelques détours par l'Asie…

Village Danilia
Près de Gouvia
Tél. : 2661 091621
On a essayé de reconstruire ici un village grec d'il y a deux siècles, y compris les ateliers où les artisans vendent leur production.

Elli
Theotki, 88,
Kerkira
Tél. : 2661 026283
Les nappes – comme tous les autres articles vendus à cette adresse – sont brodées à la main par les femmes de l'île. La qualité va de pair avec des prix élevés. Le propriétaire de la boutique vous expliquera qu'il faut plusieurs mois pour broder certaines pièces. On peut se reporter sur des ouvrages de dimensions plus modestes, tout aussi finement brodés.

Distillerie Mavromatis
À 13 kilomètres de Kerkira
sur la route de Paleokastritsa
Tél. : 2663 022174
Cette distillerie propose une visite complète de ses chais permettant d'assister à l'élaboration en alambic des trois alcools maison : le « cognac », l'ouzo et la spécialité du cru, une liqueur de kumquat.

Terracotta
Filarmonikis, 2,
Kerkira
Tél. : 2661 045260
Une belle sélection d'œuvres d'art et d'objets artisanaux signés par des artistes grecs. De remarquables sculptures et des céramiques dont le prix élevé paraît justifié.

Vassilakis
Face à l'Acchilleion
Tél. : 2661 052440
L'un des plus gros stocks de vins et alcools grecs. Vous n'achèterez rien sans y avoir goûté, ce qui ajoute à l'agrément des lieux.

KEFALONIA (CÉPHALONIE)

Alexander's
Vergoti,
Argostoli
Tél. : 2671 023057
Une sélection variée d'artisanat. Méritent une mention particulière les bijoux réalisés par le propriétaire de la boutique et les objets en verre, plutôt originaux.

Domaine Gentilini
Minies
Tél. : 2671 041618
C'est une petite exploitation viticole, aussi vaut-il mieux téléphoner avant toute visite. S'il est disponible, le vigneron vous guidera dans les vignes avant de vous faire goûter ses vins, de très grande qualité.

ZAKINTHOS (ZANTE)

Coopérative artisanale
Lombardou, 42,
Zakinthos
Une excellente enseigne, sur le port, où se procurer des tapis ou des ouvrages brodés, tous fabriqués dans l'île.

FESTIVITÉS

En Grèce, la fête est souvent impromptue. Dans un bar, une taverne, ou le soir sous la charmille d'une terrasse de café, quelqu'un, subitement inspiré, se lève et chante ou danse. Et ses compagnons lui emboîtent le pas ou donnent de la voix. Ainsi se célèbrent les nombreuses fêtes votives des villages ou s'exprime simplement la joie lors d'un anniversaire ou d'une soirée entre amis. Néanmoins, certaines fêtes sont dûment répertoriées au calendrier (voir aussi p. 384-385).

ATHÈNES

FESTIVAL ARTISTIQUE

Un festival annuel de musique, de danse, de théâtre et autres arts se tient dans la capitale chaque été, entre les mois de juin et octobre, au théâtre Hérode Atticus.
(Tél. 210 322 1459/323 2771)

FÊTES

Le 6 janvier, fête de l'Épiphanie, est aussi le jour de la **Bénédiction des eaux,** qui doit apporter la prospérité à la Grèce, pays maritime, pour toute l'année à venir. Cette fête est célébrée non seulement dans le port du Pirée, mais également dans tout le pays. Le 25 mars, la **fête de l'Indépendance**, conquise en 1821 sur les Turcs, donne lieu à de grands défilés et moult célébrations, à Athènes comme ailleurs.

DANSES FOLKLORIQUES

Dora Stratou, une figure emblématique de la danse et de la musique grecques, a fondé une troupe de danse folklorique qui se produit tous les soirs, du mois de mai jusqu'à la fin septembre, dans le très agréable théâtre en plein air **Dora Stratou**, sur la colline Philoppapou.
(Tél. : 210 324 4395)

SON & LUMIÈRE

D'avril à octobre, un spectacle son & lumière est donné sur la colline de la Pnyx, face à l'Acropole. La langue du commentaire changeant tous les soirs, mieux vaut consulter le programme au préalable. (Tél. : 210 322 1459)

PÉLOPONNÈSE

FESTIVALS ARTISTIQUES

Un festival incluant musique classique, théâtre et autres arts se tient chaque été dans la belle cité de **Nafplio (Nauplie)**. Pour plus de détails, appelez le 2752 028 607.

Chaque été, **Patra (Patras)** accueille un festival dédié à la musique classique, au théâtre et aux musiques et danses folkloriques.

FESTIVAL DE THÉÂTRE

Couplé avec le festival artistique d'Athènes, un festival d'art dramatique se déroule dans le splendide théâtre antique d'**Epidavros (Épidaure),** pendant tout l'été mais pas chaque soir. Consultez le programme. (Tél. : 210 322 1459/ 2753 022066)

FÊTE

18-20 juillet : **fête du prophète Élias**, célébrée dans de nombreux monastères qui lui sont dédiés à travers le pays, en particulier au mont Taygette (près de Sparte).

FESTIVAL DU VIN

La ville de **Patra (Patras),** située au cœur d'une importante région viticole, est renommée autant pour sa célébration du carnaval que pour son festival annuel du vin, qui dure de la fin août jusqu'à mi-septembre. Dionysos y est honoré dignement !
(Tél. : 261 027 9866)

GRÈCE CENTRALE, THESSALIE & ÉPIRE

FÊTE

Le 23 avril, à **Arahova** – un village de montagne situé non loin de Delphes –, la **Saint-Georges** est célébrée avec force musique et danses folkloriques, bien sûr en costumes traditionnels (voir p. 148).

MACÉDOINE & THRACE

FESTIVALS ARTISTIQUES

Au cours des mois d'été se tient un festival d'art dramatique dans le théâtre antique de **Philippi (Philippes).**

À **Thessaloniki** (Thessalonique), fin octobre-début novembre, le **festival de Dimitri** propose des spectacles de musique, de théâtre et d'opéra dans différents lieux de la ville. Le 26 octobre, pendant ledit festival, est célébrée la fête proprement dite du saint patron de la ville.

FÊTES

Lors de la **Saint-Constantin**, le 21 mai, des feux d'artifice sont tirés dans pratiquement tous les villages des environs de Thessalonique, notamment à **Langadas**. Le 26 octobre est célébré le saint patron de **Thessalonique, Dimitri** (voir ci-dessus).

Le 8 janvier, dans les villages de **Thrace**, se déroule une curieuse tradition : les hommes s'occupent des travaux domestiques et les femmes se détendent dans les cafés. Le monde (grec) à l'envers !

ÎLES DU SARONIQUE

FÊTES

Chaque 8 septembre, la **bataille du détroit de Spetses (Spetsai)** est reconstituée dans le port de cette ville. À la même date, ici comme dans tout le pays, est célébrée la **fête de la Naissance de la Vierge**.

Le 25 mars, la **fête de l'Indépendance** suscite une ferveur et un enthousiasme extraordinaires à **Idra (Hydra)**.

SPORADES

FÊTES

Le 25 février, **Skopelos** célèbre la fête d'**Agios Riginos**, le saint patron de l'île.

Saint Georges est vénéré à **Skiros**, aussi sa fête, le 23 avril, est-elle marquée par d'intenses festivités populaires.

ÎLES DU NORD-EST DE LA MER ÉGÉE

FESTIVAL DE THÉÂTRE

Un festival d'art dramatique grec antique se tient chaque mois de juillet dans la ville de **Thassos**.

FÊTES

Le 26 juillet, dans les deux villages nommés **Agia Paraskevi,** à **Lesvos (Lesbos)** et à **Samos**, on fête religieusement et néanmoins joyeusement le saint éponyme des lieux.

Le 15 août, la fête de l'Assomption, chère aux catholiques du monde entier, prend à **Agiassos** (toujours à Lesbos) un relief particulier.

Le 23 avril, le jour de la Saint-Georges, une course hippique se déroule traditionnellement sur l'île de **Limnos (Lemnos)**.

CYCLADES

FÊTES

De grandes célébrations mettent **Tinos** en émoi le 25 mars, jour de la fête de l'**Indépendance**, ainsi que le 15 août, pour la **fête de l'Assomption.**

FESTIVAL DE MUSIQUE

Un intéressant festival musical se tient en août sur l'île de **Thira (Santorin)**.

DODÉCANÈSE

FÊTES

Le village de montagne d'**Olimbos**, sur l'île de Karpathos, manifeste une ferveur exceptionnelle pour la **fête de l'Assomption**, le 15 août.

Le 17 juillet, c'est la **fête d'Agia Marina** et *le* grand jour pour les villages du même nom, dans les île de **Kassos** et de **Leros**, ainsi que pour l'îlot également dénommé Agia Marina, au large de l'île de **Simi.**

À **Kos (Cos)**, le 23 avril, la **Saint-Georges** donne traditionnellement lieu à une course de chevaux.

Du 18 au 20 juillet, la **fête du prophète Élias** bat son plein dans et autour de nombreux monastères qui lui sont dédiés. L'éclat des célébrations est exceptionnel sur l'île de **Rhodes**, au **monastère de Profitis Ilias**, à environ 1 kilomètre au sud de Kamiros, sur la côte ouest (voir carte p. 265).

À **Tilos**, le 27 juillet, les villageois se pressent au monastère d'Agios Pandelimon (Saint-Panthélémion) pour sa **fête** annuelle, célébrée par des agapes, de la musique et des danses traditionnelles.

DANSES FOLKLORIQUES

Dans la ville de **Rhodes**, on peut apprécier, d'avril à octobre *(en général à 21 h 20, du lundi au vendredi)*, le spectacle de danses folkloriques de la compagnie **Nelly Dimoglou**. Théâtre de la vieille ville de Rhodes, près de la place Arionos. (Tél. : 2241 020157)

SON & LUMIÈRE

À **Rhodes**, d'avril à octobre, des spectacles son & lumière sont donnés dans le jardin municipal, à côté du palais des Grands Maîtres. La langue du commentaire changeant tous les soirs, mieux vaut se renseigner. (Tél. : 224 021922).

CRÈTE

FESTIVALS ARTISTIQUES

En août, à **Iraklio (Iraklion)** se tient un festival international d'art dramatique, de danse et de musique.

En août et septembre, le **festival Renaissance** de **Rethimno (Réthymnon)** propose des concerts et des spectacles d'art dramatique. (Tél. : 2831 022245/053583).

FÊTE DU VIN

Également à **Réthymnon**, en juillet, la population célèbre avec force libations une joyeuse fête du vin.

ÎLES IONIENNES

CRICKET

À **Kerkira** (**Corfou)**, en juillet, se tient la **Semaine internationale du cricket**, d'esprit très britannique, d'autant qu'y participent des équipes venues d'Albion. Les épreuves se déroulent sur l'Esplanade de la ville de Corfou.

FÊTES

Dans toutes les îles du groupe, et en particulier à Corfou, le 21 mai est consacré à la **fête de l'Unification des îles Ioniennes**.

SON & LUMIÈRE

De mai à fin septembre, la forteresse de la ville de **Corfou** sert de cadre à un beau spectacle son & lumière. (Tél. : 2661 037520)

ACTIVITÉS SPORTIVES

La Grèce offre l'occasion de pratiquer une vaste gamme d'activités, en particulier dans le domaine des sports nautiques. La plupart des stations balnéaires permettent de faire de la planche à voile, du ski nautique, du pédalo, du jet ski et du parachute ascensionnel. La marche et le cyclisme se pratiquent généralement dans le cadre individuel. Le tennis, le football et le basket sont des sports très populaires. Enfin, la Grèce compte quelques terrains de golf.

ALPINISME

Vous obtiendrez auprès des nombreux clubs d'alpinisme des renseignements relatifs aux différentes activités, aux abris et aux refuges qui peuvent être réservés par leur intermédiaire.
Fédération hellénique des clubs d'alpinisme
Miloni, 5,
10673 Athènes
Tél. : 210 364 5904

ÉQUITATION

Assez peu de possibilités de monter en Grèce. Pour obtenir des renseignements sur les clubs hippiques à Athènes, à Thessalonique et à travers le pays, contactez le **Club d'équitation hellénique**
Maroussi,
Athènes
Tél. : 210 682 6128

GOLF

Les golfeurs pourront essayer les parcours suivants :
Glifada
Konstantinou Karamanli, Glifada, Athènes
Tél. : 210 894 6820
Un parcours de 18 trous, par 72, sur 60 hectares. Le meilleur terrain du pays ; clubhouse et très bons équipements.

Afantou, à Rhodes
Tél. : 2241 051255
Un parcours de 18 trous, par 72. Surtout réputé pour son cadre.

Club de golf de Corfou
Ermones, Corfou
Tél. : 2661 094220
Un 18-trous, par 72, pour les golfeurs de tout niveau. Leçons, restaurant et boutique proposant du matériel à louer.

MARATHON

La fameuse course à pied est organisée deux fois par an.
Renseignements :
SEGAS Syngrou, 137, Athènes
Tél. : 210 935 9302

PLANCHE À VOILE

Les véliplanchistes expérimentés qui recherchent les meilleures installations et des lieux peu fréquentés par les débutants choisiront les îles Ioniennes (en particulier Corfou, Leucade, Zante) ainsi que les îles de Cos, Lesbos, Naxos et Samos.

PLONGÉE

La plongée n'est autorisée que dans certains endroits et pendant la journée ; informez-vous sur place dans les îles de Corfou, Cos, Kalimnos, Leucade, Mykonos, Paxi, Rhodes et Zante. Renseignements : **Association des centres de plongée.** Tél. : 210 922 9532.

SKI

Renseignements auprès de la **Fédération hellénique des clubs de ski**, Karayoryi tis Servias, 7, 10563 Athènes. Tél. : 2103230182.

Péloponnèse :
Station de Kalavrita
Xirokambos, Kalavrita
Tél. : 2692 022174/022661
Entre 1 700 et 2 347 mètres d'altitude, 25 kilomètres de domaine skiable, avec 12 pistes pour tous les niveaux. Restaurant, boutique, clinique et refuge.

Grèce centrale :
Centre de Metsovo, Karakoli et Politses-Profitis Ilias, Metsovo
Tél. : 2656 041312/041211
Une station ouverte de Noël à Pâques. Les équipements sont bons pour la Grèce mais inférieurs aux standards des autres pays d'Europe occidentale.

Centre du Parnasse
Fterolakka et Kellaria
Tél. : 2234 022693
Un domaine skiable ouvert de décembre à Pâques qui compte 12 pistes, à 1 750 mètres d'altitude pour Kellaria et à 1 800 mètres pour Fterolakka. Magasins, école de ski, chalet pour déjeuner.

Centre du Pélion
Agriolefkes, Pélion
Tél. : 2421 025696/073719
Une station généralement ouverte de fin décembre à fin avril, avec 3 pistes principales, des pistes pour débutants et des pistes de ski de fond.

SKI NAUTIQUE

Pour toute information sur les possibilités dans les environs d'Athènes, contactez la **Fédération grecque de ski nautique**, avenue Posidonos, Elliniko, Athènes. Tél. 210 894 7413.

VOILE

Expérimentés ou débutants, les amateurs de voile trouveront généralement de bonnes conditions en Grèce. Pour des informations d'ordre général, contactez :
Association hellénique des propriétaires des yachts
A8A0 Marina Zea
18536 Le Pirée

... ET EN SPECTATEUR

S'il demeure la grande passion nationale, le football est concurrencé par le basket depuis la victoire de l'équipe grecque aux championnats d'Europe, en 1987. Ne vous étonnez pas d'avoir du mal à être servi dans une taverne ou un bar lorsque tous les regards sont aimantés par un programme sportif diffusé à la télévision. Si vous êtes amateur de football ou de basket, vous vous ferez sûrement très vite des amis !

festival	ville	site Internet
ACHILLIA FESTIVAL	Larissa	
DANSES FOLKLORIQUES	Athènes	users.hol.gr/~grdance
DANSES GRECQUES	Rhodes	dimoglu.virtualave.net
DIMITRIA FESTIVAL	Thessalonique	
ELLINIKO FESTIVAL	Athènes	
EPIROTIKA FESTIVAL	Ioanina (Dodone)	
FESTIVAL « PETRAS »	Petroupoli	
FESTIVAL D'AMORGOS	Amorgos	
FESTIVAL D'ARTA	Arta	
FESTIVAL D'ATHÈNES	Athènes	www.greekfestival.gr/site/inde
FESTIVAL DE CÉPHALONIE	Argostoli	
FESTIVAL DE CHANT	Preveza	
FESTIVAL DE LA CANÉE	La Canée	
FESTIVAL DE MUSIQUE CLASSIQUE	Rhodes	
FESTIVAL DE MUSIQUE	Ithaque	
FESTIVAL DE NAXOS	Naxos (Filoti)	
FESTIVAL DE PATRAS	Patras	www.festivalofpatras.nav.to
FESTIVAL DE PIANO	Athènes	
FESTIVAL DE RÉTHYMNON	Réthymnon	www.rfr.gr
FESTIVAL DE VYRONAS	Athènes	
FESTIVAL D'ÉPIDAURE	Épidaure	www.greekfestival.gr/site/inde
FESTIVAL D'IRAKLION	Iraklion	www.heraklion-city.gr/English/
FESTIVAL DU FORT VÉNITIEN	Réthymnon	
FESTIVAL ESCHYLE	Elefsina	
FESTIVAL INTERNAT. DE DANSE	Kalamata	dikeho.conxion.gr/dikeho/welc
FESTIVAL INTERNAT. DU CINÉMA	Thessalonique	www.filmfestival.gr/2001/uk/in
FESTIVAL INTERNAT. DU COURT MÉTRAGE	Drama	www.dramafilmfestival.gr/en/a
FESTIVAL INTERNAT. DU FILM DOCUMENTAIRE	Kalamata	www.documentary.gr
FESTIVAL KRYSTALLEIA	Athènes	
FESTIVAL NATIONAL DE CRÈTE	La Canée	
FESTIVAL PENDELIS	Athènes	
GEFIROUDIANA	Serres	
IMATHIOTIKA	Veria	
IPIROTICA	Ioanina	
KORNASIA	Sitia	
KRYSTALLIA	Penteli	
LATO FESTIVAL	Agios Nikolaos	
LINDARIA	Thèbes	
NIKOPOLIA	Preveza	
SARAKATSANEON FESTIVAL	Forêt d'Elatia	
THÉÂTRE « VEAKIO »	Le Pirée	

Athènes

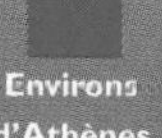
Environs d'Athènes

Péloponnèse

Grèce centrale, Thessalie & Épire

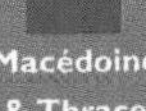
Macédoine & Thrace

FESTIVALS

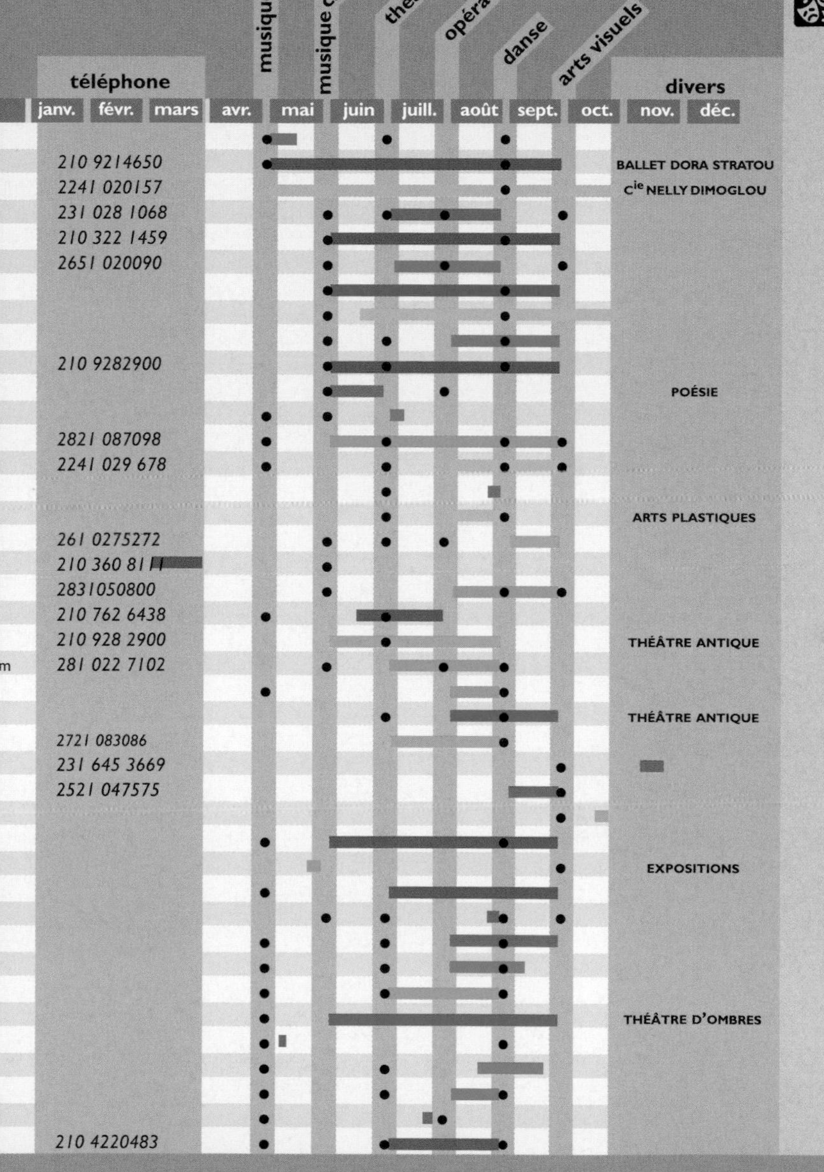

musique folklorique
musique classique
théâtre
opéra
danse
arts visuels
téléphone
divers
janv.
févr.
mars
avr.
mai
juin
juill.
août
sept.
oct.
nov.
déc.
210 9214650
BALLET DORA STRATOU
2241 020157
Cie NELLY DIMOGLOU
231 028 1068
210 322 1459
2651 020090
210 9282900
POÉSIE
2821 087098
2241 029 678
ARTS PLASTIQUES
261 0275272
210 360 8111
2831050800
210 762 6438
210 928 2900
THÉÂTRE ANTIQUE
281 022 7102
THÉÂTRE ANTIQUE
2721 083086
231 645 3669
2521 047575
EXPOSITIONS
THÉÂTRE D'OMBRES
210 4220483

Eubée

Îles de l'Égée

Crète

Corfou & îles Ioniennes

événement		ville/région	
JANVIER			
ÉPIPHANIE	6	Le Pirée...	... et ailleurs : bénédiction des eaux
GYNAIKRATIA	8	Thrace	les hommes à la maison, les femmes au café
FÉVRIER			
SAINT-RIGINOS	25	Skopelos	fête du saint patron de l'île
MARS			
ANNIVERSAIRE DU DÉBUT DE LA GUERRE D'INDÉPENDANCE	21	Kalavrita	ici le drapeau grec a été hissé pour la premièr comme un défi à l'Empire ottoman
FÊTE DE L'INDÉPENDANCE	25	partout	grandes festivités surtout à Athènes, Hydra et
CARNAVAL	dim. av. le carême	Patras	spectacles de rue
CARNAVAL	dim. av. le carême	Veria	spectacles de rue
CARNAVAL	dim. av. le carême	Skiros	spectacles de rue
DANSE DU BOUC	avant le carême	Skiros	une fête aux origines païennes, très populaire
AVRIL			
SAINT-GEORGES	23	Lemnos	courses de chevaux
SAINT-GEORGES	23	Cos	courses de chevaux
SAINT-GEORGES	23	Skiros	festivités en l'honneur du saint patron de l'île
SAINT-GEORGES	23	Athènes	cérémonies à la chapelle Saint-Georges (XIXe s sur le Lycabette
LAZARIA	dim. des Rameaux	Missolonghi	fête folklorique
PÂQUES ORTHODOXES	27-04-2003, 11-04-2004, 1-05-2005, 23-04-2006...	partout	la fête religieuse la plus importante, accompag du traditionnel agneau à la broche, en plein air
MAI			
SON & LUMIÈRE	début mai	Rhodes	le premier des grands spectacles de la saison
FÊTE DE L'UNIFICATION	21	îles Ioniennes	célébration de l'unification des îles
ANASTENARIA	21	Macédoine & Thrace	cérémonie religieuse, avec danse extatique sur les charbons ardents
SAINT-CONSTANTIN	21	Thessaloniq.	feux d'artifice à Thessalonique et dans les villa environnants, notamment à Langadas

Pour en savoir plus : www.culture.gr
www.cultureguide.gr/events/index.jsp
www1.culture.gr/Cultural_Sites/GeogRoots/EUGR.htr

Athènes

Environs d'Athènes

Péloponnèse

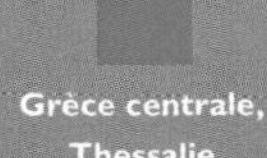
Grèce centrale, Thessalie & Épire

Macédoine & Thrace

ÉVÉNEMENTS

événement		ville/région	
JUILLET			
SEMAINE INTERNAT. DU CRICKET	variable	**Athènes**	sur l'Esplanade
FÊTE DU VIN	début juill.-août	**Réthymnon**	festivités diverses
SAINTE-MARINA	17	**Kassos, Leros & Simi**	festivités en l'honneur de la sainte éponyme des villages Agia Marina
SAINT-ÉLIAS	18-20	**Mont Taygète & Rhodes**	grande fête dans les monastères dédiés au saint
SAINTE-PARASKEVI	26	**Lesbos & Samos**	festivités en l'honneur de la sainte éponyme des villages Agia Paraskevi
FÊTE D'AGIOS PANDELIMON	27	**Tilos**	fête au monastère d'Agios Pandelimon
AOÛT			
ASSOMPTION	15	**partout**	nombreuses célébrations et festivités
FÊTE DU MARIAGE	1er dim. apr. le 15	**Portaria**	reconstitution du mariage traditionnel selon les coutumes du Pélion
SON & LUMIÈRE	31	**Rhodes**	deuxième grand spectacle de la saison
FÊTE DU VIN	fin août-mi-sept	**Patras**	festivités diverses
FÊTE DU VIN	fin août-mi-sept	**Dafni**	festivités diverses
SEPTEMBRE			
SON & LUMIÈRE	1er	**Rhodes**	troisième grand spectacle de la saison
NAISSANCE DE LA VIERGE	8	**partout**	cérémonies à travers tout le pays
BATAILLE DU DÉTROIT DE SPETSAI	8	**Spetses**	bataille reconstituée dans le port
OCTOBRE			
SAINT-DIMITRI	26	**Thessaloniq.**	fête du saint patron de la ville
FÊTE DES CHÂTAIGNES	3e dim. du mois	**Elos**	chansons et danses autour des châtaignes grillées
SON & LUMIÈRE	31	**Rhodes**	quatrième grand spectacle de la saison
NOVEMBRE			
FÊTE DE LA TSIKOUDIA	1er w.-e. du mois	**Voukolies**	fête où l'on déguste les produits locaux liés à l'apiculture

Eubée

Îles de l'Égée

Crète

Corfou & îles Ioniennes

GLOSSAIRE

N.B. : les voyelles en **gras** portent l'accent tonique.

AU RESTAURANT

l'addition	o logariasm**o**s
bouteille	bouk**a**li
eau	ner**o**
fromage	tyr**i**
fruits de mer	thalassin**a**
huile	l**a**thi
sans huile	khoris l**a**thi
légumes	lakhanik**a**
miel	m**e**li
œufs	avg**a**
pain	psom**i**
poisson	ps**a**ri(a)
poivre	to pip**e**ri
sel	al**a**ti
sucre	z**a**khari
végétarien	khortof**a**gos
verre	pot**i**ri
viande	kr**e**as
yaourt	yia**ou**rti

HORS-D'ŒUVRE

feuilles de vigne farcie	dolm**a**des
hors-d'œuvre variés (mézès)	mez**e**des
olives	el**ie**s
purée d'aubergines	melitzanosal**a**ta
soupe	s**ou**pa
tarama	taramosal**a**ta
yaourt avec ail pilé	skordali**a**
yaourt avec concombre et ail pilés	tzatz**i**ki

LÉGUMES

aubergine	melitz**a**na
aubergine farcie	papouts**a**kia
choux	kh**o**rta
concombre	ang**ou**ri
courgettes	kolokith**a**kia
épinards	span**a**ki
gombos	b**a**mies
haricots blancs	gig**a**ntes
haricots de Lima	k**ou**kia
haricots verts	fasol**a**kia
laitue	mar**ou**li
lentilles	f**a**kes
poivrons	pip**e**ries
pommes de terre	pat**a**tes
frites	pat**a**tes tighan**i**tes
ratatouille	bri**a**m
riz	r**i**zi/pil**a**fi
salade	sal**a**ta
salade grecque	khori**a**tiki
tomate	dom**a**tes

POISSONS & FRUITS DE MER

anchois	g**a**vros
bar	lavr**a**ki
brème	kef**a**las
cabillaud	bakali**a**ros
crevettes	gar**i**des
écrevisses	karav**i**des
encornets	kalam**a**ria/kalamar**a**kia
espadon	x**i**fias
homard	astak**o**s
huîtres	str**ei**dia
maquereau	sk**ou**mbri
moules	m**i**dhia
palourdes	kid**o**nia
petite friture	mar**i**des
poulpe	oktap**o**di
rouget	barb**ou**ni
sardines	sard**e**lles
seiche	soupi**a**
sole	gl**o**ssa
thon	lak**e**rda/t**o**nnos

VIANDES

agneau	arn**i**
boulettes	keft**e**des
côtelette (porc ou bœuf)	briz**o**la
foie	sik**o**ti
lapin	koun**e**lli
porc	khirin**o**
poulet	kot**o**poulo
veau	moskh**a**ri
viande de bœuf hachée	bift**e**ki

DESSERTS

crème	kr**e**ma
crème glacée	pag**o**to
entremets	galaktob**ou**reko
gâteau aux noix	karid**o**pita
pâte de sésame	halv**a**
pâtisserie à base de noix et de miel	bakl**a**va
riz au lait	riz**o**galo

FRUITS

cerises	ker**a**sia
citrons	lem**o**ni
coins	kyd**o**ni
figues	s**y**ka
fraises	fr**a**oules
kiwis	aktin**i**dia
melons	pep**o**ni
oranges	portok**a**lia
pastèques	karp**ou**zi
pêches	rod**a**kino
poires	akl**a**dia
pommes	m**i**la
raisin	staf**y**lia

BOISSONS

bière	b**i**ra
café	kaf**e**s
chocolat au lait	g**a**la kak**a**o
eau	ner**o**
eau minérale	metalik**o** ner**o**
lait	g**a**la
limonade	limon**a**da
orangeade	portokal**a**da
thé	ts**a**i
vin	kras**i**
blanc	**a**spro
rosé	kokkin**e**lli/r**o**ze
rouge	k**o**kkino/m**a**vro

QUELQUES PLATS COURANTS

kl**e**ftiko	viande cuite au four en papillote avec des pommes de terre et des légumes
louk**a**nika	saucisse épicée
loukoum**a**des	beignets au miel
moussak**a**	gratin d'aubergine, de viande et de pomme de terre
past**i**tsio	gratin de pâtes à la viande
sch**a**ras	au gril
souvl**a**ki	brochette de viande grillée
souzouk**a**kia	portions de steack haché
stif**a**do	ragoût de viande à la tomate et à l'oignon
youv**e**tsi	viande cuite au four avec des pâtes ou des pommes de terre, dans un récipient d'argile ou en papillote

SUR LA ROUTE

agios, **a**gia	saint, sainte
akra, akr**o**tiri	cap
ch**o**ra, h**o**ra	village, agglomération principale
k**a**stro	citadelle
k**o**lpos	golfe
l**i**mni	port, lac
mous**ei**o	musée
n**i**ssi	île
od**o**s	rue
ormos	baie
oros, **o**ri	mont, monts
mon**i**	monastère
par**a**lia	bord de mer
plat**ei**a	place
sten**o**	détroit

GUIDE DE CONVERSATION

ALPHABET

ALPHABET		PRONONCIATION
alpha	Α, α	*a*
bêta	Β, β	*b*, prononcé *v*
gamma	Γ, γ	*i*, devant i ou e ; *g*, comme dans gai devant o, a, ou
delta	Δ, δ	*d*, entre *t* et *d*
epsilon	Ε, ε	*e*
zêta	Ζ, ζ	*dz*
êta	Η, η	*é*
thêta	Θ, θ	*t* aspiré
iota	Ι, ι	*i*
kappa	Κ, κ	*k*
lambda	Λ, λ	*l*
mu	Μ, μ	*m*
nu	Ν, ν	*n*
ksi	Ξ, ξ	*ks*
omicron	Ο, ο	*o*
pi	Π, π	*p*
rhô	Ρ, ρ	*r* roulé
sigma	Σ, σ (au milieu d'un mot)	*s*
	ς (à la fin d'un mot)	*s*
tau	Τ, τ	*t*
upsilon	Υ, υ	*é*
phi	Φ, φ	*f*
khi	Χ, χ	*h* dur, comme la *jota* espagnole [parfois transcrit *ch*]
psi	Ψ, ψ	*ps*
oméga	Ω, ω	*ô*

PRONONCIATION

αι	*ê*
αυ	*av/af*
ει	*i*
ευ	*ev/ef*
ου	*ou*
γγ	*ng*, comme dans danger
γκ	*g* comme dans gare, au début d'un mot ; *ng* au milieu
μπ	*b* au début d'un mot ; *mb* au milieu
ντ	*d* au début d'un mot ; *nd* au milieu
σι	*ch*
τζ	*dj*, comme dans Django

TRANSCRIPTION

Le grec moderne dérive du grec ancien mais s'en distingue fortement, au point qu'un Grec d'aujourd'hui ne peut lire directement le grec de Platon.

La transcription en français, savante ou commune, est extrêmement variable selon les écoles et les sources. Dans cet ouvrage, afin de faciliter la vie au voyageur non helléniste, on a adopté pour la toponymie la graphie en caractères latins usitée le plus généralement en Grèce même, tant sur les panneaux indicateurs que sur les cartes touristiques.

CHIFFRES & NOMBRES

0	*midhen*
1	*ena*
2	*dhio*
3	*tria*
4	*tessera*
5	*pende*
6	*exi*
7	*efta*
8	*ochto*
9	*enya*
10	*dheka*
100	*ekato*
1 000	*hilya*

LES JOURS DE LA SEMAINE

dimanche	*kiriaki*
lundi	*simera*
mardi	*triti*
mercredi	*tetarti*
jeudi	*pempti*
vendredi	*paraskevi*
samedi	*savato*

LE JOUR ET L'HEURE

le matin	*to proi*
l'après-midi	*to mesimeri*
le soir	*to vradhi*
la nuit	*ti nichta*
ce matin	*simera to proi*
cet après-midi	*simera to mesimeri*
ce soir	*simera to apoyevma*
cette nuit	*apopse*
la nuit dernière	*timberasmeni nichta*
cette semaine	*avti tin evdhomadha*
le mois prochain	*ton epomeno mina*
Quelle heure est-il ?	*Ti ora ine ?*

EXPRESSIONS UTILES

Bonjour	*Kali mera*
Bonsoir	*Kali spera*
Bonne nuit	*Kali nichta*
Au revoir	*Chere*
Pouvez-vous m'aider, s'il vous plaît ?	*Borite na me voithisete, parakalo ?*
Connaissez-vous… ?	*Xerete… ?*
Où sont les toilettes ?	*Pou ine i twaleta ?*
Qui ?	*Pyos ?*
Qui est-ce ?	*Pyos ine ?*
Quoi ?	*Ti ?*
Pourquoi ?	*Yati ?*
Comment ?	*Pos ?*
À quelle distance est-ce ?	*Poso makria ine ?*
Combien de temps faut-il ?	*Posi ora dhiarki/kratai ?*
Combien de temps dure le trajet ?	*Poso kratai to taxidhi ?*
Quel (le) ?	*Pyo ? Pya ?*
Quand ?	*Pote ?*
D'où êtes-vous ?	*Apo pou erhesthe ?*

Je voudrais un kilo de pommes, s'il vous plaît
Tha ithela ena kilo mila
Combien ? — Posos ?
Combien cela coûte-t-il ? — Poso kani ?
Je peux prendre ça ? — Boro na to paro mazi mou ?
Je ne fais que regarder
Tha rixo mya matya, an epitrepete
Pouvez-vous faire un paquet cadeau, s'il vous plaît ?
Borite na to tilixete ya dhoro, parakalo ?

Oui, bien sûr — Ne, vevea/veveos
Non, je regrette — Óhi, lipame
Très bien — Kala
D'accord — Endaxi
Je ne sais pas — Dhen xero

Merci (beaucoup) — Efcharisto (poli)
Je vous en prie — Parakalo
C'est très gentil à vous — Poli evyeniko ek merous sas
Merci de vous être dérangé — Efcharisto ya tongopo

Pardon ! — Sighnomi
Excusez-moi — Me sinchorite
Je suis désolé — Lipame
Ça ne fait rien/ne vous inquiétez pas — Endaxi etsi
Ça vous plaît ? — Sou aresi ?
Merveilleux ! — Thavmasio !
Cet endroit est vraiment très beau !
Ti orea pou ine edho !

Je suis français — Ime ghalos
Parlez-vous français/anglais ? — Milate ghalika/anglika ?
Je (ne) comprends (pas) — (dhen) Katalaveno
Vous me comprenez ? — Me katalavenete ?
Pourriez-vous répéter, s'il vous plaît ?
Borite na to epanalavete, parakalo ?
Pourriez-vous parler plus lentement, s'il vous plaît ?
Borite na milate pyo argha, parakalo ?
Comment prononcez-vous ceci ? — Pos proferete afto ?

Au secours ! — Voitha !
Pourriez-vous appeler un médecin, s'il vous plaît ?
Parakalo, kaleste/idhopiiste ghrighora ena yatro ?
Appelez une ambulance ! — Idhopiiste ena asthenoforo !

AU RESTAURANT

Le restaurant est-il ouvert ? — Ine anichti i kouzina ?
À quelle heure le restaurant ouvre-t-il/ferme-t-il ?
Pote aniyi/klini i kouzina ?
Je voudrais une table pour deux, s'il vous plaît
Tha ithela ena trapezi ya dhio atoma.
Nous avons (n'avons pas) réservé
(dhen) Klisame trapezi.
Peut-on attendre une table ?
Boroume na perimenoume ya ena trapezi ?
Cette chaise est libre ? — Ine eleftheri afti i thesi ?
Peut-on s'asseoir ici/là ?
Boroume na kathisoume edho/eki ?
Peut-on s'asseoir près de la fenêtre ?
Boroume na kathisoume konda sto parathiro ?
Peut-on manger dehors ? — Boroume na fame kyexo ?
Avez-vous une autre chaise ?
Mas fernete akoma mya karékla ?
Garçon !/Madame !/Monsieur ! — Garsoni !/Kiria !/Kirie !
Peut-on voir la carte/la carte des vins ?
Boroume na dhoume tongatalogho/tongatalogho krasyon ?
Avez-vous une carte en français/en anglais ?
Ehete ena katalogho sta ghalika/anglika ?
Avez-vous un plat du jour/un menu touristique ?
Ehete pyato tis imeras/touristiko menou ?
Quelles sont les spécialités régionales/maison ?
Pyes ine i spesialite tis periohis/tou maghazyou ?
Qu'est-ce que c'est ? — Ti ine afto ?
C'est un plat froid ou chaud ?
Afto to fayito ine krio i zesto ?
C'est sucré ? — Afto to fayito ine ghliko ?
C'est épicé/pimenté ?
Afto to fayito ine pikandiko/piperato ?
Je voudrais/nous voudrions la même chose que ces gens
Theloume to idhyo fayito pou trone ekini i anthropi, parakalo
S'il vous plaît, peut-on avoir… — Parakalo,
… plus de pain ? — ligho psomi akoma ?
… une bouteille d'eau/de vin ? — … ena boukali nero/krasi akoma ?
… du sel et du poivre — … mas fernete to alatopipero ?
… une serviette — … mas fernete mya chartopetseta ?
… une cuillère — … mas fernete ena koutalaki ?
… des cure-dents — … mas fernete odhondoghlifidhes ?
… un verre d'eau — … mas fernete ena potiri nero ?
… une paille (pour l'enfant) — … mas fernete ena kalamaki (ya to pedhi) ?
Combien coûte ce plat ? — Poso kani afto to fayito ?
Peut-on avoir l'addition, s'il vous plaît ?
To loghariazmo, parakalo ?

Pourriez-vous réchauffer ce biberon/ce petit pot ?
Borite na mou zestanete avto to bibero/vazaki ?
Où peut-on changer le bébé, s'il vous plaît ?
Iparhi kapyos choros opou boro na alaxo to moro ?
L'enfant partagera avec nous
To pedhi tha fai ligho apo to dhiko mas fayito

À L'HÔTEL

Avez-vous une chambre simple/double ?
Ehete ena elefthero mono/dhiplo dhomatyo ?
Le petit déjeuner/déjeuner/dîner est-il inclus ?
Me to proino/to mesimeryano/to vradhino ?
Est-ce que je peux voir la chambre ?
Boro na dho to dhomatyo ?
Peut-on avoir deux chambres mitoyennes ?
Boroume na echoume dhio dhomatya dhipla-dhipla ?
… avec/sans toilettes/baignoire/douche — me/choris twaleta/banyo/dous
… (pas) sur la rue — (ohi) apo ti merya tou dhromou
… avec/sans vue sur la mer — me/choris thea pros ti thalasa
Y a-t-il un ascenseur dans l'hôtel ?
To xenodhohio ehi asanser ?

À quelle heure servez-vous le petit déjeuner ?
Ti ora ine to proino ?
Le petit déjeuner peut-il être servi dans la chambre ?
Boro na echo to proino sto dhomatiomou ?
Où est la sortie de secours ?
Pou ine i exodhos kindhinou ?
La clé de la chambre, s'il vous plaît
To klidhi tou dhomatiou, parakalo
L'eau est-elle potable ? Iparchi posimo nero ?
Avez-vous un lit d'enfant ? Borite na valete kyena pedhiko krevati sto dhomatiomas ?
Pourriez-vous trouver une baby-sitter ?
Borite na mou vrite mya beibi-siter ?

Le pourboire est-il inclus dans ce prix ?
(Sto poso afto) simberilamvanete i exipiretisi ?
Peut-on régler par carte bancaire ?
Boro na pliroso me pistotiki karta ?
Peut-on payer en devises étrangères ?
Boro na pliroso me xeno sinalaghma ?
Pourriez-vous me donner un reçu, s'il vous plaît ?
Boro na echo mya apodhixi/to loghariazmo ?

DIRECTIONS

où ? pou ?
ici/là edho/eki
sur la droite/la gauche pros ta dhexya/aristera
à droite/gauche de dhexya/aristera apo
tout droit isya
par meso
dans se
face apenandi
à côté/près de dhipla se/konda se
devant brosta
au centre sti mesi
en bas (pros ta) kato
en haut (pros ta) pano
dedans (pros ta) mesa
à l'intérieur (pros ta) exo
derrière (pros ta) piso
à l'avant brosta
à l'arrière piso-piso
au nord sto vora
au sud pros to noto
depuis l'est apo ti dhisi
depuis l'ouest tis anatolis
au nord/au sud/à l'ouest/à l'est de
voryalnotyaldhitika/anatolitika apo
adresse (rue/numéro) idhiefthinsi (odos/arithmos)

SE DÉPLACER

Où va ce train ? Pou piyeni afto to treno ?
Ce bateau va-t-il à... ? Afto to plio piyeni se... ?
Peut-on prendre ce bus pour... ?
Boro na pao se... me to leoforio ?
Ce train s'arrête-t-il à... ?
Afto to treno stamatai se... ?
Cette place est-elle occupée/libre/réservée ?
Afti i thesi ine pyazmeni/eleftheri/klizmeni ?
Pouvez-vous me dire où il faut descendre pour aller à... ?
Mou lete pou prepi na katevo ya... ?
Pouvez-vous me dire quand descendre pour aller à... ?
Borite na me proidhopiisete otan tha ftanoume konda se... ?
Pouvez-vous vous arrêter au prochain arrêt, je vous prie ?
Borite na stamtisete stin epomeni stasi, parakalo ?
Où sommes-nous ? Pou imaste edho ?
Où peut-on... Pou boro na...
... acheter un ticket ? ... aghoraso isitirio ?
... faire un réservation ? ... kliso thesi ?
Puis-je avoir un... pour... ? Thelo ena... ya... ?
aller simple aplo isitirio
aller-retour metepistrofis
Je voudrais réserver une place/couchette/cabine
Thelo na kliso thesi/krevati/kabina
côté fenêtre sto parathiro
fumeur/non fumeur kapnizondes/mi kapnizondes
simple/double ya ena atomo/ya dhio atoma
Où est... ? Pou ine... ?
... le bureau d'information ? ... to ghrafio pliroforyon ?
Avez-vous un plan de la ville avec les bus/le métro ?
Mipos ehete ena charti tis polis me to dhiktio leoforion/tou metro ?
Avez-vous les horaires ?
Mipos ehete to orario ton dhromoloyion ?
Combien coûte un aller simple/aller-retour ?
Poso kani ena aplo isitirio/ena metepistrofis ?
Y a-t-il des changements de train/bus/bateau ? Où ?
Prepi nalaxo treno/leoforio/plio ?
Pou ?
Le train/bus s'arrête-t-il à... ?
Kani stasi se... to treno/to leoforio ?
Y a-t-il une correspondance pour... ?
Iparchi andapokrisi ya... ?
Combien de temps faut-il attendre ?
Posi ora prepi na perimeno ?
Quand part-il ?
Pote fevyi ?

Pourriez-vous appeler un taxi, s'il vous plaît ?
Borite na kalesete ena taxi ya mena ?
Où puis-je trouver un taxi par ici ?
Pou boro na vro ena taxi edho konda ?

À LA BANQUE

Où est la banque/le bureau de change le plus proche ?
Iparchi edho konda kamya trapeza/kanena ghrafio sinalaghmatos ?
Où est-il possible de changer ce chèque de voyage ?
Pou boro na exaryiroso afti tin taxidhiotiki epitayi ?
Puis-je obtenir de l'argent avec ma carte bancaire ici ?
Boro na paro lefta edho me mya pistotiki karta ?
Je voudrais changer de l'argent
Tha ithela nalaxo chrimata
Quel est le taux de change ?
Pya ine i isotimia ?
Pourriez-vous me rendre de la monnaie, s'il vous plaît ?
Borite na mou dhosete ke ligha psila, parakalo ?

INDEX

Les références en **gras** renvoient aux illustrations.

A

N

O

P

R

S

CRÉDITS PHOTOGRAPHIQUES

Abréviations :
(h) haut; (b) bas; (g) gauche; (d) droite; (c) centre.

Couv. p. 1 : (hg), World Pictures Ltd. (hd), T. Harris/Just Greece. (bg), Y. Travert/ Diaf. (bd), Images Colour Library. (dos), T. Harris/Just Greece. P. 1, Studio Kontos/Photostock. 2/3, Ideal Photo. 4, G. Mooney/Corbis UK Ltd. 9, K. Schafer/Corbis UK Ltd. 11, M. Borchi/National Geographic Society. 12, Yiorgos Depollas. 14/15 J. L. Stansfield/National Geographic Society. 16/17, Y. Depollas. 19, T. Harris/Just Greece. 20/21, G. Mooney/Corbis UK Ltd. 24, Ashmolean Museum, Oxford, UK/Bridgeman Art Library, Londres. 25, J. L. Stansfield/National Geographic Society. 26/27, Mykonos Archaeological Museum, J. L. Stansfield/ National Geographic Society. 28/29, D. Lees/Corbis UK Ltd. 30, Photo © H. Palmer. 33, T. Gervis/Robert Harding Picture Library. 34, Hulton Getty Picture Collection Ltd. 35, Hulton-Deutsch Collection/Corbis UK Ltd. 36, Hulton-Deutsch Collection/Corbis UK Ltd. 37, Bettmann/Corbis UK Ltd. 39, Y. Nikiteas/ Eye Ubiquitous. 40, C. Perry. 40/41, P. Wilson. 42/43, J. L. Stansfield/National Geographic Society. 44/45, P. Partington/ S. Cordaiy. 47, T. Harris/ Just Greece. 48, D.R. archives F. Valmachino. 49, M. Southern/Eye Ubiquitous. 52/53, N. Setchfield/Powerstock/Zefa. 54, A. Gin/Powerstock/Zefa. 56, Brad Walker/Powerstock/Zefa. 57, Studio Kontos/Photostock. 58/59, M. Kouri/ World News. 59, D. Dailey. 60/61, Terry Harris/Just Greece. 62, M. Borchi/National Geographic Society. 64/65, V. Efthymiou/Ideal Photo. 65, P. Wilson/AA Photo Library. 66, James Davis Worldwide. 67, P. Wilson. 68, Studio Kontos/ Photostock. 69, M. Borchi/National Geographic Society. 70, AKG-Londres. 71, Studio Kontos/ Photostock. 72, C. Watson. 73, E. Lessing/AKG-Londres. 74, Spectrum Colour Library. 75, Studio Kontos/ Photostock. 76, M. Borchi/ National Geographic Society. 77, M. Borchi Massimo/National Geographic Society. 78, National Archaeological Museum, Athènes/ Bridgeman Art Library, Londres. 79, Spectrum Colour Library. 80, Studio Kontos/ Photostock. 81, Powerstock/ Zefa. 82, C. Vegas/Ideal Photo. 85, Photo © H. Palmer. 86/87, Helga Lade Fotoagentur. 88/89, T. Harris/ Just Greece. 90, R. Reichenfeld/ Dorling Kindersley. 91, Schings/ Explorer. 92, R. Surman/ AA Photo Library. 93, M. Holford. 95h, T. Harris/AA Photo Library. 95c, G. Tsafos. 95b, C. Watson. 97, N.l Bowen-Morris/Travel Ink. 98, Studio Kontos/Photostock. 99, Studio Kontos/Photostock. 100, World Pictures Ltd. 103, C. Vergas/ Ideal Photo. 104, T. Gervis/Robert Harding Picture Library. 107, J. L. Stansfield/ National Geographic Society. 108, N. Bowen-Morris/Travel Ink. 109, J. Sierpinski/Diaf. 110/111, T. Harris/ Just Greece. 111, Spectrum Colour Library. 112g, Mary Evans Picture Library. 112d, AKG-Londres. 113, Ashmolean Museum, Oxford/ Bridgeman Art Library, Londres. 114, A. Gin/Powerstock/Zefa. 115, L. Janicek/Bildarchiv Steffens. 116, J. Smith/S. Cordaiy. 117, B. Davis/ Aspect. 118/119, Photo © H. Palmer. 120, B. Gibbons/Eye Ubiquitous. 121h, L. Janicek/Bildarchiv Steffens. 121b, C. Perry. 122/123, T. Harris/AA Photo Library. 123, V. Efthymiou/ Ideal Photo. 124/125, Photo © H. Palmer. 126, Photo © H. Palmer. 127, Cl. Perry. 128/129, J. L. Stansfield/ National Geographic Society. 130, C. Vergas/Ideal Photo. 131h, National Archaeological Museum, Athènes, J. L. Stansfield/National Geographic Society. 131b, Poseidon Pictures. 132/133, Mary Evans Picture Library. 133, Hulton Getty Picture Collection Ltd. 134, Ideal Photo. 135, Studio Kontos/Photostock. 137, C. Pickles/ Ffotograff. 139, Ideal Photo. 140/141, C. Vergas/Ideal Photo. 142, T. Harris/ Just Greece. 144/145, P. Wilson. 146, D. & J. Heaton/Spectrum Colour Library. 147h, Studio Kontos/Photostock. 147b, Studio Kontos/Photostock. 148/149, Ideal Photo. 150, C. Vergas/Ideal Photo. 151, C. Watson. 152, C. Pickles/Ffotograff. 153, P. Wilson. 154, V. Efithymion/Ideal Photo. 155, Kunz/Bilderberg Archiv der Fotografen. 156, K. Wothe/ Oxford Scientific Films. 157, T. Harris/Just Greece. 158/159, Photo © H. Palmer. 159, P. Wilson. 161, Photo © H. Palmer. 162, Ideal Photo. 163, T. Harris/AA Photo Library. 164, T. Harris/ AA Photo Library. 165, C. Perry. 166/167, T. Harris/Just Greece. 169, J. Heseltine. 171, P. Baker/ International Photobank. 172/173, Cephas Picture Library. 174, National Archaeological Museum, Athènes/ Bridgeman Art Library, Londres. 174/175, Ideal Photo. 175, E. Lessing/ AKG-Londres. 176, J. Heseltine. 177, M. Dubin/Travel Ink. 178, J. Heseltine. 179, J. Heseltine. 181, Spectrum Colour Library. 182/183, Bilderberg Archiv der Fotografen. 183, Spectrum Colour Library.185, Studio Kontos/ Photostock. 187, P. Baker/International Photobank. 188/189, J. L. Stansfield/National Geographic Society. 190, James Davis Worldwide. 191, T. Dassios/Ideal Photo. 192, F. York/Dorling Kindersley. 193, Studio Kontos/Photostock. 194/195, J. Heseltine. 196/197, G. Tsafos. 199, F. York/Dorling Kindersley. 200, D. Tipling/BBC Natural History Unit Picture Library. 201g, B. Glover/Bruce Coleman Collection. 201tr, F. Labhardt/Bruce Coleman Collection. 201br, A. Manzanares/Bruce Coleman Collection. 202/203, Y. Depollas. 205, École suisse d'archéologie en Grèce. 207, R. Reichenfeld/Dorling Kindersley. 208/209, R. Moore/AA Photo Library. 211h, R. Moore/AA Photo Library. 211b, R. Moore/AA Photo Library. 212/213, R. Moore/AA Photo Library. 214, R. Moore/AA Photo Library. 216, R. Moore/AA Photo Library. 217, Studio Kontos/Photostock. 219, T. Harris/ Just Greece. 220, Images Colour Library. 221, S. Thorn/Powerstock/ Zefa. 223, F. Kyriakou/Ideal Photo. 224/225, Photo © H. Palmer. 225, L. Frost/Robert Harding Picture Library. 226/7, Travel Library. 227, James Davis Worldwide. 228, T. Harris/Just Greece. 229, C. Perry. 230, Robert Harding Picture Library. 231, James Davis Worldwide. 232, T. Harris/Just Greece. 233h, Terry Harris/ Just Greece. 233b, R. Lawrence/ Ffotograff. 234, A. Sattin/AA Photo Library. 235, T. Harris/Just Greece. 236/237, Ideal Photo. 238g, Archivo Iconografico, S.A./Corbis UK Ltd. 238d, A. Sattin/AA Photo Library. 239g, E.h Lessing/AKG-Londres. 239d, Keystone/Hulton Getty Picture Collection Ltd. 240, Photo © H. Palmer. 241, Photo © H. Palmer. 242, A. Sattin/AA Photo Library. 245, Images Colour Library. 246, T. Harris/AA Photo Library. 247, T. Harris/ Just Greece. 248, T. Harris/Just Greece. 249, Photo © H. Palmer. 250, A. Tovy Amsel/Eye Ubiquitous. 251, D. Forman/Eye Ubiquitous. 252, James Davis Worldwide. 254, Photo © H. Palmer. 255, Studio Kontos/Photostock. 256, J. Sierpinski/Diaf. 257, Studio Kontos/Photostock. 258, D. Thierry/ Diaf. 259, Hugh R./Eye Ubiquitous. 260, C. Perry. 262/263, S. Day/AA Photo Library. 264, T. Harris/Just Greece. 265, Images Colour Library. 266, N. Hall/R. Harding Picture Library. 267, S. Day/AA Photo Library. 268, Photo © H. Palmer. 269, Terry Harris/Just Greece. 270, P. Haloftis/ Ideal Photo. 271, James Davis Worldwide. 272, Ideal Photo. 273, Photo © H. Palmer. 274, S. Paine/Ffotograff. 275, Ideal Photo. 277, C. Pendle/Ffotograff. 279, Travel Library. 281, G. Mooney/Corbis UK Ltd. 283, R. Grant Archive. 284, Poseidon Pictures. 285, R. Harding/Robert Harding Picture Library. 286, Studio Kontos/Photostock. 287h, C. Pendle/ Ffotograff. 287b, Spectrum Colour Library. 289, Ashmolean Museum, Oxford/Bridgeman Art Library, Londres. 290, Clay Perry. 291, A. Belich/Helga Lade Fotoagentur. 292, T. Harris/Just Greece. 293, Travel Library. 294/295, T. Harris/Just Greece. 296, K. Paterson/AA Photo Library. 297, World Pictures. 298/299, Studio Kontos/Photostock. 299, R. Wood/Corbis UK Ltd. 300, Travel Library. 301, D. Bailey/Spectrum Colour Library. 302/303, Ideal Photo. 304, Zooid Pictures. 305, K. Paterson/ AA Photo Library. 306, L. Wilson/ Robert Harding Picture Library. 307, Studio Kontos/Photostock. 308, Spectrum Colour Library. 309, James Davis Worldwide. 310, World Pictures. 311, T. Harris/Just Greece. 312, T. Harris/Just Greece. 314, T.

Harris/Just Greece. 316, James Davis Worldwide. 317, Ideal Photo. 318/319, H. Merten/Robert Harding Picture Library. 320, H. Merten/ Robert Harding Picture Library. 321h, J. Tims/AA Photo Library. 321b, S. Outram/AA Photo Library. 322/323, Ideal Photo. 324/325, Photo © H. Palmer. 327, Photo © H. Palmer. 328, Photo © H. Palmer. 329 Photo © H. Palmer. 330, J. L. Stansfield/ National Geographic Society. 331, British Museum, Londres, UK/Bridgeman Art Library. 332, Ideal Photo. 333, Photo © H. Palmer. 334, James Davis Worldwide. 335, James Davis Worldwide. 336, D. Ireland. 337, T. Harris/Just Greece

Tous crédits © H. Palmer sont extraits de *The Most Beautiful Villages of Greece*, de Mark Ottaway, publié par Thames & Hudson Ltd, Londres.

Première institution scientifique et pédagogique à but non lucratif du monde, la National Geographic Society a été fondée en 1888 «pour l'accroissement et la diffusion des connaissances géographiques». Depuis lors, elle a apporté son soutien à de nombreuses expéditions d'exploration scientifique et fait découvrir le monde et ses richesses à plus de neuf millions de membres par le biais de ses différentes productions et activités : magazines, livres, programmes de télévision, vidéos, cartes et atlas, bourses de recherche. La National Geographic Society est financée par les cotisations de ses membres et la vente de ses produits éducatifs. Ses adhérents reçoivent le magazine National Geographic *– la publication officielle de l'institution. Le magazine existe en français depuis octobre 1999.*

Visitez le site web de National Geographic France :

www.nationalgeographic.fr

Grèce

est une publication de la National Geographic Society

Président directeur général: John M. Fahey, Jr.
Président du conseil d'administration: Gilbert M. Grosvenor
Premier vice-président et président du Département livres: Nina D. Hoffman
Vice-président et directeur du Département livres: William R. Gray
Directeur artistique: Cinda Rose
Directeur des publications des guides touristiques: Elizabeth L. Newhouse
Éditeurs: Barbara A. Noe, Allan Fallow
Documentaliste: Caroline Hickey
Directeur de la cartographie: Carl Mehler
Cordinateur de la cartographie: Joseph F. Ochlak
Directeur de la fabrication: R. Gary Colbert
Responsable du projet en fabrication: Richard S. Wain

Création et réalisation de AA Publishing
Responsables de projet: Rachel Alder & Marilynne Lanng
Responsable artistique du projet: David Austin
Éditeur : Ann Stonehouse
Graphiste: Ellie King
Responsable de la cartographie: Inna Nogeste
Cartographie: AA Cartographic Production
Directeur de la fabrication: Richard Firth
Ingénieur prépresse: Steve Gilchrist
Recherche iconographique : Zooid Pictures Ltd.
Cartes dessinées par Chris Orr Associates, Southampton, G.-B.
Illustrations dessinées par Maltings Partnership, Derby, G.-B.

Édition originale

Édition française

NG France
Direction éditoriale: Françoise Kerlo
assistée de Marilyn Chauvel
Chef de fabrication: Alexandre Zimmowitch

Réalisation éditoriale: ML Éditions, Paris
Édition : Agnès Mathieu
Traduction : François-Xavier Durandy (p. 9-136),
Pascal Varejka (p. 137-259), Michel Hourst (p. 260-336),
Sylvie Deraime et Catherine Zerdoun (p. 337-389)
Correction : Christiane Keukens-Poirier
Conseiller : François Lissarrague

ISBN: 978-2-84582-216-0

Dépôt légal: janvier 2007